Elisabeth Buxbaum

Des Kaisers Literaten

Elisabeth Buxbaum

Des Kaisers Literaten

Kriegspropaganda zwischen 1914 und 1918

Herausgegeben von der
Armin Berg Gesellschaft

EDITION **STEINBAUER**
Wien 2014

Dieses Buch entstand mit Unterstützung durch:
Die Kulturabteilung der Stadt Wien, Wissenschafts- und Forschungsförderung

Bibliografische Information der Deutschen Bibliothek
Die Deutsche Bibliothek verzeichnet diese Publikation in der Deutschen Nationalbibliografie; detaillierte bibliografische Daten sind im Internet über http://dnb.ddb.de abrufbar.

Edition Steinbauer
Alle Rechte vorbehalten
© Edition Steinbauer GmbH
Wien 2014

Coverabbildung: Jószef Divéky, Wienbibliothek im Rathaus, Druckschriftensammlung
Covergestaltung: typothese.at / Matthäus Zinner
Satz und Gestaltung: typothese.at / Matthäus Zinner
Druck: Druckerei Theiss GmbH
Printed in Austria

ISBN: 978-3-902494-65-8

www.edition-steinbauer.com

Danksagung

Wenn man annähernd drei Jahre an einem Buch arbeitet, gilt zunächst der größte Dank der Familie und den Freunden, den Menschen, die über diesen langen Zeitraum an den Freuden und Leiden der Autorin Anteil nahmen.

Die Basis des vorliegenden Textes bilden Originaldokumente aus etlichen Archiven des In- und Auslandes. Ohne Frau Andrea Hackel (Österreichisches Staatsarchiv) und die hilfreichen Herren des Haus-, Hof- und Staatsarchivs hätte demnach das Buch nicht geschrieben werden können: Ohne Zugang zu den Militärakten kein Verfolgen des militärischen Lebensabschnittes der Literaten!

Große Hilfe leisteten auch die Damen und Herren des Literaturarchivs in Marbach, und zwar auf sehr unbürokratische Art und Weise (im besten Sinn des Wortes). Von der Wienbibliothek sollen besonders Frau Mag. Isabella Wasner-Peter und Herr Alesandro Gallo bedankt sein.

Frau Mag. Ilse Schindler bemühte sich äußerst erfolgreich um die Transkription der Dokumente.

Dr. Walter Fanta (Universität Klagenfurt), Dr. Harald Gschwandtner (Universität Salzburg) und Dr. Heimo Stempfl (Direktor des Robert-Musil-Literatur-Museums) waren nicht nur mit Bild- und Textmaterial zu Robert Musil zur Stelle, sondern gaben auch Anregungen und stellten ihre Forschungsergebnisse großzügig zur Verfügung. So auch Dr. Klemens Renoldner (Direktor des Stefan Zweig Centrums), der der Verfasserin nicht nur Bilder und ungedruckte Aufsätze überließ, sondern ihr auch in etlichen Gesprächen viel seiner Zeit widmete.

Dr. Marcus Patka (Jüdisches Museum Wien) bildet nun schon zum zweiten Mal den Schulterschluss mit der Autorin, und das in generösester Weise.

Dr. Christoph Fackelmann, Dr. Claudia Kreutel, Mag. Andreas und Mag. Melitta Mader sowie Claudia Anna Strafner haben das Manuskript weit über ein gewöhnliches Lektorat hinaus mit wertvollen und kritisch-konstruktiven Kommentaren durchgearbeitet und zur Drucklegung bereit gemacht. Auch ihnen ein herzliches Dankeschön und möge die Freundschaft zur Verfasserin dieser großen Mühe zum Trotz erhalten bleiben.

Wien, im September 2014   E. B.

Inhalt

Prolog – Mobilmachung 8

In dieser großen Zeit – Fackelträger Karl Kraus 15

Schaltzentralen – Kriegsarchiv und Kriegspressequartier 21

Auf dem literarischen Feldherrnhügel. 33
    General der Infanterie Emil Freiherr Woinovich von Belobreska 33
    Feldmarschall-Leutnant Maximilian Ritter von Hoen 34
    Oberstleutnant Alois Veltzé 37

Die literarische Truppe im Kriegsarchiv – „Nur nicht an die Front!" . . . 38
    Organisation und Aufbau 38
    Produktion / Publikation / Munition – ein Bombengeschäft! 41
        Buchpublikationen: Bücher sind Kriegsmittel wie Granaten! 41
        Illustrierte Monatsschrift *Donauland* 55
        Vorträge und Kriegsausstellungen 60
    Ein kleines Scharmützel – Rainer Maria Rilke im Kriegsarchiv 66
    Der Schulterschluss – Franz Karl Ginzkey und Stefan Zweig 79
    Rudolf Hans Bartsch – „schreibt auf der Scholle
    und ackert auf dem Schreibtisch." 116
    Alfred Polgar – „Die schönste Figur, wie gemacht für eine Uniform!" . . 132
    Felix Salten – animalische Nachkriegswehen 144

An allen literarischen Fronten – Dienst im Kriegspressequartier 159

    Im Süden – Robert Musil, ein Redakteur mit Eigenschaften 159

    Im Osten: Zum Schießen komisch – Alexander Roda Roda 179

    Das Prager Bataillon – Franz Werfel und Egon Erwin Kisch 196

Die Reservisten: Hermann Bahr, Hugo von Hofmannsthal
    und Anton Wildgans 226

Franz Theodor Csokor – Grablegung der Monarchie 252

Epilog – Die letzten Tage der Menschheit. 269

Anhang

Anmerkungen 272

Personenregister 306

Bibliographie 310

Abkürzungsverzeichnis 317

Bildnachweis 317

Postkarte: Weltkrieg 1914 – 1918. Die verbündeten Monarchen Franz Joseph I. und Wilhelm II.

Prolog – Mobilmachung

Am 28. Juni 1914 fielen die Schüsse in Sarajewo und töteten den österreichischen Thronfolger Franz Ferdinand und seine Gattin Sophie von Hohenberg. Vordergründig verabscheuten die politischen Kreise Europas die Tat, gleichzeitig aber spielten viele Staatsmänner mit dem Gedanken eines neuen Krieges, sogar eines Weltkriegs, gab es doch seit mehr als drei Jahrzehnten Kriegshandlungen und daraus resultierende Geheimabkommen, Allianzen und Bündnisse. Die Partner der Entente führten die Katastrophe aber nicht planmäßig herbei, das blieb schon Österreich-Ungarn überlassen – und dem Blutsbruder Deutschland. Die Monarchen Franz Joseph und Wilhelm hatten nach der Verfassung ihrer beiden Staaten das alleinige Recht, über Krieg und Frieden zu entscheiden und führten nur mit einem kleinen Kreis engster Berater ihre Schachzüge aus. Russland, England und Frankreich reagierten in erster Linie auf die Vorgaben, die aus Wien überliefert wurden. Treudeutsch schickte Kaiser Wilhelm an Kaiser Franz Joseph den so genannten „Blankoscheck" aus Berlin nach Wien:

„Kaiser Franz Joseph könne sich darauf verlassen, dass Seine Majestät im Einklang mit seinen Bündnispflichten und seiner alten Freundschaft treu an der Seite Österreich-Ungarns stehen werde".[1]

Derart gestärkt, war das Kriegsmanifest des österreichischen Kaisers schon lange vor der Absendung des „Ultimatums an Serbien vom 23. Juli 1914" fertiggestellt.[2] Es „wurde auch zurückgeschossen", obgleich die serbischen Truppen das Feuer noch gar nicht eröffnet hatten.[3] Am 25. Juli leitete Serbien die Mobilmachung ein, am 28. Juli, um 11 Uhr, erfolgte die Kriegserklärung Österreich-Ungarns an Serbien. Mit einem Manifest, abgedruckt in einer Sonderausgabe vom 29. Juli 1914 des *Amtsblattes der k. k. Reichshaupt- und Residenzstadt Wien* und in fast allen wesentlichen Zeitungen der Monarchie, wandte sich Kaiser Franz Joseph an seine Untertanen, erklärte, beschwichtigte und beschönigte:

> An Meine Völker!
>
> Es war mein sehnlichster Wunsch, die Jahre, die Mir durch Gottes Gnade noch beschieden sind, Werken des Friedens zu weihen und Meine Völker vor den schweren Opfern und Lasten des Krieges zu bewahren.
> Im Rate der Vorsehung war es anders beschlossen.
> Die Umtriebe eines haßerfüllten Gegners zwingen Mich, zur Wahrung der Ehre Meiner Monarchie, zum Schutze ihres Ansehens und ihrer Machtstellung, zur Sicherung ihres Besitzstandes nach langen Jahren des Friedens zum Schwerte zu greifen.
> Mit rasch vergessendem Undank hat das Königreich Serbien, das von den ersten Anfängen seiner staatlichen Selbständigkeit bis in die neueste Zeit von meinen Vorfahren und Mir gestützt und gefördert worden war, schon vor Jahren den Weg offener Feindseligkeit gegen Österreich-Ungarn betreten.

Wenn in der Folge von drei Jahrzehnten segensvoller Friedensarbeit in Bosnien und Herzegowina die Rede ist, dann werden damit die gewaltsame Okkupation der beiden Länder und die daraus resultierenden Konflikte beschönigt. Auch in Serbien lodere der Hass gegen das Haus Habsburg, die staatliche Ordnung werde untergraben und verbrecherisches Treiben greife über die Grenzen hinaus:

> Diesem unerträglichen Treiben muß Einhalt geboten, den unaufhörlichen Herausforderungen Serbiens ein Ende bereitet werden, soll die Ehre und Würde Meiner Monarchie unverletzt erhalten und ihre staatliche, wirtschaftliche und militärische Entwicklung vor

beständigen Erschütterungen bewahrt bleiben. Vergebens hat Meine Regierung noch einen letzten Versuch unternommen, dieses Ziel noch mit friedlichen Mitteln zu erreichen, Serbien durch eine ernste Mahnung zur Umkehr zu bewegen. Serbien hat die maßvollen und gerechten Forderungen Meiner Regierung zurückgewiesen und es abgelehnt, jenen Pflichten nachzukommen, deren Erfüllung im Leben der Völker und Staaten die natürliche und notwendige Grundlage des Friedens bildet.

So muß Ich denn daran schreiten, mit Waffengewalt die unerläßlichen Bürgschaften zu schaffen, die Meinen Staaten die Ruhe im Inneren und den dauernden Frieden nach außen sichern sollen.
In dieser ernsten Stunde bin ich Mir der ganzen Tragweite Meines Entschlusses und Meiner Verantwortung vor dem Allmächtigen voll bewußt.
Ich habe alles geprüft und erwogen.
Mit ruhigem Gewissen betrete Ich den Weg, den die Pflicht Mir weist.
Ich vertraue auf Meine Völker, die sich in allen Stürmen stets in Einigkeit und Treue um Meinen Thron geschart haben und für die Ehre, Größe und Macht des Vaterlandes zu schwersten Opfern immer bereit waren.
Ich vertraue auf Österreich-Ungarns tapfere und von hingebungsvoller Begeisterung erfüllte Wehrmacht.
Und Ich vertraue auf den Allmächtigen, daß er Meinen Waffen den Sieg verleihen werde.

Franz Joseph m. p.

Wie sehr sich das österreichische Volk mit seinem Kaiser verbunden fühlte oder sich verbunden fühlen sollte – zumindest im Sommer 1914, bei Kriegsbeginn –, versuchte Franz Karl Ginzkey in seinem Gedicht *Unserm Kaiser* zum Ausdruck zu bringen. Ginzkey war Offizier und Mitglied des Kriegsarchivs, Verbindungsmann zwischen den Militärs und den Literaten und 1914 ein bekannter Dichter Österreichs. Sein Gedicht kann als literarisches Pendant zu *An meine Völker* verstanden werden. Alle Fragmente des Manifests werden aufgerufen: Der Friedenswille des Herrschers, der aufgezwungene Kampf gegen die mörderischen Feinde (der eröffnet werden muss), die Unschuld des glücklichen Österreichs, die Verbundenheit des Herrscherhauses mit Gott selbst und die väterliche Liebe des Kaisers, die von seinem Volk tausendfach erwidert wird.

Unserm Kaiser[4]

Kaiser, hell um Deine Krone
Strahlt ein Licht wie Himmelszier.
Erzgeschirmt vor Deinem Throne
Steht Dein Volk und spricht zu Dir:
Der Du Dein geheiligt Leben
Immer uns geweiht aufs neu',
Nimm, was Du uns selbst gegeben,
Lieb' um Liebe, Treu' für Treu'!

Nun die große Schicksalsstunde
Hämmert an des Reiches Tor,
Nun die Not uns eint zum Bunde
Eiserner als je zuvor,
Sieh, da fühlt das Herz zum Lohne
Wie das Wort so tief gemeint:
**Innig bleibt mit Habsburgs Throne
Österreichs Geschick vereint.**

Ja, in **Deinen** weisen Händen
Ruht, was uns geeint zur Macht.
Dies zum Guten stets zu wenden
Warst Du väterlich bedacht.
Durch ein hohes Menschenalter
Warst Erhalter Du dem Reich,
Du sein Führer und Verwalter
Und sein Mehrer auch zugleich.

Unverwandt in weiser Güte
Sorgtest Du mit Rat und Tat,
Wie den Völkern man behüte
Ihres Friedens bange Saat.
Doch vom Schicksal ward beschlossen
Feindschaft, die die Welt umbraust:
Andre Saat ist aufgeschossen,
Blut'ge Saat aus Mörderfaust.

Doch **wir** sind in diesem Ringen
Frei von Schmach und Beutegier.
Hell und rein sind unsre Klingen,
Denn nur dies erstreben wir:
Daß uns dauernd sei beschieden

Jener Sang, so stolz und weich:
Gottes Sonne strahlt in Frieden
Auf ein glücklich Österreich.

Kaiser, naht Dein Volk zu danken,
Zagt das Wort. Was soll das Wort?
Alle Worte wehn und schwanken
Scheu ins Ungesagte fort.
Wie vermag ein Wort zu nennen
Was sich türmt zu dieser Zeit,
Da Millionen Herzen brennen
Heiß zu Dir in Dankbarkeit?

Soll ein einzig Wort es wagen,
Sei's das Wort von Anbeginn:
Laß zu Dir uns „Vater" sagen,
Dies erfüllt den tiefsten Sinn.
Volkes und des Reiches Stütze
Ist uns Deine Vaterhand.
Gott erhalte, Gott beschütze
Unsern Kaiser, unser Land.

Am 30. Juli 1914 erfolgte die Generalmobilmachung der russischen Armee. Bis zum 12. August hatten die europäischen Großmächte einander den Krieg erklärt, und dann begann sie, die in der Presse so oft zitierte „große Zeit", die die „Welt von gestern" ablösen sollte. Die Zeit des Hurrapatriotismus, des Waffengeklirrs und des Heldentums, der mystischen Idee vom „Blutopfer", vom „Blutacker", den es zu durchpflügen gelte, um Saaten für die Zukunft zu legen, die dem Leben neuen Sinn geben sollten. Menschen aus nahezu allen Kreisen und Schichten in Österreich wurden von einer ungeheuren Euphorie erfasst, man hörte den Gassenhauer in Wiens Straßen und konnte Kriegspostkarten folgenden Inhalts kaufen: „Jeder Schuss ein Russ, jeder Stoß ein Franzos, jeder Tritt ein Britt. Serbien muß sterbien!"

Man bekannte sich zur Nation, zu Österreich, zu Habsburg – obgleich sich das für die Völker, die in der Monarchie zusammengeschlossen waren, nicht von selbst verstand. Es bedurfte daher schon ein gerüttelt Maß an Propagandaarbeit[5] und massiver Hetze durch die Presse, bis sich eine Mixtur aus Serbenfeindlichkeit und Selbstüberschätzung zur erwünschten Kriegsbegeisterung aufschaukelte.

Viele hielten im August 1914 diesen Krieg für ein Manöver, aus dem man spätestens zu Weihnachten wieder zurückkehren werde, aber es gab auch andere Stimmen, „oben" wusste man es besser. Da hatte sich eine heute geradezu unverständliche Sehnsucht nach Reinigung bzw. Sehnsucht nach dem Tod, dem Untergang manifestiert. Ganz oben, in der Hofburg, meinte Franz Joseph zu Feldmarschall Conrad: „Wenn die Monarchie schon zugrunde gehen soll, so soll sie wenigstens anständig zugrunde gehen." Conrad selbst schrieb noch vor dem Attentat in Sarajewo an seine spätere Frau: „Es wird ein aussichtsloser Kampf sein, dennoch muß er geführt werden", und Graf Ottokar Czernin, späterer Außenminister der Monarchie, beklagte sich fast schon defätistisch bei Alexander Hoyos, Kabinettschef im Außenministerium: „Es ist schon alles zerfahren und verfault in unserem Staate. Und vielleicht bleibt überhaupt nichts anderes übrig, als mit einem gewissen Anstand zu krepieren."[6]

Am Ende des Jahres 1914 waren von der österreichisch-ungarischen Armee 190 000 Soldaten gefallen, 490 000 verwundet und 280 000 gefangen oder vermisst.[7] Serbien war nicht erobert, Russland konnte nicht aufgehalten werden, auch nicht vom Verbündeten Deutschland, der sich ebenso wenig gegen Frankreich durchgesetzt hatte. Nun galt es, das Heldentum am Köcheln zu halten und die Propagandaabwehr in breiter Phalanx aufmarschieren zu lassen. Im Kriegsarchiv wurde die „Literarische Gruppe" etabliert, die den anonymen Soldaten „zum Helden frisierte", wie es Rainer Maria Rilke formulierte, die Texte sammelte und unter forschen Titeln als Bücher mit hoher Auflage publizierte. Vom Kriegspressequartier schickte man Berichterstatter – nein, nicht an die Front, sondern ins Hinterland (mit wenigen Ausnahmen blieben sie auch dort), damit sie mit zündenden Artikeln in Zeitungen und Zeitschriften die Bevölkerung immer wieder auf Kaiser und Land, auf die Unbedingtheit, die Notwendigkeit des Krieges einschwören.

Im Kriegspressequartier zählte man im Lauf der Kriegsjahre an die hundert Berichterstatter, im Kriegsarchiv saßen etwas mehr als vierzig Literaten. Viele wollten von ihrer propagandistischen Tätigkeit nach 1918 nichts mehr wissen, wollten nicht dabei gewesen sein, beschönigten und verdrängten die Jahre des Dienstes mit der Feder. Einige, wie Stefan Zweig, waren Männer der ersten Stunde und dienten lange Jahre, andere, wie Rainer Maria Rilke, waren nur wenige Monate Mitglied im Kriegsarchiv. Etliche taten Dienst an den Fronten, wie Robert Musil, Franz Werfel und Egon Erwin Kisch, und flüchteten nach Verwundungen und seelischen Blessuren unter das sichere Dach der Wiener Stiftskaserne, wo das Kriegsarchiv seinen Sitz hatte. Wohl gilt es auch zu unterscheiden zwischen Ja-Sagern, „Hurrabrüllern", solchen die Einsicht gewannen, solchen, die sich besonders hervortaten, und denen, die mehr oder minder laut Widerstand leisteten.[8]

Ein Dutzend soll herausgegriffen werden, große Namen, die ihren Platz in den Literaturgeschichten des 20. und 21. Jahrhunderts (zu Recht) fest einnehmen. Die zahlreichen anderen Literaten und Journalisten sind fast zur Gänze in Bedeutungslosigkeit zurückgefallen bzw. waren nie so bedeutend, dass ihre Beiträge signiert und gezeichnet wurden. Ihre Texte waren Botschaften mit Appellcharakter, Massenproduktion. Für das Dutzend Schreiber, auf dem unser Augenmerk liegt, sieht die Situation etwas anders aus. Sie haben einander oft schon vor dem Eintritt in die Institutionen gekannt, waren befreundet, wechselten Briefe, überreichten und sendeten Publikationen, die dann auch jeweils einer strengen Kritik unterzogen wurden. Sie waren Netzwerker im aktuellsten Sinn unserer Zeit. Ihren Beiträgen, ihrem Anteil an der propagandistischen Kriegsliteratur mit Hilfe von Akten aus dem Kriegsarchiv, Tagebuchnotizen und Briefen soll nachgegangen werden.

Eine Einordnung der literarischen Produktion der Jahre 1914 bis 1918 in das Gesamtwerk dieser Schreiber kann und soll auch hier nicht geleistet werden. Zugegebenermaßen ist es allerdings sehr schwer, aus einer persönlichen pazifistischen Grundhaltung heraus, sich emotionslos und unbeteiligt dem Thema Kriegsliteratur zu nähern.

Konterkariert, hinterfragt und durchleuchtet werden die Literaten selbst, ihre Ideologien und ihre Texte von der strengen „Fackel" des Karl Kraus. Er verstand sich während dieser Zeit als Kronzeuge und Untersuchungsrichter. Wie kein Zweiter durchforschte er akribisch die Dichtung der „Literaten des Kaisers", er hat sie alle mit Namen mehrmals in der *Fackel* oder in den *Letzten Tagen der Menschheit* aufgerufen und prangerte das Bündnis an, das „die Kunst" mit dem Ungeist der Zeit geschlossen hatte, den „Treuebund von Technik, Tinte und Tod". Er kritisierte die Art und Weise, wie mit literarischen Mitteln und aus journalistischer Absicht der Dienst an dem Unfassbaren der „großen Zeit" vollzogen und ästhetisch verbrämt wurde.

Karl Kraus: Kriegsgegner, Pazifist und
Herausgeber der *Fackel*
(Atelier Madame d'Ora 1908)

In dieser großen Zeit –
Fackelträger Karl Kraus

„Bumsti!" oder der „Treuebund von Technik, Tinte und Tod."
(Karl Kraus)[9]

Im April 1899 hatte sich der junge, finanziell unabhängige Fabrikantensohn Karl Kraus zum 25. Geburtstag selbst ein Präsent gemacht; er beschenkt sich mit einer eigenen Zeitung. *Die Fackel* wurde am 1. April 1899 mit ihrer Nummer 1 entzündet. Der Zelebrant und Herausgeber kann auf sieben Jahre

Erfahrung im journalistischen Metier zurückblicken. Er war Wiener Korrespondent der *Breslauer Zeitung*, wesentlicher Mitarbeiter der neu gegründeten Wiener Wochenschrift *Die Wage* [sic!] gewesen, er hatte in vielen Blättern veröffentlicht, u. a. in der deutschen Zeitschrift *Die Gesellschaft*, in der *Wiener Literatur-Zeitung*, in der *Wiener Rundschau* (*Die demolirte Litteratur*), alles mit Akklamation beim Leserpublikum, aber wenig Zuspruch von den Beschriebenen, Kritisierten. Er selbst spricht von seinem geistigen Vorleben, das ihn lediglich soweit gebracht habe, dass er in engeren Kreisen missliebig geworden sei.[10]

Das sollte aber kein Hindernis sein, im Verfolgen seines kulturhistorischen Programms (Motto: „Was wir umbringen"); seinem Selbstverständnis zufolge sei er ein Kampfsatiriker, der es sich zur Aufgabe gemacht habe, den Phrasensumpf trockenzulegen.

Aus dem Journalisten Kraus wird der Kritiker Kraus; alle Journalisten-Kollegen werden von ihm als korrupte Heuchler bezeichnet, als Tintenstrolche, die in den Senkgruben des Geistes ihr Unwesen trieben. Mit der Entjournalisierung der *Fackel* beginnt ihre Literarisierung, deutlich abgehoben vom Rest der verachtenswerten „Journaille".[11] Die Vorgangsweise des Satirikers folgt bestimmten formalen Mustern:

Die von Kraus entwickelte Form der Glosse ist eines seiner wichtigsten Mittel, um den Journalismus zu entlarven: Ein aus dem Zusammenhang gerissener Textteil wird in den neuen Kontext der *Fackel* verpflanzt, in dem dann, durch eine ganz kurze Bemerkung – oft nur durch den Titel – wie von selbst die geistige Dürftigkeit oder die Verlogenheit der journalistischen Äußerung erkennbar wird. Kein Wunder, dass Kraus Ende Juni 1899 – *Die Fackel* war gerade einmal drei Monate erschienen – folgende Liste aufstellt: „Anonyme Schmähbriefe 236 / Anonyme Drohbriefe 83 / Überfälle 1."[12]

Manche der Kraus'schen Angriffe sind nicht nur sarkastisch, sondern geradezu hasserfüllt, aus vielen Freunden und ehemals Protegierten werden erklärte Feinde, so zum Beispiel Felix Salten. Er tritt später auch in die Gruppe der Kriegsliteraten ein. Im Herbst 1894 teilte man eine Studentenbude – kurzfristig. Die Freundschaft kühlte ab, es kam zum Bruch, sogar zu Handgreiflichkeiten: „Gestern Abend hat Salten im Kfh. noch den kleinen Kraus (der auch ihn angegriffen) geohrfeigt, was allseitig freudig begrüßt wurde"[13], notierte Arthur Schnitzler 1896 in seinem Tagebuch.

Felix Salten, Hermann Bahr („Der Herr aus Linz"), Hugo von Hofmannsthal (mit ihm hatte Kraus noch die bestandene Matura gefeiert), – auch Arthur Schnitzler[14] (bei ihm war es vor allem die Gesellschaft, in der er sich befand: Kraus meint damit Salten und Bahr), sie alle wurden bereits in der *Demolirten Litteratur* attackiert. Die Gruppe der Prager Literaten, unter ihnen Franz

Werfel, den Kraus sogar eine Zeitlang gefördert hatte, werden vernichtet; zunächst in der *Fackel*, später in den *Letzten Tagen der Menschheit*.

Mit diesem Riesenwerk schuf sich Kraus den Ruf des österreichischen Antikriegsautors schlechthin. Er prangerte nicht nur die Bestialität des Krieges, sondern klagte vor allem diejenigen an, die sich in den ersten Kriegsmonaten hinreißen und blenden ließen und die sich auch noch bereicherten. Er geißelte jene, die in all diesem Grauen und Entsetzen das Edle des Kampfes, das deutsche Heldentum sehen wollten und das auch noch zu Papier brachten. Die Schriftsteller und Journalisten, die Kriegsberichterstatter, „das Sprachgesindel, dem der Anblick unnennbaren Grauens die Zunge nicht gelähmt, sondern flott gemacht hat", sie seien die wahren Schuldigen an der Kriegshetze, sie gehörten an den Pranger:

> Ist die Presse ein Bote? Nein: das Ereignis. Eine Rede? Nein, das Leben. Sie erhebt nicht nur den Anspruch, daß die wahren Ereignisse ihre Nachrichten über die Ereignisse seien, sie bewirkt auch diese unheimliche Identität, durch welche immer der Schein entsteht, daß Taten zuerst berichtet werden, ehe sie verrichtet werden, oft auch die Möglichkeit davon, und jedenfalls der Zustand, daß zwar Kriegsberichterstatter nicht zuschauen dürfen, aber Krieger zu Berichterstattern werden.[15]

Kraus selbst hatte vor 1914 durchaus konservative Neigungen und setzte große Hoffnungen auf den Thronfolger Franz Ferdinand[16], doch als nach den Schüssen in Sarajewo die Welt aufschrie, verstummte *Die Fackel*. Erst am 5. Dezember 1914 meldete sich Kraus „in dieser großen Zeit" wieder zu Wort:

> In dieser großen Zeit
> die ich noch gekannt habe, wie sie so klein war; die wieder klein werden wird, wenn ihr dazu noch Zeit bleibt; und die wir, weil im Bereich organischen Wachstums derlei Verwandlung nicht möglich ist, lieber als eine dicke Zeit und wahrlich auch schwere Zeit ansprechen wollen; in dieser Zeit, in der eben das geschieht, was man sich nicht vorstellen konnte, und in der g e s c h e h e n muß, was man sich nicht v o r s t e l l e n kann, und könnte man es, es geschähe nicht –; in dieser ernsten Zeit, die sich zu Tode gelacht hat vor der Möglichkeit, daß sie ernst werden könnte; […] in dieser da mögen Sie von mir kein eigenes Wort erwarten. […] In den Reichen der Phantasiearmut, wo der Mensch an seelischer Hungersnot stirbt, ohne den seelischen Hunger zu spüren, wo Federn in Blut tauchen und Schwerter in Tinte, muß das, was nicht gedacht wird, getan werden, aber ist das, was nur

gedacht wird, unaussprechlich. Erwarten Sie von mir kein eigenes
Wort. [...] Die jetzt nichts zu sagen haben, weil die Tat das Wort hat,
sprechen weiter. Wer etwas zu sagen hat, trete vor und schweige![17]

Eine angeborene Rückgratverkrümmung verhinderte den Einzug an die Front, in die „Heldenbeschreibungsanstalt" ins Kriegsarchiv ließ er sich verständlicherweise auch nicht versetzen, es bestand auch keine Notwendigkeit. Der Kriegsbeitrag des Karl Kraus war völlig anderer Art, er setzte drei literarische Flammenwerfer ein: Die Fortsetzung der *Fackel*-Hefte, die öffentlichen Vorlesungen und die *Tragödie in fünf Akten. Die letzten Tage der Menschheit*[18].

Nach dem Dezemberheft von 1914 präsentierte sich *Die Fackel* wieder dem Leserpublikum; allerdings mit Unterbrechungen, so zwischen Februar (Heft 405) und Oktober 1915 (Heft 406 – 412)[19]. Seit 1912 schrieb Kraus sie im Alleingang. Natürlich hatte er auch Probleme mit der Zensur, ebenso verzögerte der Papiermangel das Erscheinen der Hefte.

Dieses Problem betraf die Vorlesungen nicht, daher konnte er in diesem Bereich viel aktueller sein. Zwischen 1892 und 1936 hielt er über 700 Vorlesungen, 260 davon nur aus eigenen Werken, etwa 40 während der Zeit des Ersten Weltkriegs.[20] Am 19. November 1914 macht er den Anfang mit *In dieser großen Zeit*. Der Titel ist eine Anspielung auf die Schlagzeilen in der *Neuen Freien Presse* und in anderen Blättern.

Im Oktoberheft 1915 der *Fackel* (Nummer 406–412) findet sich auf Seite 92 folgende Notiz:

> Fürsorgezwecken wurde zugewiesen: der Ertrag der drei Leseabende
> (19. November: 1641, 16. Dezember: 777.90, 13. Februar: 587.85) =
> 3006 Kronen 75 Heller; das Ergebnis einer zum vierhundertsten Heft
> veranstalteten Sammlung für eine Ehrengabe = 650 Kronen, dazu die
> Zinsen dieses Betrages = 13 Kronen 83 Heller; der Ertrag eines Teiles der Auflage von Nr. 404 und Nr. 405, je 80 Kronen = 160 Kronen
> (deren zweite Hälfte keinem Spital, sondern einem mittellosen Soldaten überlassen wurde, der nach siebenmonatigem Kriegsdienst an der
> Front mit drei Krankheiten zu leichterer Arbeit verwendet wird) = im
> Ganzen 3830 Kronen 58 Heller.

Ziemlich leise und ohne Aufheben hatte Karl Kraus große Summen gespendet, das war sein spezieller Beitrag zum Aufruf der Regierung „Gold gab ich für Eisen".

Über die Entstehung seines Monumentalwerkes *Die letzten Tage der Menschheit. Tragödie in fünf Akten mit Vorspiel und Epilog* schreibt Kraus in den Vorbemerkungen: „Teile des Werkes, dessen Wesentliches in den Sommern 1915 bis 1917 entstanden ist, sind erst im Jahr 1919, in das auch die Arbeit am Ganzen und am Druck fällt, niedergeschrieben worden." Er erweitert die Angaben anlässlich der ersten Buchausgabe im Jahr 1922: „Die durchgehende Umarbeitung und Bereicherung jener vorläufigen Ausgabe und der Druck des Gesamtwerkes sind in den Jahren 1920 und 1921 vorgenommen worden. Das Erscheinen wurde durch die ungeheure, immer wieder unterbrochene Arbeit der Ergänzungen und Korrekturen wie auch der materiellen Hindernisse der Nachkriegszeit verzögert."

Auf annähernd 800 Seiten werden in mehr als zweihundert Szenen fiktive und reale Figuren vorgeführt. Ihr unmenschliches Verhalten, ihre Oberflächlichkeit und auch ihre Dummheit – darin sieht Kraus die wahren Kriegsgräuel. Es sind weniger die einfachen, namenlosen Soldaten, sondern die Feldherren, Offiziere, ja sogar die Mitglieder des Erzhauses, die er in Zitatmontagen und im „O-Ton" zu Wort kommen lässt. Berühmt in der literarischen Welt die „Bumsti-Szene", die die Borniertheit und peinliche Oberflächlichkeit der hohen Herrschaften illustriert:

> 28. Szene[21]
> Hauptquartier. Kinotheater. In der ersten Reihe sitzt der Armeeoberkommandant Erzherzog Friedrich. Ihm zur Seite sein Gast, der König von Bulgarien. Es wird ein Sascha-Film vorgeführt, der in sämtlichen Bildern Mörserwirkungen darstellt. Man sieht Rauch aufsteigen und Soldaten fallen. Der Vorgang wiederholt sich während anderthalb Stunden vierzehnmal. Das militärische Publikum sieht mit fachmännischer Aufmerksamkeit zu. Man hört keinen Laut. Nur bei jedem Bild, in dem Augenblick, in dem der Mörser seine Wirkung übt, hört man aus der vordersten Reihe das Wort: Bumsti!

Sowohl in *Die letzten Tage der Menschheit*, dem ästhetisch ganz neue Wege beschreibenden Drama, als auch in der *Fackel* und in den Vorlesungen treten neben Tausenden anderen das Dutzend Schriftsteller, Literaten und Dichter auf, die es auf den nächsten Seiten genauer zu beleuchten gilt. Kraus hat sie persönlich mehr oder minder gut gekannt, hat ihr Leben und Schreiben verfolgt, kritisiert, bis hin zur Vernichtung ihrer Produktionen. Er hat zeitlebens polarisiert. Seine Anhänger waren von seiner Persönlichkeit fasziniert und akzeptierten seine Autorität ohne Wenn und Aber, so wie Elias Canetti:

> Das sei der strengste und größte Mann, der heute in Wien lebe. Vor seinen Augen finde niemand Gnade. In seinen Vorlesungen greift er alles an, was schlecht und verdorben sei. […] jedes Wort, jede Silbe in der Fackel sei von ihm selbst. Darin gehe es zu wie vor Gericht. Er selber klage an und er selber richte. Verteidiger gäbe es keinen, das sei

> überflüssig, er sei so gerecht, dass niemand angeklagt werde, der es nicht verdiene. Er irre sich nie, könne sich gar nicht irren. [...] Wenn er [aus den *Letzten Tagen der Menschheit*] vorlese, sei man wie erschlagen. Da rühre sich nichts im Saal, man getraue sich kaum zu atmen. [...] Und dieses Weltwunder, dieses Ungeheuer, dieses Genie trug den höchst gewöhnlichen Namen Karl Kraus.[22]

Zwar gab es auch andere Stimmen, oftmals Kraus-Geschädigte wie Egon Erwin Kisch, der besonders die Mittel, derer sich Kraus bediente, kritisierte und nachwies, dass der Redakteur mit Kanonen auf Spatzen, mit Pfeilen auf Bastionen und auch oft über das Ziel hinausschoss. Andererseits anerkannte Kisch die Sprachgewalt der Kraus'schen Feder, die Unbestechlichkeit und ebenso die Wohltätigkeit des Herausgebers, der unermüdlich die langen Kriegsjahre hindurch auf seinem Posten geblieben war:

> Er war unbestechlich, wohltätig (der Ertrag seiner Vorlesungen fiel nach dem Weltkrieg zum größten Teil der Kriegsblindenfürsorge und später der Roten Gefangenenhilfe zu) und hilfsbereit. Seine Angriffe galten der Wiener Presse, die wegen ihrer Sprachverderbnis und Käuflichkeit jeden Peitschenhieb redlich verdiente. Seine Angriffe galten dem österreichischen Liberalismus, der borniert, selbstgefällig oder reaktionär geworden war. Sie galten der feige tänzelnden und speichelleckerischen Wiener Justizmoral. Sie galten der Massenverblödung durch die Wiener Operette. Sie galten der Schädigung literarischen Erbguts durch kunstfremde Philologen. [...] Sein mächtigster Angriff aber hat den Weltkrieg von 1914 bis 1918 zum Objekt, den er für „Die letzten Tage der Menschheit" hielt [...] eine Dichtung, die aus Zeitungszitaten und Redewendungen Verkündigungen von apokalyptischer Wucht hervorwachsen läßt. [...][23]

Schaltzentralen – Kriegsarchiv und Kriegspressequartier[24]

Die freiwillige Kriegsdienstleistung der Dichter ist ihr Eintritt in den Journalismus.
(Karl Kraus)[25]

Dichter oder Journalisten, grundsätzlich gilt es, zwei Gruppen von Schreibern zu unterscheiden, nämlich diejenigen, die der Literarischen Gruppe des Kriegsarchivs oder anderen Armeeabteilungen zugeteilt waren, und die Berichterstatter im Kriegspressequartier. Begründet ist diese Unterscheidung durch die verschiedenen Aufnahmebedingungen und Aufgabenbereiche. Näher eingegangen wird auf Mitglieder der Literarischen Gruppe, zum Beispiel auf Felix Salten, Alfred Polgar, Stefan Zweig und Rainer Maria Rilke, die als (mehr oder minder) frontdiensttaugliche Soldaten eingezogen wurden, daher im Dienst der Armee standen und entsprechend ihrer Charge besoldet waren. Ihre Aufnahme in die Literarische Gruppe des Kriegsarchivs – „Nur nicht an die Front!" – erfolgte auf dem Weg der Superarbitrierung, eines Verfahrens, das den Einberufenen aufgrund militärärztlicher Gutachten ermöglichte, aus gesundheitlichen Gründen auf dem Amtsweg vom Truppendienst in den Lokaldienst versetzt zu werden.

Für die Kriegsberichterstatter galten andere Voraussetzungen. Ihre Aufnahme in das k. u. k. Kriegspressequartier (KPQ, auch K.P.Q.) war grundsätzlich an die Bedingung der Untauglichkeit gebunden. Diese rigorose Forderung war von Anfang an realiter nicht einzuhalten. Weder was die Voraussetzungen der Frontdienstuntauglichkeit noch die Zahl der aufgenommenen Berichterstatter betraf.

Die Intervention einflussreicher Persönlichkeiten, aber auch, dass Schriftsteller wie Rudolf Hans Bartsch und Franz Karl Ginzkey[26] in ihrer Position als auf Kriegsdauer aktivierte Militärbeamte sich für ihre Schriftstellerkollegen einsetzten, waren Gründe für bevorzugte Behandlung und ebneten die Wege in „frontferne" Abteilungen der Armee.

Berichterstatter standen im Status der Armee und unterlagen militärischen Vorschriften, blieben aber dennoch Zivilpersonen. Sie vertraten als Privatpersonen die jeweiligen Blätter, die auch die Kosten der Berichterstattung trugen. Roda Roda gehört in diese Riege. Inwieweit sie ihre Aufgabe als „freiwillig" sahen, lässt sich schwer beurteilen.

Das Kriegsarchiv (KA)

Karl Kraus (als Zivilist) war sicher nie im Kriegsarchiv, auch nicht als Gast, allerdings schildert er in einer Szene der *Letzten Tage der Menschheit* den Ort und die dort arbeitenden Literaten derart, dass die damalige Leserschaft ausreichend im Bild war. Ein völlig „unliterarischer" und unbedarfter Hauptmann versucht, die Herren Literaten zur Produktion zu animieren. Neben Robert Müller und Franz Werfel, die Kraus namentlich anführt, werden Rainer Maria Rilke (er war 1902 zum ersten Mal bei Rodin in Paris; im September 1905 lädt ihn Rodin ein, in Meudon sein Quartier aufzuschlagen und quasi eine Stelle als bezahlter Privatsekretär einzunehmen; acht Monate hält dieses Dienstverhältnis, im Mai 1906 kommt es zum Bruch), Anton Wildgans (er war auf Grund einer Venenerkrankung untauglich; er verfasste im August 1914 *Vae Victis! Ein Weihelied den verbündeten Heeren*, das als Flugblatt und später als Teil einer Sammlung ziemlich patriotischer Gedichte publiziert wurde) und Felix Salten parodiert. Letzterer wird in den Kommentaren zu *Die letzten Tage der Menschheit* expressis verbis nicht genannt, doch schrieb er seit 1912 für das österreichische *Fremden-Blatt*[27], allerdings ebenso für das *Berliner Tagblatt* und seit 1913 auch für die *Neue Freie Presse*.

> 9. Szene[28]
> Kriegsarchiv.
> Ein Hauptmann. Die Literaten.
>
> Der Hauptmann: Sie da, Sie arbeiten mir also die Belobungsanträge aus, als Theaterkritiker vom Fremden-Blatt wird Ihnen das ja nicht schwer fallen. – No und Sie, also Ihr Föleton über die französische Bildhauerin, Auguste, wie heißt sie nur, also so ähnlich wie Rodaun, sehr fesch war das gschriebn, also mit Ihrer Feder wird Ihnen das ja nicht schwer fallen, das Vorwort für unsere grundlegende Publikation „Unter Habsburgs Banner", aber wissen S', was Packendes muß das sein, was halt ins Gemüt geht und daß S' mir also naturgemäß nicht auf Ihre kaiserliche Hoheit die durchlauchtigste Frau Erzherzogin Maria Josefa vergessen! – Und Sie, Müller Robert, was is denn mit Ihnen, mir entgeht nichts, Ihr Artikel damals übern Roosevelt war sehr frisch geschrieben, bißl zu viel Lob, schaun S' also daß Sie mir den Aufsatz „Was erwarten wir von unserem Kronprinzen?" bald abliefern! Sie haben sich ein bißl zu stark für die Ameriganer engagiert, aber das soll Ihnen nicht weiter schaden. – Sie, was is denn mit dem Doppelaar, is der n o c h nicht fertig? Lassen S' an frischen Wind durch die stählernen Schwingen des Doppelaars sausen! –

Ja aber was is denn mit Ihnen mein Lieber? Seit Sie aus dem Hauptquartier zurück sind, legen Sie sich auf die faule Haut! Sie ham sich dort ein Leben angewöhnt! Ich will Ihnen aber was sagen. Daß Seine kaiserliche Hoheit der durchlauchtigste Herr Erzherzog Friedrich von Ihren Kriegsgedichten begeistert ist, kann I h n e n genügen, mir genügt das noch lange nicht! Also schaun S' dazu, daß der Weihegesang an die verbündeten Heere bald abgeliefert wird, sonst kommen S' mir zum Rapport! –

Na, Werfel, was is denn mit'n Aufruf für Görz? Nur net zu gschwolln, hören S'? Alles mit Maß! Sie haben viel z'viel Gfühl, das is mehr fürs Zivül. – Na ja Sie dort, selbstverständlich! Sie san ja ein Expressionist oder was, Sie müssen immer eine Extrawurscht haben. Aber das nutzt Ihnen nix, grad von Ihnen erwart ich, daß die Skizze „Bis zum letzten Hauch von Mann und Roß", die ich Ihnen aufgegeben habe, endlich in Angriff genommen wird, fix Laudon! Der „Durchbruch bei Gorlice" is Ihnen ja nicht übel gelungen. – [Und so weiter und so weiter!]

Das Kriegsarchiv ist keine Erfindung des Ersten Weltkriegs. Bereits 1711 hatte Kaiser Joseph I. angeordnet, es solle eine Archivarstelle beim Hofkriegsrat der obersten Zentralbehörde für das habsburgische Kriegswesen geschaffen werden. Aus diesem hofkriegsrätlichen Kanzleiarchiv entwickelte sich im Lauf des 18. Jahrhunderts eine Art militärisches Zentralarchiv, in das zum Beispiel auch kartografisches Material eingebracht wurde. Man wollte aus vergangenen Feldzügen Lehren für die Gegenwart und Zukunft ziehen.[29] Demgemäß wurden in der Regierungszeit Kaiser Josephs II. die aktenmäßige Bearbeitung der Feldzüge seit 1740 in Angriff genommen. Erzherzog Karl war es dann, der 1801 das k. k. Kriegsarchiv schuf, das nicht nur Akten- und Kartenmaterial zu sammeln, sondern dieses auch wissenschaftlich-publizistisch auszuwerten hatte. Zu diesem Zeitpunkt befand sich das Archiv zusammen mit dem k. u. k. Kriegsministerium noch in dem ehemaligen Profess- und Schulgebäude der Jesuiten „Am Hof". Kurz nach der Jahrhundertwende wurde das Ministerium in den Neubau am Ring verlegt, und das Kriegsarchiv erhielt ein eigenes Domizil. Das wurde im siebenten Wiener Gemeindebezirk, in der Stiftskaserne, aufgeschlagen, und zwar im Akademietrakt der einstigen Savoyischen Ritterakademie.[30] 1916 waren sowohl Akten als auch Personal dermaßen angewachsen, dass man sich im Archiv gezwungen sah, die Herren Zweig, Ginzkey oder Csokor in Heimarbeit zu beschäftigen, was zum Beispiel von Stefan Zweig durchaus goutiert wurde. Man hätte auf Baracken oder auf den Kasernenstall ausweichen können, wo sich allerdings schon ganze Mäusefamilien an den alten Feldakten delektierten. Dort, in der Stiftskaserne, verblieb das Archiv auch über die Zeit des Ersten und Zweiten Weltkriegs hinaus. Edmund Glaises von Horstenau beschreibt das Leben im Kriegsarchiv als durchaus moderat:

> Das Arbeiten in der kriegsgeschichtlichen Abteilung war sehr angenehm. Die Beurteilung hing lediglich vom Ergebnis ab. Es war gleichgültig, wann und wo man arbeitete. […] Weilte man im Amt, dann speiste man zu Mittag in der sogenannten Cochonnerie, der Kasernenkantine, die nichts weniger als elegant war, aber sehr Gutes zu lachhaften Preisen bot. […] Die Büros im Kriegsarchiv waren alles eher denn luxuriös, aber angenehm und von benediktinischer Stille. Der ehemalige Akademiehof, auf den die Fenster hinausgingen, war zum Teil noch […] Schotterfläche; die dem Mariahilfer Trakt nähergelegene Hälfte war von Bäumen und Grasflächen bestanden.[31]

Das k. k. (ab 1889 k. u. k.) Kriegsarchiv bestand aus der Schriftenabteilung, dem Karten-Archiv, der Bibliothek und einer Abteilung für kriegsgeschichtliche Arbeiten. Während des Ersten Weltkriegs hatte das Archiv nolens volens Aufgaben von großem Umfang zu erledigen, sodass der Personalstand deutlich erhöht wurde. Außerdem trat das Kriegsarchiv mit einer Reihe von Publikationen an die Öffentlichkeit, die überwiegend propagandistischen Zwecken dienten und ausschließlich literarisch bestimmt waren.

Die Quellen für die Aktivitäten vor allem der Literarischen Gruppe im Kriegsarchiv fließen recht spärlich, da die in Frage kommenden Akten des Armeeoberkommandos sowie die Akten der Direktion des Archivs zum Großteil nicht registriert, nicht erschlossen bzw. sogar skartiert sind.[32] Der größte und interessanteste Teil, nämlich der zu den Propagandamethoden etc., war nach Kriegsende 1918 absichtlich verbrannt worden, damit mögliche Kriegshetzer nach dem Zusammenbruch der Monarchie nicht zur Verantwortung gezogen werden konnten. Auch wollte man dem eigenen Volk nicht eingestehen, dass es mit Hilfe der Propaganda beeinflusst und getäuscht worden war. Es existieren lediglich die Vorarbeiten zu einer *Chronik des Kriegsarchivs 1914 bis 1924*, die vom ehemaligen Direktor Oberst, später Feldmarschall-Leutnant Maximilian Ritter von Hoen verfasst wurde. Es handelt sich dabei um ein eigenhändig geschriebenes Manuskript von drei Teilen, etwa 280 Seiten stark mit etlichen Beilagen.[33] Das oben zitierte „lediglich" zeitigt nicht den wahren Tatbestand, der Text stellt eine wahre Fundgrube dar. Die *Chronik* behandelt im ersten Teil die Ereignisse vom 25. Juli 1914 bis 31. Oktober 1918, im zweiten Teil die vom 1. November 1918 bis 31. August 1920 und im dritten die Ereignisse bis 1924. Hoen schreibt im Geleitwort, er hätte die Niederschrift im Frühjahr 1921 begonnen und mit 25. Februar 1924 beendet. „Sehr zu statten kam es mir, daß ich ziemlich genaues Tagebuch führte, das zur Grundlage meiner Arbeit wurde. Erst im

Das Kriegsarchiv in der Stiftskaserne im Jahr 1895

Zusammenhang dieses mit den Direktionsakten wurden mir die Vorgänge wieder lebendig, frischte sich meine Erinnerung auf."

Hoen war von 1914 bis 1917, also vor seiner Übernahme des Kriegsarchivs, auch als Kommandant des KPQs eingesetzt, sodass seine Darstellungen in der *Chronik* ein hohes Maß an Aussagegültigkeit besitzen, nicht nur die Geschichte des Kriegsarchivs als militärische Institution im Weltkrieg betreffend, sondern auch das weite Feld der Publizistik hinsichtlich der literarischen Massenbeeinflussung. Er weist den Leser auch darauf hin, dass er kein zur Publikation bestimmtes Werk verfassen wollte und so den Vorteil für sich in Anspruch nimmt, „frisch von der Leber weg und ohne Rücksicht auf Empfindlichkeiten von Mitmenschen"[34] seine Gedanken zu formulieren.

Das Kriegspressequartier (KPQ)

Selbstverständlich ließ es sich Karl Kraus nicht nehmen, auch zum Thema Kriegspressequartier, relativ spät, nämlich in der Fackel von Dezember 1915, eine Salve loszulassen. Und wie immer entsprechen die unglaublichsten Anmerkungen der Wahrheit:

> Geteilte Ansichten über die Kriegsberichterstattung [...] Man weiß, daß die freiwillig untauglichen Angehörigen des journalistischen Gewerbes zu denen sich auch ein paar mittelmäßige, aber sonst gesunde Malermeister gesellt haben, bei Kriegsbeginn eingefangen und in

einen abgesonderten Raum gesperrt wurden, der Kriegspressequartier heißt, ein Raum, dessen Zugang nur den dort Unbeschäftigten gestattet ist, während wieder die unentbehrliche „Literatur" im Kriegsarchiv sitzt und einige, wie zum Beispiel der Bartsch, sogar auf freiem Fuße schreiben und Deutschland zu Studienzwecken und auf Staatskosten, das heißt für mein Geld, bereisen dürfen. Alle, so da deutsch fühlen und jüdisch können, sie alle erleben jetzt ihre große Zeit. Sie machen sich, wenn sie auch nicht direkt im Schützengraben sind, sondern nur gelegentlich ihn inspizieren, auf ihre Weise, die zufällig die einträglichste ist, der Allgemeinheit nützlich, und es ist ein Glück, daß noch keiner von diesen stillen Helden des Worts, die bis zur letzten Romanfortsetzung auf ihrem Posten ausharren, in den Papierkorb gefallen ist. So leben wir. Am gemütlichsten ist es aber freilich halt doch im Pressequartier. Es wäre weit gefehlt, sich dieses als Ghettoi mit Vorschriften, die die Individualität beschränken, vorzustellen. Wo sind die Zeiten! Heute hat keiner zu klagen, und am allerwenigsten einer von jenen, die im Pressequartier dienen. Manchmal läßt man sie gar aus, es gibt Übungen im Freien, Ausflüge auch nach Wien, und sie werden gelegentlich sogar schockweise an die Front geführt – nicht im Viehwagen, wie anständige Menschen, sondern erster Klasse –, um sich von der Gefahr locken zu lassen und im Kugelregen die Herbstzeitlosen zu beobachten, oder sie dürfen einen todwunden Russen photographieren und sich dabei photographieren lassen. In der Regel aber sitzen sie, wieder in Rudeln oder nur schockweise, im Kaffeehaus eines freundlichen Städtchens, kontrollieren von dort die Vorgänge an vier Fronten und werden wöchentlich einmal mit Nachrichten gefüttert, sei es mit einer „Umklammerung" oder gar einem „Sturm", für den jeder, und selbst einer, der einen Flankenangriff für einen Rippenstoß hält, mit seinem Namen verantwortlich zeichnen darf.

Karl Hans Strobl, Kriegsberichterstatter im KPQ, bestätigte in seinem viel später (1944) erschienenen Roman *Die Weltgeschichte und das Igelhaus* die Angaben von Kraus:

> Die Presse war ein notwendiges Übel, man brauchte sie zum Rühren der Kriegstrommel und zum Blasen der Siegesposaunen, gut! Aber man ließ die Kriegsberichterstatter keineswegs frei herumlaufen, man fing sie zusammen und sperrte sie in einen Käfig, der Kriegspressequartier genannt wurde und dessen Türchen nur ab und zu geöffnet wurde, wenn eine größere Kriegshandlung vorüber war. Dann sandte

man die Zeitungsmenschen gruppenweise auf die Schlachtfelder, sie durften diese besichtigen und die geschehenen Taten besingen.[35]

Schon in Friedenszeiten hatte man Vorbereitungen für die Aufstellung des Kriegspressequartiers getroffen. Der Plan zur Gründung einer unter der Kontrolle der Armee stehenden Presseabteilung geht auf das Jahr 1909 zurück.[36] Der schriftliche Entwurf, die Mobilisierungsinstruktion, enthält hauptsächlich Formales, inhaltliche Aspekte werden eher vage behandelt.

Laut § 20 Punkt 1 sollte das KPQ bereits am 8. Mobilmachungstag im marschbereiten Zustand sein![37] Wien ist als Mobilisierungsstation festgesetzt. Die Aufstellung des KPQ erfolgte durch Maximilian von Hoen am 28. Juli 1914 in den Wiener Hotels „Tegetthoff" und „Spinne". Am 3. August meldete das *Neue Wiener Journal*: „Das Pressequartier der österreichisch-ungarischen Armee. Die Journalisten auf dem Kriegsschauplatz. Seit gestern ist ueber dem Tore des Hotels Tegetthoff in der Johannesgasse[38] die Aufschrift zu lesen: ‚Kommando des Pressequartiers'." Darüber hinaus merkt der Verfasser des Artikels noch an, dass unter den Herren keiner sei, der nicht mit der Schriftstellerei oder der Publizität in persönlichem Zusammenhang stünde, dass aber das Armeeoberkommando selbstverständlich auch die Zensur über den gesamten Nachrichtendienst ausüben werde. Dann folgte noch eine hymnische Beschreibung des Kommandanten (Max von Hoen) und seiner Mitarbeiter.[39]

Neun Tage später, also am 12. August, kann der Leser des Blattes zur Kenntnis nehmen, dass die „Abreise der Kriegskorrespondenten" vonstatten gegangen sei:

> Gestern nachmittag haben die Kriegskorrespondenten der Wiener, Budapester und ausländischen Blätter die Reise nach dem Kriegsschauplatz angetreten. Die in jedem Kriegspressequartier unvermeidlichen englischen Journalisten fehlten, ebenso Delegierte der französischen Presse. […] Die Journalisten, die die Reise in einem Militärzug mitmachten, waren in überaus vergnügter Stimmung. […] Oberst v. Höhn [sic!] und die dem Pressehauptquartier zugeteilten Offiziere fanden sich […] vollzählig ein. Die Kriegskorrespondenten hatten sich für die Strapazen, die ihrer harrten, entsprechend equipiert. Die meisten der abreisenden Herren trugen Sportanzüge. […] Die Lokomotive und die vielen Waggons, aus denen der Zug bestand, hatten Schmuck aus Tannenreisig bekommen. […] Ohne offiziellen Abschied ging die Abreise vor sich. Die Journalisten drückten den Kollegen […] herzlichst die Hand, ein Hornist gab ein Trompetensignal und der Zug setzte sich langsam in Bewegung. Die zurück geblieben waren, stimmten in

brausende Hochrufe auf die Armee ein. Die Soldaten sangen das „Gott erhalte".[40]

Der Kriegskorrespondent der *Neuen Freien Presse*, Roda Roda, ist ebenfalls unter den Abreisenden. Am 13. August 1914 erscheint sein erster Artikel zur Heerfahrt des Kriegspressequartiers:

> Ohne Angabe des Ortes und der Zeit
> Seit Ende Juli hatten wir darauf gewartet, wir vorbestimmten Kriegsberichterstatter: wann dürfen wir endlich hinaus an die Grenze? Kriegserklärung folgt auf Kriegserklärung, Regiment um Regiment zieht an den Feind – und wir? Müssen warten.
> Zitternde, fiebernde Wochen der Ungeduld. Wir sagen es uns selbst hundertmal im Tage: die Mobilisierung, der Aufmarsch, müssen erst beendet, die Hauptquartiere im Feld sein, ehe wir folgen können: dennoch ist es eine unerträgliche Prüfung, das Warten.
> Heute, am 11. August, 3 Uhr nachmittags, blies der Trompeter des Pressequartiers endlich das Signal: Vorwärts! Wohl alle, die wir da hinauswandern, sind Soldaten gewesen – wir haben gerade dieses Signal von unserer Dienstzeit her besonders deutlich im Ohr: „Vorwärts!" – das ist der erste Teil des Generalmarsches, mit dem man den Kaiser begrüßt.
> Und der lange Bahnzug rollt davon: Offiziere, Mannschaft, Zivilisten, Lastwagen, mit Pferden beladen, mit Kutschen, Autos, Trainfuhrwerken. Man sieht erst jetzt, welch großer Apparat es ist, dies k. u. k. Kriegspressequartier, dennoch ein winziger unwesentlicher Bestandteil der ungeheuren Maschine „Armee". […] Zweiundvierzig Berichterstatter werden die Kriegsvorgänge verfolgen – Oesterreicher, Ungarn, Ausländer – Italiener darunter und Schweizer. Man wird also Schilderungen aus unparteiischen Federn lesen; unsere Armee darf sich der Kritik ruhig aussetzen. […] Eine schöne Kameradschaft vereint an die sechzig Männer zu gemeinsamem Schicksal. Wohin es uns verschlagen wird – in die Berge Serbiens, in die Sümpfe Rußlands – wir sind entschlossen, dem Heer auf Schritt und Tritt zu folgen, um Zeugen zu sein seiner Taten in diesem Krieg, der die Erdrinde beben läßt von den Küsten des Mittelmeeres bis zum Polarkreis.

Neun Tage später, am 22. August, titelte das *Neue Wiener Journal* unter „Tagesneuigkeiten":

Kommando und Mitglieder des Kriegspressequartiers vor der Abreise in Wien; Roda Roda in der Bildmitte in Zivil.

Ein Kriegspressequartier.
Frieden im Kriege.
Von unserem Kriegsberichterstatter.

18. August
Wir haben doch einiges Anrecht auf Originalität, denn wir sind in dieser Welt das erste Kriegspressequartier, das in einer modernen Großmachtarmee Europas aufgestellt wurde. Unter uns sind Herren, die mit der Feder in der rechten und dem Revolver in der linken Hand allerhand kriegerische Expeditionen in exotischen Ländern mitgemacht haben, [...] aber keiner, der sich rühmen könnte, schon bei einer Armee, wie die unsere es ist, kommender Dinge geharrt zu haben. Wir können aber noch aus einem anderen und viel gewichtigeren Grunde Anspruch auf Originalität erheben. Wo wir, das k. u. k. Kriegspressequartier, sind, dort ist der Friede. In ganz Europa rast der Krieg, aber zu uns sollte ein findiger Nervenarzt seine Patienten schicken. Wo in der übrigen Welt nicht geschossen wird, dort sorgen doch wenigstens die Zeitungen für die sachgemäße Ausbreitung der Kriegsnervosität. Nichts von all dem bei uns. Die Feldpost hat vermutlich unser Feldpostamt noch nicht ausfindig gemacht, und so hat [sic!] seit unserer Abreise von Wien noch kein Brief und keine Zeitung den Gottesfrieden, der uns begleitet, gestört.[41]

Was die Zensur betrifft, hatte das Blatt bereits am 31. Juli die Leserschaft informiert, dass der übliche, organisierte Nachrichtendienst der Journalistik durch die Kriegsereignisse und deren Folgen so gut wie lahmgelegt sei und dass in den letzten Tagen der gesamte Zeitungsbetrieb durch die Zensurpraxis, die eine der ersten Folgen des Ausnahmezustandes sei, gänzlich umgestaltet wurde.[42]

In den Mobilisierungsinstruktionen, die die „Bedingungen", unter welchen „Zeitungsberichterstatter in das Gefolge der Armee im Felde zugelassen werden können", festschreiben, beschäftigt sich der Punkt 9 der zehn Punkte mit den Zensurmodalitäten[43]: Detaillierter ausgeführt sind die „Grundsätze", die am 5. August 1915 für die Zensurstellen herausgebracht wurden, um die betreffenden Stellen zu informieren, wann eine militärische Nachricht veröffentlicht werden bzw. welchen Inhalts sie nicht sein dürfe.[44] Verboten waren: Strategische Betrachtungen anzustellen, topographische Angaben über die Stellung eigener Truppen oder über die Anwesenheit von Truppen im Rücken der Front zu machen; ferner Erörterungen militärischer Natur, Prognosen oder Vermutungen über die künftige Entwicklung der militärischen Ereignisse. Namentlich war es unzulässig, Offensivoperationen anzukündigen.[45] Namen von Mitgliedern des Allerhöchsten Herrscherhauses, der höheren Kommandanten, Nummern der Regimenter durften nicht genannt werden, Generäle oder Kommandanten durften nicht zu Wort kommen. Aber auch Niederlagen des Feindes und Herabsetzungen desselben sollten unterbleiben etc. etc.

Der Kommandant des KPQ, Max von Hoen, hatte die Aufgabe, die Pressestellen im Inland, die im verbündeten Ausland (Deutschland, Bulgarien, Türkei), diejenigen im neutralen Ausland (Spanien, Schweiz, Schweden) und die in den besetzten Gebieten (zum Beispiel in Bukarest, Warschau und Belgrad) regelmäßig zu kontaktieren, vor allem, wenn es um den Austausch von prominenten Journalisten, Schriftstellern und Künstlern ging (zeitweise waren bis zu 70 nationale und internationale Blätter durch ihre Korrespondenten vertreten). So entsandte Schweden den berühmten Asienforscher Sven Hedin.[46] Umgekehrt sollte Österreich-Ungarn auch im Ausland präsent sein, etwa durch Franz Werfel, Franz Molnár oder Emmerich Kálmán.

Der Standort des KPQs war wechselnd und von mehreren Faktoren bestimmt. Für den Zivilisten ist es vielleicht verwunderlich – ging es doch darum, von der Front, vom Kriegsgeschehen zu berichten –, aber der maßgeblichste Punkt des Reglements war: Abgeschiedenheit von den neuralgischen Punkten der Kriegshandlungen, also hinlängliche Entfernung von der Front sowie vom Standort des Armeeoberkommandos (AOK)! So war also die erste Position des KPQs in Dukla (im polnischen Karpatenvorland)[47]; im September 1914 erfolgte die Verlegung nach Poprad (am Fuße der Hohen Tatra). Weitere Stationen waren z.B. Alt Sandec, Nagy Bisce, Teschen, Mährisch Ostrau, bis schließlich im

30

Herbst 1916 Rodaun bei Wien, also ein Ort im Hinterland, endgültiger Standort wurde. Das veranlasste Egon Erwin Kisch zu der Anmerkung:

> In Wien war der Standort des k.u.k. Kriegspressequartiers – wohlgemerkt: nur der Standort. Das Kriegspressequartier war überall, seine Berichterstatter-Gruppe war in der Etappe, sein Fronttheater fuhr die Fronten entlang, seine Künstlergruppe malte Heldenporträts der Generäle, während die Lichtbildgruppe sie nur photographierte, und die Kinogruppe filmte die großen Herren, um sie den kleinen Männern vorzuführen. Überall übte diese militärische Propagandastelle eine harte Diktatur über das Geistesleben der Monarchie aus.[48]

Um es pointiert zusammenzufassen:
- Der Zugang zur Gruppe der Berichterstatter war schwirig (ihre Anzahl war begrenzt, Ausnahmen bestätigten die Regeln!) und mit ziemlichen Kosten für das jeweilige Blatt verbunden.
- Der Ort, von dem man berichten sollte, war schwer bis gar nicht zugänglich.
- Das Geschehen, über das man berichten sollte, war längst passé, wenn man endlich darüber berichten konnte.
- Der Text, den man verfasste, beruhte auf Vorgaben durch das AOK und musste vor den kritischen Augen des Zensors bestehen.

Kein Wunder, dass sich die Damen (man sollte die von Karl Kraus oft und oft zitierte Alice Schalek und weitere Kolleginnen nicht vergessen zu erwähnen) und Herren Journalisten als Propagandawerkzeuge degradiert fühlten; die Frage, wann, wie und was an die heimischen Blätter gedrahtet wurde, beantwortet sich von selbst. Noch in Dukla kam es zu Protesten von denjenigen Journalisten, die sich als ambitioniert verstanden, im Gegensatz zu jenen, „denen alles recht war und die nur am Zeilenhonorar interessiert waren". Unter der Führung von Roda Roda wurde ein Memorandum verfasst und Beschwerde geführt, wobei schon angemerkt werden soll, dass es sich bei den Verfassern nicht durchwegs um von „hehrem Sendungsbewusstsein Getriebene" gehandelt haben mag.

In der „Dienstordnung des Kriegspressequartiers" aus dem Jahr 1917 wird zum ersten Mal offiziell auf den Auftrag des KPQs hingewiesen: „Pressedienst ist Propagandadienst. Beide gehören zu den wichtigsten Mitteln, das Ansehen der Wehrmacht im In- und Auslande zu heben. Es ist die Pflicht aller militärischen Stellen, der Tätigkeit des Kriegspressequartiers weitgehende Förderung angedeihen zu lassen. Dies gilt naturgemäß auch für die Frontberichterstattung durch die Kriegsberichterstatter."[49]

Damals, in der aktivsten Phase des KPQs, war aus einer improvisierten Presseabteilung ein aufgeblähter Verwaltungsapparat (innerbetrieblich bei

Maximilian von Hoen auch der Riesenfrosch genannt) entstanden, gegliedert in Gruppen und Untergruppen, deren Personalstand von Hoen mit 829 Personen[50] angegeben wird:
1. die Kommandantur und Adjutantur
2. die Kriegsberichterstattergruppe
3. die Kunstgruppe mit angeschlossener Bildersammelstelle
4. die Redaktion bzw. Pressegruppe
5. die „I-Stelle"[Informationsstelle]
6. die Auslandstelle
7. die Inlandstelle
8. die Bildstelle
9. die Filmstelle
10. das Theaterreferat und Musikreferat
11. die Propagandagruppe
12. die Zensurgruppe
13. der administrative Apparat
a) das Platzkommando
b) der Chefarzt
c) die Kanzleidirektion
d) die Geldgebarungsgruppe
e) die Wirtschaftsgruppe
f) die Registratur

Der Wechsel der Kommandanten am 1. April 1917 – von Hoen zu Eisner-Bubna[51] – und die Modifizierungen der Dienstordnung zeigten kaum Auswirkungen zum Besseren. Im Gegenteil, in den letzten zwei Kriegsjahren gewannen die Militärs (das Armeeoberkommando) verstärkten Einfluss auf das Pressewesen, von Förderung der Berichterstatter konnte nicht die Rede sein. Sie waren angehalten, sich mit der prohibitiven Möglichkeit der Einflussnahme auf die öffentliche Meinung zu begnügen. Ein Aufbau positiver propagandistischer Ziele erfolgte nicht, wie es zum Beispiel bei den konzentrierten Propagandaaktionen der Entente der Fall war. Die verschiedenen nationalen Gruppen mit ihren Selbstbestimmungsbestrebungen innerhalb der Monarchie erschwerten nicht nur die Arbeit der Mitglieder des Kriegspressequartiers, es fehlte ganz einfach der Glaube an eine gemeinsame Sache. Im Herbst 1918 erfolgte die schrittweise Auflösung des KPQs. Am 15. Dezember 1918 wurde der Dienst beendet, die Kanzleiräume wurden geleert, und das Kriegspressequartier trat mit dem alten Österreich-Ungarn ab. Die Akten wurden zu Rauch und Asche, die Mitarbeiter reisten in alle Welt.

Auf dem literarischen Feldherrnhügel

Der Leiter der Bude […] ist doch der alte General,
den Du kennst, wie heißt er.
(Karl Kraus an Sidonie Nádherný)[52]

General der Infanterie Emil Freiherr Woinovich von Belobreska

Woinovich kommt nicht nur bei Karl Kraus schlecht weg, auch Offiziere aus den eigenen Reihen finden wenig Ruhmesworte für ihn. Er hatte die Theresianische Militärakademie in Wiener Neustadt besucht und kletterte langsam, aber beständig die militärische Karriereleiter mit all ihren Chargen, vom Leutnant bis zum General der Infanterie, hoch. Er war Lehrer an der Kriegsschule für Kriegsgeschichte und Strategie und verfasste im Zuge dieser Lehrtätigkeit auch ein Buch die Thematik betreffend; er leistete über 30 Jahre Truppendienst. Mit November 1901 wurde er als Direktor ins Kriegsarchiv berufen. Die publizistischen Sporen zu diesem Amt hatte er sich bloß durch ein dünnes Büchlein über die *Elemente der Strategie* verdient, weitere Veröffentlichungen lagen nicht vor – höchst ungewöhnlich für das Erlangen dieser Position.[53] Er war aber ein kluger Mann, der gewiss stärker ins Rampenlicht gerückt worden wäre, hätte er nicht ein von Geburt auf bestehendes Brandmal im Gesicht getragen. Es war für jeden, der mit ihm sprach, außerordentlich störend, auch für ihn, so dass er meist mit halb abgewandtem Gesicht zu seinem Gegenüber redete.

Woinovich selbst wusste sehr wohl um die eigenen Schwächen und die Meriten seiner Mitarbeiter Bescheid. So gibt es einen Entwurf[54] seiner Abschiedsrede (er schied 1916 aus dem Dienst), in der er seine Leistungen sehr bescheiden hintanstellt, während er die seiner Mitarbeiter deutlich hervorstreicht. Auch sein Belohnungsantrag für Maximilian von Hoen spricht eine deutliche Sprache:

> […] Inmitten eines Kreises vortrefflicher Offiziere der Kriegsgeschichtlichen Abteilung, dem so bewährte Männer wie […] Hptm. Veltzé angehören, steht Obstlt. v. Hoen als intellektueller Mittelpunkt. Die geistige Qualität dieses Mannes ist eine so besondere, seine Arbeitsleistung und seine Schaffensfreude eine so außergewöhnliche, daß ich wohl sagen kann, er ist eine Klasse für sich.

> [...] Obstlt. v. Hoen's Bedeutung blieb auch im Auslande nicht unbemerkt und man übertrug ihm die Fertigstellung des bekannten Werkes über den Krieg 1809 von Binder Kriegelstein. Was Hoen in diesem zweiten Bande leistete, bleibt ein Verdienst für alle Zeiten, denn B.-K. war kein Freund seines ehemaligen Vaterlandes geblieben u. in seinem Urteil [...] nichts weniger als objektiv. Die „Berichtigungen" H.'s zu B.-K. sind ein Kabinettstück diplomatischer Kunst, die Wahrheit zu sagen, ohne jemand zu verletzen.
>
> [...] Wenn ich alles hier gesagte [sic!] zusammenfassend beurteile, erscheint mir die Arbeitsleistung Obstlt. v. Hoen's als einzig dastehend und deshalb ganz besonders hervorragend, womit Arbeitsleistung und Arbeitsergebnis sich die Waage halten. Es sei mir daher gestattet, diesen ausgezeichneten, zu den denkbar besten Hoffnungen berechtigenden Stabsoffizier der ganz besonderen Huld und Gnade S.M. auf das allerwärmste und eindringlichste empfehlen zu dürfen.

Außerdem war es Woinovich, der das Startsignal zur Installierung der Literarischen Gruppe im Kriegsarchiv gab und der – eindeutig über das Ziel hinausschießend – aus der in Friedenszeiten dahindämmernden Institution einen großangelegten Propagandaapparat konstruierte. Im Spätherbst 1916 wurde der alte General in Pension geschickt, Max von Hoen trat die Nachfolge an.

Feldmarschall-Leutnant Maximilian Ritter von Hoen[55]

> Hoen war ein Unikum, wie es nur die kaiserliche Armee und auch diese nur in einzelnen Exemplaren vertrug; da allerdings wirkten sie wie Sauerteig. [...] Als ich ihn kennenlernte, erklärte er mir, er sei in Mexiko, wo sein Vater unter Kaiser Max diente, gezeugt, in Fulda [1867] geboren und in Budva – an der südlichsten Spitze des Habsburgerreiches – heimatzuständig geworden. Hochbegabt, mit einem beißenden, mitunter etwas destruktiven Humor ausgezeichnet, in seinem Gehaben ein Bohemien[56]. [...] Es war üblich, daß die in die kriegsgeschichtliche Abteilung kommandierten Generalstäbler meist nur vier bis fünf Jahre in dieser Kommandierung blieben, die nicht besonders gut dotiert war. Als Hoen 1896 ins Archiv kam, geschah es für sein ganzes Leben. [...] Max R. v. Hoen hatte eine eigene Schule der Kriegsgeschichtsschreibung gegründet. [...] Er ging wie ein Sherlock Holmes an die kriegsgeschichtlichen Probleme heran [...], freilich war er auch ein Meister, Quellen zu lesen.[57]

Emil Freiherr von Woinovich Belobreska (1851 – 1927) leitete das Kriegsarchiv bis 1915.

Maximilian von Hoen (1867 – 1940) war nicht nur im Kriegsarchiv tätig, sondern leitete zwischen 1914 – 1917 auch das Kriegspressequartier.

Alois Veltzé (1864 – 1927) stellte im Kriegsarchiv die Literarische Gruppe zusammen und wirkte an fast allen Publikationen selbst mit.

Hoen wurde bereits im Dezember 1904 die Funktion eines „Pressleiters" (Leiter des Kriegspressequartiers) zugesprochen; gleichzeitig wurde er auch zum Pressleiter der Armeemanöver bestimmt – in Friedenszeiten eine ebenso ehrenvolle wie mühevolle Aufgabe. Aus dieser Zeit stammt im Übrigen auch seine Beziehung zu Roda Roda.[58] Zu Kriegsbeginn übernahm er vor allem die Brückenfunktion zwischen Kriegsarchiv und in- und ausländischer Presse und ließ sich nicht ungern Journalisten-General nennen. Als Chef der „Tinterln" und „Kriegsschnapseln"[59] sah er seine Position rückblickend als eine Gratwanderung zwischen Propagandadienst und Sicherheit der Berichterstatter. Das Kriegspressequartier zu führen, war sicher keine einfache Aufgabe. Als Militarist dem Armeeoberkommando verpflichtet, musste er versuchen, die große Gruppe der Journalisten, Maler, Kriegsphotographen und Kinoleute immer dorthin zu bringen, wo sie am meisten sahen, sie aber auch gleichzeitig vor den Strapazen und Gefahren des Krieges zu bewahren. Das Reglement der Zensurbestimmungen traf ihn genauso wie die Presseleute. Einen Ausgleich zu finden zwischen den Wünschen der Journalisten und der Verhinderungstaktik des Armeeoberkommandos, war eine tagtägliche Gratwanderung.[60]

Hoens Pressekonferenzen waren gut besucht, seine Informationen waren stets mit einem Bonmot gewürzt. „Zuerst müssen die Gewehre auf den Kriegsschauplatz, bevor die Federn anrücken können", meinte er zu einem ungeduldigen Journalisten, der bereits am 3. August 1914 an die Front drängte.

Wo es eine Kriegsausstellung, eine Festveranstaltung zu organisieren gab (dazu einleitende Worte zu sprechen), zum Beispiel zu Kaisers Geburtstag am 18. August 1914; wo es Vorworte zu formulieren galt, wo überzeugt, gelobt, gejubelt werden musste – immer war es Max von Hoen, der, in vorderster Linie stehend, diese Aufgaben gern übernahm. Im Generalstab wurde er nicht ernst genommen, im AOK herrschte allgemeine Geringschätzung für die „Helden der Feder", und so wurden er und seine Arbeiten sabotiert. Das soll ihm nichts ausgemacht haben, im Gegenteil, er fühlte sich wohl in der Rolle des Narren.[61] Die Verbindung des militärischen Rockes mit der Narrenkappe der „Schlaraffia" fand er durchaus genehm. Bis 1918 musste man als Offizier einen Revers unterzeichnen, in dem man sich verpflichtete, keiner geheimen Gesellschaft anzugehören. Nach dem Umsturz 1918 bekannte er sich zu seinem langjährigen Freimaurertum. Er hatte auch in seinem Testament festgehalten, er wolle in der „weißen Uniform eines kaiserlichen und königlichen Generals" in den Sarg gebettet werden, egal in welchem politischen Zeitalter man sich gerade befinde. Seine Witwe erfüllte ihm im September 1940, als er an einem Schlaganfall verstarb, diesen letzten Wunsch.

Hoen war aber auch der, der es wagte, Kaiser Karl zu widersprechen. Karl hatte für Hoen wenig Sympathie und sprach diesen im Rahmen einer Audienz auf den Personalstand im KPQ an: „In Ihrem K.P.Qu. trieb sich eine Menge unnützer Gesellschaft herum. Ich hoffe, daß in kürzester Zeit kein einziger Fronttauglicher mehr vorhanden ist." Hoen, wissend um die vielen Interventionen von erzherzoglicher und ministerieller Seite, meinte nur: „Mir soll's recht sein, Majestät, wenn es Ihnen gelingt." Umgehend gab es eine Weisung, in der am 19. und 21. März 1917 Musterungen durchgeführt wurden, wobei von den 17 österreichischen Berichterstattern sechs und von der ungarischen Gruppe (13 Berichterstatter) neun als tauglich erklärt wurden. Dieses „Osterpogrom" ging schlussendlich aus pragmatischen Gründen glimpflich aus, laut Horstenau musste keiner an die Front.[62]

Oberstleutnant Alois Veltzé[63]

Veltzé wurde 1864 in Ungarn (Tötis) geboren, war Absolvent des Instituts für Österreichische Geschichtsforschung und machte in den Jahren 1894 bis 1920 Karriere im Kriegsarchiv. Er brachte es vom Oberleutnant bis zum Oberst. Seit 1902 war er Vorstand der Bibliothek, seit 1914 Vorstand der Schriftenabteilung und seit 1918 Leiter der Staatsaktenabteilung. Er blieb bis zu seiner Pensionierung im Jahr 1920 im Kriegsarchiv, danach nahm er die italienische Staatsbürgerschaft an, wobei ihm auch der Rang eines Oberst der italienischen Armee zugestanden wurde. Er starb im März 1927 in Wien. Veltzé war einer der tätigsten und fleißigsten Militärschriftsteller der Monarchie (im Gegensatz zu seinem Vorgesetzten Woinovich), wobei sein Œuvre nicht nur äußerst umfangreich, sondern auch breit gefächert ist. Unter anderem bearbeitete er den im Kriegsarchiv aufbewahrten Nachlass des Fürsten Raimund Montecuccoli und publizierte ein vierbändiges Werk *Ausgewählte Schriften des Raimund Fürsten Montecuccoli, Generalleutnant und Feldmarschall* (Wien 1899–1900). Er redigierte *Das Kriegsjahr 1809 in Einzeldarstellungen* (11 Bände, Wien 1905– 1910), *Unsere Truppen in Bosnien und Herzegowina 1878. Einzeldarstellungen* (6 Bände, Wien 1907–1909) und *1813–1815. Österreich in den Befreiungskriegen* (10 Bände, Wien 1911–1914).

Aus den Erscheinungsdaten ist ersichtlich, dass es sich bei den genannten Werken um Arbeiten aus der Zeit v o r Veltzés Tätigkeit als Leiter der Literarischen Gruppe handelt. Während der Kriegsjahre verlängert sich die Liste entsprechend. In der Chronik Hoen gibt es eine Beilage, *Veltzés literarische Tätigkeit im Kriegsarchiv*, die 57 Positionen (= Bände) aufzählt.[64] Seit 1914 war Veltzé Leiter der Literarischen Gruppe und redigierte die vom Kriegsarchiv veröffentlichten Werke.

Die literarische Truppe im Kriegsarchiv – „Nur nicht an die Front!"

Bei den „Tinterln des Armeeliteratentums"
(Karl Kraus)[65]

Organisation und Aufbau

Die Geburtsstunde der Literarischen Gruppe wird von Max von Hoen mit Mitte Oktober 1914 angegeben, als innerhalb der Deutschen Obersten Heeresleitung die Idee kursierte, „möglichst bald ein für das Volk bestimmtes Werk über den Krieg zu schaffen".[66] Feldmarschall-Leutnant Josef Graf Stürgkh – er war zum damaligen Zeitpunkt Österreichs Vertreter bei der deutschen Heeresleitung – berichtete dem österreichisch-ungarischen Armeeoberkommando. Dieses hieß den Plan gut, vor allem, weil es sich um ein gemeinsames Projekt handle, das „die Einmütigkeit beider Kaiserreiche und ihrer Völker in monumentaler Weise zum Ausdruck bringen" werde.

Der Direktor des Kriegsarchivs General Woinovich errichtete mit Zustimmung des Kriegsministers Feldzeugmeister Krobatin die Literarische Gruppe und machte sich auf die Suche nach fähigen Mitarbeitern. Mit 20. Dezember 1914 engagierte er neben anderen Hauptmann d. R. Rudolf Hans Bartsch und den Dichter Franz Karl Ginzkey (er war Offizier im Militärgeographischen Institut), die gleichsam die nächste hierarchische Ebene über der Gruppe der Schreiber bilden sollten.

Noch im Oktober hatte das Armeeoberkommando an einer Zusammenarbeit mit dem Kriegsarchiv bezüglich einer Populärdarstellung des Krieges durchaus Interesse gezeigt, doch schon einen Monat später wollte man die Geschichtsschreibung des Krieges nicht aus der Hand geben. Und so scheiterte, wie so viele großangelegte Pläne, das gemeinschaftliche Projekt nicht nur an der bilateralen Frage – Deutschland war auf die detaillierten Pläne nicht mehr eingegangen –, sondern auch an innerösterreichischen Unstimmigkeiten und Querelen. Das AOK hielt aber noch fest, dass man die anerkennenswerten und initiativen Vorbereitungen des Kriegsarchivs durchaus begrüße und sie auch unterstützen würde. Bis zum Jänner 1915 kam man auf deutscher Seite über die Anfänge einer Darstellung nicht hinaus; zu guter Letzt schlief die Idee im Bruderland zur Gänze ein.

Im k. u. k. Kriegsarchiv war man indessen nicht untätig.

Die österreichischen Aufsätze über den Herbstfeldzug, verfasst von einem Major Karl Schneller (es handelte sich vor allem um Geschehnisse an der Ostfront, um die Schlacht von Limanowa-Lapanów), wurden in *Streffleurs Militärblatt* Anfang des Jahres 1915 in mehreren Folgen abgedruckt.[67] (Limanowa bedeutete einen Umschwung für das österreichische Heer. Nach dem Fall von Lemberg und den besonders verlustreichen Kämpfen um Przemyśl, die überhaupt nur mit deutscher Truppenhilfe zu bestehen waren, bildete Limanowa-Lapanów gleichsam eine Wende; zwischen 1. und 6. Dezember konnte man die russische Armee zurückwerfen; am 6. Dezember wurde Lodz durch die deutschen Truppen eingenommen.)

Im Ministerium des Äußeren stieß man sich an der Darstellung und die Märznummer wurde mit dem Hinweis, der Text sei nicht gemeinverständlich genug und außerdem fehle eine politische Einleitung, abgelehnt. Nach langen Auseinandersetzungen im Armeeoberkommando wurde im März (endgültig Mitte Juni) schließlich Max von Hoen mit der Umformulierung und Endredaktion betraut.

Die Operationen auf den Schlachtfeldern überholen allerdings die Darstellung. Viele Berichte wurden in der deutschen Presse, ohne Rücksichtnahme auf Österreich-Ungarn, sofort ausgeschlachtet; von österreichischer Seite machte sich die Generalität Sorgen, dass durch die Bekanntgabe von Details der Ordre de bataille laufende Operationen zu Schaden kommen könnten. Dennoch nahm man die Kontakte zur deutschen obersten Heeresleitung wieder auf, um eben jene Probleme abzuklären. Hoen seinerseits kümmerte sich persönlich um einen Schulterschluss mit einigen Offizieren des deutschen Pressedienstes. Diesem Bemühen schloss sich zuletzt auch General der Infanterie Franz Conrad von Hötzendorf an und es kam zu folgenden Festlegungen:

> Die österreichisch-ungarische Darstellung soll sich auf das Militärische beschränken und politische Ereignisse möglichst vermeiden.
> – Das Entstehen der einzelnen Pläne durch die Zusammenarbeit der beiden Heeresleitungen soll im allgemeinen nicht entwickelt werden, sondern es sollen lediglich Geschehnisse dargestellt werden. – Alle Darstellungen, welche abgeschlossen behandelt sind, sollen vor der Veröffentlichung den Deutschen vorgelegt werden. – Die in den Einzelheften gegebene Darstellung soll als grundlegend für die spätere große Geschichte gelten und muß dieser Rechnung tragen.[68]

Trotz – oder vielleicht gerade wegen – dieser Vereinbarungen konnte das Werk Hoens über den Feldzug 1914 erst wesentlich später abgeschlossen und zur Drucklegung gebracht werden.

Inzwischen hatte sich Oberstleutnant Veltzé bemüht, alle Offiziere, die im KA ihren Arbeitsplatz hatten, für diese literarische Tätigkeit zu gewinnen, also die Literarische Gruppe zu festigen. Die Abkommandierung der Herren Bartsch[69] und Ginzkey[70], anerkannte Dichter ihrer Zeit, blieb nicht unbemerkt; im *Neuen Wiener Journal* erschien sogar eine Notiz, die Aufstellung der Literarischen Gruppe betreffend. Im Dezember 1914 war es auch militärisch weniger gut informierten Personen klar, dass der Krieg nicht schon in diesem Winter sein Ende finden würde. Nachmusterungen fanden laufend statt, die Angst vor dem Einzug an die Front, besonders die Ostfront, saß wie ein Gespenst manchem Literaten drohend im Nacken. Die Überstellung ins Kriegsarchiv versprach Rettung und Sicherheit.

Der erste, der damals zur Literarischen Gruppe stieß, war der Einjährig-Freiwillige Dr. phil. Stefan Zweig, der sich zum Kriegsdienst gemeldet hatte, jedoch zum Frontdienst infolge einer Operation ungeeignet war und nun beim Trainzeugsdepot in Klosterneuburg Schreibdienst machen sollte. Neben anderen folgt mit 1. Mai 1915 der damalige Landsturmtitular-Korporal Alfred Pollak, als Schriftsteller unter dem Namen Polgar bekannt, am 9. Mai 1915 der Landsturm-Korporal Geza Silberer[71], genannt Silvara (auch Sil-Vara oder Sil Vara). Als freiwilliger Mitarbeiter meldete sich Franz Csokor – Eintritt in das Kriegsarchiv am 7. Juni 1915. Er musste das Archiv am 14. August 1915 für kurze Zeit wieder verlassen, und erst mit 29. Dezember 1915 gelang es, den inzwischen „Superarbitrierten" wieder in die heiligen Hallen aufzunehmen. Rainer Maria Rilkes Auftritt in der Stiftskaserne war von kurzer Dauer; er war dort vom 27. Jänner bis 27. Juni 1916 beschäftigt. Felix Sigmund Salten stellte sich erst mit 18. Juli 1916, dann allerdings bis zum Umsturz 1918, in den Dienst der Literarischen Gruppe. Sammelt man die in der *Chronik Hoen* genannten Mitarbeiter der Literarischen Gruppe von 1914 bis 1918 in einem Register[72], kommt man auf die erkleckliche Zahl von 45 Personen. Zugegeben, viele unter ihnen konnten die literarischen Meriten der oben Genannten nicht vorweisen.

Angesichts dieser Zahl von Mitarbeitern und der Unmenge von Publikationen stellt sich die Frage, für welches Lesepublikum die literarische Produktion des Kriegsarchivs gedacht war. Sicher nicht für den gemeinen Soldaten an der Front oder in der Etappe, dafür waren die Werke – wie nachfolgend zu sehen ist – zu bibliophil, zu aufwändig, zu schwer, zu groß. Auch in den Kaffeehäusern riss man sich eher die Zeitungen – „Eeeextrablatt!" – aus der Hand, als sich in Bücher zu vertiefen. Also war es letzten Endes nur eine relativ kleine gehobene Leserschicht des In- und Auslands, die zu den Werken der Armeeliteraten griff. „Vom Kriegsarchiv wußten wir Schriftsteller, aber das große Publikum interessierte sich kaum für diese Zweigstelle, sondern lechzte nach Nachrichten von der Front."[73]

Produktion / Publikation / Munition – ein Bombengeschäft!

Buchpublikationen: Bücher sind Kriegsmittel wie Granaten!⁷⁴

Da das „populäre Kriegswerk", die Zusammenarbeit Deutschlands und Österreichs, doch eine längere Zeit in Anspruch nehmen würde und da die Schriftsteller und Literaten nun schon einmal im Kriegsarchiv ihre Plätze eingenommen und die Federn gezückt hatten, fasste Oberstleutnant Veltzé den Entschluss, eine Reihe von Einzelschriften zu publizieren, die – laut Zirkularerlass des Kriegsministeriums zur Belebung des gebührenden Interesses dienen sollten; Woinovich war einverstanden.

Aus eingelangten Belohnungsanträgen galt es, passende auszuwählen und ohne Kenntnis der Örtlichkeiten oder der Kriegshandlung kleine Erzählungen zu konstruieren, die die Leistungen der Offiziere und im Folgewerk die

Propagandaband der Literarischen Gruppe

der einfachen Soldaten gebührend würdigen sollten, eben diese zu „Helden zu frisieren". Authentische Vermittlung von Kriegsgeschehen war nicht möglich, aber auch nicht erwünscht. Die Schreiber waren gezwungen, die dichterische Freiheit walten zu lassen, was der historischen Wahrheit erheblichen Abbruch tat. Die Herren Literaten mussten aber irgendwie doch den Ton getroffen haben, denn es gab lediglich eine Beschwerde.[75] Im Hinblick auf den Umfang lautete der Hoensche Auftrag: Drei Geschichten täglich![76] Es ist nicht verwunderlich, dass die Literaten sich als Produzenten propagandistischer Fließbandtexte fühlten, und manche von ihnen, etwa Rainer Maria Rilke, waren nicht in der Lage, diese Aufgabe zu erfüllen. Andere – wie Stefan Zweig – verloren ihre schöpferische Kraft und fielen in Untiefen stilistischer Bedeutungslosigkeit. Aber, es galt die Parole: „Nur nicht an die Front!"

> Drei Tage zwischen Felsen versteckt[77]
> Der Plänkler Aaron Timmeltaler von den Tiroler Landesschützen war beim feindlichen Angriff auf die Zsigmondihütte von seinem Schwarm versprengt worden und geriet plötzlich mitten in den Feind hinein. Rings um sich hörte er italienische Kommandorufe, sah Alpini und Bergsaglieri vorrücken und zurückgehen und nur die felsige Landschaft gab ihm einige Möglichkeit, sich notdürftig zu verbergen und er dachte sich's aus, von dort noch am selben Tag zu den Seinen durchzurutschen. Aber so rasch bot sich keine Gelegenheit, nicht weniger als drei Tage musste sich dieser hingebungsvolle Soldat ohne Wasser und Nahrung in den Felsen verkriechen, aber er war einer von den alten Tirolern, die lieber siebenfachen Tod erdulden würden als italienische Gefangenschaft. In der dritten Nacht gelang es ihm endlich, die Patrouille der Italiener zu durchbrechen und zu seiner eigenen Abteilung zurückzuschleichen, der er ganz hervorragende Nachrichten über die Absichten und Bewegungen der Italiener bringen konnte, die sich auch alle als richtig und für den Kampf der nächsten Gefechte als bedeutungsvoll erwiesen. Der wackere Standschütze wurde mit der silbernen Tapferkeitsmedaille zweiter Klasse ausgezeichnet.

Im Frühjahr 1915 (die Jahre 1915 und 1917 waren die produktivsten) wurde die erste Sammlung dieser Tatsachenschilderungen zusammengestellt. Es ist der erste Titel von mehr als einem Dutzend Bände aus der Produktion des Kriegsarchivs, Literarische Gruppe. Diese Bücher sollen in der Folge kurz vorgestellt werden, weitere Beispiele propagandistischer Texte finden sich in den Kapiteln betreffend die jeweiligen Schriftsteller.

Die erste Textsammlung erschien also im Juni 1915 unter dem Titel *Unsere Offiziere. Episoden aus den Kämpfen der österreichisch-ungarischen Armee im*

Weltkrieg 1914/15 im Verlag der Manz'schen k. u. k. Hof-Verlags- und Universitäts-Buchhandlung. Am Titelblatt wird auch noch festgehalten:

> Unter der Leitung des geh. Rates, Generals der Infanterie Emil von Woinovich Direktor des k. u. k. Kriegs-Archivs, Korr. Mitglied d. k. Akademie d. Wissenschaften.
> Herausgegeben und redigiert von Oberstleutnant Alois Veltzé, Abteilungsvorstand im k. u. k. Kriegs-Archiv.
> Unter der Mitarbeit von Rudolf Hans Bartsch, Franz Karl Ginzkey, Viktor Hueber und Stefan Zweig.

Die 242 Seiten enthalten etwa 170 Kurztexte mit zündenden Überschriften wie: *Das Lied vom braven Mann, Auf drei Seiten im Feuer, Die gerettete Fahne, Der Wille eines Einzelnen, Mit letzter Kraft zum Sieg, Was 35 Honvéds vermögen* etc. etc. Die einzelnen Artikel sind nicht gekennzeichnet und nur der Zufall macht es möglich, wie bei der nächsten Publikation, dass einige wenige zugeordnet werden können. Das Buch ist hart gebunden, enthält etliche photographische Abbildungen, selbstverständlich an erster Stelle das Porträt des Kaisers, weitere zeigen schneidige Offiziere in Gruppe, zum Beispiel vor einem leeren und nicht umkämpften Schützengraben; auch mit Soldaten bei der Feldmesse oder mit B(G)etroffenen auf einem Verbandplatz. Der opulente Buchschmuck, Eichenlaub oder Mistelzweige gewunden um die entsprechende „Dekoration" (= Orden), stammt vom Zeichner Hans Printz und trennt die Texte voneinander; ein prachtvolles „viribus unitis" findet sich auf Seite eins.

Im August 1915 folgte der zweite Sammelband *Unsere Soldaten*, gesamt gesehen das Pendant zu den „Offizieren": gleiche Redaktion, gleicher Untertitel, in diesem Fall unter Mitarbeit von Rudolf Hans Bartsch, F. Th. Csokor, Franz Karl Ginzkey, Leopold Schönthal und Stefan Zweig. Wieder die ansprechende Ausstattung, alles wie gehabt. An Bildern gab es kleine Varianten: Auf der ersten Seite befindet sich der Auszeichnungen verteilende Thronfolger, im Übrigen – Soldaten. Soldaten hinter und neben diversen Mörsern, im Pferdewagen, über von ihnen gebauten Notbrücken marschierend (neben dem zerstörten Original), an Cholera erkrankt, von einem Priester versehen mit der letzten Ölung und – Heldengräber.

Das Buch ist in mehreren Auflagen erschienen (bis Ende 1916 waren 10 000 Exemplare ausgeliefert worden) und enthält als Neuerung einen Text zur Einführung sowie ein Namensverzeichnis der Helden im Anhang. Die Worte zur Einleitung beschwören, über die Klassenschranken hinweg, das Einigende des Krieges, Kameradschaft und Schwurbrüderschaft. Obwohl nicht gezeichnet,

"Viribus unitis", der Wahlspruch von Kaiser Franz Joseph als Buchschmuck

könnte es sich bei untenstehendem Beitrag um eine Arbeit von Stefan Zweig handeln:

> Das Leben, der große Schicksalgestalter, baut bunte Vielfalt auf, es schichtet seine Menschen in Stände und Klassen, in Berufe und Beziehungen, es hebt einen über den andern, schafft Ordnungen und Abstufungen. – Der Tod, der große Vereinfacher, löscht alle diese Unterschiede wieder aus. In seiner Gegenwart stürzen alle Unterscheidungen zusammen, schmelzen die Zwischenstufen, nichts bleibt dem Menschen als das Gemeinsame, das Brüderliche der letzten Not. Darum ist das Schlachtfeld der große Ordner der Einheit. Im Felde sind der höchste Offizier und der geringste Soldat, obwohl übergeordnet und untergeordnet, doch nur Kameraden, im höheren Sinne des Schicksals, eins durch die Gefahr und eins dadurch, daß sie in diesem eisernen Spiele beide das Höchste, ihr Leben mit allen seinen gesteigerten Kräften einsetzen für den gleichen Gewinn, für den Sieg und die Ehre von Herrscher und Vaterland. Offizier und Mannschaft, beide wirken mit allen geistigen und sinnlichen Kräften ihres Blutes, unentbehrlich einer dem andern, Schulter an Schulter in gleicher Gefahr,

beide sind sie nur Wächter einer Fahne, Hüter eines Volkes, Schwurbrüder einer Ehre – die Nation in Waffen: die Armee! [...]

Den Schluss des Buches macht das Gedicht *Mannschaft* von Franz Theodor Csokor, in das symbolhaft alle die Nichtgenannten aufgenommen sind:[78]

Mannschaft.

Millionen – wurden sie entboten,
Millionen – hoben sie die Hand,
Als rings des Hasses Brände lohten
Um das bestürmte Vaterland.

Sie haben Hof und Heim gelassen
Und ohne Zagen, still und schlicht,
Sich aufgemacht in grauen Massen,
Ein Schwur, Ein Wille, Ein Gesicht.

Sie waren Erze ihrer Erde,
Sie waren Kiele ihrer Flut,
Sie waren Flammen ihrer Herde,
Sie waren ihrer Wolken Blut.

So wuchs ihr Feld, das wundervolle,
Und blieb kein Fehl in seiner Saat.
In Feuer, Wasser, Wind und Scholle
Fielen die Zeugen ihrer Tat.

Durch Wintereis und Sommerschwüle
Hat unbewegt ihr Werk gestrahlt.
Sie sind die große Gottesmühle,
Die alle ihre Feinde mahlt.

Alle Publikationen des Kriegsarchivs stehen unter einer Prämisse: Für Gott, Kaiser und Vaterland! Für nahezu alle Texte, seien es Gedichte wie das von Csokor, Erzählungen, Novellen oder Schilderungen, gilt das einigende Ziel, nämlich dem Publikum, den Käuferinnen und Käufern, hoffentlich auch den Leserinnen und Lesern vor Augen zu führen, dass dieser Krieg ein gerechter, ein gerechtfertigter sei, dass der Wunsch nach Beendigung des großen Mordens, ja vielleicht gar das Streben nach Frieden hintanzusetzen sei; dass viele schon heldenmütig – und völlig freiwillig! – in den Tod gegangen seien, dass dieses Sterben doch nicht sinnlos, sondern edle Tat und vorbildhaft gewesen sei. Sein Blut hinzugeben für die eigene Heimat, das Vaterland ist edle Pflicht, und wenn vielleicht an der Person des Kaisers als gerechten Vater und Monarchen

Zweifel auftauchten, soll immer bedacht werden, dass es doch die große Allianz zwischen Habsburg und Gott gebe – war doch der Monarch im Stande des Gottesgnadentums!

Neben diesen edlen Motiven, die für die Literaten des Kriegsarchivs genauso zwingend sein sollten, bestand noch ein vielleicht nicht ganz unbedeutender Nebeneffekt des literarischen Kriegsdienstes. In der Chronik Hoen findet sich ein Hinweis auf die Entgelte für die geleistete Arbeit:

> Da der Verlag den Herausgebern und Mitarbeitern ein Honorar bezahlte, wovon allerdings je 500 K dem Witwen- und Waisenfonds sowie dem Roten Kreuz zugewandt wurde, während der Verlag sich zur gleichen Abgabe verpflichtete, […] ordnete das Kriegsministerium am 25. September mit Erlass […] an, dass die auf Grund dienstlich verfassten Werke in Hinkunft als dienstliche Arbeit zu betrachten und dem Kriegsministerium einzusenden seien, [die] sie in der eigenen Druckerei in den Druck legen wollte.[79]

Nach einer Beschwerde rückte das Kriegsministerium von dem kleinlichen Standpunkt ab (man zog jene Anordnung stillschweigend zurück) und überließ den Mitarbeitern die wenigen Kronen Honorar; wohl eher auch deshalb, weil das ganze Verfahren zu teuer zu werden drohte. Die nächste Produktion wurde wieder im Hause Manz gedruckt, an das Kriegsarchiv ging aber die Forderung, „dass künftig bei ähnlichen Publikationen genauer darauf geachtet werde, dass die Waffengattungen nach ihrer Bedeutung und Zahl, Österreicher und Ungarn entsprechend dem Stande der Bevölkerung im richtigen proportionalen Verhältnis berücksichtigt würden". Das heißt, man sollte also paritätisch vorgehen.

Unnötig zu erwähnen, dass sämtliche Publikationen zu jeder sich bietenden Gelegenheit beworben wurden: Jedes Buch hatte auf den letzten Seiten eine lange Liste von Anzeigen „Weiters bei Manz erschienen" oder „Ullsteins Kriegsbücher". Die verschiedenen Zeitungen erhielten Rezensionsexemplare und rezensierten auch tüchtig. Der Verkaufserfolg machte auch kleinere und größere Geldflüsse in die Portemonnaies der Kriegsliteraten möglich. Der Berliner Ullstein Verlag hatte als einer der ersten den Krieg als Markt entdeckt und sein Programm diesem angepasst. Seine Kriegsbücher wurden weichgebunden, in einem eigenen Format und Umfang produziert, dass sie gut in Taschen und Tornister der Soldaten passten – feldgerechte Lektüre! Die Auflagen und der damit verbundene Gewinn waren entsprechend. Ein Spitzenreiter war sicher Ganghofers *Reise zur deutschen Front 1915* mit einer Auflagenhöhe von immerhin 230 000 Exemplaren! Stefan Zweig schreibt dazu an Franz Karl Ginzkey:

12. August 1915
Lieber Freund, ich schreibe Ihnen sofort. Ihre Sache im Archiv ist geordnet. Der Anteil [= minus der Abgabe für wohltätige Zwecke] von 360 Kronen war Ihnen bewahrt und wird Ihnen von Oberleutnant S[chönthal] sofort gesandt Wir freuen uns sehr, dass Sie mit dem Buche zufrieden sind. [...] Hier im K.A. ist es sehr angenehm. Wir haben jüngst einen kleinen Kameradschaftsabend beim Heurigen in Thallern gehabt. [...] Oberstl. Veltzé ist reizend zu uns, er hat sich jüngst wirklich charmant benommen, indem er uns Vieren – Schönthal, Sil-Vara, Polgar und mir – im Geheimen, ohne dass es im Archiv bekannt werden soll, freiwillig statt eines kleinen Urlaubs je einen Tag für jeden in der Woche freigibt. [...] Ich finde das entzückend von ihm. [...] Manz scheint glänzende Geschäfte zu machen, von den *Offizieren* sind über 2000 verkauft, von den *Soldaten* kauft fast sicher das A.O.K. eine ganze Auflage. Die Bücher sind in Wien jetzt sehr bekannt, wir leiten auf Wunsch des Oberstl. auch eine Pressecampagne dafür ein. Ob die Volksausgabe bei Ullstein zusammenkommt, weiss ich nicht, ich fürchte Manz steht auf den Hinterbeinen. Aber das hiesse 100 000 Exemplare! Schade, wirklich schade! [...][80]

Die dritte Publikation *Aus der Werkstatt des Krieges*[81] erschien noch im gleichen Jahr. Das Buch sollte „dem Publikum die vielfache Tätigkeit auf militärischem Gebiet, die sich aus dem Kriege auch hinter der Front und im Hinterlande ergaben, in einer Reihe gemeinverständlicher Artikel vorführen".

Ein Blick in das Inhaltsverzeichnis zeigt, dass alle Spitzenkräfte der Werkstatt Kriegsarchiv mit einem oder mehreren Beiträgen aufschienen, andererseits manche Artikel von außenstehenden Schreibern, hauptsächlich professionellen Militaristen, die in der Materie bewandert waren, verfasst worden waren. Eine besonders hübsche Vignette schmückt die Titelseite, dazu ein markiges Geleitwort:

> Krieg! Sein Name war oft genug eitel genannt worden, ehe er kam. In den Kirchengebeten aber stand er seit jeher hart neben der Pest. Und nun hat sich durch ihn unser heutiges Geschlecht seinen Platz erstritten unter den ganz großen Geschlechtern der Menschenrasse. Dies ist im Rohen das Überraschendste dieses unseres Krieges, der gerade für Österreich-Ungarn zum Erzieher aus einer aus Unstimmigkeiten gefesselten Vergangenheit, zum Wegbereiter einer Zukunft wurde, die teilhaben muß an der Herrschaft über die Güter der Erde auch jenseits der Meere, die wie Erfüllung winkt für die bald tausendjährige Staatsidee des alten heiligen Reiches.

In den nächsten vier Beiträgen, *Allen voran*, *Das Armeeoberkommando*, *Unser Kriegsministerium* und *Die Ministerien für Landesverteidigung*, überlässt man den Militärs die Feder, ebenso für die Artikel *Beim Kader*, *In Stellung* und *Im Kriegsarchiv* – letztgenannte von Oberstleutnant Alois Veltzé verfasst. Hauptmann Hans Rudolf Bartsch bricht für die Produkte der Kriegsindustrie unter dem Titel *Moderne Waffen* eine Lanze; er hatte all das Kriegsgerät selbst vor Ort inspiziert. Enthusiastisch beschreibt er schweres Geschütz, Luftschiff, Flugzeug und Tauchboot derart, dass der Leser sich in einen Werbeprospekt der Firma Krupp (wird namentlich erwähnt) verirrt wähnt. Bartsch führt treuherzig zu seiner Entschuldigung an: „Ich gestehe, daß ich mir Gewalt antun mußte, um meiner Begeisterung über den furchtbaren und doch schönen Schritt [von Schiff und Flugzeug] zum Zerstörungsmittel nicht Worte zu geben."[82] Außerdem gibt er dem *Schweren Geschütz* der Mittelmächte noch weitere Worte:[83]

> In einem Kriege wie diesem, in dem die Volkskraft zweier Staaten dem entfesselten Hasse der Bewohner des ganzen Planeten standzuhalten hat und unerhörterweise auch standhält, muß sinnende Technik überall da eingreifen, wo sonst die Übermacht der stupiden Zahl erdrückend würde. Diese Zahl zu verringern, wo und wie es nur angeht, sie womöglich zu zerreiben, reicht der Kampf Gewehr gegen Gewehr nicht hin. Die furchtbare Arbeit des großen Geschützes muß da mithelfen und beide verbündete Staaten haben in langer Arbeit während des Friedens ihre schwere Artillerie auf eine Höhe zu bringen gewußt, zu welcher ihr jene des Gegners nicht zu folgen vermochte. Es ist hier immer noch viel zu wenig geschehen; aber trotzdem steht die schwere Artillerie der Zentralmächte in derart heller Überlegenheit über der gegnerischen, daß man dereinst sagen wird können: „Das erste Gewicht und das letzte in die Schale des Sieges, beide gab die schwere Artillerie."

Bartschs Jubelpostille dürfte wohl auf unkorrekten Informationen des Armeeoberkommandos basieren! Denn für die Streitkräfte der Krieg führenden Staaten (= Entente – Frankreich, Belgien, Großbritannien, Russland, Serbien und Italien; Mittelmächte – Deutsches Reich, Österreich-Ungarn, Bulgarien, Türkei) ließen sich mit Stand Anfang November 1916 folgende Zahlen (gerundet) rekonstruieren:

	MGs	Geschütze	Flugzeuge
Mittelmächte	18 600	20 500	1 200 (nur deutsche)
Entente	76 000	31 000	3 145

Zwei Texte basieren auf Erfahrungen so genannter Dienst- oder Inspektionsreisen: *Unsere Militärverwaltung in Polen* (Oberleutnant Dr. Hugo von Hofmannsthal) und *Das große Tiroler Aufgebot* (Oberoffizial Franz Karl Ginzkey). Stefan Zweig ist mit drei Beiträgen vertreten, nämlich *Die Feldpost, Lebende Kampfmittel* und *Kriegsgefangene*. Während der erste Text die Bedeutung der Feldpost zum Thema macht, die gar nicht hoch genug eingeschätzt werden könne, weil sie der einzige Mittler, die einzige Welle sei, die den Ozean der Ferne überwindet, sind die *Lebenden Kampfmittel* ein auch in Zweigschen Feuilletons und Tagebüchern[84] angesprochener Topos. Er vergleicht, wie auch etliche andere Autoren, Tier und Mensch: Der Soldat verfüge über seine Ichgewissheit und sei somit in der Lage, seinen Einsatz, seine Verantwortung, seine Siegesfreude, aber auch die Entbehrungen, Schmerzen und die Ängste einzuschätzen. Er vermag sich auf ein einziges großes Ziel hin zu orientieren – zu siegen. Anders bei den Tieren, vor allem für die Pferde könne „keine psychologische Verbrämung darüber hinwegtäuschen, daß der Krieg die Hölle der Tiere" sei. „Wie die Menschen werden sie marod, wie die Menschen leiden sie Hunger, wie den Menschen reißen ihnen Kugeln den Leib auf und zerschmettern ihnen die Glieder, aber ihnen ist weniger Hilfe gegeben und weniger Mitleid."[85] Egon Erwin Kisch, der Zeuge des Martyriums von Mensch und Tier war, hält in seinem Kriegstagebuch am 13. August 1914 zur gleichen Thematik weitaus differenzierter fest:

> Unsere Soldaten, die immerfort auf österreichische und serbische Leichen und auf schrecklich verwundete Menschen stoßen, haben ein geradezu grenzenloses Mitleid [mit einem verwundeten Hund]. Auch wenn wir an verreckenden Pferden vorbeikommen, werden Rufe unwilligen Mitleids laut: „Die armen Tiere, die ohne ihren Willen in den Krieg müssen und die nicht wissen, warum sich die Menschen schlagen!" Und die Menschen?[86]

Den Text *Kriegsgefangene* eröffnet Zweig mit den Worten: „Das Los der Gefangenen hat sich in den Jahrhunderten und Jahrtausenden menschlicher Fehde unablässig gewandelt mit den Formen und Gesetzen des Krieges und mag das Völkerringen heute blutiger, furchtbarer und menschenmörderischer sein […], in diesem einen Sinn des Gefangenenschicksals ist es zweifellos humaner und menschlicher geworden." Zur Begründung fährt er fort: „Was heute im Krieg mordet, ist mehr die Maschine, die der Mensch bedient, als der Soldat selbst." Die Maschine kenne kein Mitleid, keine Bewunderung des Gegners und keine Schonung.

Franz Karl Ginzkey hebt in seinem Essay *Das große Tiroler Aufgebot* des Öfteren hervor, dass es sich bei den Tiroler Standschützen um eine ganz spezielle Gruppe handle, sind es doch diejenigen, die freiwillig an die Front gegangen seien – vom „sechzehnjährigen Bürschlein mit Kindergesicht bis zum siebzigjährigen Greise mit schneeweißem Patriarchenbart", um „das Landl rein" zu halten. Oberoffizial Ginzkey scheut nicht davor zurück, diese Meriten hervor zu streichen, anscheinend ohne zu durchschauen, dass er selbst als exzellentes Gegenbeispiel dienen könnte. Zugegebenermaßen ist er kein Tiroler!

> Spricht man von Opferfreudigkeit, so geht darin vor allem ein kleiner Volksstamm unserer Monarchie voran, der ein altes historisches Anrecht darauf besaß, sich diesen Ruhm zu erhalten, das Volk von Tirol. Nicht anders als zu Andreas Hofers Zeiten hat Tirol auch diesmal um seiner Freiheit und Ehre willen vom ersten bis zum letzten Aufgebot in völlig beispielloser Ausschöpfung seine gesamte Männerkraft von Anfang an unter Habsburgs Fahnen eingestellt und zwar nicht nur die „felddiensttaugliche" Mannschaft im Sinne der militärischen Musterung; auch die erdrückende Mehrzahl aller als mindertauglich oder untauglich befundenen und daher gesetzlich völlig militärfreien Leute stellte sich aus freien Stücken der Landesverteidigung zur Verfügung. Darin liegt das hohe, gar nicht genug zu würdigende Verdienst dieses edlen kernhaften Volkes – ob verpflichtet oder unverpflichtet, es wollte keinen zu Hause dulden, jeden trieb es an die von Nachbars Verrat so schmählich bedrohte Reichsgrenze hinaus, um das „Landl" heil und rein zu erhalten.

Alfred Polgar würdigte eine Institution, *Das Generalinspektorat der freiwilligen Sanitätspflege*, in diesem Zusammenhang noch eines der friedfertigsten Themen, das es auch sicher verdiente, von einem profunden Schreiber bearbeitet und in die „Werkstatt" aufgenommen zu werden.[87] Aus seiner Feder fließen keine die und das Schlachten billigende Wendungen. Darüber hinaus widmete das Archiv fast zur gleichen Zeit dem Roten Kreuz eine eigene Publikation.

Zahlreiche Belohnungsanträge liefen beim Generalinspektorat für freiwillige Sanitätspflege ein, sodass man sich entschloss, ein kleines Bändchen zusammenzustellen: *Helden des Roten Kreuzes. Aus den Akten des k. u. k. Generalinspektorates der freiwilligen Sanitätspflege,* herausgegeben von Woinovich und Veltzé, unter Mitarbeit u. a. von Ginzkey und Zweig. Die Texte sind vom Umfang her geringer, alle nicht gekennzeichnet, aber mit der üblichen enthusiastischen Betitelung: *Die Samariterin von Neusandec, Wundfrieden, Trotz seiner Wunden, 253 Menschen gerettet, Keinen Verwundeten dem Feind.* Es findet sich die übliche ansprechende graphische Gestaltung. Wie bei den „Offizieren" und den „Soldaten" handelt es sich auch hier um Schilderungen von Einzelschicksalen, beginnend mit der Beschreibung des Helden/der Heldin, die Taten, die er/sie, über sich hinauswachsend, vollbracht hat und wofür er/sie geehrt wurde.

Diese Publikation ermöglichte es auch, dass die Leistungen der Frauen, natürlich in den ihrem Naturell entsprechenden Funktionen propagandistisch ausgeschlachtet werden konnten.

> Viele Seiten dieses Heldenbüchleins rühmen die Leistungen mutiger Frauen. Eine bekannte Gestalt an der Wiener Universität ist die Gräfin Maria Defours-Walderode, die sich als eine der ersten Frauen den medizinischen Doktorhut erwarb. […] Im Chor der stillen Männer und Frauen, die sich unsterblichen Ruhm erwarben im opfervollen Dienst des Roten Kreuzes erklingt eine leise Kinderstimme mit. Man wird in der Liste der Belohnungsanträge kaum etwas Rührenderes finden als den Bericht über die vierzehnjährige Javina Stanislawska, Tochter eines armen Schusters aus Roswadow, über ihr schlichtes Wirken, ihr eifriges Samaritertum, ihr herzergreifendes Sterben.[88]

Manche Projekte kamen überhaupt nicht zustande oder wurden vom Umfang her beschnitten; so geschehen betreffend *Monumentum aere Perennius* (Denkmal, dauernder als Erz). Das erzene Monument erlebte nicht einmal seine papierene Geburt, obzwar im Frühjahr 1916 Werbeprospekte ausgesandt worden waren. Karl Kraus nimmt die Ankündigung und den dazugehörigen Begleitbrief in seine *Fackel* auf, enthält sich jeglichen Kommentars, hebt nur einige Textstellen hervor – der versierte Fackel-Leser ist im Bild:

Euer Hochwohlgeboren!
Wir beehren uns im Nachstehenden einen Prospekt des im Verlage des k. k. Militär-Witwen- und Waisenfonds erscheinenden Prachtwerkes

Monumentum aere perennius

> zu überreichen und bitten, ihm Ihre geneigte Aufmerksamkeit zu schenken. Wir erwähnen gleich, daß unsere n e u e s t e Publikation nicht die B e s t i m m u n g hat, die zahlreichen dem Kriege und der Kriegsliteratur gewidmeten Werke zu vermehren. Unser Prachtwerk muß vielmehr schon vermöge seiner äußeren Aufmachung auf Popularität im üblichen Sinne des Wortes verzichten und wendet sich nur an die ersten Kreise der Gesellschaft, die in ihren Salons dieses bleibende Denkmal an die große Zeit aufrichten und damit die hehrste Aufgabe unserer Kriegsfürsorge, die Witwen- und Waisenfürsorge, unterstützen werden. Das Werk verspricht sowohl dem Laien wie auch dem Sammler und Bibliophilen eine reiche Fülle künstlerischer Genüsse. Zwei hervorragende Künstler haben ihr ganzes Können in seinen Dienst gestellt und ein Literat vom Range des Direktors des

> k. u. k. Kriegs-Archivs hat die redaktionelle Leitung übernommen.
> Das vornehmste Agitationsmittel für den Absatz des Werkes muß jedoch sein, daß sein Erträgnis für die Witwen und Waisen unserer gefallenen Helden bestimmt ist und darum die Förderung aller guten Patrioten verdient. [...][89]

Das nächste groß angelegte, aber nur ansatzweise realisierte Projekt trug den Namen *Ehrenbuch*. In diesem sollten alle Ausgezeichneten der österreichisch-ungarischen Wehrmacht im Weltkrieg veröffentlicht werden. In der Annahme, dass der Krieg im Sommer 1916 beendet werde, sollte das Werk quasi als Nachschlagewerk zu benützen sein. Weiters spekulierte man auf die Eitelkeit der im *Ehrenbuch* Genannten. Etwa zwölf Bände wurden geplant, doch nur zwei gingen in Druck.[90] Auch die nächste geplante Publikation, eine Reihe von Bänden, blieb ein Torso.

Am Ende des ersten Kriegsjahres melden die Verlustlisten bereits über 200 000 Gefallene. Im März 1915 wurde auf Anregung des Armeeoberkommandos der Plan ausgearbeitet, eine Publikation zur Ehrung jener, die ihr Leben für das Vaterland gegeben hätten, herauszubringen.[91] *Auf dem Felde der Ehre* sollte in polnischer, tschechischer, rumänischer und (auch noch) italienischer Sprache erscheinen. Das war das nächste zum Scheitern verurteilte Projekt, denn 160 Bände wären notwendig gewesen, um all diese Schicksale aufzunehmen und ihnen literarische Denkmäler zu setzen. In den Verordnungsblättern des Heeres und in der Tagespresse ergingen Aufrufe an die Angehörigen, sie mögen doch eine Photographie des Verstorbenen (möglichst in Uniform) und Personaldaten ins Kriegsarchiv einsenden. Auch vom Kriegsministerium wurde Material angeboten. Im Juni 1915 erschien der erste Band, im Juli folgte der zweite, dann war Schluss. Max von Hoen schreibt in seiner Chronik von einer gewissen Unzweckmäßigkeit des Projekts. Zu bedenken ist aus heutiger Sicht der Dinge, dass da noch der Nebeneffekt gewesen wäre, dass die Bevölkerung angesichts der 160 Bände mit Namen von Kriegstoten dann vielleicht den Durchhalteparolen weniger Glauben geschenkt hätte.

Auch *Österreich-Ungarn in Waffen* war in zehn Bänden mit 500 Bildern und einem Begleittext geplant; der erste Band erschien im Juni 1916, schließlich wurden die zehn Bände auf fünf reduziert.

Im Juni 1916 hatte der umtriebige Oberstleutnant von Veltzé einen seiner vielen Einfälle. Er wollte einen *„Kriegskalender 1917"* herausbringen, der zu jedem Tag ein passendes Kriegsbild zeigen sollte (zum Beispiel Gefechte, die an diesem Tag in den vergangenen Kriegsjahren stattgefunden hatten), ein Unterfangen, das auf große Schwierigkeiten stieß. Man bedenke nur, welche Probleme die Auswahl des Geschehens, die Auswahl und Beschaffung der Bilder etc. aufwürfe. Realiter traten die Schwierigkeiten auch alle auf, die Arbeiten wurden verzögert, termingerechter Vertrieb war nicht einzuhalten – was bei einem Kalender doch ein wesentliches Faktum ist –, und so wurde das Projekt ad acta gelegt.

Was wirklich bis in die Zeit nach 1918 als einziges bedeutsames Werk über den Ersten Weltkrieg Bestand hatte, war das „populäre Kriegswerk" *Unteilbar und Untrennbar. Die Geschichte des großen Weltkrieges mit besonderer Berücksichtigung Österreich-Ungarns*, ein mehr als siebenhundertseitiger Monumentalband.[92] Quasi im dritten Anlauf war es endlich gelungen, die Unstimmigkeiten mit Deutschland, den Serbienfeldzug betreffend, durch etliche Umarbeitungen und Korrekturen auszuräumen. Der Titel wurde in Anlehnung an das Staatswappen der Monarchie für Band 1, Erscheinungsjahr 1917, gewählt und traf da auch noch zu. Der Verlag Belser[93] aus Stuttgart wurde mit der Publikation beauftragt und eröffnete eine Zweigniederlassung in Wien. Man einigte sich auf eine Auflage von 25 000 Exemplare. Im Nachhinein stellte sich heraus, man hätte eine dreifache Auflage ebenso verkauft, so groß war die Nachfrage. Auf der ersten Seite prangte der Schriftsatz: „Mit Höchster Genehmigung ehrfurchtsvollst gewidmet Seiner k. und k. Hoheit dem durchlauchtigsten Herrn Feldmarschall Erzherzog Friedrich"; der antwortete auf der nächsten Seite mit einer faksimilierten handschriftlichen Grußbotschaft:

> Es ist der Stolz meines Lebens, durch die Gnade Seiner Majestät an der Spitze der herrlichen Armee zu stehen, die in schwärmerischer Liebe und Verehrung für ihren Obersten Kriegsherrn bis zum Niederringen des zahlreichen und mächtigen Feindes unentwegt ihre Pflicht tun wird.
> Im Felde 4. Juni 1916
> Erzherzog Friedrich
> Armee Oberkommandant.

Das Herausgeber-Triumvirat bildeten wieder Woinovich, Hoen und Veltzé. 18 Autoren lieferten Beiträge, darunter Bartsch, Csokor, Polgar und Zweig. Nach der mehrseitigen Inhaltsübersicht und dem „Geleitwort" folgte – also in führender Position – Stefan Zweigs weit ausholende historische Betrachtung *Vor dem Sturm. Europa zur Jahrhundertwende*. Ein Teil der Beiträge ist namentlich gezeichnet, nämlich die von Polgar, Bartsch und Ginzkey. Ein Anhang enthält zeitgeschichtliche Dokumente. Geographische Zuordnungen gliedern Kapitel, so wie z. B. *Wien im Kriege*; darin wiederum findet sich eine kleine Abhandlung *Die Frauen und der Krieg*. Zu Kriegsbeginn hätten Frauen aus allen sozialen Schichten, Prinzessinnen, Bürgersfrauen und Mädchen aus dem Volke, die Kurse gestürmt, abgehalten in Wiens Krankenhäusern, um sich ausbilden lassen und den Pflichten und Aufgaben einer Krankenschwester nachzukommen. Auch als Militärärztinnen kamen Frauen zum Einsatz. Aber auch niedere Dienste in der Küche oder auf Bahnhöfen im Labedienst wurden übernommen.

Wer nicht unmittelbar konnte, half mittelbar an dem „großen Kampfe" irgendwie mit. Durch den Abgang von ungezählten männlichen Arbeitskräften ins Feld eröffnete sich den Frauen eine ungeahnte Fülle neuer Berufsmöglichkeiten und damit die Gelegenheit, ihre ganze Tüchtigkeit zu erweisen. Der Bund Österreichischer Frauen bot sich zur Arbeitsvermittlung gegen Entlohnung an und baggerte Frauen und Müttern Wege in männliche Domänen frei. Die Mehrfachbelastung war geboren. Zur Sorge um die an den Fronten stationierten Männer, Söhne oder Brüder, zur alleinigen Obsorge um Kinder, deren Ernährung und Erziehung, kam der Kampf gegen Lebensmittelknappheit und Geldentwertung. Nicht unberechtigt stellt der Verfasser an den Schluss seines Berichtes die Fragen, was aus all dem nach dem Krieg werden sollte? Ob die Frauen geneigt sein werden, das eroberte und glücklich verwaltete Neuland wieder herauszugeben? Ob der heimkehrende Mann das Recht und die Kraft haben wird, „die treue Helferin daheim aus dem ihm in den Zeiten der Not abgerungenen Raum in die frühere größere Begrenztheit zurückzudrängen? Das sind Fragen, die die Zukunft lösen muß".[94]

Man kann die Frauenfrage natürlich auch wie Ottokar Kernstock thematisieren, der das schwache Geschlecht zum starken erklärt. Während die Männer an den Fronten todesmutig große Schlachten schlagen und womöglich den Heldentod erleiden, treten die Frauen an deren Stelle und tragen die Kämpfe um das tägliche Brot aus:

Heldinnen der Arbeit

Bejubelt die Krieger, die draußen im Feld
Ihr Leben, das blühende, wagen
Und todesmutig, ein jeder ein Held,
Die Gegner berennen und schlagen.

Reicht ihnen den leuchtenden Siegespreis!
Bekränzt mit Lorbeeren die Braven,
Und legt auf die Gräber ein Palmenreis,
In denen die Herrlichen schlafen

Doch denkt auch der Treuen, die auf dem Feld
Die Saaten gepflanzt und geschnitten,
Die mit dem gefürchtesten [sic!] Krieger der Welt,
Dem grimmigen Hunger gestritten!

Zur Fahne berufen war Bauer und Knecht,
Es fehlte an Pflügern und Sennern,
Da wurde zum starken das schwache Geschlecht
Da wurden die Weiber zu Männern.

Mit Ähren bekränzt die Bezwinger der Not!
Bekränzt mit Cyanen, den blauen,
Die siegreichen Kämpfer ums tägliche Brot,
Die Helden der Arbeit – die Frauen![95]

Bis Jänner 1917 waren neben den oben angeführten Publikationen – immer in deutscher Sprache, aber jeweils in mindestens einer oder zwei weiteren Sprachen der Monarchie – auch noch weitere Titel erschienen: *Unsere Kämpfe im Süden* (Deutsch, Ungarisch, „Böhmisch" und Polnisch) unter der Mitarbeit von Bartsch, Csokor, Ginzkey, Zweig und anderen, *Vom Isonzo zum Balkan* und *Unsere Nordfront*. *Unter Habsburgs Banner* von Alois Veltzé und Oberleutnant Paul Stefan[96], im Ullstein Verlag herausgebracht, sollte als Propagandamittel nicht nur in den Ländern der Monarchie, sondern vor allem in Deutschland, aber auch in den neutralen Ländern eingesetzt werden und erschien daher in zehn Sprachen (Deutsch, Ungarisch, „Böhmisch", Polnisch, Französisch, Englisch, Schwedisch, Dänisch, Spanisch und Bulgarisch). Inhaltlich machte diese Publikation einen thematischen Schwenk, weg von den Helden zu (etwas) sachlicherer Information über Landschaften, Menschen, Kriegsmaterial etc.

Illustrierte Monatsschrift *Donauland*

Die Massenfabrikation von Publikationen des Kriegsarchivs trug den Stempel des ehrgeizigen Alois Veltzé. Unermüdlich produktiv versuchte er, auch eine Archiv-Zeitschrift herauszugeben, wie Hoen in seiner Chronik schilderte:

> Er und Zweig lagen dem Direktor in den Ohren, ein „Archivs-Monatsblatt" zu gründen. Letzterer scheute aber das Risiko der Kosten, zweifelte an entsprechender Absatzmöglichkeit und wollte dem Kriegsarchiv in dieser drangvollen Zeit nicht die Zuchtrute einer monatlichen Sorge für die Füllung der Zeitung aufbürden. Veltzé legte schließlich ein von Zweig verfasstes Exposé vor.[97]

Unter dem Titel *Exposé einer militärwissenschaftlich-historischen Zeitschrift*[98] entwirft Zweig einen umfangreichen und großzügigen Plan einer modernen und aufwändigen – daher auch kostspieligen – Illustrierten. Raffiniert begründet er zunächst die Notwendigkeit einer solchen Zeitschrift bzw. die

DIE LITERARISCHE TRUPPE IM KRIEGSARCHIV – „NUR NICHT AN DIE FRONT!"

Handschriftlicher Brief Stefan Zweigs an Franz Karl Ginzkey
auf „Donauland-Briefpapier"

Notwendigkeit einer solchen Zeitschrift für Österreich-Ungarn, bedürfe es doch in Zeiten des „gegenwärtigen Krieges […] in seiner Gewaltigkeit und Unübersichtlichkeit" der Information des Leserpublikums, das die gebildeten Schichten ganz Österreich-Ungarns und Deutschlands umfassen werde. Gerade in Kriegszeiten sei das Kriegsarchiv der geeignetste Platz, um die Zeitschrift zu gestalten; die Redaktion müsse selbstverständlich (biedert sich da jemand an?) in den Händen von Hoen und Veltzé liegen. Weiters sollte jede Nummer einen Textteil enthalten (Aufsätze von Militärschriftstellern, Originaldokumente etc.) und einen Bildteil. Sonder- und Themenhefte, Beilagen sollten die monatlich erscheinenden Exemplare ergänzen. Was die Subventionen betrifft, seien die unnötig, da sich das Blatt sicher aus eigener Kraft erhalten werde.

> Die geplante Zeitschrift würde in diesem Sinne eine ausserordentliche Gelegenheit bieten, die lebendigen Kräfte, die in den Documenten der Zeit vergraben liegen, ans Licht zu bringen und anderseits die grosse Gegenwart in die Perspective der Weltgeschichte zu stellen. Sie würde unseren Taten in Europa den Platz anweisen, den sie verdienen, sie würden auch zeigen, dass wir ebenso wie die andern Länder – und besser! – im Stande sind eine wissenschaftlich-vornehme Stätte für das Wirken unserer Armee zu schaffen und auch buchtechnisch uns als ebenbürtig zu erweisen. Verdiente Männer würden eine Stätte ihrer Wirksamkeit finden, vergessene Taten ein dauerndes Gedächtnis, der Officier und der Gebildete Belehrung, der Gelehrte Übersicht und unbekannte Hinweise. Der langsam-gründlichen Art der Geschichtsschreibung, die jahrzehntelang ihren Stoff gründlich sammelt, würde sie vorauseilen, ohne ihr darum den Weg zu sperren. Und vor allem sie würde dem Vaterlande dienen dadurch, dass sie der Armee dient und jenen wundervollen Zusammenhang des Krieges zwischen Militär und Volk auch für den Frieden festigt und bewahrt.

Da das Zweigsche Exposé mitsamt dem gefinkelten Schlusssatz nicht überzeugte, gründete Veltzé zusammen mit Hauptmann Paul Siebertz[99] – er fungierte als Herausgeber und Redakteur – an Stelle des „Archiv-Monatsblattes" die *Illustrierte Monatsschrift Donauland*. Das erste Heft erschien im März 1917, das letzte im August 1920. Neidlos anerkannte Hoen: „Es ist nicht zu leugnen, dass er [Veltzé] es, gestützt auf seine Literaten, verstand, dieser Zeitschrift trotz der schweren Zeiten eine vornehme Ausstattung zu geben und sie auch inhaltlich zu einem der besten Blätter der Zeit zu gestalten."[100] Es wurde aus einem geplanten Fachorgan eine illustrierte Zeitschrift, die der rein kriegswissenschaftlichen Reputation des Archivs nicht entsprach.

Der Untertitel „Illustrierte Monatsschrift" ist auf jeden Fall zu bestätigen, enthält doch jede Nummer reiches Bild- und Fotomaterial. Auch dem Hinweis auf die elegante und vornehme Ausstattung und die graphische Gestaltung ist zuzustimmen. Was die schweren Zeiten betrifft, muss Hoen ebenfalls Recht gegeben werden. Es war die Geldentwertung, vor allem aber der Papiermangel[101], der die Tagesblätter wie die *Neue Freie Presse* oder das *Neue Wiener Journal*, ja selbst *Die Fackel* mit den fortschreitenden Kriegsjahren immer mehr ausgedünnt und schmäler werden ließ; *Die Fackel* konnte monatelang nicht erscheinen. Andererseits erhielten die Beiträger zum *Donauland* auch Honorar, wie ein Schreiben Ginzkeys an Hugo Salus bestätigt:

> Verehrter u. lieber Freund! Vielen Dank für die schönen Gedichte; „Musik am Abend" wird sofort in Satz gegeben und dürfte schon im zweiten Heft erscheinen; auch „Wort im Gedicht" soll bald kommen u. „Wintertag auf dem Hradschin" nehmen wir mit besonderem Dank für ein Sonderheft „Prag" an, was bald in Angriff genommen werden dürfte. Dr. Zweig wird voraussichtlich in dieser Angelegenheit nach Prag kommen. Sie haben mir meine Anfrage betreffs des Honorars nicht beantwortet; unser Oberst will, dass jeder Autor sich selbst bestimme; also bitte um eine Zeile; wir möchten jedenfalls wie andere gute Zeitschriften zahlen.[102]

Das Namensverzeichnis der Mitarbeiter nennt 128 Personen. Sie sind alle genannt, sie haben alle geschrieben, getextet, gedichtet, alle die „Tinterln" aus dem Kriegsarchiv, aber auch noch etliche weitere „Berühmtheiten" der zeitgenössischen Literatur. Unter der Führung von Woinovich (ein Beitrag), Hoen (zwei Beiträge) und Veltzé (neun Beiträge) marschieren die bekannten Kriegspoeten der Literarischen Gruppe auf: Hans Rudolf Bartsch (sechs Beiträge), Franz Theodor Csokor (drei Beiträge), Franz Karl Ginzkey, Rainer Maria Rilke (mit dem bereits genannten „Christophorus-Gedicht"), Roda Roda, Felix Salten, Paul Stefan, Sil-Vara; in alphabetischer Reihenfolge weiters: Hermann Bahr, Hugo Bettauer, Felix Braun, Eduard Castle, Heinrich Friedjung, Hermann Hesse, Hugo von Hofmannsthal, Alfons Petzold, Hugo Salus, Richard Schaukal, Anton Wildgans. Sie liefern ihre Beiträge, stellen sie als Munition zur Verfügung unter den Rubriken „Dramatisches", „Gedichte und Sprüche", „Romane, Novellen und Verwandtes", „Memoiren", „Aufsätze über Theater, Literatur und Musik", „Das neue Buch" (man schreibt einander die Kritiken), „Literarische Rundschau". Dazu gibt es Passendes von den „Nebenfronten", wie „Kunstbeilagen", „Musikbeilagen", „Länder- und Völkerkunde, Kulturgeschichte", „Technik und Volkswirtschaft". Wären da nicht die „Militärischen und historischen Aufsätze", käme der geneigte Leser gar nicht so rasch zur Erkenntnis, dass er es mit Kriegspropaganda, zugegeben mit elegant und aufwändig camouflierter, zu tun hat. Besonders in den Beiträgen des ersten Jahrganges (1917/18) grollt noch heftigster Kanonendonner – allerdings zwischen auch neutralen literarischen Beiträgen – und lässt Helden ihr Blut für Gott, Kaiser und Vaterland hingeben. In den weiteren Jahrgängen werden eher das Leiden und die soldatische Pflichterfüllung thematisiert.

Karl Kraus hat – freilich ohne ein Exemplar der Zeitschrift in Händen gehabt zu haben, lediglich aufgrund des „Waschzettels" – mit seiner Meinung nicht hinter dem Berg gehalten:

Literaten unterm Doppelaar

„Donauland" betitelt sich die Kriegsdienstleistung der zur Literatur Untauglichen, die jetzt in einem Bureau der Mariahilferstraße – man gönnt's ihnen – die Zukunft Österreichs nebbich schmieden. [...] Ich habe unter diesen Truppen ein paar Bekannte, die auch schreiben können, aber um keinen Preis der Welt diesen warmherzigen Aufsatz [= Einleitung] geschrieben hätten, der es ihnen erspart hätte dort zu sein. Indes, das tut nichts zur Sache. Jeder nach seinem Gusto. Den einen ziehts nach Vielgereuth, der andere bleibt im Donauland, was noch keinen gereut hat, um rechtzeitig dabei zu sein, wie das verjüngte Österreich aus einer Glorie von Ruhmesstrahlen akkurat emporsteigt. [...]
Es muß einmal mit absoluter Deutlichkeit gesagt werden, daß ich diese erbitternden Kontraste nicht mehr dulden und soweit mein Wort daran etwas ändern kann, es an diesem nicht fehlen lassen werde. Daß ich, solange ich atmen kann und der Zustand beklemmend fortwirkt, die Vorstellung, daß Edle unter Minenwürfen liegen und die Tinterln dafür den Franz-Josefs-Orden kriegen, als etwas Unerträgliches von mir abstoßen werde. [...]
Daß Leute jenen Aufenthalt glorifizieren [den Schützengraben], um ihm zu entgehen, hat uns erspart zu bleiben. Solche Leute können sich, wenn sie schon nicht die Konstitution meiner herzkranken oder lungensüchtigen Freunde haben, die als Kunsthistoriker, Musiker, Philosophen und selbst Schriftsteller fern dem „Donauland" weilen, als Aktenschreiber, Proviantmesser, Spitalsgehilfen noch immer nützlich machen im Vergleich zu der literarischen Tätigkeit, der sie dadurch entzogen werden. Aber jene, der sie zugeführt werden, der Feuilletonismus der Glorie, hat zu unterbleiben.[103]

Vorträge und Kriegsausstellungen

Eine Aufgabe des Kriegsarchivs bestand darin, die publizistische Arbeit durch Vorträge und Ausstellungen zu erweitern und zu unterstützen.[104] Vortrag und Buchpräsentation sollten einander ergänzen, die Herren Literaten wurden angehalten, nicht nur die Feder zu schwingen, sie sollten auch das Wort ergreifen. Das taten sie, an allen möglichen Orten, vor ganz verschiedenem Publikum, auch thematisch ganz unterschiedlich, aber: immer patriotisch!

> Im kleinen Musikvereinssaale begann gestern nachmittags ein Zyklus überaus anschaulicher Kriegsvorträge. Sie werden zu Gunsten des Witwen- und Waisenhilfsfonds der gesamten bewaffneten Macht veranstaltet und sollen Kriegsberichterstattern Gelegenheit geben, dem Wiener Publikum ihre Eindrücke auch durch das lebendige, gesprochene Wort zu vermitteln. Gestern fand die erste dieser Veranstaltungen statt; sie gewann dadurch besonderes Interesse, daß der Leiter des Kriegspressequartiers General von Hoen die einleitenden Worte sprach. Kriegsberichterstatter – so führte General von Hoen in seiner echt soldatisch kernigen, prunklosen und doch überaus herzlichen Weise aus – hat es seit jeher gegeben. [...] In früheren Kriegen war es Pflicht und Ehrgeiz des Kriegsberichterstatters, seiner Zeitung möglichst rasch Nachrichten über wichtige Ereignisse zu übermitteln. Diese Aufgabe leisten jetzt auf das exakteste die Berichte der Obersten Heeresleitung, während sich dem Kriegsberichterstatter ein weites Feld schriftstellerischer Betätigung durch das Schildern der von ihm unmittelbar gewonnenen Eindrücke eröffnet.[105]

Auch im *Donauland* (zum Beispiel vom Juni 1917[106]) wird die Werbetrommel gerührt:

> Nächste Donauland-Abende
> Zu Gunsten des k. k. österreichischen Militär-Witwen- und Waisenfonds
>
> 1. Juni 1917 in Wien (Industriehaus Schwarzenbergplatz) 7 Uhr abends
>
> 2. Juni 1917 in Baden (Festsaal des Gymnasiums) ½ 8 Uhr abends [Franz Karl Ginzkey und Hans Müller lasen aus eigenen Werken.]
>
> 9. Juni 1917 in Krems (Theater) 7 Uhr abends [Franz Theodor Csokor, Franz Karl Ginzkey, Hans Müller waren Vortragende.]

Im Unterschied zu den Kriegsberichterstattern war es den Kriegsmalern schon zu Beginn des Krieges gestattet, Exkursionen an die Front zu unternehmen.[107] Die Einsicht, der Künstler müsse die Kriegsschauplätze doch (wenigstens einmal und kurz) gesehen haben, um sie auf die Leinwand oder den Zeichenblock zu bringen, hatte sich schließlich doch bis ins Kriegspressequartier durchgesetzt. Als Gegenleistungen (neben den finanziellen) für diese Begünstigungen überließen die Kriegsmaler ihre Werke dem Kriegsarchiv und dem Kriegspressequartier für die Ausstellungen. Es gab Zeitvorgaben: eine Woche Arbeit an der Front, einen Monat Heimarbeit, um die Skizzen etc. zu Gemälden, Aquarellen oder graphischen Blättern auszuarbeiten. Das Material diente auch Reproduktionszwecken in Büchern, Zeitungen, Zeitschriften und auf Ansichtskarten.

Der erste Auftritt in der Öffentlichkeit erfolgte im Oktober 1915 im Wiener Künstlerhaus.[108] Sämtliche dem KPQ zugeteilten Maler – es waren an die vierzig – präsentierten ihre Werke. Insgesamt 574 Arbeiten wurden gezeigt. Ein illustrierter Kunstkatalog in Form eines Gedenkalbums begleitete die Ausstellung. Das mehrseitige Vorwort stammt aus der Feder von Max von Hoen, wie auch die Organisation dieser und folgender Aktionen in seinen bewährten Händen lag. Die Ausstellung wanderte weiter und anlässlich der Eröffnung in Prag im Dezember 1916 wurde Hoens Ansprache in der *Bohemia*, Prags bedeutendster deutschsprachigen Zeitung, abgedruckt:

> Zweieinhalb Jahre sind es her, daß wir Hand in Hand mit unseren treuen Verbündeten einen Riesenkampf führen gegen Haß, Neid und Niedertracht. Das große Geschehen kommt uns in seiner geschichtlichen Fülle noch gar nicht recht zum Bewußtsein. Wir wissen nur, daß es das größte Geschehen ist, das je über Europa dahingegangen ist. […] Die Fülle von Waffentaten unserer braven Soldaten, […] die Proben von Vaterlandsliebe für Herrscher und Vaterland, draußen täglich dargebracht, können wir kaum ermessen. […] Wer aber wäre mehr berufen, diese Erinnerungen zu übermitteln und zu pflegen als die Kunst. Die wurde von unserem Armeeoberkommando schon sehr früh erkannt und getreu den Traditionen, die weiland Kaiser Franz Joseph I. zeitlebens gepflegt, die Förderung der Kunst, das große Verständnis für jedes künstlerische Schaffen, hat das Armeeoberkommando angeordnet, daß dem Kriegspressequartier eine Kunstgruppe beigegeben werde.
>
> Die Tätigkeit der Kunstgruppe des KPQ ist selbstverständlich keine methodische. In dem großen Geschehen des Krieges spielt die Kunst

August 1916: Ausstellung der Kriegsmaler

nur eine zweite und dritte Violine. [...] Es ist nur der langen Kriegsdauer und dem Eifer der Künstler zu danken, dass wir nach und nach doch eine Fülle von Material zusammengebracht haben, welches dazu dienen soll, jenen Ruhmestempel aufzubauen, den unsere Braven sich durch ihre zahllosen Taten verdienten. Sehr bald kam die Erkenntnis, dass dieses große Material nicht nur geschichtlich zu deponieren ist, sondern dass es wenigstens auszugsweise auch der breiten Öffentlichkeit zur Kenntnis zu bringen sei. Ist doch heute die Beziehung zwischen Hinterland und Front inniger als je in früheren Zeiten. [...] Diese Wechselwirkung zu pflegen, sind neben anderen Mitteln besonders die Kriegsbilderausstellungen berufen.[109]

Der Erfolg der Kriegsbilderausstellungen – einerseits der finanzielle (die Besucher konnten bei einigen Ausstellungen die mit * versehenen Kunstwerke käuflich erwerben), andererseits der propagandistische – führte zu einem deutlichen Anwachsen ihrer Zahl. Schließlich waren es an die dreißig, und man beschloss, sich nicht nur in den Ländern und Städten der Monarchie[110], sondern auch im Bruderstaat Deutschland zu präsentieren. Vom 18. Dezember 1917 bis Ende Jänner 1918 fand die große Kriegsbilderausstellung in Berlin in der Akademie der bildenden Künste statt. In sieben Sälen konnte der Besucher 295 Werke bewundern. Eine umfangreiche Vorpropaganda – Inserate in Zeitungen, Einladungen an Vereine und Schulen etc. – rief Rezensenten und Kritiker von mehr als hundert deutschen Blättern vor Ort, die dann auch im wahrsten Sinne des Wortes hymnisch berichteten: „Aus diesen Bildern klingt ein Heldenlied, eine Hymne auf jene, die solange standhielten, bis die verbündeten Waffen zum Vernichtungsstreiche ausholen konnten."[111] Auch die Überlegenheit der Österreicher wurde zitiert, die dermaßen geschickt die Kunst in den Dienst ihrer Kriegstaten stellten. „‚Isonzoschlacht' das stolzeste Wort dieses Krieges für den Österreicher und für den Ungarn."[112]

Eine Ausstellung besonderer Art war die berüchtigte „Kriegsausstellung aus dem Jahr 1916" im Wiener Prater. Bereits ein Jahr zuvor liefen die Vorbereitungen an, Aufrufe an Wirtschaft und Industrie wurden in den Zeitungen veröffentlicht. Für dieses Vorhaben erarbeiteten Alfred Polgar und Stefan Zweig ein Memorandum:

> Die Kriegsausstellung, die für den Sommer dieses Jahres in Wien geplant ist, hat die Aufgabe, sich von den anderen Ausstellungen an gleicher Stelle und an gleichem Orte wesentlich zu unterscheiden. Sie muss, dem Ernst der Zeit entsprechend, viel weniger wie alle früheren eine blosse Ansammlung von Schauobjekten und ein Vorwand für Amusements [sic!] sein, sondern auch dem grossen geistigen Charakter ihrer Bestimmung Rechnung tragen. Es werden darin alle Mittel des Krieges, alle Tatsachen, sein ganzes Material gezeigt werden, aber um die grosse Idee des gegenwärtigen Krieges, aus Vergangenheit, Gegenwart und Zukunft ersichtlich zu machen, wird es vielleicht notwendig sein, das erklärende, das dichterische Wort unterstützend heranzuziehen. Nicht alles und vielleicht das Wesentlichste, das Bedeutungsvollste des Krieges, ist für den blossen Blick nicht zu erfassen. Seine ideelle Seite, seine moralische und ethische Bedeutung kann nur die geistige Vermittlung alles Tatsächlichen, das Wort, zum Ausdruck bringen.
>
> Es wären nun zweierlei Formen der Vermittlung in Anregung zu bringen, die die Kriegsausstellung gleichzeitig zu einer Stätte der Kunst und Wissenschaft erheben würden, gleichsam zu einer Universität und nicht bloss zur Technik des Krieges. Es wären dies erstens: Wissenschaftliche Vorträge, zweitens: Künstlerische Veranstaltungen die aber – und hierauf ist Nachdruck zu legen – nicht nach den Gesetzen

den [sic!] Bequemlichkeit und des blossen materiellen Nutzens von den Unternehmern, sondern grosszügig von den berufenen Stellen ausgewählt und herangezogen werden müssten.

Für einen Zyklus von Vorträgen, die teils mit Lichtbildern oder kinematographischen Aufnahmen unterstützt, teils nur durch das Wort wirkend in einem grossen Raum der Kriegsausstellung zu veranstalten wären, kämen in Betracht:

Erstens: Führende Militärs. Hervorragende Generalstabsoffiziere der österreichisch-ungarischen, deutschen, bulgarischen und türkischen Armee […]

2.) Hervorragende Politiker der verbündeten Staaten […]

3.) Finanzleute, Direktoren grosser Banken, Leiter der kommerziellen Kriegszentralen […]

4.) Ärzte, die in einer Art eines improvisierten medizinischen Kriegskongresses die wichtigsten Erfahrungen der Wundbehandlung, Prothesen, Seuchen etc. ausführen.

5.) Kriegsberichterstatter […]

6.) Dichter ersten Ranges, die den Geistesgehalt des Krieges in Ansprachen oder Vorlesungen von Werken, die sich auf den Krieg beziehen vergegenwärtigen, in erster Linie Gerhart Hauptmann, Hofmannsthal, usw.

7.) Schauspieler, Rezitatoren und Konzertsänger […]

8.) Verschiedenartige Vorträge von Kriegsteilnehmern über ihre Erlebnisse in der Kriegsgefangenschaft, im Felde usw. [!]

[Der zweite Teil sollte ein Programm dramatischer Produktionen enthalten, nicht nur einheimischer Bühnen, sondern auch] reichsdeutscher Ensembles, [so] könnte der Gedanke der Bundesbrüderlichkeit verstärkten symbolischen Ausdruck gewinnen. [Auch an Ungarn, Bulgarien und die Türkei sollten Einladungen ergehen.] Damit wäre den Wienern gleichzeitig eine erste Gelegenheit geboten, den Geist der verbündeten Nationen schöpferisch kennen zu lernen.

[Zum Anteil des Kriegsarchivs] Der wesentliche Vorteil dieser angelegten Veranstaltungen wäre für Wien eine Belebung des geistigen Interesses, die Bekanntschaft mit hervorragenden Persönlichkeiten unserer Zeit, grössere künstlerische Eindrücke für die Ausstellung, Erhöhung des ethischen Niveaus in der Erhebung der ganzen Veranstaltung zu einer Art politischen und moralischen Einheitsdemonstration, für die Armee eine beschreibende Kenntnis nicht nur ihrer Leistung, sondern auch ihres inneren Wertes und ihrer unsichtbaren Organisation. Inwieweit ein materieller Erfolg dieser Vortragsreihe und Theateraufführungen zu erwarten ist, wäre Gegenstand von Berechnungen und Erwägungen, aber selbst wenn ein reeller Gewinn ausbleiben sollte, wäre der moralische hinreichend, um den Versuch zu wagen. [...][113]

Die Vorschläge wurden – wie auch schon bei *Donauland* – von den zuständigen Stellen verworfen, aber die Kriegsausstellung war auch ohne geistige Verbrämung entsetzlich genug. Ein besonders grässliches Beispiel der Leistungsschau Kriegsausstellung war das Prothesenorchester:

> Grosses Interesse erregte das Konzert des Prothesenorchesters, das aus 40 einarmigen Musikern besteht, die mit den künstlichen Armen ihre Instrumente vorzüglich zu meistern verstehen und die schwierigsten Vortragsstücke künstlerisch interpretieren. Ungemein wirksam war abends die Beleuchtung des „Karstes und des Kampfvorfeldes durch die elektrischen Riesenscheinwerfer".[114]

Der zu keinem Zeitpunkt kriegsbegeisterte Arthur Schnitzler hatte die Schau in Begleitung seiner Kinder besucht. „Man steht starr diesem Wahnsinn gegenüber. Folter und Verstümmelung in ein System gebracht."[115] Zur Ausstellung wurde ein umfangreicher Katalog erstellt; im auf Seite 8 aufgelisteten Arbeitsausschuss werden edle Namen aufgezählt, aus dem Kriegsarchiv ist niemand genannt. Die Ehrenpräsidentschaft für die Ausstellung übernahm „Se. Exzellenz Generaloberst Alexander Freiherr von Krobatin k. u. k. Kriegsminister". Der Arbeitsausschuss zeichnete auch für das pathetische Vorwort:

> Inmitten des tobenden Krieges, da die Welt in Waffen starrt und die Zentralmächte gegen eine Uebermacht von Feinden mit Löwenmut kämpfen und den Gegnern ihre wuchtige Pranke fühlen lassen, erhebt sich auf den Gründen des Kaisergartens und der angrenzenden Galizinwiese als ein leuchtendes Wahrzeichen friedlicher Tätigkeit im Kriege die Kriegsausstellung, weithin verkündend, dass die Kultur in der Reichshauptstadt ihre Bedeutung gewahrt und eine mächtige Forderung gefunden hat.
> Während die Anbahnung wirtschaftlicher Beziehungen bei Ausstellungen sonst den Hauptzweck bildet, steht dieser Zweck bei der Kriegsausstellung erst in zweiter Linie. Was die Kriegsausstellung anstrebt, ist eine Belehrung der Bevölkerung, die einen Einblick in die Art der Kriegführung erhalten und sie überzeugen soll, wofür die grossen Mittel, die aufgewendet werden müssen, um den Krieg glücklich zu bestehen, gebraucht werden. Eine gediegene Auswahl von

Trophäen und Beutestücken geben von den vielen Heldentaten unserer Armeen und ihrer erfolgreichen Tätigkeit beredtes Zeugnis.[116]

Die erste Ausstellung (1917 folgte eine weitere, bei der Egon Schiele und Albert Paris Gütersloh als Architekten fungierten) dauerte vom 1. Juli bis Ende Oktober 1916; am 4. Juli hatte man bereits 61 000 Besucher gezählt. Diese konnten mehr als 70 größere und kleinere Pavillons besuchen, ein Theater, mehrere Kinosäle (man zeigte natürlich Propagandafilme, zum Beispiel „Wien im Krieg") und die Schau-Druckerei der populären *Tiroler Soldaten-Zeitung*. Sie durften einem Marineschauspiel beiwohnen und vor allem in dem aufgebauten Schützengraben so richtig den „Krieg spüren".

Ein kleines Scharmützel – Rainer Maria Rilke im Kriegsarchiv

Präambel: Rainer Maria Rilke und die Kriegspropaganda, das waren zwei völlig divergente Schauplätze, die nie zur Deckung kamen. Csokor, ebenso wie Rilke im Kriegsarchiv tätig, legte Jahre nach dem großen Krieg ein Bekenntnis für seinen Kollegen ab. Er versuchte klarzustellen und zurechtzurücken:

> Es fehlt auch heute nicht an Bemühungen, [Rilke] für diese oder jene politische Richtung buchen zu wollen. So brachte vor Jahren eine in Leipzig erschienene lyrische Anthologie ein Rilkegedicht über den Kriegsausbruch 1914, das von der damaligen Massenbegeisterung, die auch Hauptmann und Dehmel ergriffen hatte, berührt schien. Rilke selbst hat dieses Gedicht später sehr kritisch beurteilt […] Am allerwenigsten durfte man einen Anhänger eines aggressiven deutschen Nationalismus in ihm sehen, der als Österreicher bei der k.k. Armee einrücken musste zu dem Wiener Landwehrregiment Nr. 1. Übrigens war es groteskerweise gerade sein „Kornett", der ihm, nachdem er bei der Ausbildung zum Rekruten einen körperlichen Zusammenbruch erlitten hatte, die Kommandierung in die literarische Abteilung des k.u.k. Wiener Kriegsarchivs eintrug, das der Propaganda für die Sache der Zentralmächte diente. An solcher Propaganda für die ihn seine Vorgesetzten des von ihm nun verwünschten „Kornetts" halber geeignet hielten, nicht teilnehmen zu müssen, das war die Bitte, die ich in seinem Namen weiterleitete, und zu Ehren unseres damaligen Kommandanten General Hoehn [sic!] muss gesagt werden, dass er Rilkes Versicherung, eines patriotischen Journalismus nicht fähig zu sein, anerkannte.[117]

Anfang Dezember 1915 erreicht die schöne, elegante Baronesse Sidonie Nádherný von Borutin, Herrin von Schloss und Gut Vrchotovy Janovice in Böhmen, eine Nikolausgabe besonderer Art: Es ist ein Hilferuf ihres langjährigen Freundes und Verehrers Rainer Maria Rilke:

Am Nikolaus-Tage 1915

Meine gute Sidie,

ich zögere immer, Ihnen zu erzählen, was mir widerfahren ist: ich bin bei der erneuten Musterung in München, Ende November, „Geeignet" befunden worden und habe am 4. Januar nach Turnau einzurücken. Dort wird eine neue Untersuchung über die Art meiner Verwendung entscheiden. Sie können begreifen, welches völlig inkommensurable Schicksal mir da bevorsteht, – fünfundzwanzig Jahre haben nicht ausgereicht, den Schaden und die Erschöpfung, die die Militärschulzeit in mir angerichtet hat, seelisch sowohl als körperlich, auszugleichen –, und nun soll vielleicht eine neue Militär-Schule mich aus dem so vorsichtig für die äußerste Leistung eingerichteten Leben herausreißen! [...] Im ersten Augenblick hab ich, bestürzt, leider ein paar Schritte gethan, die die Lage vielleicht noch verschlimmert haben –, hier in Berlin höre ich nun, daß einige wiener [sic!] Freunde sich beim Vertreter des Kriegsministers Excellenz Feldzeugmeister v. Schleyer dafür einsetzen wollen, daß ich irgendeinen Schreiberposten bekomme. Andererseits schreiben mir mehrere Leute, ich könne auf Grund meiner Arbeit geradezu reklamiert werden – und müsse dies erreichen, – aber wie?[118]

Nun, dieses Wie gestaltete sich vielfältig. Es waren nicht nur die Damen Sidonie von Nádherný, Fürstin Mechtilde Lichnowsky, Fürstin Marie von Thurn und Taxis und die Verlegersgattin Katharina Kippenberg, die für den Dichter intervenierten. Es zogen auch viele bedeutende und einflussreiche Herren aus Politik, Wirtschaft und Militär die Fäden und bauten ein feines Sicherheitsnetz für Rilke, den es doch zu retten galt. Sie standen auch nicht davon ab, jeder für sich, nach der erfolgreichen Mission sich dieses Verdienst zu eigen zu machen. Auch Karl Kraus beteiligte sich an der „Rettungsaktion". Im Kampf um die Gunst von Sidonie bezeichnete er (in seinen Briefen) den Kontrahenten immer nur als „Maria". Ebenso soll Philipp Ephrussi, ein Mitglied der überaus wohlhabenden Wiener Bankiersfamilie, in Berlin eingeschritten sein.[119]

Wenige Wochen vor Kriegsbeginn hatte Rilkes Arzt, Wilhelm von Stauffenberg, einen veralteten Lungenschaden diagnostiziert, darüber hinaus versuchte er den Dichter zur Psychoanalyse zu bewegen – ein Unterfangen, das Rilke ablehnte, hatte er doch in einer Selbstdiagnose festgestellt, dass es sich bei ihm um ein „inniges Kranksein [handle, das] fast gleichzeitig im Gemüth und im Körper vorgedrungen" sei. Am 11. Dezember hatte Rilke Katharina Kippenberg gebeten[120], der Insel-Verlag möge doch eine Eingabe an das kgl. bayrische Generalkommando richten, um ihn zu reklamieren, da doch seine Tätigkeit von öffentlichem deutschen Interesse sei.[121] Am 13. Dezember reiste er nach Wien und wohnte bei der Fürstin Taxis im vierten Bezirk, in der Viktorgasse (auch Victorgasse). Ein weiteres Schreiben ging an Universitätsprofessor August Sauer, Rilkes Lehrer und Mentor, nach Prag, der sofort antwortete und riet: „Das einzig mögliche schiene mir, dass Ihre literarischen Talente in den militärischen Dienst gestellt werden, also dass Sie im Kriegsarchiv oder im Kriegspressequartier verwendet werden."[122]

Tatsächlich war Rilke ein kranker Mann, was ihm einerseits durch ärztliche Atteste bestätigt wurde, was aber andererseits die Herren der Stellungskommissionen (in zweimaliger Musterung) wenig beeindruckte. Im Gegenteil, sie weigerten sich, Einsicht in die Papiere zu nehmen: „Das ärztliche Zeugnis, obgleich von mir verlangt wurde, ein ausführliches mitzubringen – wurde nicht geöffnet und mir nur immer wieder, wenn ich versuchte, meinen Zustand zusammenhängend in aller Kürze zu beschreiben die Frage eingeworfen, dreimal: ‚was fehlt Ihnen?'"[123]

Am 15. Dezember machte sich Rilke zusammen mit dem Fürsten Taxis zu einem typisch österreichischen amtlichen Instanzenritt auf. Zunächst Besuch beim Reichsrathsabgeordneten Professor Redlich, dann wurde Hofrath Erhardt im Ministerialpräsidium gewonnen und schließlich waren beide Herren beim Minister des Inneren Konrad zu Hohenlohe, der wiederum mit dem Landesverteidigungsminister Friedrich von Georgi telefonierte: Man solle dem Dichter wenigstens einen Kanzleiposten sichern und den Direktor des Kriegsarchivs Woinovich oder wenigstens seinen Stellvertreter General-Major v. Höhn [sic!], der zugleich Chef des Kriegspresse-Quartiers ist, „angehen; diesem hat Bartsch einen eingehenden dringenden Brief in meinen Sachen geschrieben."[124]

Nun galt es die persönlichen Kontakte zu verschriftlichen, also Ansuchen und Empfehlungsschreiben zu formulieren. Am 16. Dezember geht ein Interventionsschreiben der Fürstin an das Kriegsministerium:[125]

Wien, Viktorgasse 5A

Geehrter Herr Hauptmann!

Verzeihen Sie, wenn ich Ihnen unbekannter Weise eine Bitte vorbringe – nämlich die Bitte Ihren bekannten grossen Einfluß und Ihre immer hilfreiche Gesinnung in den Dienst einer Sache zu stellen, die gross genannt werden kann – Bitte den Dichter Rainer Maria Rilke zu retten. [...] Nicht einen Drückeberger gilt es zu schützen, sondern ein Spitalsbett frei zu halten für einen Verwundeten; denn nur ein solches Bett würde der arme Rilke bald genug Andern wegnehmen. [...] Es gilt nun ihn entweder ganz frei zu machen oder als mindertauglich zu erklären, damit er eine ruhigere Stellung hier bekommt. [...]

Bei einem Souper mit Rudolf Hans Bartsch reichte die Fürstin nicht nur das Dessert, sondern gleich auch die Bitte um Vermittlung zugunsten ihres Schützlings:

Letzthin hat Bartsch hier soupirt und als ich ihm von Ihren „Turnauer" Möglichkeiten sagte, war er starr! Aber natürlich habe ich ihm gleich versichert daß es, meiner Ansicht nach, ganz gewiß nicht dazu kommt. Doch für den unwahrscheinlichen Fall läßt er Ihnen sagen daß er g a n z   s i c h e r ist Ihnen einen bequemen Posten h i e r im K r i e g s a r c h i v sichern zu können – ich glaube Sie hätten da sehr wenig, wenn überhaupt etwas, zu thun und wären auf keine Weise sekirt.[126]

Am 20. Dezember folgte ein umfangreicher Brief des Schriftstellers Rudolf Hans Bartsch, der bereits seit 20. November 1914 dem Kriegsarchiv angehörte, an Karl Ludwig Zitterhofer, den Adjutanten des Direktors des Kriegsarchivs. Er hielt sich fast wörtlich an die fürstliche Argumentation:

Lieber Freund!

[...] Es gilt, Rainer Maria Rilke zu helfen, unsern vielleicht größtem [sic!], sicherlich tiefstem[sic!] Dichter, einem fast sterbenden Manne, der – wie ich schriftlich festgelegt gesehen habe, auf beiden Lungenseiten schwer tuberkulos ist und von einem Bluthund von Arzt, (ich finde in meiner namenlosen Bestürzung kein anderes Wort!) tauglich erklärt worden ist! [...] Wenn er einrücken muß, verlegt er einem Verwundeten einen Platz im Spital, das ist der ganze Nutzen, den Österreich von ihm hat, [...] Rilkes Rettung wäre die schönste Tat deines Lebens und würde dir für immer Ehre machen. [...]
Du bist viel im Ministerium und kannst für Rilke bitten; vielleicht geht auch seine Aufnahme ins Archiv zu erwirken? Aber Du findest sicher bessere und radikalere Wege als ich. Wenn er nur nicht nach Turnau, zumal jetzt im Winter, einrücken muß!
Ich hab mich schon an Fürst und Fürstin Taxis gewendet, [...] es ist also sowohl im Interesse des Dienstes, als auch zur Ehre unseres Landes, wenn Du über diesen armen Kranken die Hand hältst. Bitte tu' es,

> Du vermagst mehr, als irgendein Protektionsbrief mit einer Fürstenkrone drauf.[127]

Es war wohl das Schreiben von Rudolf Hans Bartsch, das zuletzt den Ausschlag gab, sodass es im letzten Moment gelang, Rilke in Wien zu stationieren (und nicht in Turnau). Er rückte am 4. Jänner 1916 in der Kaserne Baumgarten zum Landwehr-Schützenregiment ein, wo er eine fast dreiwöchige Infanterieausbildung in den Baracken über sich ergehen lassen musste. Karl Kraus veranlasste dieses Faktum zur folgenden Sottise an seine geliebte Sidie: „Ja unsere Künstler haben jetzt die Wahl zwischen dem Heldentod und dem Besuch beim Bartsch; sie sind so heroisch, das zweite zu wagen."[128]

Rilkes Auftreten kann keinesfalls als soldatisch oder gar heldisch-martialisch bezeichnet werden, im Gegenteil, er muss ein Bild des Jammers abgegeben haben, denn „seine Uniform war teilweise zu weit und teilweise zu eng. Sie unterstrich peinlich seine Scheu und Ungeschicklichkeit. Seine schlanken, aber roten und geschwollenen Hände baumelten ganz merkwürdig aus den zu kurzen Rockärmeln. Sein sonst so zerzaustes Haar war glatt zurückgebürstet. Seinem Körper entströmte der Geruch von Kaserne."[129] Als Rilke die Fürstin Thurn und Taxis in dieser Aufmachung besuchte, verwechselte sie ihn – zugegeben, im Dunkel des Hausflures – mit einem Landstreicher.[130]

Nach der Nachmusterung am 15. Jänner wurde der Dichter am 27. Jänner ins Kriegsarchiv überstellt,[131] wo er mit Schriftstellerkollegen wie Zweig, Ginzkey, Polgar, Csokor und Sil Vara zusammen „Dicht-Dienst mit der Feder" leisten sollte. Sil Vara schilderte, Jahre später, diese Begegnung:

> Eines Morgens wurde die köstliche Stille meiner Eremitage durch den Eintritt des Obersten Veltzé unterbrochen, der mit einem schlanken – Soldaten kann man nicht recht sagen – einem schlanken, schmächtigen, jungen Herren, der eine nette, gutgeschnittene Infanteristenuniform trug [Rilke dürfte sich, den Gepflogenheiten folgend, bei einem der vielen in Wien ansässigen Uniformschneider neu ausstaffiert haben!], sich meinem Schreibtisch näherte. „Ich bringe Ihnen Rainer Maria Rilke", sagte der Oberst. „Er soll hier arbeiten, bitte, machen Sie ihn mit seinen Obliegenheiten bekannt."
>
> So kam es, daß ich einige Zeit mit Rilke in einem Raum atmete. Drei Reihen von mir entfernt, […], saß er nachdenklich-unbewegten Gesichtes und las Akten aus dem Feld. […] Rilke saß stumm und schrieb, oder tat wenigstens so. Wenn ich von meiner Arbeit aufblickte, sah ich, daß er einen Bogen nach dem anderen zerriß und in die Tasche steckte. Ich wußte, er kämpfte mit dem Stoff.

Rainer Maria Rilke, 1916

Rainer Maria Rilke, dem wir die wunderbare Weise von Liebe und Tod des Cornets Christoph Rilke verdanken, konnte inmitten der Realität des Krieges nichts vom Krieg schreiben.[132]

Konnte nicht – oder wollte nicht?

Während in Deutschland und Österreich Kriegsgedichte en masse verfasst und täglich publiziert wurden – Ludwig Ganghofer zum Beispiel gehörte zu den besonders engagierten Schreibern[133] (vom 28. Juli bis zum 20. Dezember 1914 sammelte er 92 Kriegslieder, die er noch im selben Jahr in einem Sammelbändchen unter dem Titel *Eiserne Zither* herausgab), während in den Tageszeitungen täglich Gedichte von bekannten und zu dieser Zeit bedeutenden Literaten abgedruckt wurden, aber auch vom kleinen Mann, vom einfachen Soldaten oder von Schulmädchen – so verschlug es Rilke seine Schreibstimme:

> Aber willst Du mir glauben, daß mir meine Schreibstimme über diesen unabsehlichen Ereignissen völlig verschlagen ist; wer *ist*, wer hört sich leben und denken und sein, – bin ichs denn noch? frag ich mich manchmal, sind wirs denn noch? – Nein, alle sind wir gewaltsam in

eine neue Welt hinausgeboren, die mit unserer bisherigen nichts gemein hat, als daß sie unbegreiflich ist, aber unbegreiflich auf eine neue, fürchterliche, tötliche Art.[134]

Bereits im Oktober 1914 hatte er sich seinem Verleger Axel Juncker mit den Worten „So gern ich Ihnen allen erwünschten Gefallen thäte: ‚Kriegslieder' sind keine bei mir zu holen, beim besten Willen"[135] verweigert. Im Juli 1915 war es sogar der Insel Verlag, dem er keine Beiträge zum *Almanach für das Jahr 1915* liefern wollte: „Älteres nichts, und Neues ist seit lange nicht zu verzeichnen; wenn aber auch, sag ich mir, der ungeheure Druck dieser Gegenwärtigkeit sich so auf meine Gefühle vertheilte, daß er, plötzlich, einen Theil von ihnen ins Steigen triebe –: es könnte kein Gedicht entstehen, das mir eigener wäre, als es mir mein jetziges Schweigen ist, dieses mir in so entstellter Welt eigenste."[136]

Sein Sich-Enthalten und -Verweigern könnte allerdings auch darin ihren Ursprung haben, dass Rilke sich im August 1914 zu einer apokalyptischen Dichtung hinreißen ließ, die ihn später (wie bereits angeführt) in Verlegenheit setzen sollte.[137] Es handelt sich um die „Fünf Gesänge", die er im Insel-Almanach für das Jahr 1914 – also unmittelbar nach Kriegsausbruch – herausbrachte.[138]

> Zum erstenmal seh ich dich aufstehn,
> hörengesagter, fernster, unglaublicher Kriegs-Gott.
> Wie so dicht zwischen die friedliche Frucht
> furchtbares Handeln gesät war, plötzlich erwachsenes.
> Gestern war es noch klein, bedurfte der Nahrung, mannshoch
> steht es schon da: morgen überwächst es den Mann. Denn der glühende Gott
> reißt mit Einem das Wachstum aus dem wurzelnden Volk, und die Ernte beginnt.
> Menschlich hebt sich das Feld ins Menschengewitter. […]

Rilke erlag – so wie viele seiner Zeitgenossen – dem Gefühl der Endzeitstimmung, stellte die Leere, das Wertevakuum fest und ließ sich hinreißen, die *Fünf Gesänge* sind das einzige direkte Dokument der Zeit, das wir von ihm besitzen. Seherisch und apokalyptisch malte er das blutige Bild der kommenden Weltkatastrophe:

> Endlich ein Gott. Da wir den friedlichen oft
> nicht mehr ergriffen, ergreift uns plötzlich der Schlacht-Gott,
> schleudert den Brand: und über dem Herzen voll Heimat
> schreit, den er donnernd bewohnt, sein rötlicher Himmel.

Rilkes Kriegsbegeisterung dauerte nur knapp einen Monat, dann erhebt sich sein individualistischer Geist aus dem Kollektiv der Masse und bereits am

29. August bekannte er Anna von Münchhausen: „Die ersten Tage trieb mein Geist in der großen allgemeinen Strömung, konnte auf seine Art mit; dann besann ich mich, als unsäglich Einzelner, auf mich selbst, auf mein altes, mein bisheriges Herz." Zwei Monate später, in einem Schreiben an Karl und Elisabeth von der Heydt, zeigt sich seine Kehrtwendung ganz deutlich:

> In den ersten Augusttagen ergriff mich die Erscheinung des Krieges, des Kriegs-Gottes (im Insel-Kriegs-Almanach werden Sie ein paar Gedichte finden, aus dieser Erfahrung entstanden), jetzt ist mir längst der Krieg unsichtbar geworden, ein Geist der Heimsuchung, nicht mehr ein Gott, sondern eines Gottes Entfesselung über den Völkern. Mehr ist auch jetzt nicht zu leisten, als daß die Seele übersteht.[139]

Das Überstehen vorwegnehmend, ist es daher auch der Schmerz, den er im fünften Gesang anspricht. Nicht den Kampf gilt es zu verherrlichen, sondern den Schmerz. Der sechste Gesang, „Dich will ich rühmen, Fahne. Immer von Kind auf seh ich ahnend dir nach, grüßte dich", blieb unveröffentlicht.

> Auf, und schreckt den schrecklichen Gott! Bestürzt ihn.
> Kampf-Lust hat ihn vor Zeiten verwöhnt. Nun dränge der Schmerz euch,
> dränge ein neuer, verwunderter Kampf-Schmerz
> euch seinem Zorne zuvor.
> Wenn schon ein Blut euch bezwingt, ein noch von den Vätern
> kommendes Blut: so sei das Gemüt doch
> immer noch euer. Ahmt nicht
> Früherem nach. Einstigem, Prüfet,
> ob ihr nicht Schmerz seid. Handelnder Schmerz. Der Schmerz hat
> auch seine Jubel. O, und dann wirft sich die Fahne
> über euch auf, im Wind, der vom Feind kommt!
> Welche? Des Schmerzes. Die Fahne des Schmerzes. Das schwere
> schlagende Schmerztuch. Jeder von euch hat sein schweißend
> nothaft heißes Gesicht mit ihr getrocknet. Euer
> aller Gesicht dringt dort zu Zügen zusamm.
> Zügen der Zukunft vielleicht. Daß sich der Haß nicht
> dauernd drin hielte. Sondern ein Staunen, sondern entschlossener Schmerz,
> sondern der herrliche Zorn, daß euch die Völker,
> diese blinden umher, plötzlich im Einsehn gestört;
> sie –, aus denen ihr ernst, wie aus Luft und aus Bergwerk,
> Atem und Erde gewannt.

Dem Frontdienst endlich entkommen, versuchte Rilke, sich im Kriegsarchiv einzurichten:

> Dort ist meine Lage (Bürostunden von neun bis drei) äußerlich bequemer und besser, aber wahrscheinlich unhaltbar, wenn es mir nicht gelingt, zu ganz mechanischen Abschreibe- oder Registrierarbeiten versetzt zu werden; denn der Dicht-Dienst, zu dem sich die Herren seit anderthalb Jahren geübt haben, ist mir völlig unmöglich. Ich mag ihn nicht beschreiben, er ist sehr dürftiger und zweideutiger Natur, und eine Abstellung alles Geistigen (wie das in der Kaserne der Fall war) scheint beneidenswert neben diesem schiefen und unverantwortlichen Mißbrauch schriftlicher Betätigung. Die Herren selbst nennen es „Heldenfrisieren", lange graute ihnen, und nun haben sie sich dazu überwunden und werfens aus dem Handgelenk.[140]

Er überwand sich nicht, er warf nichts aus dem Handgelenk, er verlor seinen Kampf mit der Feder – er verlor ihn gern, denn trotz sorgfältigster Recherche findet sich für den Zeitraum von Rilkes Tätigkeit im Kriegsarchiv nichts von ihm Verfasstes und Signiertes, keine Arbeitsrapporte, wie sie von anderen (s. Stefan Zweig) vorhanden sind. Galt es die Pflicht zu erfüllen und will man den Herren Sil Vara und Csokor Glauben schenken, so waren Rilkes schriftliche Beiträge von völlig anderer Qualität, wie auch Ginzkey Jahre später festhält:[141]

> Es gab unter den zahlreichen Räumen des Kriegsarchivs auch ein abgelegenes, dem Geiste vergangener Zeiten besonders geweihtes Zimmer, das war an allen Wänden angefüllt mit riesenhaften, in weißes Leder gefaßten Aktenbüchern aus Maria Theresias Zeiten und aus den Napoleonischen Kriegen. Dorthin führte ich nun den Dichter und zeigte ihm am Fenster, wo die Sonne freundlich hereinschien, einen Stuhl, ein Tintenfaß, eine Feder und bedeutete ihm, daß dies sein Arbeitszimmer sei.
> Ich verabschiedete mich dann von ihm mit Worten, die mir nicht mehr in Erinnerung sind. Ich glaube, ich deutete ihm nur leise an, er sei hier völlig sich selbst überlassen und er werde mich, seinen „Zwischenvorgesetzten", sobald nicht wieder erblicken. Ich ging dann zu meinem Obersten hinüber und besprach mit ihm, was nun des weiteren mit Rilke, unserem jüngsten Infanteristen, zu geschehen habe. Der Oberst lächelte und meinte: „Wir müssen ihm der Form halber eine Arbeit geben – sie wird nicht dringlich sein."
> Und so saß nun der Dichter vor allerlei kriegerischen Akten, die ihm wohl vorgelegt wurden, an deren Bewältigung von seiner Seite aber

niemand ernstlich dachte. Er teilte übrigens das Zimmer mit einem anderen Mann der Feder, dessen stilles Wesen wohl die beste Gesellschaft für ihn war. Von jenem erfuhr ich auch von Rilkes letzter, recht sonderbaren dienstlichen Betätigung:
Der Oberst hatte ihm eine sehr einfache Arbeit zugeteilt. Der Dichter hatte nämlich mit Zuhilfenahme eines Bleistiftes und eines großen Lineals die für Gagen- und Lohnberechnungen erforderlichen Papierbogen zu rubrizieren, was er auch mit großer Sorgfalt ausführte.[142]
Wenige Wochen später wurde er, da sein Gesundheitszustand nicht der beste war, vom Militärdienst befreit.

Lässt man die Tage, die Rilke im Kriegsarchiv verbracht hat, Revue passieren, gewinnt man den Eindruck, der Kriegsdienst des Infanteristen Rilke sei gar nicht so bedrückend und schrecklich gewesen. Zunächst einmal wohnte er nicht in der Kaserne, sondern entweder in Hopfners Parkhotel in Hietzing oder bei der Fürstin Thurn und Taxis in der Viktorgasse. Klagt er in den Briefen, er sei nach dem Dienst aus Müdigkeit, Somnolenz und Apathie[143] zu nichts mehr fähig, gibt es doch reichlich Unternehmungen und Programm gesellschaftlich-privater Art: Anfang Februar besucht er Lia Rosen im „Riedhof" – als eine schöne Ausnahme. Ebenso genießt er die prachtvolle Galerie im Palais Czernin in Ruhe nach Tisch mit dem Grafen und der Gräfin vor den Bildern sitzend, bewundernd, plaudernd. Vom 12. bis 16. Februar befindet er sich dienstlich in München, wo er gleich am ersten Abend Strindbergs *Advent* in einer außerordentlich rein intentionierten Aufführung der Kammerspiele besucht.[144] Scheint sein literarischer Schreibfluss ins Stocken geraten zu sein, ist sein Briefwechsel umso zahl- und umfangreicher. Briefe gehen an Katharina Kippenberg, Ilse Erdmann, Elsa Frank, Sidie Nádhérny, an die Fürstin Hausenstein, an Friderike Winternitz (die spätere Gattin Stefan Zweigs), um nur einige zu nennen. Anfang März kontaktiert er Karl Kraus und besucht am 17. April die Vorlesung aus dessen eigenen Schriften im Kleinen Konzerthaussaal.[145] Am 13. März hört er Schönberg im Konzert. Er macht Besuche im Haus von Eugenie und Hermann Schwarzwald, bei denen die dänische Schriftstellerin Karin Michaelis zu Gast ist (er feiert mit ihr und etlichen Freunden ihren Geburtstag), er besucht Dr. Reichel, einen Wiener Kunstsammler, der die umfangreichste Privatsammlung von Kokoschkas Bildern besitzt; bei Reichels trifft er auch Oskar Kokoschka.[146]

21. April: „Auch bei der Gräfin Harrach war ich neulich in ihrem schönen Palais auf der Freyung; es stecken Schätze in diesen Häusern, von denen man sich keine Vorstellungen macht."[147] Am 30. April genießt er die Messe in der Hofburgkapelle, „eine besonders feierliche mit mozart'scher Musik, – es war unvergleichlich schön und hat mir den Sonntag ganz festlich gemacht"[148]. Und

natürlich gibt es die regelmäßigen Nachmittags-Auftritte im Café Imperial – in wechselnder Begleitung!

Zwei Begegnungen gilt es noch genauer auszuführen, die mit Oskar Kokoschka und die mit dem bereits lang verehrten Hugo von Hofmannsthal: Am Vormittag des 29. April ist Rilke bei Oskar Kokoschka in dessen Atelier. Am nächsten Tag wird das Gedicht *Haßzellen, stark im größten Liebeskreise* übersendet (übrigens auf Papier des Kriegsarchivs geschrieben); es kann als Gegengabe für Kokoschkas Ölberg-Zeichnung[149] gewertet werden. Die Bilder Kokoschkas hatten den Dichter tief beeindruckt und seine literarische Replik übernimmt in Thema, Gestaltung und Ausdruckskraft die malerische Vorlage – Pinsel und Feder sprechen eine Sprache: Schlachtopfer und Krieg, Hass und Grauen, korrespondierend mit Schönheit und Wunderbarem; Lichtgestalten, Blüten und Tiere. Alles wieder eine Flucht aus der zum Grauen gewordenen Wirklichkeit in die heile innerliche Welt. Dazu ein erklärendes Schreiben:

> Nehmen Sie das Einzige, was ich jetzt habe, ein paar Strophen, anfang [sic!] April eines Morgens am Kriegs-Archiv-Schreibtisch hingeschrieben. Sie setzen beim Hassen ein, die eingeklammerten Zeilen oben stellen den Anlaß fest: Stehen auf der Elektrischen mit dem entsetzlich-aussichtslosen Blick in die Nacken, (fürchterliche Gegenden an Menschen, wirklich für Henker eingerichtet). Dann schrieb ich so weiter, um aus dem Haß auf die nächste Lichtung hinauszukommen.[150]

Mit Hugo von Hofmannsthal war Rilke über mehr als ein Jahrzehnt nicht nur durch die literarische Produktion verbunden (seit dem Jahr 1906 finden sich in fast jedem „Insel-Almanach" Beiträge von beiden), es gab auch persönliche Begegnungen in München, Berlin und 1907 in Wien, wo Rilke während seiner dritten Vortragsreise zwischen 7. und 18. November Aufenthalt hatte.[151] Nun wieder in Wien, suchte Rilke bei Hofmannsthal Rat und Hilfe, um ebenfalls vom Kriegs(archiv)dienst ganz frei gesprochen zu werden. Der konnte in dieser speziellen Sache nicht helfen, tat aber alles, um Rilke den Aufenthalt in Wien so angenehm wie möglich zu machen.

Mitte Mai kam die Malerin Lou Albert-Lasard, geliebte Freundin Rilkes[152], nach Wien und wohnte auf Anraten Hofmannsthals im Hotel Stelzer in Rodaun; dorthin siedelte auch der Dichter um, weil sein Zimmer in der Viktorgasse umgebaut wurde. Sie erinnerte ihn an ein gegebenes Versprechen, ihr Modell zu sitzen, und Hofmannsthal stellte den beiden einen kleinen Pavillon gegenüber seinem Haus zur Verfügung – da gab es kein Entkommen mehr. Sie erinnert sich an ihre Arbeit: „Stefan Zweig und Kokoschka besuchten uns in Rodaun, um R.s Porträt zu sehen. Kokoschka sagte mir, er sei sehr böse gewesen, als er hörte, daß R., der es ihm ausgeschlagen hatte, für mich gesessen habe. ‚Aber jetzt', sagte er, indem er mir die Hände drückte, ‚bin ich nicht mehr böse'."[153]

Am 9. Juni 1916 wird Rilke demobilisiert, am 27. Juni scheidet er aus dem Kriegsarchiv aus, mit 8. Juli wird die Enthebung in seinem Akt festgehalten. Er bleibt zunächst noch in Rodaun, übersiedelt Ende Juni ins Hotel Imperial, dann wieder in die Viktorgasse. Er erbittet beim Insel-Verlag einen Vorschuss, um damit nach München, in die Keferstraße zurückzukehren.

Ganz ist es nicht geklärt – vielleicht war es Dankbarkeit, vielleicht persönliche Wertschätzung, jedenfalls nahm Rilke noch einmal Kontakt zum Kriegsarchiv, genauer zu Oberst Veltzé, auf. Er ließ sich hinreißen, sich doch noch vor den Propaganda-Karren spannen zu lassen. Zwar mit einem Gedicht, das in keiner Weise mit einem der Texte der „Blutlyriker" (so Karl Kraus in einem Brief an Sidonie) gleichgesetzt werden kann, aber maßgeblich waren die Umstände, der Zeitpunkt und der Ort, also die Zeitschrift *Donauland*, in der *St. Christophorus* publiziert wurde:[154]

München, Keferstrasse 11, am 16. November 1916

Verehrter Herr Oberst,
Ihr Wunsch ist mir noch immer Befehl –, so hab ich gestern gleich meine Papiere durchzusuchen [begonnen], besten Willens von meiner sonstigen, seit Jahren eingehaltenen Unbetheiligtheit an Zeitschriften diesmal eine Ausnahme zu machen. Es ist keine willkürliche Exklusivität, wenn ich mich mehr und mehr solcher Mitarbeit entzogen habe: meine Produktion leidet unter ihr; auch strebt, was ich hervorbringe, immer stärker in gewisse große Zusammenhänge, so daß das Auslösen einzelner Stücke ohne Gewalt fast nicht möglich ist und schließlich zum Schaden ihrer Verständlichkeit und Präzision ausfällt.

Ich hole so umständlich aus, um die Unbedeutendheit der kleinen „Ausnahme" zu entschuldigen, die ich Ihnen gleichzeitig vorlege. Daß ich nicht mehr gebe entspringt keinem Mangel an Bereitschaft, sondern liegt eben daran, daß ich nur unter sehr wenigen, einzeln verwendbaren Sachen zu wählen habe. Unter diesen Sachen scheint mir das Christophorus-Gedicht das selbstständigste und liebenswürdigste; vielleicht mögen Sie es als Beitrag zu Ihren Monatsheften anerkennen.

Ich kann nicht schließen, ohne Sie zu bitten, mich beim Herrn General von Hoen mit meinem ganzen Respekt in Erinnerung zu bringen und anderseits Herrn Hauptmann Zitterhofer meine ergebensten Empfehlungen auszurichten.
Sie selbst, Herr Oberst zu lesen, war für mich die angenehmste

> Überraschung, umso erfreulicher, als ich aus Ihren Zeilen ersah, daß
> Sie in gütigem Gedächtnis halten Ihren auf das dankbarste ergebenen
> Rilke[155]

Am gleichen Tag schickt Rilke einen Brief ähnlichen Inhalts an Ginzkey, allerdings fügt er für den Kollegen eine kurze Interpretation der Strophen bei und einige sehr persönliche Anmerkungen:

> An Wien denke ich nicht eben viel, denn ich muß ja fortwährend,
> über die Unterbrechungen hinüber, die es mir bereitet hat, an Arbeit und Leben anknüpfen –, so weit aber geht mein Vergessenwollen
> nicht, daß ich nicht manchmal derer gedächte, die mir die [...] Ausschaltung erleichtert und mich dem Eigenen brauchbarer erhalten haben. Sie wissen, lieber Herr Ginzkey, wie groß Ihr Antheil an diesem
> Schutze war.[156]

Karl Kraus geht in einer Rezension der Zeitschrift *Donauland* (1. Jahrgang 1917, Heft 1) mit der Glosse „Literaten unterm Doppelaar" auf Rilkes Gedicht *Christophorus* ein:

> „S e h r   h ü b s c h ist das Gedicht ‚St. Christophorus' von Rainer
> Maria Rilke in dunkler Umrahmung Das v o l l e n d e t   s c h ö n e
> Gedicht von Franz Karl Ginzkey ‚Feindlicher Flieger' ist ein J u w e l
> des Heftes."
> Ich bin nur ein ordinärer Klachel in der Literatur. Wenn ich ein so
> feiner Mensch in der Literatur wäre wie Rainer Maria Rilke (den ich
> wirklich dafür halte und den Feinheit vor schlechter Gesellschaft
> nicht bewahren konnte, während meine hausknechtmäßigen Umgangsformen mir für alle Lebenszeit und weit über meinen Tod hinaus Ruhe verschafft haben), wenn ich wie er wäre, mich würde diese Anerkennung meiner Lyrik [...] zu dem Entschluß treiben, aus der
> Literatur im Allgemeinen und aus dem Donauland im Besondern
> auszutreten.[157]

Als „zweiten Aufguss" schlachteten die Herausgeber des *Donauland Almanach von 1918* die großen Namen – Stefan Zweig, Max Brod, Hugo Salus, Ottokar Kernstock etc. und eben auch Rainer Maria Rilke – weidlich aus, was Karl Kraus erneut auf den Plan ruft. Was er bekrittelte, war nicht das Rilkesche Opus, sondern er warnte den Dichter, sich nicht gemein zu machen mit den Propaganda-Poeten im Kriegsarchiv:

> W i r   v e r n e i g e n   u n s vor Rilke, g r ü ß e n Ginzkey ... Stefan Zweig, f r e u e n   u n s über ... Max Brod, Hugo Salus ... Bartsch,

Strobl, Hans Müller ... Eine amüsante Geschichte von Roda Roda. [Hervorhebung von Karl Kraus]. Wir grüßen zwar nicht und freuen uns auch nicht, würden uns aber vor Rilke verneigen, wenn er es nur einmal vermeiden wollte, sich in solcher Gesellschaft und an solchem Orte blicken zu lassen.[158]

Der Schulterschluss – Franz Karl Ginzkey und Stefan Zweig[159]

Première memoire – einer erinnert sich:[160]

> Daß ich selbst diesem Rausch des Patriotismus nicht erlag, hatte ich keineswegs einer besonderen Nüchternheit oder Klarsichtigkeit zu verdanken, sondern der bisherigen Form meines Lebens. [...] Ich hatte zu lange kosmopolitisch gelebt, um über Nacht eine Welt plötzlich hassen zu können, die ebenso die meine war wie mein Vaterland. Ich hatte seit Jahren der Politik mißtraut und gerade in den letzten Jahren in unzähligen Gesprächen mit meinen französischen, meinen italienischen Freunden den Widersinn einer kriegerischen Möglichkeit erörtert. So war ich gewissermaßen geimpft mit Mißtrauen gegen die Infektion patriotischer Begeisterung, und vorbereitet wie ich war gegen diesen Fieberanfall der ersten Stunde, blieb ich entschlossen, meine Überzeugung von der notwendigen Einheit Europas nicht erschüttern zu lassen durch einen von ungeschickten Diplomaten und brutalen Munitionsindustriellen herbeigeführten Bruderkampf.

Die Welt von gestern. Erinnerungen eines Europäers nennt Stefan Zweig seine Autobiographie[161] und will damit seine übernationale Position kenntlich machen. Mit den französischen Schriftstellern, besonders mit dem Pazifisten Romain Rolland, verband ihn tiefe Freundschaft. Noch während des Krieges, im Jahr 1917, veröffentlichte er sein Antikriegsdrama *Jeremias* im Insel Verlag und wohnte der Uraufführung im Februar 1918 in Zürich selbst bei. Das alles ist stimmig – und doch: Ganz abstinent vom Rausch des Patriotismus blieb Zweig im Sommer 1914 nicht. Die Mobilmachung überraschte ihn in Belgien, er reiste mit dem letzten Zug nach Wien zurück.

Deuxième memoire – einer bekennt:

> Obwohl erst zweiunddreißig Jahre alt, hatte ich vorläufig keinerlei militärische Pflichten, da ich bei allen Assentierungen als untauglich erklärt worden war, worüber ich schon seinerzeit herzlich froh gewesen. [...] Nun liegt – ich schäme mich nicht, diesen Defekt offen

einzugestehen – meiner Natur das Heldische nicht. Meine natürliche Haltung in allen gefährlichen Situationen ist immer die ausweichende gewesen. […] So hielt ich Umschau nach einer Tätigkeit, wo ich immerhin etwas leisten konnte, ohne hetzerisch tätig zu sein, und der Umstand, daß einer meiner Freunde, ein höherer Offizier [Ginzkey], im Kriegsarchiv war, ermöglichte mir dort eingestellt zu werden.

Aufgrund einer Operation sei der Schriftsteller Zweig für den Frontdienst als untauglich erklärt worden – so schreibt Max Hoen in seiner Chronik[162], „Narbe nach Rippenfelloperation" findet sich im Hauptgrundbuchblatt unter „Etwaige Gebrechen".[163] Im selben Personalbogen kann man dann – mit Unterstreichung! – lesen, der Schriftsteller Dr. Stefan Zweig habe sich am 12. November 1914 freiwillig auf Kriegsdauer zum k.u.k. Trainzeugsdepot in Klosterneuburg gemeldet.

Wesentlich früher, bereits Ende Juli 1914, hatte sich Zweig mit einer Eingabe an das Kriegsministerium (Pressedepartement) gewandt:

Ich habe die Ehre, Ihnen mitzuteilen, daß ich – da ich niemals gedient habe und nicht zum Heere einberufen bin – bereit bin meine Arbeitskraft unentgeltlich dem Pressedepartement des k.k. Kriegsministeriums zur Verfügung zu stellen und diesbezüglicher Berufung unverzüglich Folge leisten werde. Ergebenst Schriftsteller Dr. Stefan Zweig.

Es mag nun das Ausweichende des Unheldischen gewesen sein, die Angst bei neuerlichen Musterungen doch eingezogen zu werden, zum Dienst in der Etappe – nur nicht an die Front! –, auf jeden Fall gab eine freiwillige Meldung gewisse Sicherheiten. Und außerdem hatte Zweig ja noch ein Eisen im Feuer: Freund Franz Karl Ginzkey.[164]

Aus heutiger Sicht mag es verwundern, dass zwei Menschen verschiedenen Alters, von völlig verschiedener sozialer Herkunft so nahe zueinander finden konnten. Eine Beziehung, die während der Kriegsjahre besonders intensiv und trotz aller Unterschiede für beide Männer lebenspropädeutisch war. Zweig war der zweite Sohn eines vermögenden Textilfabrikanten, der von der Apanage als Privatier sorgenfrei hätte leben können. Ginzkey war der Sohn eines Berufsoffiziers der k.u.k Kriegsmarine, der in den Fußstapfen des Vaters die Laufbahn als Offizier einschlagen musste, die finanziell überhaupt nicht einträglich war. Zwei Menschen, von verschiedenem Temperament und völlig verschiedenem Bildungsgang.[165]

Zweig leistete nach abgelegter Matura am Wasagymnasium in Wien dem Wunsch des Vaters nicht Folge und begann im Herbstsemester 1900 ein Studium der Philosophie und Literatur, nicht der Juristerei, das er mit einer Dissertation 1904 planmäßig abschloss. Ginzkey wechselte nach dem Abgang aus der

Akademie in die Infanterie-Kadettenschule nach Triest (Literatur stand keineswegs im Zentrum des Bildungskanons), schloss hier positiv ab und wählte den Dienst als Offizier. Er übte seinen Brotberuf in Salzburg, Braunau am Inn und 1893 als Truppenoffizier in Pola aus. 1897 ließ er sich im Militärgeographischen Institut[166] in Wien zum Dienst zuteilen. Das lag am Friedrich-Schmidt-Platz, nur wenige Ecken von der repräsentativen und eleganten Wohnung der Familie Zweig in der Reichsratstraße entfernt. In den Jahren 1899 und 1900 lebten demgemäß der knapp dreißigjährige Oberleutnant Franz Karl Ginzkey und der Gymnasiast Stefan Zweig nachbarschaftlich verbunden, wahrscheinlich ohne davon zu wissen.

Als Student der Philosophie hatte Zweig bereits an die hundert Gedichte geschrieben, von denen etliche auch schon in den Zeitschriften *Deutsche Dichtung*[167] und *Die Gesellschaft*[168] veröffentlicht worden waren. Der erste Gedichtband *Silberne Saiten* erschien im Jahr 1901 in Berlin. Zweig schulte seinen literarischen Geist als anerkannter, einfühlsamer Übersetzer. Als schriftstellerischer Durchbruch kann aber die Erzählung *Die Wanderung* im Feuilleton der *Neuen Freien Presse*[169] gelten. Zweig erklärt in der *Welt von Gestern,* welche Bedeutung die „Aufnahme im Tempel des Fortschritts" – noch dazu im Feuilleton – für ihn hatte.[170] Das alles und mehr schien dem jungen Autor ganz leicht aus der Feder zu fließen und verschaffte ihm in jungen Jahren schon ein zahlreiches Leserpublikum.

Ganz anders bei Ginzkey, er musste um sein Schreiben kämpfen. Zum einen gab es pekuniäre Hindernisse; um seinen Haushalt zu finanzieren – er hatte sich inzwischen verheiratet[171] –, konnte er sich den Luxus eines Lebens als Freischaffender nicht leisten. Darüber hinaus hatte er seine ersten dichterischen Versuche vorlegen lassen, zum Beispiel bei Hugo von Hofmannsthal, der ihm nur ausrichten ließ, er fände die Gedichte des Herrn Infanterieleutnants schlecht und der Herr Infanterieleutnant möge doch bei seiner Profession bleiben.[172]

Der Prager Arzt und Schriftsteller Hugo Salus[173] war es dann, der die Bekanntschaft zwischen Ginzkey und Zweig initiierte. Schon zur Jahrhundertwende erweiterte sich der Freundeskreis; Felix Salten förderte den literaturbeflissenen jungen Leutnant, und Hans Rudolf Bartsch wurde Ginzkeys Alter Ego. Die beiden teilten einander ihre literarischen Projekte mit, versuchten einander bei deren Veröffentlichung behilflich zu sein, mehr oder weniger erfolgreich. Sie stützten einander (im wahrsten Sinne des Wortes) auch im Privaten – Opernbesuche, Kaffeehausbesuche, Damenbesuche!

Zweig hatte inzwischen ein Semester an der Universität Berlin verbracht, bereiste nach Studienabschluss Paris und London; 1905 waren es Spanien und Algier, 1906 folgte ein viermonatiger Aufenthalt in England, und im Jahr 1907 kehrte er nach Wien zurück und bezog eine eigene Wohnung in Wiens achtem Bezirk, in der Kochgasse – mit Personal, selbstverständlich! Von den fernen Orten schickte er Grüße an Ginzkey und all die wunderbaren Bilder und Eindrücke fanden ihren Niederschlag in einer Unzahl von Gedichten und Novellen.

Nachdem sich auch bei Ginzkey die ersten literarischen Erfolge eingestellt hatten[174], versuchte er – wie Freund Bartsch – seine Frühpensionierung aus Krankheitsgründen zu erreichen. Das Verfahren der Superarbitrierung verlangte, wie auch bei Rilke, eine Untersuchung vor einer militärischen Kommission. Mit August 1912 erging der Kommissionsspruch, dass eine sofortige Pensionierung aufgrund „eines nervösen Leidens" nicht gerechtfertigt, Ginzkey aber „derzeit dienstuntauglich mit Wartegebühr auf 1 Jahr beurlaubt" sei. Als Beurlaubungsgrund wurde „allgemeine reizbare Nervenschwäche höheren Grades, besonders mit rascher Ermüdbarkeit beider Augen"[175] genannt. (Zweig gratulierte denn auch dem froh Befreiten.[176])

Ginzkey konnte die Befreiung aus der militärischen Zwangsjacke nicht lange genießen, im Gegenteil: Er, der sich wegen Dienstunfähigkeit aus dem Amt befreit hatte, machte bei Ausbruch des Ersten Weltkriegs eine sehr rasche und wenig elegante Kehrtwende und suchte um seine Reaktivierung an. Mit Aufnahme ins Kriegsarchiv mit 20. November 1914[177], in die Literarische Gruppe, begann wieder die Janusköpfigkeit seines Daseins – er war Soldat und Dichter. Allerdings konnte er die Schizophrenie der Professionen zu einer Symbiose gestalten. Als Mitglied der Literarischen Gruppe verfasste er ein riesiges Pensum an Artikeln, Gedichten, kleinen Erzählungen etc. – alles neben seinen privaten dichterischen Produktionen.[178] Es gelang ihm aber auch, seinen Verlag (man erinnert sich, dass Karl Kraus ziemlich abwertend von den „Staackmännern" geschrieben hat, produzierte der Verlag eindeutig Kriegsliteratur und vertrieb diese „völlig uneigennützig" zum Selbstkostenpreis an die Frontsoldaten) für die Bücher des Archivs als Werbeträger einzuspannen und vice versa Verlagsbücher in der Zeitschrift *Donauland* des Kriegsarchivs anzukündigen.[179]

Als Offizier, gewissermaßen in führender Position, erwies er sich den Weggefährten seiner ersten Wiener Jahre als dankbar. Alle bisher Genannten kamen in den Genuss seiner Protektion. Ganz vorneweg Stefan Zweig, Rudolf Hans Bartsch und Felix Salten – sie wurden ins Kriegsarchiv, in die Literarische Gruppe berufen. Anderen, zum Beispiel Hugo Salus oder Alfons Petzold, gab er die Gelegenheit, in den Büchern und Schriften des Archivs zu publizieren.

> Liebwerter Herr Petzold!
> Im Auftrag meines Oberst teile ich Ihnen mit, dass wir Ihr schönes Gedicht „Der Dichter im Kriege" für die projektierte Monatsschrift annehmen. Mir selbst sagt speziell auch „Der Künstler" sehr viel, aber

es ist doch gegenwärtig etwas gewagt „mit Zügel und gesalbter Klinge […] schändete sein heiligstes Gesetz"; Dazu ist der Augenblick noch nicht reif, um dergleichen jetzt öffentlich zu machen. Sie wissen ja – leben heißt: Konzessionen machen. Die gilt auch hin und wieder noch für den Künstler. […][180]

Wiederum anderen, Anton Wildgans z. B., gab er Ratschläge und Versprechen, wie man denn Aufnahme im Kriegsarchiv finde bzw. dass es kraft seiner, Ginzkeys, Fürsprache kein Verkommen gebe.

> Liebwerter Herr Wildgans!
> […] In Ihrer Angelegenheit sprach ich mit meinem Obersten Veltzé! Das Kriegs-Archiv wird Sie jederzeit als würdiges Mitglied aufnehmen, insoweit es von uns abhängt. […]
> Vielleicht geht es auch so, dass Sie vorläufig als gemeiner Zivilist im Archiv Dienst tun u. dann bei der Stellung melden, Sie gehörten bereits dem Archiv an. Jedenfalls können Sie versichert sein, dass wir Sie nicht […] verkommen lassen werden.[181]

Titularfeldwebel Stefan Zweig

Verfolgt man den Briefwechsel Ginzkey und Zweig im November 1914, gewinnt man nicht den Eindruck, dass da einer nur Umschau hält, im Gegenteil, da wird schon massiv gebeten, gedrängt, hervorgestrichen und zu guter Letzt freut man sich über das Gelingen der Operation „Zweig ins Kriegsarchiv":

> Lieber Freund, nochmals **innigsten** Dank für Ihre gütige Intervention! Sie würden mir einen unendlichen Dienst erweisen, wenn Sie mir Gelegenheit geben, meine Kraft und wirklich vorhandene Arbeitslust zu betätigen und mich einem öden Kanzleidienst zu entreissen. Ich schreibe heute ein Feuilleton über den Suez-Canal in strategischer Hinsicht, das Dienstag erscheinen wird und an der gewissen Stelle hoffentlich nicht ungelesen bleibt. Wichtig wäre mir nur baldige Entscheidung: aber ich wage nicht zu drängen. Herzlichst Ihr Stefan Zweig[182]

> Lieber Freund, schreiben Sie mir, bitte, eine Zeile, ob Sie mir raten würden, morgen persönlich zu Oberstleutnant V [= Veltzé] zu gehen. Meine Entschließung muss ja bald erfolgen und ich darf nicht an zwei Stellen mich festlegen. Dass mir am liebsten das Archiv wäre, wissen Sie ja und wie dankbar ich Ihnen wäre, käme ich durch Ihre Güte

hin. Ich möchte nun mir nichts verderben und da ich nicht weiss, ob Oberstl. V. meine Bitte, mich einzufordern, bewilligt oder gar schon ausgeführt hat, glaube ich, dass ein Besuch bei ihm das Beste wäre. Oder halten Sie das für zu aufdringlich?[183]

Lieber und wirklich **guter** Freund, ich danke Ihnen tausendmal! […] Ich bin jetzt, seit ich Sie im Archiv weiss – wozu ich Ihnen innigst gratuliere – sicher, dass meine Sache nicht vergessen oder verschoben wird. Ich müsste mir nämlich sonst zuerst eine Adjustierung für das Trainzeugsdepot anschaffen, eine überflüssige Ausgabe, die wir lieber gemeinsam in einem Festmahle anlässlich meines Übertritts in den Militärstand verpoculieren wollen, wie überhaupt der Dienst – ein so schöner Dienst! – uns in guter Gemeinsamkeit froh verbinden wird (ohne dass mein militärischer Respect vor Ihren blanken und ehrfurchtgebietenden Sternen sich im Dienst deshalb mindern soll).[184]

Lieber Freund, hurrah, alles ist gelungen. […] ich freue mich **riesig** auf die Arbeit bin glücklich und vergesse nicht eine Minute, wem ich dies zu danken habe. Bewahren Sie mir Ihre alte und neuerlich so schön bewährte Freundschaft und seien Sie innigst gegrüsst von Ihrem getreuen Stefan Zweig.[185]

Franz Karl Ginzkey trug den Erfolg am 20. November in sein Tagebuch ein: „Es ist mir gelungen, Stefan Zweig auf Kriegsdauer ins Archiv zu bringen"[186]; Stefan Zweig schrieb am 1. Dezember in das seine: „Vorstellung im Kriegsarchiv. Es ist mir wirklich eine sehr schöne Arbeit zugedacht, auf die ich mich freue. Nichts Subalternes und Minderwertiges, sondern wirkliche Arbeit. Hoffentlich gelingts! Heute zum erstenmale Uniform angezogen – ein seltsames Gefühl trotz alledem! Man kommt sich ein wenig lächerlich vor mit dem Säbel, wenn man nicht dreinhauen soll."

Einmal seinen Dienst angetreten, musste sich Zweig doch im Klaren sein, worauf er sich eingelassen hatte: Er musste sein Schreiben in den Dienst der Propaganda stellen, das wurde von ihm erwartet, dem kam er auch pflichtgetreu nach. In welchem Umfang, mit welchen stilistischen Mitteln wird in den folgenden Beiträgen deutlich werden.

Troisième memoire – einer beschönigt:

Ich hatte Bibliotheksdienst zu tun, wofür ich durch meine Sprachkenntnis nützlich war, oder stilistisch manche, der für die Öffentlichkeit bestimmten Mitteilungen zu verbessern – gewiß keine ruhmreiche Tätigkeit, wie ich willig eingestehe, aber doch eine, die mir persönlich passender erschien, als einem russischen Bauern ein

Stefan Zweig im Kriegsarchiv, 1915

Bajonett in die Gedärme zu stoßen. Jedoch das Entscheidende für mich war, daß mir Zeit blieb nach diesem nicht sehr anstrengenden Dienst für jenen Dienst, der mir der wichtigste in diesem Krieg war: der Dienst an der künftigen Verständigung.

Die verbleibende Zeit nützte er aber (vor allem) im ersten Kriegsjahr nicht durchwegs für den Dienst an der künftigen Verständigung, sondern er trug sich als Verfasser mehrerer Feuilletons, Kriegsfeuilletons der *Neuen Freien Presse,* an. Insgesamt waren es etwa vierzig; die ersten fünf Texte (*Heimfahrt nach Österreich* vom 1. August 1914, *Ein Wort von Deutschland*, erschienen am 6. August 1914, *Die schlaflose Welt* vom 18. August 1914, *Löwen,* erschienen am 30. August 1914 und *Der Kampf um den Suezkanal* vom 18. November 1914 – auf diese fünf Feuilletons wird später näher eingegangen –) verfasste er noch als freier Schriftsteller, noch in den ersten vier Kriegsmonaten, noch nicht in Diensten des Kriegsarchivs, allerdings unter dem Reglement der Zensur und

> K. u. K. Kriegsarchiv   Eing. Freiw. Feldw. Dr Stefan Zweig
>
> **Arbeitsrapport**
> für den Monat October 1915
>
> Gearbeitet und abgeliefert.
> Artikel über Flüchtlingsfürsorge
> Einleitung zum Buche über den Weltkrieg
> Zusammenstellung der Documente des Weltkriegs
> Entwurf einer Einleitung für das Rote-Kreuz-Werk
> Ein Gutachten
> 7 Belobungsanträge für Officiere
> 6 Belobungsanträge des Roten Kreuzes
> Correcturen für das Werk über den Weltkrieg
> Correcturen für das Werk „Aus der Werkstatt des Krieges"
>
> Wien 31. October 1915   Dr Stefan Zweig
>   Eing. Freiw. Feldwebel

Arbeitsrapport für den Oktober 1915 von Stefan Zweig

der Blattlinie. Man ist habsburgtreu. Jedenfalls tritt in allen Feuilletons ein Phänomen zutage, das in Zweigs Geisteshaltung schon vor, aber vor allem mit Kriegsbeginn manifest war: Er fühlte sich dem deutschen Kulturkreis zugehörig, dem deutsch-deutschen und weniger dem deutsch-österreichischen.

Mitte Juli 1915 stellt Zweig einen Reiseantrag, um für das geplante große Werk des Kriegsarchivs *Unteilbar und Untrennbar* Recherchen durchzuführen. Er soll das Kapitel „Die russische Invasion in Galizien. Ein Capitel Kulturgeschichte des Weltkrieges 1914/15"[187] verfassen. In einem Brief an Freund Ginzkey argumentierte er, dass man „Zerstörungen, Verwüstungen etc. [sic!] nicht schildern könne [ohne sie gesehen zu haben], unzweifelhafte Nachrichten nicht übernehmen [solle], ohne sie kontrolliert zu haben". Und weiter: „Da ich jetzt hinauffahre, bitte ich Sie, sich nicht zuviel um meinen seinerzeitigen Wunsch [Zweig wollte wohl einen anderen Frontabschnitt besuchen] zu bemühen. Eine Front ist ja wie die andere und wenn ich diese gesehen habe, bin ich eigentlich zufrieden."[188] Im Tagebuch gibt er noch sehr persönliche Gründe an:

Montag 12 [Juli 1915]
Meine Reise nach Galizien gesichert. [...] Zu lange leide ich an diesem Gefühl des ganz Außenseins, an der Lust, von dem Lande zu wissen, von dem Dorf um Dorf, Stadt um Stadt in Unserm Gedächtnis lebendig ist und doch nicht lebt, nur Name ist, Begriff, totes, ungestaltetes Wort. Es wird strapaziös sein und wenig ergiebig, aber es muß gesehen sein: meine Augen sind müde der Wiener Welt.

In der Zweig-Forschung wird diese Reise mit all den Erlebnissen (das Tagebuch ist sorgfältig geführt) oft als Wendepunkt in der Haltung des Dichters, „seines durchaus nicht immer konstanten Sinnens und Trachtens, Denkens und Handelns"[189] bezeichnet. Vergleicht man Briefe, Tagebücher und eben jene oben genannten fünf Feuilletons, so drängt sich die Erkenntnis auf, dass Zweig, verwirrt und verstrickt in seine Ängste, sein Entsetzen, seine Schwächen, sein Ausweichen, schon mit Beginn des Krieges schwankte, wie er sich denn persönlich und politisch zu verhalten habe. So scheint denn die „Heimfahrt nach Österreich" zunächst lediglich ein Bekenntnis des persönlich Erfahrenen, macht aber bereits nach den ersten Zeilen einen geradezu propagandistischen Schwenk in Richtung auf den „Schwertbruder" Deutschland:

Man faßt die Zeitungen, blättert sie auf, [...] um die Nachrichten zu fassen. Nur die Nachrichten! Denn das andere kann man nicht lesen in diesen französischen Blättern: es tut zu weh, es reizt auf, es erbittert. Man kann es nicht mehr lesen, Oesterreich wolle die slawische Welt vergewaltigen, und Deutschland, das brutale, sei hungrig nach Krieg.

> [...] Man fühlt sich umstellt, umlauert, in einem Netz von Unwahrheit und Gehässigkeit gefangen, und fühlt, nur eines kann einen jetzt frei machen, Flucht, die Heimkehr nach Oesterreich. Ohne Zwang auch spürt man, jetzt müsse jeder nahe sein, all dies, was ein Band bewegt, nicht außen fühlen an den letzten erkaltenden Nervenfasern, sondern heiß mitten innen im Blut, im Herzen, in der Hauptstadt. [...]
>
> Endlich Herbesthal, die deutsche Grenze. [...] dann fährt der Zug ein, still und friedlich. Man fühlt Deutschland und damit eine tiefe Entspannung. [...] man kann ruhen: man ist in Deutschland. [...] Endlich Nürnberg: in der Einfahrt schon grüßt man die uralte Stadt, die unerschütterliche Warte deutscher Art. Und wie man jetzt die Häuser blinken sieht, hell, stark und rein, die Fabriken in stolzer Geschäftigkeit, [...] da überkommt einen wieder freudig – wie so oft – die Ahnung deutscher Kraft. Und man fühlt in dieser einen alle deutschen Städte, das ganze, weite, fruchtbare Land, die Stärke und Entschlossenheit der Nation, und atmet Beruhigung. Denn dies, man weiß es gewiß, ist unzerstörbar und unbesieglich, nichts kann die Festigkeit brechen, die in solchem ehernen Gefüge ruht.[190]

Am selben Tag, nämlich am 1. August, notiert Zweig in seinem Tagebuch: „Mein innerstes Empfinden glaubt nicht an einen österreichischen Sieg, ich weiß nicht warum. Und mir graut für Deutschland, das jetzt mitgerissen wird."[191] Und einige Tage später:

> 4. August [...] Meine Freunde sind schon alle an der Front, auch Hofmanstal [sic!], der Dichter. Es ist gräßlich noch hier herumzugehen, die Frauen sehen einen an: was tust Du noch hier, Du junger Mensch. [...] nachmittags arbeite ich aus Verzweiflung meinen Artikel über Deutschland, schreibe mein Testament. Und Abends in der Presse, wie ich ihn bringe trifft mich's wie der Blitz: die Deutschen brechen Belgiens Neutralität, schaffen sich England auf den Hals, opfern die Colonien, geben unsere Flotte England und Frankreich preis und all dies nur, um rasch nach Paris zu stoßen. Es ist Genialität oder Irrsinn – nie war die Welt so rasend. [...] ein Glück daß F [Friederike] wieder hier ist, sie hat die Macht der Beruhigung über mich.[192]

Die Sorge um Deutschland drückt sich auch im Feuilleton Nummer zwei aus, erschienen am 6. August, „Ein Wort von Deutschland":

> Mit beiden Fäusten, nach rechts und links, muß Deutschland jetzt zuschlagen, der doppelten Umklammerung seiner Gegner sich zu

entwinden. Jeder Muskel seiner herrlichen Volkskraft ist angespannt bis zum Aeußersten, jeder Nerv seines Willens bebt von Mut und Zuversicht. Erstarkt in mehr als vierzig fruchtbaren Friedenjahren und doch keineswegs verweichlicht in ihnen, ehern gerüstet durch das stete Bewußtsein reger Feindesnähe und in all diesen Friedenjahren in jeder Minute zum Krieg bereitet durch jenen besonnenen Ernst der Voraussicht, der wertvollstes Merkmal deutschen Wesens bildet, tritt es an unsere Seite zur Schwertbruderschaft.[193]

Für sein drittes Feuilleton vom 18. August, „Die schlaflose Welt", hat Zweig bereits am 6. August ein Konzept in seinem Tagebuch skizziert:

> Was ich schreiben möchte wäre dies: wie jetzt der Schlaf in der Welt weniger geworden ist. […] Und die Tage länger, weil sie gefüllt sind mit Phantasie. Wer sonst nur aufs Nahe schaut spürt diesmal Ferne und Unwirkliches. Vom Tag dies: daß die Pferde, die geführt werden einen eigentlich mehr rühren als die Menschen, weil sie ganz im Unbewußten sind. Sie haben nicht die Begeisterung (des Alkohols und der Musik) sie stampfen ahnungslos hin. […] Ich kann sie nicht ansehn ohne Ergriffenheit. Die Soldaten sind fast freudig – nicht übermütig, aber entschlossen. Unerträglich nur die Frauen in ihren weißen Kleidern, heiter wollüstig ohne etwas von dem großen Ernst begreifen zu wollen – wienerisch eben bis zum Äußersten.

Abgesehen von seinem Ausritt gegen die wollüstigen Wienerinnen folgt Zweig seinem Konzept. Mit feinster Feder in psychoanalytischer Manier entwirft er eine spezielle Traumdeutung des Welteninfernos – allerdings schon mit einem Gutteil Patriotismus gewürzt und mit Zukunftsutopien versetzt:

> So wie dort draußen im Feld jetzt aus schlichten Bauern, die still und friedlich ihre Leben lang ihr Feld bestellten, in erregter Stunde plötzlich das Heldische, das Heroische sich entzündet, so flammt hier aus sonst ganz dunklen und beschwerten Menschen die Fähigkeit der Vision; […] von Schlachten träumen jetzt die Friedlichsten, Kolonnen stürmen und stürzen durch den Schlaf, das Blut tost dunkel vom Widerhall der Kanonen. […] Denn diese Tage wollen keine Unbeteiligten und auch das Fernesein von den Schlachtfeldern ist kein Außensein. Jedem Einzelnen von uns wird jetzt das Leben um und um geschüttelt, keiner hat das Recht, ruhig zu schlafen im Ungeheuren der Erregung. […]
> Alles wird, wenn das Fieber gewichen sein wird, neuen Wert für uns haben und gerade das Gleiche wird anders sein. Die deutschen Städte,

> mit welchem Gefühl wird man sie sehen nach diesem Ringen, und Paris, wie anders, wie fremd wird es den Gefühlen geworden sein. [...] Umlernen werden wir alle müssen vom Gestern zum Morgen durch dieses unübersehbare Heute, dessen Gewalt wir jetzt erst nur im Grauen fühlen und zu einer neuen Lebensform genesen durch dies Fieber, das jetzt unsere Tage glühend und unsere Nächte so schwül macht.
> Eine andere Generation steigt hinter uns empor, deren Gefühle gehärtet sind an diesem Feuer. [...] Aus der Verwirrung dieser Tage wird eine neue Ordnung sich bilden [...] Wie furchtbar alle Vernichtung sich jetzt über die verstörte Welt zu breiten scheint, so ist sie doch gering gegen die noch gewaltigere Kraft des Lebens, das nach jeder Anspannung sich immer wieder Rast erzwingt, um sich neuerdings stärker und schöner zu gestalten. [...] Nur wer die Krankheit erlebt hat, kennt das ganze Glück des Gesundens. [...]

Wendet sich das Trio der Feuilletons an die Österreicher, Mut zu fassen und sich willig an die Fronten, in den Tod schicken zu lassen, ist es das große Vorbild Deutschland, das aufgezeigt wird, wird im letzten Text visionär Hoffnung auf eine bessere, reichere Zukunft gemacht, gereinigt durch das Fieber, übt sich Zweig also patriotisch in der positiven Propaganda, so setzt er mit seinen nächsten Essays zum Angriff auf die Entente an. Als Beispiel greift er die Zerstörung der Stadt Löwen auf, ein eher dunkles Kapitel im Buch der deutschen Kriegsführung.

Am 19. August hatten die Deutschen die Stadt kampflos eingenommen, am 23. August kam es im Norden Belgiens zu Gefechten, angeblich ausgelöst von so genannten Franktireurs (Freischärlern). Löwen (= Loewen) entschloss sich zum Widerstand, deutsche Soldaten begannen eine fünftägige Strafaktion, man wollte ein Exempel statuieren, und die Deutschen setzten die Stadt mitsamt der weltberühmten Bibliothek der katholischen Universität in Brand.[194] An die zweihundert Zivilisten, darunter viele Frauen und Kinder, kamen in den Bränden zu Tode, über tausend Häuser wurden eingeäschert. Romain Rolland hatte den Brand von Löwen und die damit verbundene Zerstörung von Kunstschätzen in einem „Offenen Brief an Gerhart Hauptmann" scharf verurteilt. Stefan Zweig äußerte sich – hoffentlich nicht wider besseres Wissen – am 30. August im Feuilleton „Löwen" zu dieser Katastrophe und gibt den Bürgern nach einem längeren Passus über die Schönheit der provinziellen und ein wenig verschlafenen Stadt und einer detailreichen Schilderung des Rathauses, Schuld an ihrem eigenen Untergang:[195]

Die Zerstörung der Stadt Löwen durch deutsche Truppen dauerte vom 25. bis 28. August 1914; rund ein Sechstel der Stadt wurde in Schutt und Asche gelegt.

> Und ich mag's gut begreifen, daß gerade hier die deutschen Soldaten lässiger auf ihren Wagen die Straßen durchzogen, denn hier in diesem träumerischen Winkel Welt, war Leidenschaft am wenigsten zu vermuten und Verrat. Aber es ist, als wäre da die alte Seele der Stadt wieder erwacht, die vor fast tausend Jahren die Ratsherren überfiel und sie vom Stadthause niederschleuderte in die blutigen Picken der Landsknechte. Und gleich hat sich heute wie damals ihr Schicksal erfüllt. Niedergezwungen mußten sie wie damals büßen, da dreitausend Häuser von der Rache des Siegers geplündert und verwüstet wurden.[196]

Romain Rolland[197] war für Zweig seit Kriegsausbruch oberste moralische Instanz und Identifikationsfigur. Der Briefwechsel ist trotz Zensurmaßnahmen – Briefe werden zurückbehalten, kommen aber dann doch an den Adressaten etc. – rege, auch den Fall Loewens hat der Österreicher mit dem Freund im Fremdland schriftlich diskutiert:

> Ein namenlos schöner Brief von Romain Roland [sic!] hebt mich über alles Traurige hinweg. [...] Die Tränen waren mir nah, als ich seine Zeilen las, ich schien mir klein und gemein vor seiner erhabenen Aufopferung. In seinem Wesen ist Alles das, was ich in mir zur Güte emporsteigern wollte, Alles das, was in mir von den Leidenschaften aufgesaugt wird und ich fühle seine Existenz gleichsam als eine Anfeuerung alles Wertvollen in mir. Er und F. [Friderike] könnten mich vielleicht von mir selbst erlösen.[198]

Aus heutiger Sicht stellt sich die Frage: Wo liegt die Grenze zwischen (entschuldbarer) Uninformiertheit und (unverzeihlicher) Naivität – ein vieldiskutierter Begriff innerhalb der Zweig-Forschung – und der gehörigen Portion Opportunismus und politischer Unbedarftheit im Zweigschen Schreiben? Wie soll der Brief an Rolland gelesen werden? Wo grenzt sich der Staatsbürger vom Weltenbürger ab? Beim Vergleich der „gehässigen, feindlichen" französischen Presse mit der österreichischen, von der Zweig gewissermaßen ein Teil ist?

> Wie Sie so schön sagen, wir wollen unseren Schmerz nicht vergleichen. [...] Löwen ist nicht zerstört, seine Kunstdenkmäler, vor allem das Rathaus mit unsäglicher Mühe von den Officieren mitten im Feuer gerettet worden bis auf die Bibliothek: ich habe darüber directen Bericht, habe einen Plan gesehn, der die zerstörten Teile und die erhaltenen aufzeigt. Wie viel Schuld die französische Presse hat, die in Friedenszeiten in ihrer Gehässigkeit und Unwahrhaftigkeit schon keine Grenzen kannte und zweifellos meldete, man habe aus bloßer Rachsucht ein wenig zum Scherze Löwen in Brand gesetzt, kann ich nicht ermessen: jedenfalls weiß ich bestimmt, daß in Löwen außer jenem einen Gebäude kein Schade geschehen ist. Ich weiß dies von einem Freunde, der selbst bei dem (übrigens grauenhaften) Überfall dabei war und mir alle Details schrieb.[199]

Auf das fünfte Feuilleton (18. November 1914) wies Zweig seinen Vorgesetzten und Freund Ginzkey hin: „Ich schreibe heute ein Feuilleton über den Suez-Canal in strategischer Hinsicht, das Dienstag erscheinen wird und an der gewissen Stelle hoffentlich nicht ungelesen bleibt",[200] hoffend, der scharf formulierte Inhalt könne hilfreich für seinen Eintritt ins Kriegsarchiv sein. Zweig ging überaus hart, geradezu hasserfüllt mit England ins Gericht, von Europäertum und Übernationalität keine Spur:

> Der Kampf um den Suezkanal
> Um den deutschen Haß gegen England voll zu verstehen, muß man einmal weltwärts gefahren sein. [Überall an den Meeresengen und

-straßen seien die Engländer positioniert und kontrollierten den Handel; nur bei der ägyptischen Wüste sei ein Loch gewesen.] Als dann zu Ende der sechziger Jahre Lesseps den Plan aufnahm, die hundert Kilometer Land zu durchstoßen und den Weltweg nach Indien auf ein Drittel zu kürzen, standen die Engländer abseits. Initiative war niemals ihre Sache gewesen. So hatten sie die Holländer Amerika erobern lassen, die Franzosen Kanada, die Portugiesen Indien, um erst dann, wenn die größten Schwierigkeiten ausgerodet waren, den Ermatteten ihre Tat zu entreißen. Ihr System der Ausnützung fremder Energien […] gebot ihnen auch diesmal Zurückhaltung. [Nach Vollendung] jubelte Europa auf, mit glänzenden Festen wurde die Tat gefeiert, Kaiser Franz Josef, Kaiserin Eugenie, der zukünftige Kaiser von Deutschland wohnten der Eröffnung bei, Tausende strömten zusammen […] ein Rausch von Begeisterung erfaßte alle Nationen. Nur die Engländer standen abseits. Sie jubelten nicht, sie rechneten und warteten.

In diesem Zusammenhang ist auch eine Tagebucheintragung, keine Veröffentlichung, von Interesse, die eine zynische und hässliche Anmerkung zur Italienfrage enthält:

Donnerstag 14 [Jänner 1915] Von Deutschland wieder Gutes. Und etwas Herrliches für Österreich: eine Erdbebenkatastrofe in Italien, in der Nähe Roms. Gestern erst hatte ich in meiner Arbeit dargestellt wie das Erdbeben in Calabrien seinerzeit Ährental während der Krise rettete: das diesmalige ist – leider – geringfügiger, obzwar es auch 30 000 Menschen das Leben gekostet hat und der Materialschade zweifellos ein furchtbarer ist. Etwas mehr – und wir wären die schwerste, die bitterste Sorge los gewesen.[201]

Von seiner eingangs erwähnten Galizien-Reise kehrt Zweig am 26. Juli 1915 zurück, im Gepäck ein Tagebuch mit persönlichen Aufzeichnungen, er selbst „geladen mit Eindrücken, deren ich mich vielleicht demnächst öffentlich entledigen werde".[202] Er entledigt sich schon recht bald, in einem Feuilleton in der *Neuen Freien Presse* vom 31. August 1915 – „Galiziens Genesung". Ans Archiv gibt er ein ziemlich umfangreiches Typoskript, das wie das Feuilleton stilistisch auf höchstem Niveau, inhaltlich aber leer und nichtssagend war. Weder die zerstörte Landschaft, noch das Elend der Bevölkerung, den Schmutz, die Verwundeten in den Lazarettzügen wagt er in seine offiziellen Texte aufzunehmen. Er unterwirft sich (vielleicht doch allzu leicht) der Knute der Zensur. Stellt sein persönliches Entsetzen hintan, vergleicht nur wieder die Effizienz der deutschen Sanität mit den entsetzlichen österreichischen Zuständen. Briefe und Kartengrüße sind voller Pathos – und Kälte: „Aber ich hoffe, noch einmal mir einen Auftrag ergattern zu können und wieder diese feurige, bald berauschende, bald erstickende Atmosphäre atmen zu dürfen. Es ist tatsächlich dort etwas, das trunken macht." [203] Und dennoch: Mit der Galizien-Reise reihte sich Zweig, wie Karl Kraus schreibt, in die Armee von Literaten ein, die zur Verherrlichung von Ereignissen ausgesendet wurden, welche sie um keinen Preis erleben mochten.[204]

> Ich arbeite jetzt in den wenigen Stunden, die mir der Militärdienst läßt, an einer großen (und durch Beziehungen zeitlosen) jüdischen Tragödie, einem Jeremias-Drama, das ohne Liebesepisoden, ohne Theaterambitionen die Tragik des Menschen, dem nur das Wort, die Warnung und die Erkenntnis gegen die Realität der Tatsachen gegeben ist, auf dem Hintergrunde eines Entscheidungskrieges darstellt. Es ist die Tragödie und der Hymnus des jüdischen Volkes als des auserwählten – aber nicht im Sinne des Wohlergehens, sondern des ewigen Leidens, des ewigen Niedersturzes und der ewigen Erhebung und aus solchem Schicksal sich entfaltenden Kraft – und der Schluß ist gleichsam die Verkündigung im Auszug aus Jerusalem zum ewig neugebauten Jerusalem. Der Krieg hat mir, der ich das Leiden als Macht liebe, als Tatsache aber schaudernd fühle, diese Tragödie aufgetan, und wenn überhaupt mein Wille tatkräftig sein kann, so wird er es diesmal sein.[205]

Die Erfahrungen der Galizien-Reise sollten einerseits in die militärisch-politischen Verpflichtungen einfließen, andererseits schrieb er seit dem Frühjahr 1915 an seinem bewusst jüdisch intendierten „Anti-Kriegs-Drama" *Jeremias*. Durch den Bürodienst belastet und in der ständigen Angst, doch noch zum Frontdienst eingezogen zu werden, versuchte Zweig sich also mit Propagandatexten unentbehrlich zu machen, andererseits war da der Drang, Eigentliches, Wichtiges, Wertvolles zu schaffen. Das sollte der *Jeremias* werden: „Dies ist wahrhaft die erste Sache von mir, die ich liebe, weil es nicht mehr literarisch ist, weil es einen moralischen Willen hat, weil es mir selbst geholfen hat."[206] Es dauerte allerdings noch bis zum Februar 1918, bis das Drama den Weg auf die Bühne nahm.

Schon kurz nach der Jeremias-Premiere und der Textveröffentlichung gab es keine einhelligen Bekenntnisse und auch die Literaturwissenschaft quälte sich mit Analysen und Gattungsproblemen. Zweig hält in der *Welt von gestern* fest:

> Aber es ging mir keineswegs darum ein „pazifistisches" Stück zu schreiben, die Binsenweisheit in Wort und Verse zu setzen, daß

Frieden besser sei als Krieg, sondern darzustellen, daß derjenige, der als der Schwache, der Ängstliche in der Zeit der Begeisterung verachtet wird, in der Stunde der Niederlage sich meist als der einzige erweist, der sie nicht nur erträgt, sondern sie bemeistert.[207]

So erklärten die *Mitteilungen des Züricher Stadttheaters* anlässlich der Uraufführung am 27. Februar den werten Besuchern: „Im ‚Jeremias' entrollt der Dichter vor uns die Geschicke des untergehenden Jerusalem. Und wir finden unsere heutigen Sorgen wieder in dieser Epoche des jerusalemischen Verfalls; der jetzt tobende und alles verheerende Krieg, den keine Einsicht mehr zu hemmen vermag, er spiegelt sich in ihr."[208] Die Zeitlosigkeit des Dramas wird an anderer Stelle als historische Ortlosigkeit gewertet. Ist der Text Anklage, Aufruf zu Widerstand und Protest, ein pazifistischer Text, eine Anti-Kriegsdichtung? Oder ist er Zweigs Bekenntnis zum Judentum, ein Splitter in dem langen und ständigen Auseinandersetzungsprozess des Dichters mit seinem jüdischen Erbe?[209] Oder soll man Arthur Schnitzlers Anmerkung in seinem Tagebuch folgen, das Stück sei „das hervorragendste Gymnasiastenstück, das sich denken lässt; übrigens einige lyrisch vortreffliche, ja gegen Schluss sogar innerliche Stellen und ein paar theatralisch gute Einfälle"?[210]

> Was weckt ihr auf das reißende Tier mit eurem Gejauchze, was locket ihr in die Stadt den König vor Mitternacht, was rufet ihr zum Kriege, Männer Jerusalems? Habet ihr dem Mord eure Söhne gezeuget, und der Schande eure Töchter? Ward dem Feuer eure Hausung gebaut und dem Prellbock die Mauer? Besinne dich Israel, halt ein, eh du rennest ins Dunkel, Jerusalem! Ist denn so hart deine Knechtschaft, ist so brennend dein Leiden? Siehe, siehe um dich: es ist Gottes Sonne über dem Lande, und eure Weinstöcke blühen in Frieden, es schreiten beseligt die Bräute mit ihren Erwählten, es spielen einfältig die Kinder, und sanft glänzet der Mond in Jerusalems Schlaf. Das Feuer hat seinen Ort und das Wasser seine Stätte, die Speicher ihre Fülle und Gott sein geräumiges Haus. Sage, Israel, sage, ist es nicht schön in Zions Mauern, ist es nicht lind in Sarons Talen, nicht selig an des Jordans blauem Gefäll? Oh, laß es dir genug sein, friedsam zu wohnen unter Gottes beruhigtem Blick, und halte den Frieden, halte ihn fest in deinen Mauern, Volk von Jerusalem, halte den Frieden![211]

Der zerrissene, gespaltene Mensch und Dichter versucht, sich aus seiner Schizophrenie – militärischer Propagandadienst einerseits und Legitimation der eigenen Existenz in Tagbuchaufzeichnungen, Briefen und eben jenem Drama andererseits – zu lösen und wieder ein Ganzes zu werden. Weitere Musterungen drohen, finden statt; Aufschübe werden erteilt, Kollegen aus dem Archiv – so

Alfred Polgar – werden abberufen. Da ist die Angst, die pochende Angst: Nur nicht an die Front!

Um die Propagandaabteilung zu befriedigen, hatte er sich besonders für die Gründung der Zeitschrift *Donauland* (Nr. 1 vom März 1917) eingesetzt.[212] Um einer Abberufung an die Front zu entgehen, startet er nun sein ganz persönliches „Unternehmen Schweiz".

> Wien, 28. August 1917
> Sehr verehrter Herr Hofrat!
> Ich erhielt vor wenigen Tagen von Frau Hofrätin Berta Zuckerkandl einen Brief aus Zürich, dass es in den Wünschen der dortigen Niederlassung der „Wiener Werkstätte" und im Interesse der österreichischen Propaganda läge, wenn ich im Herbst dieses Jahres dort einen einführenden Vortrag über „das Wesen der Wiener Kunst und Geschmackskultur" halten würde. Da dieser Vorschlag mit der Einladung einer Schweizer literarischen Vereinigung zusammenfällt, die gleichfalls eine Vorlesung von mir wünschte, wäre ich gerne bereit, dieser Aufforderung Folge zu leisten, falls das Auswärtige Amt mir bei der Überwindung der äusseren Schwierigkeiten wie Grenzüberschreitung, Passbewilligung, Beurlaubung, behilflich wäre. Ich glaube auch sonst durch persönliche Beziehungen und eine gewisse Initiative der österreichischen Propaganda dienen zu können und würde gerne Ihnen, verehrter Herr Hofrat, einige diesbezügliche Vorschläge unterbreiten. Mein momentanes militärisches Verhältnis dürfte dabei keine Schwierigkeiten bieten, da ich auch militärisch einer Propagandastelle im k.u.k. Kriegsarchiv zugeteilt bin und von dort nur auf Förderung und freundliche Zustimmung zu rechnen habe. […]
> In aufrichtiger Hochachtung ergebenst
> Dr. Stefan Zweig[213]

Um es vorwegzunehmen: Mit diesem Schreiben beendet Titularfeldwebel Stefan Zweig (allerdings ohne es noch nicht zu wissen) für sich und die Seinen den Ersten Weltkrieg. Er nimmt seinen Abschied, setzt der militärischen Dienstzeit ein Ende. Aus dem zweimonatigen, bewilligten Urlaub – unterstützt vom österreichischen Gesandten in Bern Alexander Freiherr Musulin v. Gomirje[214] – wird eine befristete Enthebung von der Dienstpflicht vom 5. November 1917 bis 5. Jänner 1918 (nur so war ein Urlaub im neutralen Ausland möglich). Diese wird – nach der Bitte um Verlängerung (Begründung: Zweigs Anwesenheit, die Uraufführung des *Jeremias* in Zürich betreffend, wäre eine Notwendigkeit) – auf Ende Februar 1918 ausgedehnt, und mit 30. April 1918 bzw. 10. Mai 1918 wird Zweig weiterhin vom Dienst enthoben, und zwar „auf unbestimmte Zeit für neue freie Presse".[215] Aus Sorge um die Verlängerung seines Aufenthaltes in der Schweiz hatte Zweig noch ein zweites Eisen ins Feuer gelegt. Der Herausgeber der *Neuen Freien Presse* Moriz Benedikt, ein Schulkamerad, wurde von Friderike Winternitz bedrängt, Zweig doch als Korrespondenten in der Schweiz zu engagieren, ein Verlangen, das von vielen Seiten an Benedikt herangetragen worden war, und dem er zunächst nur widerwillig entsprach.[216] Zu diesem Zweck musste ein Herausgeber den Korrespondenten vom Militärdienst befreien lassen. Das Verfahren durchlief alle notwendigen Instanzen mit positiver Zustimmung, landete sogar auf dem Schreibtisch des österreichischen Außenministers Ottokar Graf Czernin, der den Begleitbrief mit einer kleinen Randnotiz versah: „Die mir schon längst bekannte Tatsache, daß Dr. Zweig ein Drückeberger ist. – Vorgehen jedenfalls uncorrect."[217]

An dieser Stelle könnte das Kapitel „Titularfeldwebel Stefan Zweig" enden, doch die Schweizer Jahre sollen nicht außer Acht gelassen werden, daher zurück zum taktisch überaus geschickt formulierten Zweigschen Brief.

Berta Zuckerkandel wirkte zum damaligen Zeitpunkt in der Schweiz als „inoffizielle österreichische Botschafterin" unter anderem für die Wiener Werkstätten (sie war es übrigens auch, die sich für Franz Werfel einsetzte). Allerdings so ganz spontan war die Einladung an Zweig nicht, da war noch in Wien ein Pläneschmieden vorangegangen.[218] In einem Brief vom 26. Juni 1916 hatte Zweig über Ermüdungen und seelische Erniedrigungen (Musterung!) geklagt; am 17. November 1916 schrieb er, „dass man sich mit jeder Äußerung zur Bedachtsamkeit zwingen muss". Im Schreiben vom 26. April 1917 heißt es:

> Was Ihren Vorschlag in Betreffs der Schweiz betrifft, so kann ich persönlich nichts tun. Wenn Sie Wiesner in den nächsten Tagen sprechen, so können Sie als bewährte Freundin meinen Namen ja nennen und auf meine französischen Bücher beim Mercure de France hinweisen, die mich besser als einen anderen designieren. Ich selbst riskierte zu viel mich anzubieten, weil des [sic!] hier im Amt als eine Art Unzufriedenheit mit meiner gegenwartigen Situation aufgefasst werden und mir das Genick brechen könnte. Sie ahnen ja nicht, wie <u>sehr</u> ich gefangen bin! Es muss Aufgabe meiner Freunde, meiner wenigen wirklichen sein, da von aussen zu wirken: ich selbst bin nur Object, längst nicht mehr Subject und selbstständiges Wesen.

Der undatierte nächste Brief wurde vor dem August 1917 verfasst:

> Sehr verehrte liebe Frau Hofrat, ich möchte mich doch wenigstens mit einer Zeile bei Ihnen melden und Sie bitten, mich zu verständigen, ehe Sie in die Schweiz gehen. Ich bin hier in Wien durch meine tägliche

> Sclaverei von allen Freunden ebenso abgeschieden, als ob ich in Berlin
> oder München lebte: [...] der Ekel vor der Idiotie meiner Stellung und
> Knechtschaft beginnt mich allmählich schon zu erdrosseln. Selig Sil
> Vara, der nach Stockholm entflüchtet, selig alle die Befreiten und Ent-
> schwundenen! Könnte ich ihnen doch folgen.

Das nächste Schreiben vom 1. August beglückwünscht die Hofrätin zur Tätigkeit in der Schweiz und bittet: „Gedenken Sie nur meiner!" Das ist auch geschehen, denn mit 10. September wird über die zustimmende Erledigung informiert und bereits ein Vortragsdatum bei einer „Schweizer literarischen Vereinigung" anvisiert.[219]

Beim genannten Verein handelte es sich um den anerkannten Schweizer „Lesezirkel Hottingen", der auch Gerhart Hauptmann, Rainer Maria Rilke, Hermann Hesse, Karl Kraus und Thomas Mann zu seinen Vortragenden zählte.[220] Am 28. August, als Zweig den Brief an Hofrat Friedrich von Wiesner verfasste, machte er auch einen Antrittsbesuch beim Lesezirkel. Im Tagebuch hielt er, entschieden anders als im Schreiben, fest:

> Das Hartmäulige, Unverbindliche, Grobe, Taktlose dieser Schweizer
> ist mir unerträglich. [...] Ich verstehe ja genau die feindselige Vorsicht
> die hier alle Menschen haben: sie sind von der deutschen Taktlosigkeit
> zu oft mißbraucht worden, aber diese dickflüssige Zähigkeit der Ge-
> sinnungen nimmt mir den Atem. [...][221]

Das Auswärtige Amt war hilfreich – auch bei der Beschaffung der Papiere für Friderike Winternitz. Und zu guter Letzt: Im Dienst der Propagandastelle stellte Zweig das *Donauland*-Schwerpunktheft „Schweiz"[222] zusammen, das dann auch im Jänner 1918 erschien. Stefan Zweig an Hofrat von Wiesner, Zürich 17. November 1917:

> Sehr geehrter Herr Hofrat!
> Ich möchte mir erlauben, gemäß meinem seinerzeitigen Verspre-
> chen einige allgemeine Eindrücke aus der Schweiz mitzuteilen, welche
> für das von Ihnen geleitete Departement vielleicht von Interesse sein
> könnten. Ich habe hier in den ersten Tagen gleich Gelegenheit gehabt,
> gesprächsweise in den Schweizer Kreisen über die Aufnahme der Pro-
> paganda zu informieren und kann sagen, dass die Resultate sehr er-
> freuliche sind. Während allgemein die deutsche Propaganda als zu be-
> absichtigt und zudringlich empfunden wird und man vor allem das
> [S]elbstsüchtige der Absicht übermässig spürt, haben die Einladungen
> nach Wien und das Interesse für die Schweizer Kunst hier besten Ein-
> druck gemacht. [...] Ich persönlich kann sagen, dass ich schon bei den

ersten Versuchen das schweizerische Heft „Donauland" zusammenzustellen, überall auf verständnisvollstes und herzlichstes Entgegenkommen gestossen bin; es ist den Herren aufrichtig daran gelegen, in Österreich als geschlossenes Ganzes repräsentiert zu sein. Ich hoffe, die Zusammenstellung des Heftes hier gut durchführen zu können.

Obgleich Zweig bereits im Jahr 1906 von den Schweizern überhaupt nicht angetan gewesen war („Ich hasse, verachte, verabscheue [das Land, da es] grossstädtisch, panoramenhaft, englisch und berlinerisch"[223] ist), erkannte er, dass dieses kleine neutrale Land ihm Sicherheit zu geben vermochte. Sicherheit, um sich endlich schriftstellerisch wahrhaftig – journalistisch wie dichterisch – auszudrücken, und ihm Lebenssicherheit garantierte. Deshalb versuchte er, seinen Aufenthalt mit allen Mitteln auszudehnen. Als Korrespondent der *Neuen Freien Presse* war er nun weit hinter der Front abgetaucht. Anlässlich seines 36. Geburtstages, am 28. November 1917, übergab er einen Umschlag mit entsprechenden Anweisungen Romain Rolland; der Umschlag enthielt sein „Testament meines Gewissens"[224]:

> Ich hinterlasse hier in der Schweiz, ehe ich wieder nach Österreich zurückkehre, das Testament meines Gewissens. Ich habe hier, unbeeinflußt vom Druck des Dienstes, frei der psychischen Depression, die in Kriegsländern unser Gehirn verdunkelt, unsre Seele unsicher macht, meine persönliche Stellung zur Anforderung des Staates durchdenken können und meine Entschlüsse sind nun unbeugsam und klar. Ich glaube, daß es Pflicht jedes Einzelnen ist, nun im vierten Jahre des Krieges auch unter stärkster persönlicher Gefahr, sein Nein zum Kriege nicht nur zu sagen, sondern es in die Tat zu verwandeln. Daß mein Entschluß ein wohlbedachter und freier ist, mögen diese Zeilen erweisen.
>
> Meine äußere Situation ist die folgende. Ich bin 1914 in den Militärdienst eingetreten und habe ihn bis 5. November 1917, weil er ein Dienst ohne Waffe war und in sich nichts zur Erweiterung oder Fortsetzung des Krieges enthielt, ja im letzten ein ganz unnützer war, ohne jeden Widerstand geleistet. Ich habe Auszeichnungen weder erworben noch angestrebt und diese Form des Dienstes dankbar empfunden, weil er mir Zeit ließ, nebenbei in dichterischer und publicistischer Form so stark für mein inneres Ideal der Verbrüderung und Allmenschlichkeit zu wirken, als es überhaupt möglich war. Die ärztlichen Befunde, welche mich immer nur zum Dienste ohne Waffe qualifizierten, gaben mir das Bewußtsein, daß meine persönliche Sicherheit keine erschlichene war und ich habe niemals – im Gegensatz zu fast allen andern Dichtern Österreichs und insbesondere den patriotischen wie Hofmansthal [sic!],

Schaukal, Hans Müller – den Versuch gemacht, durch irgendeine vorgetäuschte Begeisterung mich dem allgemeinen Dienste zu entziehen und mir durch eine Enthebung vom Dienste meine persönliche Freiheit egoistisch zu sichern. Ich bin allen Compromissen ausgewichen und weiche ihnen auch jetzt aus, da sie sich mir in der verlockendsten Form darbieten, da ich zu einem Vortrag über österreichische Künstler in die freie Schweiz einen Urlaub von zwei Monaten erhielt.

Nichts, außer mein gegebenes Versprechen, könnte mich nun hindern, in den Dienst und nach Österreich zurückzukehren. Ich könnte hier als Refractär verbleiben, ohne etwas für mein Leben fürchten zu müssen, ja ich bin sogar gewiß, daß diese harte äußere Form der Absage an den Militärdienst nicht nötig wäre und ich unter irgend einer patriotischen Vorspiegelung oder durch eine vorgetäuschte Erkrankung meinen Aufenthalt bis zum Ende des Krieges hier verlängern könnte. Es erforderte dies nur Zudringlichkeit und vor allem eine Verlängerung der inneren Überzeugung, daß es jetzt nicht mehr an der Zeit ist, für ein Vaterland, sondern einzig für das Kriegsende zu wirken. Mich ekeln diese Schleichwege des Gewissens, diese akrobatischen Kunststücke einer geschmeidigen Weltanschauung, die nur bezwecken, sich selber in Sicherheit zu bringen. Nicht aus Pflichtgefühl wider den Staat, sondern aus Ekel mich denen hier zu gesellen, die sich unter patriotischen Vorwänden in Sicherheit brachten, um dann gegen eben dieselbe [sic!] Vaterland mit Worten (aber nie mit Taten) zu wirken, kehre ich wieder in den Dienst zurück.

Aber ich bin entschlossen aus meiner innersten Überzeugung heraus und nach eingehendster Beratung mit meinem Gewissen, nur insolange Dienst zu tun, als ich nicht genötigt werde, Waffen zu tragen und von ihnen Gebrauch zu machen. Ich halte im Sinne Tolstois und noch dringender in dem meiner eigenen Erkenntnis dies als das schwerste Verbrechen wider den Geist der Menschlichkeit, das wir begehen können und betrachte es als eine moralische Pflicht, den Mord zu verweigern.

Diese Erkenntnis habe ich versucht in meinem Werke „Jeremias" dichterisch auszudrücken, ich bin bereit, sie mit meinem Schicksal zu bezeugen. Denn Überzeugungen ohne Gefahr sind verächtlich und ich würde mich, verweigerte ich die Tat meiner innersten Meinung, jenen gleichstellen, die mir die kläglichsten Erscheinungen dieser Zeit sind, den Patrioten des Wortes, die sich vom Dienste und der Gefahr gedrückt haben. Ich weiß die Gefahr, der ich mit meiner Weigerung begegne und weiche ihr nicht aus.

Es ist mir fern, mit dieser Handlung andere aufreizen zu wollen. Jeder kann das Opfer seiner Überzeugung nur für sich bringen, aber eben dadurch, daß er es für sich bringt, bringt er es für alle. Wichtig ist jedoch für diese Gemeinsamkeit, daß das Opfer nicht sinnlos sei, daß es von den Gewalten der Zeit nicht heimtückisch verscharrt werde im Dunkel. Darum hinterlege ich diese Worte, damit bezeugt sei, daß nicht aus psychischer plötzlicher Furcht, aus einer Nervenkrise ich meine Weigerung biete, sondern aus Überzeugung, aus gestalteter Notwendigkeit.

Frei im Gefühl, der Wenigen als Richter gewiß, vor denen ich mich durch Bewunderung und Liebe verantwortlich fühle, bin ich bereit meine Überzeugung zu bekunden. Ich habe nicht die Eitelkeit, Märtyrer zu werden und suche nicht den Conflict, suche nicht die Gefahr. Ich ziehe es vor, daß diese Zeilen unveröffentlicht bleiben und ich weiter in der Sphäre wirken kann, die meine wesentliche ist, in der künstlerischen Gestaltung. Ich fühle mich nicht stark genug, die Gefahr bewußt herauszufordern, ich will auch keinen aufreizen und verabscheue alle, die andere Menschen für ihre Überzeugung in den Tod oder das Gefängnis jagen wollen – sei es für die patriotische Überzeugung, sei es für die unsere. Aber ich halte meine Kraft gespannt zum Widerstand gegen die Anforderung, die ich als Verbrechen empfinde: Waffen gegen andere Menschen zu gebrauchen. Ich bin bereit zum Kampfe wider den Mord, den einzigen, der mir in dieser Stunde noch notwendig und unausweichlich scheint. Ich bin bereit und er hat begonnen, wenn diese Zeilen erscheinen – nicht als Helfer, die mich beschützen sollen, sondern als Zeugen meiner klaren Überlegung und zielbewußten Entschlossenheit.

Stefan Zweig
An meinem 36. Geburtstage
28. November 1917
Villeneuve am Genfersee

Seit dem Winter 1917 verfasste Zweig Artikel, die deutlicher humanistisch und pazifistisch geprägt waren, etwa *Das Herz Europas. Ein Besuch im Genfer Roten Kreuz*[225] oder *Bertha von* Suttner[226]. Zweig hatte die Schriftstellerin und Pazifistin (Nobelpreisträgerin) in einer Ansprache anlässlich der Eröffnung des

Internationalen Frauenkongresses zur Völkerverständigung 1917 in Bern gewürdigt; sie war bereits vor dem Ausbruch des Ersten Weltkriegs verstorben.

Besonders viel Aufsehen erregte ein Artikel in der pazifistischen Zeitschrift *Die Friedens-Warte*[227], *Bekenntnis zum Defaitismus*:

> Hören wir alle für eine Weile auf vom Staat und vom Stande aus zu denken, von unserem Stande und von unserm Staat! Denken wir einzig vom Menschlichen her, vom einzelnen Menschen. [...] Vereinigen wir uns jenseits unserer politischen Gesinnung vorerst im Gefühl unseres Widerstands. Damit erkenntlich sei, wie viele dem Wahnsinn widerstreben, von wie wenigen die Welt vergewaltigt wird. [...] Was Euch heilig ist, das Menschenopfer, scheint uns erbärmlich; was uns heilig ist, die Freiheit des Individuums, ist Euch Verbrechen! Wir sind Defaitisten, das heißt: wir wollen keines Sieg und keines Niederlage. Schreien wir unsere Kriegsfeindschaft mit diesem Wort in die Welt. Seien wir Flaumacher in der eisernen Zeit! Soyons Défaitistes! Siamo disfattisti!

Friderike war zunächst zwischen Österreich (in Wien gab es seine Wohnung in der Kochgasse und ihre in der Lange Gasse, weiters das bereits erstandene, aber noch unbewohnbare Haus in Salzburg) und der Schweiz hin- und hergependelt; längere, jahrelange Aufenthalte – samt Kindern – folgten. Die Familie überstand die gefährliche Spanische Grippe im Sommer 1918[228] in luftiger Höhe der Schweizer Bergwelt; man arbeitete, übersetzte, schrieb. Während all der Schweizer Monate und Jahre waren sich Zweig und Friderike aber über eines im Klaren: Nach Kriegsende werde man nach Österreich zurückkehren, nicht nach Wien, sondern nach Salzburg, aber zurück. Am 24. März 1919 brach die Reisegesellschaft von Zürich Richtung Wien auf. Bei Feldkirch wurde der Schweizer Zug angehalten. Bevor Zweig und die Seinen die Fahrt mit der österreichischen Bahn fortsetzen konnten, galt es einen eleganten Salonzug, aus Wien kommend, abzuwarten. Darin befand sich Kaiser Karl, der letzte Kaiser von Österreich, Erbe der habsburgischen Dynastie, gemeinsam mit seiner schwarzgekleideten Gattin Zita – sie verließen ihr Reich. Der Kaiser und sein Untertan passierten die Grenze, der eine ins Exil, der andere zurück, dorthin, wo seine Heimat gewesen und wo jetzt Deutsch-Österreich war.[229]

Oberofficial Franz Karl Ginzkey

Während Stefan Zweig in die Schweiz desertiert war, hatte Ginzkey die Stellung gehalten und seinen Kampf hauptsächlich auf dem Feld der Lyrik ausgefochten.

Während der Kriegsjahre gab er neben der speziellen Kriegslyrik zwei Gedichtbände heraus, *Lieder*[230] und die *Befreite Stunde*[231]. Der letztgenannte schmale Band ist in drei Abschnitte (*Erkenntnis und Einkehr*, *Aus aufgestörter Zeit* und *Ausblick und Befreiung*) gegliedert, wobei der zweite sechs Gedichte enthält, die zu den bekanntesten Kriegsgedichten Ginzkeys gehören: *Die Flöte*, *Lied an Tirol*, *Baron Torresani*, *Feindlicher Flieger*, *Die Wölfe* und *Der Dichter und der Krieg*. Das letztere Gedicht entwickelt das Motiv vom Dichter, den der Krieg schweigen lässt – wäre Ginzkey seiner eigenen Idee nur gefolgt –, den aber nach dem Krieg Schmerz und erlebtes Leid zur Feder greifen lassen, um all das Elend noch einmal literarisch zu gestalten.

> Die liebe Welt ist weit verstört,
> Es rast ihr Blut in Fiebers Not.
> Da schweigt der Dichter, denn er hört:
> Für ihn singt jetzt der Tod.
>
> Er lacht aus Mörsers rundem Mund,
> Daß rings das Land erbebt wie irr,
> Er stöhnt aus Erdlochs blut'gem Grund,
> Er jauchzt im Bleigeschwirr.
>
> Wo so der Tod sein Liedel geigt,
> Der Dichter keinem Lied nachsinnt.
> Er lauscht und schweigt, das Haupt geneigt,
> Wie Ähren unterm Wind.
>
> Er weiß, ihm hat das Leid der Welt
> Das Herz gefüllt bis an den Rand,
> Daß einst der Geist die Ernte hält,
> Die Gott ihm hat gesandt.
>
> Vielleicht, wenn alles wieder still
> (Wie doch die Welt vergißt so bald),
> Dann formt er, wie der Geist es will,
> Das Schicksal zur Gestalt.
>
> Dann bricht aus ihm die Not der Zeit,
> Die so wie er kein andrer fühlt,
> In Leidensglut gebenedeit,
> In Schöpferlust gekühlt.
>
> Dann ist der Krieg aufs neu ihm nah
> Mit all der ungeheuren Pein.

> Was Not mit tausend Augen sah,
> Er duldet's dann allein.

Im *Neuen Wiener Journal* vom 15. Dezember 1914 und im *Concordia*-Kalender für das Jahr 1915 lässt Ginzkey vor den Lesern die neuen jungen Helden der ersten Kriegstage wieder auferstehen, die ein neues ehernes Österreich formen und schmieden. Nicht die alten Helden gelte es zu rühmen – gern greift Ginzkey auf den siegreichen Prinzen Eugen oder auf den kämpferischen Andreas Hofer zurück –, sondern auch friedlich könne der Feind nicht bezwungen werden. Ein poetischer Aufruf ergeht an die Soldaten, sie mögen ihr Leben freudig opfern, für Gott, Kaiser und im vorliegenden Text speziell für das Vaterland – all das angesichts der Verlustlisten der Gefallenen, die sich nur wenige Seiten weiter im selben Blatt finden ließen:

> Unseren Kriegern.
> Wozu noch Lieder aus alter Zeit,
> Von toter Helden Wucht und Ruhm,
> Nun, da so wundersam geweiht
> All unser junges Heldentum?
>
> Ein heiß' Erkennen weht uns an:
> Nun, da die große Stunde gilt,
> Erstehen uns Helden Mann für Mann,
> Wie einst die Ahnen in Speer und Schild.
>
> Ob auch die Welt sich formt im Geist
> Und träumt von friedlicher Waffen Wert,
> Die Habsucht, die sie gier umkreist,
> Bezwingt zuletzt doch nur das Schwert.
>
> Nun seid auch ihr im Schlachtenruhm
> Den Schmieden besserer Tage gleich,
> Uns schmiedet euer Heldentum
> Ein neues ehernes Österreich.[232]

Ein flugblattartiger Sonderdruck „Den Herren Feinden! Ein Trutz- und Mahnlied" erschien bereits 1914.[233] In der vielstrophigen Ballade blättert Ginzkey alle Facetten des Kriegsgeschehens auf: Er bedient das Freund-Feind-Schema als weltanschauliches Stereotyp, er preist mit Pathos und Emphase das Österreichische und das Deutsche, verteidigt die Notwendigkeit des Mordens, negiert die Wirklichkeit des bisherigen Kriegsgeschehens und mahnt die Herren Feinde, doch den Lügenmantel abzulegen und die „Mär vom Siege" nicht weiter zu propagieren – sprachlich seicht und klischeehaft. In der Summe ein Elaborat,

Oberoffizial Franz Karl Ginzkey, der „Verbindungsoffizier" zwischen Kriegsarchiv und den Literaten

das einzig und allein dazu dient, die Gegner verächtlich zu machen, die Kriegsbegeisterung (weiter) zu schüren und die Führerschaft des Deutschtums zu propagieren.

> Nun Dämon Krieg mit eherner Gebärde
> Ins Erdreich stößt den ungeheuren Pflug,
> Sein Geißelhieb Millionen Höllenpferde
> Mit gellem Schrei hinwuchtet in den Zug,
> Und also reißt ins Angesicht der Erde
> Die tiefsten Furchen, die sie jemals trug,
> Nun pflügt sein Eisen auch der Seele Land
> Die tiefsten Runen, die sie je empfand. […]
>
> Am schlimmsten aber klingt die Mär vom Siege,
> Die eurem Lügenmantel feist entrauscht.
> Nie ward perfider jede Eintagsfliege
> Zum stolzen Schlachtenadler aufgebauscht.
> Die Wahrheit schreibt das Schwert in diesem Kriege.
> Wozu wird listig Tat um Tat vertauscht?
> Fürwahr, nun gilt das Wort am rechten Ort:
> Ein Königreich für ein verbürgtes Wort!
>
> Ihr kämpft im Bann der Lüge. Laßt euch sagen,
> Sie ist Verderbnis, Abgrund und Verfall.
> Es heißt sich selbst dem Pfuhl entgegentragen,
> Wird man der Lüge knechtischer Vasall,
> Denn nie entrinnt den spätern Schicksalstagen,
> Wer wissentlich entlichtet den Kristall.
> Ihr habt Verrat am eig'nen Leib geübt
> Und habt des Wappens Glanz euch selbst getrübt.
>
> Und noch ein Wort, ihr Herrn, in ernster Stunde:
> Einst war des Deutschen Geist euch zugeneigt.
> Er horchte gern, auch wenn aus fremdem Munde
> Im Menschenwort sich Göttliches gezeigt.
> Doch nun erfährt er, auf welch morschem Grunde
> Verlor'ner Hochmut Lügenlieder geigt.
> Erlaubt, daß er sich wissentlich entfernt.
> Von euch, ihr Herrn, hat Deutschland ausgelernt.

Ginzkey nennt die Ballade ein Lied, ein Trutz- und Mahnlied. Etliche seiner Texte wurden auch vertont, so das „Soldatenlied" von Franz Künstner.

Soldatenlieder wurden in Sammlungen verlegt oder erschienen als Einzelblätter, so auch das angeführte.

> Hurra!
> Nun ist es an der Zeit,
> nun stehn wir all' fürs Reich bereit.
> Wie heißt die Losung? Mann für Mann!
> Wie heißt der Feldruf? Drauf und dran!
> Wohlan nun zeigen wir mit Fleiß,
> daß Östreichs [sic!] Schwert zu sausen weiß.
>
> 1.-4. Lieb Österreich allzeit hurra, lieb Österreich allzeit hurra, hurra!
>
> Hurra!
> Deutschbruder hochgemut,
> dir gilt noch Treu als höchstes Gut.
> So lang wir zwei beisammen stehn,
> mag rings die Welt in Haß sich drehn.
> Nur flink dem Feind das Fell gegerbt,
> wär auch die ganze Welt verserbt.
>
> Hurra!
> Noch lebt der alte Gott,
> man treibt mit ihm nicht Spiel noch Spott.
> Die Hand, die uns den Krieg entbrannt
> war eines Mörderbuben Hand.
> Und Gottes Huld wird nie, nein, nein,
> wird nie mit Mörders Helfern sein
>
> Hurra!
> Nun sich die Trommel rührt,
> sie kommen die uns einst geführt.
> Mitreiten in der Lufte Weh'n:
> Radetzky, Laudon, Prinz Eugen.
> Und all voran lorbeerumlaubt,
> erstrahlt des Kaisers lichtes Haupt.

Der Reihe der Kriegslyrik ist die berühmt-berüchtigte *Ballade von den Masurischen Seen* zuzuordnen, die der Verfasser dem Oberbefehlshaber der deutschen 8. Armee, Generaloberst Paul von Beneckendorff und Hindenburg (zumeist nur Paul von Hindenburg genannt), widmete:[234]

Herr von Hindenburg spüret den Ostwind wehn.
Er reitet ums Land der masurischen Seen.
Sein Leben lang streicht er im Schritt und im Trab
Um die Seen und die Sümpfe und – mißt sie ab.
Er kennt im Sumpf jedwedes Rohr,
Und neigt er bodenwärts das Ohr,
So hört er es geistern und gurgeln dumpf:
Der Sumpf ist Trumpf, der Sumpf ist Trumpf,
Er schluckt die Russen mit Rumpf und Stumpf.

Es lebt keine Unke, kein Frosch, kein Lurch,
Die er nicht kennte durch und durch.
Er kennt jeden Steg, jeden Busch und Verhack,
Er kennt jeden Lack' wie den eigenen Sack,
Wie breit sie nach West, wie tief sie nach Ost,
Er kennt sie, als hätt' er sie selber gekost't.
Und immer hört er das Gurgeln dumpf:
Der Sumpf ist Trumpf,

Aus Berlin kommt die Botschaft, er hört's mit Graus,
Der Reichstag beschlösse: Wir pumpen sie aus,
Wir pumpen sie aus die masurischen Seen,
Wir wollen dort ackern, uns rackern und mähn,
Wir wollen Profit aus dem Boden ziehn!
Von Hindenburg saust nach Berlin.
Ihn mahnt aus dem Sumpfe die Trommel dumpf:
Der Sumpf ist Trumpf,

Herr von Hindenburg tritt vor den Kaiser kühn:
Majestät, hier tät ein Malheur uns blühn.
An den Sümpfen zu rühren, das wär nicht klug.
Felder haben wir wahrlich genug,
Doch Sümpfe wie diese, wo [sic!] wütend erpicht,
Die Russen zu schlucken, die haben wir nicht.
O retten Sie Majestät den Sumpf!
Der Sumpf ist Trumpf,

Drauf lacht der Kaiser: Nun gut, es sei,
Ich geb Euch die Sümpfe zum Schlucken frei!
Worauf Herr von Hindenburg hochbeglückt
Sich heimwärts gen' Masurien drückt:
Er dort in den Sümpfen herumstudiert,

> Notiert, krokiert, rekognosziert.
> Er reibt sich die Hände: Gerettet mein Sumpf!
> Der Sumpf ist Trumpf,
>
> Und siehe, wie herrlich nun hat sich erfüllt,
> Was das Geisterwort aus dem Sumpf ihm enthüllt:
> Auf des Kaisers Gebot, ein eherner Wall,
> Umbraust er die Feinde wie Hannibal,
> Beengt, umdrängt, verzwängt sie mit Macht.
> Generaloberst von Hindenburg hat das vollbracht.
> Hunderttausend verschwanden im Sumpf!
> Der Sumpf ist Trumpf, der Sumpf ist Trumpf,
> Verschluckt sind die Russen mit Rumpf und Stumpf.[235]

Während unsereiner den Mantel des Vergessens über diese Unglaublichkeit zu breiten geneigt ist, zeigte Karl Kraus weniger Zurückhaltung und meinte:

> [Es würde mich der] Hymnus des Herrn Ginzkey (der das Gluck-gluck
> im Sumpf erstickender Russen lyrisch verklärt hat) zu dem Entschluß
> treiben, aus der Literatur im Allgemeinen und aus dem Donauland im
> Besonderen auszutreten.[236]

Der Banalität der Verse mit ihren obskuren Metaphern liegt allerdings ein überaus realer und besonders grausamer historischer Kriegsabschnitt zugrunde.[237] Bereits im August 1914 durchbrachen zwei Korps der russischen Armee die k. u. k. Abwehrfronten östlich von Lemberg und warfen die 2. und 3. Armee der Österreicher hinter die Linie der Gródeker Teiche zurück.[238] Anfang September eroberten russische Truppen Lemberg und Conrad von Hötzendorf sah sich gezwungen, um deutsche Truppenhilfe zu bitten. Von da an kam es immer wieder zu Konflikten innerhalb der verbündeten Heere, nämlich inwieweit unterstellte man sich dem jeweiligen Oberkommando, sodass mit zunehmendem Kampfgeschehen Österreich-Ungarn um die Selbstbehauptung ringen musste. So war es auch der Oberbefehlshaber der deutschen 8. Armee, General von Hindenburg, der die Krise in Ostpreußen meisterte und in einer Einkreisungsoperation in der Schlacht bei Tannenberg[239] die russische 2. Armee vernichtete. Eben jene 8. Armee gewinnt auch die Schlacht an den Masurischen Seen (vom 6. bis 15. September 1914); die russische 1. Armee muss Ostpreußen räumen.

Während beide Schlachten in Deutschland frenetisch bejubelt und propagandistisch – wie eben auch von Ginzkey – ausgeschlachtet wurden, sollte nicht übersehen werden, dass in den Masurischen Sümpfen 40 000 deutsche Soldaten getötet und 125 000 russische Soldaten verletzt und getötet wurden;

45 000 russische Soldaten gerieten in Gefangenschaft. Fast 150 000 Soldaten hatte der Sumpf mit „Rumpf und Stumpf" hinabgewürgt.

Am 23. Mai 1915 trat Italien auf Seite der Entente in den Krieg ein – der große Verrat, der für den weiteren Ablauf entscheidend war. Italien sah zum ersten Mal eine Chance, seine territorialen Ansprüche und Wünsche in die Realität umsetzen zu können. Von „Treuebruch" und „Erbfeinden" stöhnten die Redakteure in den österreichischen Blättern, die Kriegspropaganda wurde gefordert. Jetzt sei ihre große Stunde gekomen, nicht Verzweiflung, sondern Entschlossenheit sei gefragt. Der Aufforderung wird Folge geleistet. Franz Karl Ginzkey meldet sich freiwillig als Kriegsberichterstatter an die italienische Front:

> Im Auftrag des Kriegsarchivs unternahm er 1915 eine Wanderung längs der ganzen Tiroler Verteidigungslinie, 1916 folgte er, selbständig den einzelnen Kommanden zugeteilt, dem Offensivstoß gegen Asiago und Arsiero, 1917 dem Vormarsch durch das eroberte Venezien bis Feltre. […] Auch heute noch braucht sich Ginzkey nicht wie andere Poeten vorzuwerfen, in echter oder beauftragter Kriegsbegeisterung etwas seiner Unwürdiges geschrieben zu haben; daß die „gegenwärtige Form von Menschenhaß an ihn nicht heranreichte", bewiesen die Berichte über seine Eindrücke an der „Front in Tirol" (1916) wie die im volkstümlichen Ton für die „Wiener Zeitung" geschriebenen Skizzen „Kriegskavaliere" (gesammelt in einem Büchlein „Helden" 1916), vor allem aber die schönen Kriegsgedichte „Ballade von den masurischen Seen", „Die Flöte" und „Feindlicher Flieger", die er mit gutem Gewissen in seinen Gedichtsammlungen belassen konnte. […]

So ist es zu lesen im vierten Band der vormals repräsentativen *Deutsch-Österreichischen Literaturgeschichte*[240]. Neben den „schönen Kriegsgedichten" und dem Buch *Front in Tirol* wird auch noch die Ginzkeysche Reiseroute geschildert. Er war vom 12. Juni bis 1. Oktober 1915 der Expositur Innsbruck des KPQs zugeteilt.

Die zweite Reise an die Tiroler Front dauerte von 7. bis 24. Juni 1916. Beim Kriegsschauplatz handelte es sich um die berühmt-berüchtigte Offensive in Südtirol, beginnend mit 15. Mai. Das VIII. und das III. Korps kamen am 27. Mai bei Arsiero und bei Asiago zum Stehen. Mit 17. Juni 1916 befahl das AOK die Einstellung der Offensive, der Raumgewinn hatte lediglich 15 bis 25 km betragen. Die österreichischen Verluste betrugen 5000 Tote, 23 000 Verwundete, 14 000 Kranke und 2000 Gefangene. 40 000 Italiener wurden gefangen genommen. Das alles erklärt auch die Kürze der zweiten Reise Ginzkeys. Den ersten Giftgaseinsatz auf österreichischer Seite am 29. Juni[241] musste und konnte Ginzkey nicht mehr dokumentieren.

Doch zurück zum Sommer 1915. Der „K. u. K. Landesverteidigungskommandant in Tirol" erlaubte „Seiner Hochwohlgeboren den Herrn k. u. k. Ober-Offizial Ginzkey, Standort am 13. Juli 1915 Innsbruck (Hotel Maria Theresia), […] nunmehr den Besuch der Südfront". Er möge nur beachten, dass „das strenge Verbot über deutsche Truppen, die auf den Reisen gesehen werden sollten, in gar keiner Weise berichten zu dürfen […] nicht aufgehoben [ist]"[242]. Die Reiseroute in dem Schreiben war mit Bozen, Karersee und Bruneck angegeben und hielt weiters fest:

> Ab Bozen darf sich dem Oberoffizial Ginzkey der Standschütze Egger-Lienz für diese Tour anschließen, falls das M. St. Kmdo [Militär-Stabs-Kommando] Bozen seine Entbehrlichkeit ausspricht. […] Oberoffizial Ginzkey stellt nach der Rückkehr dem Landesverteidigungskommandanten Anträge inwieweit sein neuerlicher, längerer Aufenthalt im Grenzgebiet zur Förderung der vom k. u. k. Kriegsarchiv gestellten Aufgabe nötig wäre.

Der propagandistische Ausstoß der Ginzkeyschen Reisetätigkeit wurde bereits genannt; der Berichterstatter vermarktete seine Erlebnisse gleich mehrmals. Zum einen mit dem Aufsatz *Das große Tiroler Aufgebot* in dem Band *Aus der Werkstatt des Krieges*[243]; weiters in verschiedenen Blättern wie der *Neuen Freien Presse*[244], der *Wiener Zeitung* und dem *Donauland* und zu guter Letzt in zwei Einzelbänden, und zwar in *Helden. Schilderungen ruhmreicher Taten aus dem Weltkrieg 1914 – 16. Nach amtlichen Quellen und aus eigenen Wahrnehmungen dargestellt von Franz Karl Ginzkey*[245] und *Die Front in Tirol von Franz Karl Ginzkey*[246] (wortident mit der Artikelreihe in der *Neuen Freien Presse*).

> Die Front in Tirol
>
> In Bozen bekam ich den Befehl, den „Standschützen" Egger-Lienz an die Front mitzunehmen. Mir konnte keine Begleitung erwünschter sein. Professor Egger-Lienz hatte vom Landesverteidigungskommando die Erlaubnis erhalten, in gewisse Punkte unserer vordersten Linie Einblick zu nehmen, was vor allem seinen jüngsten, den Tiroler Kriegsfürsorgezwecken gewidmeten Arbeiten zugute kommen sollte, dann aber im weiteren wohl auch seinen kommenden Schöpfungen überhaupt, die uns gewiß noch Großes aus den bewegten Tiroler Tagen erzählen und bewahren werden. Wir sind ja heute schon darauf bedacht, den kommenden Generationen nicht nur die weltlichen Früchte unserer herben Blutarbeit zu sichern, es ist uns auch um die Weihe des Geschehens, um seine tiefere Deutung, um seine Unvergänglichkeit zu tun. Das beschafft die Arbeit der Künstler. Und unter den Tiroler Malern ist wohl

> keiner mehr dazu berufen, die Spannung, Gefahr und Sieghaftigkeit des großen Augenblickes für Mit- und Nachwelt dauernd festzuhalten, als Meister Egger-Lienz, dessen Wahlspruch sich immer gedrungener gestaltet: denkbarste Einfachheit der Form bei explosivster Wucht des Inhalts. Solcherart schafft er die heroische Kriegsgestalt unserer Zeit und keineswegs nur im engeren Rahmen Tirols. Die kämpfenden, stürmenden, ihre Kolben wie Keulen schwingenden Landesschützen, die er mir in seinem Atelier vorwies, sind Denkmäler der soldatischen Lebenskraft unserer ganzen großen siegreichen Heeresmacht überhaupt, Symbole der gerechten Empörung, der Entschlossenheit bis zum Äußersten, und, wenn es sein muß, auch der nötigen Rücksichtslosigkeit.
>
> Zu Mittag im kleinen Dorfwirtshaus gibt's eine Überraschung – wir sehen da eine Art Mikrokosmos des ganzen wehrhaften Tirols beisammen. An schmaler Tafel zuerst die Offiziere und Fähnriche der aktiven Landesschützen. Hierauf Tiroler Landsturm in einigen Prachtvertretern, graubärtige angemooste Standschützenmajore, die da in der kleidsamen Uniform mit der Gelassenheit von Stammgästen vor ihren Gläsern sitzen, jetzt ganz nur Krieger, des Äußersten gewärtig, väterliche Führer ihrer Landsmannschaften, so eine Art vermittelndes Bindeglied zwischen dem militärischen Kommando und der wehrhaften Volksseele. [...] Es folgen nun zwei Assistenzärzte in der bunten Reihe, mit dem jungen fragenden Doktorblick hinter den Brillengläsern. Aber das Glanzstück dieses ganzen kleinen Generalstabes ist zweifellos der Feldkaplan. Ein Franziskanerpater in brauner Kutte, mit drei gar weltlich leuchtenden Goldstreifen der neunten Rangklasse am Ärmel, mit pechschwarzem Haarkranz und Franziskusbart und zwei brennend schwarzen Jenseitsaugen, die ganze Erscheinung der recht streitbare Gottesmann in memoriam patris Haspingeri[247], einer jener tätigen, des Augenblicks bewußten Priester, die dem Volke in diesen ernsten Tagen himmlische Botschaft bringen auf dem Wege irdischer Kameradschaft. Es wundert mich nicht, zu hören, er sei nebstbei der beste Schütze im Bataillon.[248]

Die *Helden* eröffnet Ginzkey mit einer Widmung *Unserm Kaiser*, gefolgt von dem Gedicht *Unseren Soldaten*[249]. In *Die Front in Tirol* – das Cover lieferte, wie im Schreiben des LVK Tirol genannt, Albin Egger-Lienz[250] – weist der Dichter auf Tirols große heldische Vergangenheit, aus der Zeit der Kriege gegen Frankreich 1809 hin, ein Heldentum, das es nun wieder zu beweisen gelte. Über dem Szenario schwebt wie ein Deus ex Machina die kernige Gestalt des Andreas Hofer, die auch von anderen Medien weidlich ausgenützt wurde. So ziert der

Franz Karl Ginzkeys Buch *Die Front in Tirol* (erschienen 1916 in Berlin) war Ergebnis einer dreimonatigen Reise zur Südfront von Juni bis Oktober 1915.

Sandwirt ein Plakat, auf dem das Volk von Tirol aufgefordert wird, die 7. Kriegsanleihe zu zeichnen! Aus Ginzkeys Bericht geht zwar hervor, mit welchen Agitationsmitteln man die männliche Bevölkerung – die Jüngsten 13, die Ältesten über 70 Jahre alt – angeworben habe. Nicht berichten konnte oder wollte er, dass man halbe Kinder, Greise und Krüppel, also Wehruntaugliche, unter dem Vorwand, sie kämen nicht an die Front, sondern blieben nur im Hinterland zu Wachdiensten und dergleichen, habe antreten lassen.[251] Von den 30 000 Standschützen aus Tirol und Vorarlberg waren 18 000 an die Front abgegangen.

Es würde den Rahmen sprengen, wollte man von allen in diesem Buch angeführten Kriegsliteraten den weiteren Lebensgang nach 1918 und vor allem ihr literarisches Nachkriegsschaffen verfolgen. Doch gerade in der Beziehung Ginzkey – Zweig darf der Faden nicht so rasch gekappt werden, handelte es sich doch um ein jahrzehntelanges freundschaftliches Verhältnis.

Stefan Zweig hatte bereits während des Krieges Ausschau nach einem Wohnsitz für sich und seine neue Familie außerhalb Wiens gesucht. 1916 hatten er und Friderike das „Paschinger-Schlößl" am Kapuzinerberg in Salzburg entdeckt, ein Jahr später gekauft und seit 1919 (bis 1934) bewohnt.

> Denn Wien ist verloren, daran kann kein Zweifel sein. Die Schieberei […] will bald an Mangel an Schiebungsobjecten zugrundegehen: Theater und Zeitungen werden bis auf wenige eingehen – der anständige Mensch hat sich nicht mehr durchsetzen können. Für Satiriker, für einen Karl Kraus wird ein Boden sein, für einen Dichter meines Ranges nicht. Ich sehe für Sie nur die Möglichkeit: Flucht. Und, seien Sie gewiss, wir arbeiten von heute an mit allen Kräften daran, Sie hier in die schönere und reinere Welt zu bekommen.[252]

Die Salzburger Jahre waren für Zweig die erfolgreichsten. Er war international bekannt und anerkannt, er schrieb, übersetzte, publizierte und wurde in mehr als ein Dutzend Sprachen übersetzt und gedruckt – in hohen Auflagen mit großem kommerziellen Erfolg.

Ginzkey wurde als Veteran der aufgelösten Literarischen Gruppe nach Kriegsende zunächst in der militärischen Staatsaktenabteilung eingesetzt, aber bereits zu Jahresbeginn 1920 „als entbehrlich" eingestuft. Er hatte den Kontakt zu Zweig wieder aufgenommen, der ihm dringend riet, das düstere Nachkriegs-Wien zu verlassen und nach Salzburg zu übersiedeln. Mit 1. August 1920 wurde der Offizier in den Ruhestand versetzt und verlegte seinen Wohnsitz nach Salzburg, in eine Wohnung in der Imbergstraße – zwischen Salzach und Kapuzinerberg gelegen. Diese Adresse benützte Ginzkey bis 1938. (Seit 1921 war Seewalchen am Attersee sein Sommerdomizil, seit 1944 Hauptwohnsitz.[253]) Man war also wieder benachbart! Zweig protegierte Ginzkey – im Gedenken an die Hilfestellung im Jahr 1914 –, verschaffte ihm kleinere Vorträge und literarische Aufgaben, half auch mit kleineren und größeren Geldsummen aus.[254] 1924, anlässlich des Erscheinens eines schmalen Bändchens bei Reclam, verfasste Zweig ein geradezu liebevolles Nachwort:

> Sein erstes Büchlein […] haben die Kritiker kaum vermerkt. Auch seine schöne zweite Sammlung […] erreicht nicht das, was man Aufsehen nennt. […] Kein einziges macht Lärm, keines Sensation; nur irgendeinen tiefen Wellengang des Gemütes regen sie an, der immer weiter lautlos wirkt, in Österreich zuerst, und dann in Deutschland. Aus

unendlich viel leiser Liebe ist so sein ganzer Ruhm zusammengesetzt und nicht aus papiernem Lob.[255]

Die politische Lage der 20er und frühen 30er Jahre polarisierte. Zweig bekam den „neuen" Wind in mehrfacher Weise zu spüren:

> Ich hatte in Salzburg einen Jugendfreund[256], einen recht bekannten Schriftsteller, mit dem ich durch dreißig Jahre in innigstem, herzlichstem Verkehr gestanden hatte. Wir duzten uns, wir hatten uns gegenseitig Bücher gewidmet, wir trafen uns jede Woche. Eines Tages sah ich nun diesen alten Freund auf der Straße mit einem fremden Herrn und merkte, daß er sofort bei einer ihm ganz gleichgültigen Auslage stehen blieb und diesem Herrn mit mir zugewendetem Rücken dort ungemein interessiert etwas zeigte. Sonderbar, dachte ich: er muß mich doch gesehen haben. Aber das konnte Zufall sein. Am nächsten Tage telefonierte er mir plötzlich, ob er nachmittags auf einen Plausch zu mir kommen könne. Ich sagte zu, etwas verwundert, denn sonst trafen wir uns immer im Kaffeehaus. Es ergab sich, daß er mir nichts Besonderes zu sagen hatte trotz dieses eiligen Besuchs. Und es war mir sofort klar, daß er einerseits die Freundschaft mit mir aufrechterhalten, andererseits, um nicht als Judenfreund verdächtigt zu werden, sich in der kleinen Stadt nicht mehr allzu intim mit mir zeigen wollte.[257]

Im Juni 1933 wurde in der Anthologie Heinz Kindermanns *Des deutschen Dichters Sendung in der Gegenwart* ein Beitrag Ginzkeys aufgenommen. Im Februar 1934, nach einer „Waffensuche" im Salzburger Haus, verabschiedete sich Zweig von der Stadt und emigrierte nach London. Im *Bekenntnisbuch österreichischer Schriftsteller*, erschienen 1938, legte Ginzkey sein poetisch formuliertes Bekenntnis zum nationalsozialistischen Deutschen Reich ab. Von Dezember 1938 bis März 1939 unternimmt Zweig eine Vortragsreise durch die Vereinigten Staaten; im Mai 1940 verließen Stefan und seine zweite Frau Lotte Zweig endgültig Europa. In einem Schreiben vom 22. März 1941 wird der Bitte Franz Karl Ginzkeys – auf Gnadenentscheid Hitlers – stattgegeben, trotz seiner Zugehörigkeit zur Freimaurerloge „Zukunft" Aufnahme in der Nationalsozialistischen Deutschen Arbeiterpartei zu finden.[258] Im Juli 1944 fragt Rudolf Hans Bartsch bei Freund Ginzkey an: „Liebster! Schreib mir unbedingt zwei Worte über das Schicksal des Stefan Zweig, den ich seelisch als erschreckenden International=Mißbrauchjuden erkannte; und der ein Schicksal verdient hätte, das ich so manchem andern Juden (Ganz, Friedell usw.) ferngehalten hätte."[259] Am 22. Februar 1942 begehen Lotte und Stefan Zweig in Petrópolis (Brasilien) Selbstmord.

Rudolf Hans Bartsch – „schreibt auf der Scholle und ackert auf dem Schreibtisch."[260]

Viele kennen heute den Namen Rudolf Hans Bartsch nicht mehr, obwohl er 1932 Ehrenbürger von Graz wurde, wo es auch eine nach ihm benannte Straße gibt. Bei Ausbruch des Ersten Weltkriegs hatte Bartsch, geboren 1873 in Graz, den Zenit seines Schaffens und seines Ruhmes auch beinahe überschritten.[261] Sein Roman *Zwölf aus der Steiermark*, erschienen 1908, auf Vermittlung des Freundes Ginzkey publiziert, hatte bereits nach drei Wochen eine Auflagenhöhe von 15 000 erreicht.[262] Übertroffen wurde diese Zahl vom nächsten großen Wurf Bartschs, nämlich dem Schubertroman *Schwammerl* (1912)[263], der bis 1929 von mehr als 200 000 Leserinnen und Lesern gekauft wurde. (Das Buch diente dem Film *Das Dreimäderlhaus* als Textgrundlage und brachte 1958 mit Karlheinz Böhm in der Rolle des Franz Schubert einen weiteren großen, kommerziellen Erfolg.)[264]

Bartsch war ein Vielschreiber (mehr als 40 Romane), später einer der meistgelesenen Autoren der Zwischenkriegszeit mit Millionenauflagen und ein erfolgreicher Schreiber von – es sei gesagt – Trivialliteratur. Sogar die „Deutsch-Österreichische Literatur-Geschichte" warnt, es sei nicht möglich, mehrere Werke Bartschs hintereinander zu lesen, weil der durch den raschen Erfolg in den Massenbetrieb der modernen Literaturindustrie gedrängte Dichter, je mehr er schreibt, sich um so häufiger wiederholt, immer wieder Anleihen bei sich selber macht, sowohl in der Wahl der Gestalten und der Handlung, wie im sprachlichen Ausdruck.[265] Im selben Artikel wird dem Autor aber die ungeheure Kraft zugeschrieben, Städte- und Landschaftsbilder zu gestalten, die einen ganz speziellen Zauber ausstrahlen. In diese Kerbe schlägt auch Freund Franz Karl Ginzkey im Nachwort zu Bartschs Novellensammlung *Pfingstküsse* (1924):

> So wage ich es, über Rudolf Hans Bartsch als das Grundlegende zu sagen: Er ist der Natur näher verwandt als den Menschen. Unzählige Beispiele, aus seinen Werken sowohl als auch aus seinen sonstigen Lebensäußerungen, vermögen diese Formel zu bestätigen und dreißigjährige Betrachtung, es darf wohl auch gesagt seine dreißigjährige Freundschaft, hat hier diese Anschauung immer deutlicher gefestigt. Sie scheint zur Beurteilung des Dichters wichtig und ist anderseits in keiner der unzähligen kritischen Betrachtungen über ihn sonderlich aufgezeigt. Nicht nur vieles zur Bejahung seiner Kunst scheint dadurch erklärt; auch dort, wo sich kritische Bedenken äußern, ist nun die besondere Ursache in verstehendem und daher auch versöhnlichem Lichte aufgezeigt.

Rudolf Hans Bartsch hatte im Kriegsarchiv eine ähnliche Position wie Freund Ginzkey. „Man" ging zu Bartsch, um „es sich zu richten".

Wir wissen, was der eigentliche Grund des großen Erfolges seines ersten Bekenntnisbuches „Zwölf aus der Steiermark" war, das Überwältigende, Hinreißende seiner Naturzugehörigkeit. Wie aus Erde geballt und gegen den Himmel geschleudert, sprangen die zwölf jungen Steiermärker aus dem Grün ihrer Heimat, warfen um, was vermorscht war und brüllten vor Lebendigkeit. Und immer begleitete sie die weiche dunkle Stimme der „baumrauschenden Stadt", die selbst inmitten aller von außen her andringenden Naturkräfte zum seelischen Kristall geworden schien.

Die Steiermark mit der Hauptstadt Graz war der ewig grüne Lebensmittelpunkt des Autors. Von dort kam er, durch diese Landschaft definierte er sich und sein Schreiben. Dort war er anerkannt und von diesem geliebten Ort ausgehend,

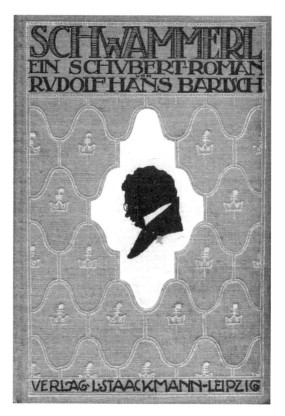

Der Roman *Schwammerl* diente als Textgrundlage für den Schubert-Film *Das Dreimäderlhaus* aus dem Jahr 1958.

feierte er Triumphe im gesamten deutschen Sprachraum. Diese Landschaft fesselte aber auch, und so gelang es dem Autor kaum, große europäisch-internationale Anerkennung zu erringen, er blieb (auch während der Zwischenkriegszeit und danach) dem Deutschen verhaftet. Seine Werke gelten im 21. Jahrhundert als überholt und provinziell, und von dem reichen Œuvre ist heute nahezu nichts mehr bekannt.[266]

Aus einem anderen Grund ist das Ginzkeysche Nachwort aber interessant, findet sich doch gleich daran anschließend die Werbeeinschaltung des Verlages Staackmann mit der Auflistung der im Verlag erschienen Werke Bartschs und deren geradezu unglaublichen Auflagezahlen.[267]

Inwieweit die erwähnten Städtebilder als Propagandaliteratur einzuordnen sind, kann diskutiert werden. Nur so viel: Alle folgenden Beispiele erschienen während der Kriegsjahre in der bereits beschrieben Zeitschrift *Donauland*, Jahrgang 1917/18. *Das alte Baden, Salzburg. Historien aus der klingenden Stadt* und *Bozener Erinnerungen*[268] – alle drei Texte nähern sich nicht appellartig, mit Karacho und Waffengeklirr, sondern sie sparen (sicher beabsichtigt) die vier Kriegsjahre aus, überspringen quasi die Elends- und Leidenszeit und knüpfen an die so genannte heile Welt der Vorkriegsjahre bis zurück ins Biedermeier an.

Baden
„Wissen Sie, daß St. Helena ausgezeichnet ist durch seine reizende Ruhe, und daß es herrlich sein müßte, an diesem Ort sein Leben zu beschließen." (Napoleon zu Berthier am 11. Oktober 1809 nach seiner Rückkehr von Baden.)
Das Helenental hatte der große Weltbrandstifter gemeint, der nach Aspern und Wagram müde und nachdenklich zu werden begann. Doch ein anderes St. Helena harrte seiner, wo er sich zur Ruhe setzen sollte. Der seelisch tiefere der beiden Gegner von Aspern und Wagram aber, – er baute für Weib und Kinder dort, wo die Größten jener Tage ergriffen stillehielten, ob der bald heroischen, bald idyllischen Schönheit des Waldtales, sein „Austragstüberl", die reizende Weilburg.
Es ist geweihte Erde, der Badner Grund.
Erzherzog Karl, Beethoven, Weber, Mozart, Schubert, Grillparzer, der dort wohl zwanzig Sommerferien verbrachte, Holtei als Theaterdirektor und von dem herab noch hundert Kleinere und dennoch Unvergeßliche sind in dieser reinen, stillen und sonnigen Stadt so glücklich gewesen, wie vielleicht niemals vorher und nachher wieder. Dort entstand Mozarts Ave verum und Beethovens Neunte! Dort fühlte Grillparzer die Entstehungsschauer, aus denen seine Medea entstand. Und dort lebte Kaiser Franz; der seine behutsame Gemütlichkeit einem ganzen Zeitalter (oft recht gegen dessen Willen) mitzuteilen wußte und der so recht der Hausvater jener ganzen Biedermeierei war.[…]

Salzburg
Wenn die Luft feucht ist, dann haben alle Töne ihre eigene Klangfarbe. Der Pfiff der Lokomotive klingt bebend, wenn du in die Salzburger Regennacht einfährst, bebend, wie der Timbre einer Stimme, welche zornig leidet. Es fährt niemand mehr ein in diese Stadt, welche ehedem alle Völker der Erde versammelte, ja, ja. Und wie die Glocken in der Nacht anheben, zu schlagen – nacheinander, durcheinander, da ist in ihrem verschwebten, regenfeuchten Klange dasselbe wehe Vibrieren. Eine klagende Gereiztheit ist in diesen Stimmen der Lüfte; die Glocken klingen wirklich anders als anderswo

> Bozen
> Der Vergleich zwischen Städten und Frauen ist so alt wie nur je ein zum Gemeinplatz gewordenes dichterisches Bild und dennoch läßt er sich immer noch ausspinnen. Sind die braven, aber langweiligen Städte nicht die immerwährenden Ehefrauen ihrer Bürger? Sind die Ferial- und Urlaubsstädte nicht die ewigen Geliebten aller fahrenden Gesellen? Und haben nicht auch die Städte ihr Mädchentum, das Frühjahr, das im bloßen Anschauen toll macht vor Lebenstrunkenheit, haben sie nicht ihre sommerliche Verpuppungsperiode, da sie dem Gatten allein gehören, und erwachen sie nicht zu noch beschaulicherer Schönheit in der Farbenwundheit des Herbstes? Und wie wenige sind es wert, daß man sich wintersüber an ihren Kamin setzt, wie zu lieben, geistvollen Matronen, deren ewig bezauberndes Leben selbst aus den Runen des Alters noch siegreich lächelt?
> Auch Städte gibt es, deren geheime Schönheit nur einer kennt und nie mehr von ihnen loskann und die wie Kurtisanen der großen Welt, heitere Wirtsmädel und muntere Bauerntöchter sind, in die alles, aber auch alles verliebt ist. Paris ist die größte Hetäre, München die sauberste Kellnerin der Erde; Rom die große Dame von Rang mit den geheim gehaltenen Flammen, Salzburg das Bürgersmädel mit dem interessanten Lebenswandel und Basel und Linz sind die Ehefrauen ihrer sehr wenigen Kenner. Bozen aber, Bozen?

Die literarischen Naturdarstellungen im Prosawerk des Autors allein reichen aber nicht aus, Bartsch in die Ecke des Naturschwärmers zu stellen, das wäre zu kurz gegriffen. Sehr wohl identifiziert er sich mit einer naturidealisierenden Weltanschauung und interpretiert die Weltordnung als „Ergebnis von Selbstorganisation".[269] Zurückgehend auf antike Autoren wie Demokrit, Vergil oder Lukrez findet sich in seiner Prosa aber auch eine immanente rationalistische und agnostische Haltung, die ihren Niederschlag auch in der kritischen Einstellung zum Christentum findet. Viel diskutiert wurden auch die jüdischen Romanfiguren. In diesem Bereich wird Bartsch dann auch angreifbar und hat etliche Scharmützel mit der Zensur auszufechten – und mit Karl Kraus.

Dieser widmete ihm – in seiner *Fackel* ist Bartsch relativ häufig genannt – im Jahr 1913 gleich in zwei Ausgaben längere Artikel, in denen er den Roman *Der letzte Student* tiefgründig und weitblickend analysiert, und im April 1914 attackierte er die „Staackmänner" (Bartsch und Ginzkey zum Beispiel publizierten als Stammautoren im Verlag Staackmann) im Allgemeinen und an Bartsch im Besonderen:[270]

> Eine Sorte von Literatur gibt es, vor der es die Sau des Teufels grausen müßte, wenn sie gewohnt wäre, auf deutschen Eisenbahnen zu reisen. [...] In Deutschland gibt es nämlich notorischer Weise unter den unzähligen Leuten, die gelegentlich oder ständig Reisende sind, sogenannte „Bücherfreunde". Dem Bedürfnis dieser Bücherfreunde hat der Verlag Staackmann – ein Name, in dem das aa dem ck hinderlich im Wege steht und der dennoch populär geworden ist – hat er also durch ein „Taschenbuch für Bücherfreunde 1913" Rechnung getragen, in welchem er ihnen ihre Lieblinge in Wort und Bild vorführt. Aber das Wort verschmähe ich und lasse nur das Bild auf mich wirken. [...] Alle sind in einer kreuzfidelen Stimmung festgehalten, wie sie als ständige Atmosphäre nur die Autoren des Verlags Staackmann, fürwahr ein fröhliches Völkchen, zu umgeben scheint. [...] Wie „Franz Karl Ginzkey und seine Frau bei einem Spaziergang im Murtal" aussehen, ist direkt lohnend. Es wird sich zeigen, daß alle Herren, die mit Staackmann in Verbindung sind, auch mit der Natur sehr gut stehen. Sie schreiben auf der Scholle und ackern auf dem Schreibtisch. Selten genug, daß man einen beim Schreiben trifft, und auch dann liest er. „Rudolf Hans Bartsch in seinem Arbeitszimmer" drückt durch Bartlosigkeit aus, daß er jetzt wirklich ein anderer geworden ist. Trotzdem kennt man sich bei ihm nie aus und das, was man schließlich einmal definitiv von ihm wissen wird, wird sein: daß er die Juden zum Fressen gern hatte. Ich habe oft, aber vergebens darüber nachgedacht, warum die meisten Dichter zwei Vornamen haben. Es ist unpraktisch. Sie sollten sie wenigstens nicht zur gleichen Zeit tragen, sondern bei Abnützung wechseln. So wie man ja auch nicht zwei Jacken oder zwei Gesinnungen zugleich trägt, sondern eine nach der andern.

Geschrieben hat Rudolf Hans schon früh, und zwar an den Kaiser höchstpersönlich. Sollte die Geschichte nicht wahr sein, so ist sie doch gut erfunden. Nach dem Tod des Vaters, eines Militärarztes, schrieb das Kind einen Brief an Franz Joseph, der mit der Schlussformel endete: „Und einen Handkuß an die Frau Kaiserin."[271] Das Schreiben zeigt Wirkung: Bartsch erhält einen Freiplatz im Militärwaisenhaus, durchläuft die Kadettenschule in Graz-Liebenau und wird 1895 in das Kriegsarchiv nach Wien abkommandiert. (In Wien studiert er am Institut für Österreichische Geschichtsforschung.) Seine Freundschaft mit Hoen stammt aus diesem Jahr und überdauerte auch die Kriegsjahre. 1897 traf Leutnant Bartsch – aus Graz kommend – Leutnant Ginzkey – aus Salzburg kommend – in Wien, die Herren schlossen einen Lebensbund („Mars und Apoll"), der weit über die militärischen und literarischen Agenden hinausging.[272] Bartsch wechselt in die kriegsgeschichtliche Abteilung; im Jahr 1900 avanciert er zum Oberleutnant, 1911 lässt er sich pensionieren und wagt den Sprung vom Berufsoffizier zum Berufsschriftsteller. Von seinen Tantiemen konnte er sehr gut leben. Mit Kriegsausbruch ließ er sich prompt reaktivieren, zum Hauptmann ernannt, wechselte er in die Literarische Gruppe.

Dort übte er zusammen mit Ginzkey während des Krieges eine Art Doppelfunktion aus. Zum einen sind beide Herren Militärs, zum anderen werden sie von ihren Vorgesetzten als kompetent auf dem literarischen Feld akzeptiert. Man ging also zu den beiden, „um es sich zu richten." (Nur Karl Kraus war sich nicht sicher, was denn wohl das kleinere Übel wäre: „Zum Bartsch oder an die Front!") Bartsch bemühte sich, für Literaten – aber auch für Maler und Musiker – zu intervenieren und ihnen einen sicheren Platz im Kriegsarchiv oder eine Überstellung ins KPQ zu ermöglichen. So gibt es ein Schreiben an Hoen vom 29. Mai 1916, in dem er sich für Dr. Bernhard Paumgartner (Professor an der Akademie für Musik und darstellende Kunst), den Schwiegersohn Peter Roseggers einsetzt, der gerne „alle Fronten abreisen möchte, um alle Soldatenlieder, welche jetzt draußen wirklich gesungen werden (also nicht die gut gemeinten in den Liederbücheln, […] Volks- und Kriegslieder im frischesten Sinn) zu sammeln und in einem Werke herauszugeben. […] Da es sich hier nicht um einen neuen ‚Juden‚dreh' handelt, sondern um eine ganz reizende, echt österreichische Idee, die unserer Armee ein Denkmal setzen könnte, so habe ich es gewagt, dem Dr. zu raten, […] Dich um Hilfe zu bitten.[273]

Abgesehen von dem Vergleich des Judendrehs mit der reizenden, echt österreichischen Idee, der schon einen tiefen Blick in die Bartsche Geisteshaltung gestattet, wurde der Bitte Folge geleistet, denn im September 1917, also etwa fünfzehn Monate später, findet sich auf der letzten Seite der *Illustrierten Monatsschrift Donauland* folgende Werbung:

> Eine wertvolle Neuerscheinung.
> 100 ÖSTERREICHISCHE SOLDATENLIEDER
> in vier Heften herausgegeben mit Genehmigung des k. u. k. Armee-Oberkommando (Kriegspressequartier) von
> Bernhard Paumgartner.
> Viele dieser 100 auserlesenen, echten Soldatenlieder sind erstmalig gedruckt und einer jeden Weise ist die Andeutung der Gitarre-(Lauten-) Begleitung beigefügt.

Nicht zu vergessen sei Bartschs Intervention für Rainer Maria Rilke. Wir erinnern uns, dass Fürst und Fürstin von Thurn und Taxis Bartsch zum Tee gebeten und man das Problem Rilke diskutiert hatte. Die Fürstin setzte alle Mittel (inklusive Lesung) ein, um ihren „Doktor Serafico"[274] zu retten und aus ihrer Feder stammt auch eine sehr genaue Beschreibung des Dichterkollegen Bartsch:

> Ich habe R. H. Bartsch kennen gelernt und so viel ich sagen kann nach
> einmaligem Sehen, ist er ein sehr lieber Mensch. – Es war urkomisch
> – ich erwartete einen älteren griesgrämigen Menschen mit grau me-
> lirtem Vollbart – und herein kam ein kleiner schlanker ganz jung aus-
> sehender Offizier mit einem Baby-lächeln und traurigen Augen in ei-
> nem glattrasirten Kindergesicht. Ich frug ihn, ob er ganz sicher wäre,
> nicht sein eigener Sohn zu sein!! – Es ist überhaupt etwas sehr Kindli-
> ches in ihm. […] Zwei Stunden ist er bei mir gesessen, und die ganze
> Zeit haben wir von Ihnen gesprochen – denn er adorirt Sie, à la lettre.
> Ich habe ihm die Elegien vorgelesen (Sie wissen, daß ich das sehr sel-
> ten thue) und wie ich fertig war, konnte er gar nicht sprechen und hat-
> te die Augen voller Tränen.[275]

Bartsch selbst hatte mit seinem Erstlingsroman *Zwölf aus der Steiermark* einen geradezu kometenhaften Aufstieg erlebt und vor allem auch in Deutschland reüssiert. Robert Hohlbaum, sein Biograph, berichtet, dass sich Peter Rosegger nach der Lektüre des Buches in den nächsten Zug setzte, nach Graz fuhr, um den Dichter persönlich kennen zu lernen.[276] Zeitungen und Monatsschriften fragten um Nachdruckgenehmigungen an. Schon in dieser Zeit mangelte es Bartsch an Selbstkritik; in einem Schreiben an Freund Ginzkey erörterte er die Honorarfrage: „[…] liebster Bester, sag Du mir, was könnte ich verlangen? […] Du weißt doch, was Hesse etc. bekommen? […] 20.000 Mk. […] Mir kommt's unverschämt vor, so viel zu fordern, aber Schnitzler soll 25.000 bekommen haben, und wenn ich einen Schnitzler-Roman geschrieben hätte, spränge ich vor Gram ins Wasser."[277]

Während des Ersten Weltkriegs blieb Bartsch weiter unglaublich produktiv. So schaffte er es, neben den unzähligen Essays, Artikel und Feuilletons für das Kriegsarchiv, also der Brotarbeit, noch sechs Romane und etliche Erzählungen und Novellen zu publizieren. Keine schmalbrüstigen Bande, und auch nicht immer zensurgerecht. Was seinen Roman *Lukas Rabesam*[278] betraf, aufgenommen 1917 im Staackmann Verlag, schien es ihm sogar opportun, seinen General Hoen um Waffenhilfe zu bitten. Nebenbei erhält der Leser von heute – direkt aus der Feder des Autors – eine Einführung in die Problematik und den Inhalt des Romans:

> Baden, 26. Oktober 1916.
> Hochgeehrter Herr General!
> In meiner Unwissenheit, ob ich eine dienstliche Verpflichtung habe,
> Dir, als meinem Chef, einen Roman vorzulegen, der, ein Dokument
> reinsten Menschentums, für ein neutrales Blatt geschrieben wur-
> de, der aber von der immer wachen Dummheit und Bosheit eine

politische Mißdeutung erfahren könnte, wende ich mich an Dich: den erfahrenen Kameraden, in jedem Fall an den Vorgesetzten, im Falle Du dies für gut findest.

Ich habe in einem Roman „Lukas Rabesam", der durch und durch mystisch <u>religiös</u> ist [die stets ungeschriebene Urreligion der Menschheit darzustellen war sein Zweck!], das Leben eines alten Herrn gezeichnet, der mitten in diesem Kriege vergeblich Nächstenliebe predigt und sozusagen an gebrochenem Herzen stirbt, nachdem er auf dem Wege der Nachfolge Christi zu wandeln sich unterfangen hat. Er lehrt einen hochsittlichen Individualismus. Wohin nun aber der Individualismus <u>nicht</u> kommen darf, das habe ich am warnenden Beispiel seines Bruders Joachim Rabesam gezeigt, der in Kriegspsychose verfällt und sich seiner Stellungspflicht durch Desertion und Selbstmord entzieht. Wenn ich den Teufel male, muß ich ihn Gott lästern lassen. Wenn ich einen eingerotteten Egoisten zeichne, so muß ich ihm alle Vernunftgründe in den Mund legen, die so ein Mensch, überzeugend genug, auszusprechen weiß.

Die Dummheit und Bosheit einer Rasse, die immer noch nicht ihr altes Affentum vergessen kann, liebt es nun, einzelne Stellen solcher Art herauszugreifen und sie als Meinung des <u>Dichters</u> polemisch auszunützen. Wollte man Dem ausweichen, so dürfte man niemals die Wahrheit sagen, nie den Menschen darstellen, wie er ist.

Jedoch möchte ich den kleinen Krakehlern doch nicht jetzt, mitten in der Überreiztheit der Zeit, gar zu billige Waffen in die Hand geben. Was an mir liegt, um dem, ohnedies genug angegriffenen deutschen Volke Aufregung zu ersparen, tue ich gerne, damit es nicht gerade in der Entente heißt: „Voilà, das ist die Stimmung im österreichischen Offizierskorps; sie ist unsere!"[279]

Bartsch führt weiter an, dass er das Buch an die *Zürcher Zeitung* schicken ließ, die den Abdruck ohne Probleme akzeptierte. Er wolle das nicht mehr rückgängig machen, weil die Schweizer gut zahlten und er für ein Jahr damit ausgesorgt hätte. Weiters solle doch Paul Stefan[280] Zensur lesen – er sei Offizier und Dichter – und möge die „Stellen anstreichen, die ihm politisch mißdeutungsfähig erscheinen".

Vor dem *Lukas Rabesam* hatte Bartsch Ende 1915 den Kriegsroman *Der Flieger*[281] (die Geschichte eines ungarischen Fliegers, Tikosch Gabor, der in den serbischen Wäldern notlanden musste), in knapp vier Wochen geschrieben, im Verlag Ullstein herausgegeben. Auf seiner Dienstreise von 30. Juni bis 15. September 1915[282] hatte er, ausgehend von Straßburg bis an die Nordsee, unterwegs sorgfältig recherchiert und sich kundig gemacht:

> Glücklicherweise konnte ich das wesentliche [sic!] sehen und schildern. Ich war auf einem Torpedoboot draußen in der Nordsee gegen die Engländer, habe den Kaiser Wilhelmskanal durchfahren, bin dreimal geflogen (Land=, Wasserflugzeug und Zeppelin) dreimal in drei verschiedenen Tauchbootypen gefahren (einmal kamen wir beinahe nicht mehr herauf), war vor Ypern und Loretto, bei Krupp und bei Zeppelin u.s.w., kurz habe alles genossen, was gut und teuer war.

Liest man die ersten Absätze des Eröffnungskapitels des *Fliegers,* gewinnt man den Eindruck, da führt jemand die Feder mit einer ungeheuren Begeisterung, mit Feuer und Verve. Obgleich Biograph Hohlbaum meint: „Weit tiefer steht die Stegreiferzählung ‚Der Flieger'. Es sei ausdrücklich betont, daß Bartsch sie auf Bestellung des Hauses Ullstein bei Kriegsausbruch, da er infolge des Moratoriums [= befristeten Aufschubs von Schulden] in Geldnot geraten war, aus dem Handgelenk schrieb. Er selbst ist von ihrem geringen Wert vollkommen überzeugt".[283] Aber der Leser von heute gewinnt den Eindruck, der Autor habe uneingeschränkt hinter und über seinem Text gestanden und habe dieses Gefühl auch dem Rezipienten vermitteln können. Die Auflagezahlen bestätigen die Annahme.

> Geordnet Leben, ehelich Leben macht Stalltiere, die in der freien Wildnis und im Losbruch aller Kräfte zugrunde gehen. Raub und Einbruch: das ist ein unentbehrlich Stück Mann!
> Jetzt hatte er's. Wahr' dich, Wildling; wahr dich, Tikosch Gabor! Unten auf der Erde brüllte es, um ihn jaulten und sausten die Kugeln, und er flog um Leben und Tod! Der Motor gab her, was er konnte, und sein tiefes Donnern übergrollte das Knattern der Flintenschüsse da unten. Nur wenn eine Kugel Metall faßte oder an die Versteifungsdrähte streifte, da biß sich ihr hohes Wimmern durch das Geratter der Maschine. Der Wind sauste nicht so schneidend durch die Drähte als dieses Jammern der Geschosse, die blutdürstig aufschrien, wenn sie vorbeigingen. Wie das hundertfache Juchzen betrunkener Sennbuben mochte es in einem fort gehen: Uii, wiiiu! Aber Tikosch Gabor hörte es nicht. Der Motor donnerte tief und metallen; und Tikosch flog wie im Fieber. Er wußte nicht, war er verwundet, lebte er überhaupt? Das Blut brauste ihm und rollte in eins zusammen mit dem knatternden Rasen seines Flugzeugs.
> Das war ein Dahinstürmen durch die kugelzerrissene Luft! Bei Mehadia war er aufgeflogen. Alle Mädels hatten ihm „Eljen" nachgeschrien und mit hundert bunten Fahnen gewinkt; die ganze Erde schien voll junger Verliebtheit, und Tikosch hätte von jeder Küsse

haben können, so viel er nur wollte. In dieser Zeit waren ja alle Mädels zerlöst und verloren, wenn sie einen von den Soldaten sahen, die sterben gingen. Aber er hatte nur eine einzige im Sinne, und die mochte ihn nicht. Da hatte er sich's erbeten, an der Donau hin über serbisches Gebiet fliegen zu dürfen, um alles unter seine Bomben zu nehmen, was der Mühe wert war, Wacht- und Zollhaus von Kladowa, Bordoli, Brzapalanka, und dann, als allerbestes die Negotiner Eisenbahn, bis zum wichtigen Knotenpunkt ob Zajetschar samt der Brücke, die bei Vrazograci über den Timok ging. Zwei Straßen- und eine Eisenbahnbrücke waren dort nahe beisammen; knallte es dort, so war der fruchtbarste Teil des Serbenlandes abgesperrt von Wein und Korn in Menge kaputt für die Zufuhr zum Feindes Heer!

Nun war er schon hundert Kilometer geflogen und hatte überall Feuer bekommen. Mit wilder Frechheit war er über den Militärstationen bis auf dreihundert Meter hinunter gegangen, um seine Knallerbsen hinabzuwerfen. Hatten sie gewirkt? Er wußte nicht viel davon, denn ihr Aufschlag unten erstickte in dem rasenden Knattern seines Motors und der Mausergewehre.

Durch die Tragflächen sah er die blaue Luft wie durch ein Sieb, und Leib und Steuer des Flugzeuges waren durchlöchert. Er allein noch nicht! Wenigstens fühlte er nichts am Körper und nichts im Hirn als ein Fiebern, ein dunkles: Weiter, weiter und das Äußerste gewagt![284]

Im Gegensatz zu seinem Helden Tikosch Gabor war Bartsch bereits 1915 physisch, aber vor allem auch psychisch recht angeschlagen. Zu Nierensteinen, verbunden mit schweren Koliken, kamen die Enttäuschung über das Verhalten der Deutschen (der Preußen) in diesem nun schon mehr als zwanzig Monate dauernden Krieg, über die Haltung der deutschen Offiziere hinzu und der eigene persönliche Zusammenbruch, der seelische Schmerz. An Hoen schreibt er:

> Dort draußen denkt Jeder wie Jeder. Alle sind gleich, alle haben die gleichen klappstuhlartigen Juristenbewegungen; – einsame Seelen gibt es nicht mehr, […] Ich weiß, damit siegt man; das ist brauchbar, gut, stark; aber mit welcher Wehmut sah ich die alten Generale aus Moltkes Tagen! Was für Vollmenschen waren diese Aussterbenden! Kein blinder Autoritätsglaube, aber umsomehr Disziplin. Es geht ja doch nur um Macht und Geld; das wissen sie draußen und flöten hochtönig von deutschen Idealen, trotzdem; und dieser Selbstbetrug, dies Augenschließen vor der Wahrheit, das in Österreich kaum so möglich wäre, ist der erste Schritt zur nordgermanischen Heuchelei. […]

Ich kann nimmer froh werden, seit ich draußen war und muß mir das dereinst von der Seele schreiben. Jetzt bin ich mit den Nerven so herunter, daß ich weder essen noch schlafen kann und alles, was ich schreiben will, mißlingt so kläglich, daß ich schon Weinkrämpfe hatte, wie ein hysterisches Frauenzimmer; – ein Zustand, der mir in ruhigeren Stunden selber verächtlich und unbegreiflich aussieht. Ich kann vorderhand nichts, als Dich, meinen Chef, um Geduld und Nachsicht bitten. Ich habe mir in Baden ein kleines Häuserl erworben, in das ich im Jänner ziehe. Wenn ich dort in den ersten Monaten kommenden Jahres eine kleine Nachkur machen darf, so hoffe ich, schon im Frühjahr wieder in majorem gloriam archivi arbeiten zu können. Und das aus vollem Herzen![285]

Im Mai 1916 lieferte Bartsch seine dienstliche Arbeit über Erzherzog Karl ab, die er „aus voller Seele" geschrieben hatte und die ihn trotz „zerrütteter Nerven" aufrecht hielt, und gleichzeitig gab er auch die *Darstellung der deutschen Kämpfe 1914 an der Westfront* in die Hände Veltzés. Hoen klagt er:

Jetzt bin ich aber gänzlich parterre! Erzherzog Eugen wollte mich unten haben, ich habe absagen müssen; nun will mich der steirische Statthalter, per Majestätsgesuch, abkommandiert wissen für ein Werk „die Steiermark während des Krieges!" ICH KANN NICHT MEHR! Und ich bitte Dich, verehrter Herr General, Deinen schützenden Schild über einen armen, kranken Dichter zu halten, wenn auch hohe und höchste Wünsche nach ihm greifen wollen. Ich wollte schon um meine vollständige Superarbitrierung bitten. Aber vielleicht kann ich doch nach drei oder vier Monaten Ruhe wieder schönes leisten.[286]

Hoen dürfte der Bitte nachgekommen sein und einen längeren Urlaub gewährt haben, denn die Wünsche zum Jahreswechsel 1916/17 von Bartsch an seinen General sprechen von großer Dankbarkeit und davon, dass er ohne die Nachsicht, Schonung und Güte schon längst im Sanatorium wäre. Hand in Hand mit der physischen Flucht in den Urlaub ging die – nennen wir es – psychische Flucht in die Religion. In einem langen Schreiben an Hoen argumentiert Bartsch, es sei ihm zurzeit unmöglich, ein patriotisch gemaltes Isonzofest-Transparent, wie es Eisner-Bubna eben wieder von ihm verlange, zu fabrizieren, jetzt nicht, wo sich ihm doch die tiefsten Erkenntnisse und das reinste Menschentum erschließen. Er wisse nun, dass er vor seinem tiefsten, heiligsten Werke stehe und alle Freiheiten benötige, um mit leichter Seele an diese Bücher gehen zu können, die der ganzen Menschheit gehören werden.

Bartsch meint damit seine Roman-Trilogie *Grenzen der Menschheit*, deren erster Band (in der Trilogie der dritte) *Er. Ein Buch der Andacht* bereits 1915 bei

Staackmann publiziert worden war. Bartsch hatte sich in die Mystik geflüchtet und prangerte, im Dialog mit einer Panfigur, die anthropozentrische Sichtweise des Christusbildes an. So wird Jesus mit den Qualen der Tiere in den römischen Arenen konfrontiert und opfert sich schließlich selbst für die geschundenen Zugpferde.[287] „Die Erlösungsperspektive wird auf die gesamte Biosphäre, die Geosphäre und die Atmosphäre ausgedehnt", also auf die gesamte lebende Welt, Natur und alles Lebende: „Und schreibt nicht sogar der Stein seine dehnende Sehnsucht in die Wunderschrift des Kristalls? Auch er wartet auf ein anderes Leben als das seine ist, und auf Erlösung aus seiner Dumpfheit, wie alles, was da ist!"[288] Auch Biograph Hohlbaum versucht Licht ins Dunkel zu bringen:

> Sein ideelles Schwergewicht legt er [Bartsch] auf seine Glückseligkeitslehre. [...] Das Mißverstehen des Publikums hat ihn bewogen, diese Eudämonologie noch einmal zusammenfassend klar und prägnant darzustellen. Er hat, seiner festen Überzeugung nach, das Geheimnis der germanischen Urreligion in sich selbst zur Klarheit geführt, und seine Lehre lehrt den Tod schon in diesem Leben zu überwinden durch völliges Aufgehen in der beseelten Natur ohne das Opfer der Selbstverleugnung. Denn dieses ist nur wenigen möglich [...], jenes aber allen, die guten Willens sind.[289]

Bartsch sandte ein Exemplar von *Er* mit Widmung an Rainer Maria Rilke, der stand dem Werk ziemlich hilf- und fassungslos gegenüber und äußerte sich in einem Brief an Marie von Thurn und Taxis:

> Der Bartsch freilich, der sich „Er" nennt und „Ein Buch der Andacht" steht völlig außer Frage, ich bin über die allerersten Seiten nicht hinausgekommen, was, in einem geselligen Sinn, geradezu schrecklich ist, denn er hat mir das Buch schicken lassen und selbst hineingeschrieben: „R. M. R. in diesen schweren Tagen oft meinem einzigen Trost, in tiefer Achtung und Liebe! R. H. B." Und darauf?: noch kein Wort Bestätigung oder Dankes; denn welches? Wenn man es nun einmal genau nimmt. Die ist menschlich so liebenswürdig als rührend, diese Widmung, aber wie sie so erwiedern [sic!], wenn man die mit ihr gegebene Hervorbringung doch nicht gelten läßt.[290]

Nur ein Lied und *Der Ritt in die Ewigkeit* sind zwei Novellen, die 1916 in Leipzig vom Verlag Staackmann herausgebracht wurden. Der Novellenband *Unerfüllte Geschichten*[291] enthält sieben Texte, die „eigentlich nicht enden, sondern sie verwehen im leisen Mollton des Verzichtens", jubelte Karl Hans Strobl (ein Mitglied im KPQ) in den *Blättern für Bücherfreunde*. Das mag schon angehen, die *Unerfüllten Geschichten* sind literarische Genrebilder, deren Protagonisten alle in der Vergangenheit der Monarchie angesiedelt sind: Kaiser Joseph, Ludwig van Beethoven etc.

Noch im letzten Kriegsjahr erschien in der „Bücherei Österreichischer Schriftsteller" ein Novellenband *Frauen*. Drei Texte, drei Schreiber: Julius Franz Schütz, Franz Karl Ginzkey und Rudolf Hans Bartsch. Wie in vielen Texten des Autors finden sich auch hier etliche autobiographische Versatzstücke:

> Das war im ersten Jahre, in dem man den Krieg noch schön fand, als Korbinian von Mursch seine alte Heimat wiedersah, sein vergessenes Graz, und es geschah nach einem Vierteljahrhundert. Mit vierundzwanzig war er damals unter dem Überdruck einer unglücklichen Liebe und sehr vieler Schulden durchgegangen; am Rande der Fünfzig kam er jetzt zurück; ein würdig schreitender Landsturmoberleutnant. Er trug Kommißuniform, und er war auf alles gefaßt. […] Der gute Mursch […] war noch in Graz; sein Landsturmbataillon aber lag unter der galizischen Erde. Durch Verrat war der ganze Truppenzug mitten in das vorbereitete Feuer russischer Batterien gekommen, und ein Hagelschauer von Granaten zerriß die Lokomotive, Wagen und Gleise, ehe das Bataillon noch aus der zerschmetternden Wirrnis heraus und in Kampfstellung kommen konnte. Dem Zufall, daß er Englisch konnte, hatte Mursch zu verdanken, daß man ihn bei der Zensur benötigte; sonst läge auch er still bei dem verratenen steirischen Bataillon unter polnischem Rasen.[292]

Rudolf Hans Bartschs dreijährige Tätigkeit in der Literarischen Gruppe kann nicht wie bei anderen Mitgliedern dieser Heeresabteilung in einen dienstlich-propagandistischen und einen privat-individuellen Lebensbereich unterteilt werden. Bartsch war als Mensch, als Autor und als Militär Propaganda eo ipso. Und er war in seiner Funktion als militärischer Literat oder literarischer Offizier ein unglaublicher Netzwerker. Wie viele Kollegen flüchtete er mit Kriegsbeginn als Held mit der Feder an die literarische Front. Er stellte sein Schreiben uneingeschränkt, ohne Skrupel, ohne irgendetwas und irgendjemanden zu hinterfragen, in den Dienst der großen Zeit. Als Vielschreiber, dem Texte leicht, allzu leicht aus der Feder flossen, erreichte er auch ein größeres Leserpublikum als andere Literaten. Rückwärts gewandt gaukelte er diesem eine heitere, heile, biedermeierliche Welt vor; Verlustlisten, Zahlen von Toten und Verwundeten dürften ihn nicht sonderlich beeindruckt haben. Erst als er selbst seine längere Exkursion durch Deutschland (er hatte auch die Kriegsschauplätze in Belgien besucht) hinter sich gebracht hatte, war es ihm wohl zum Bewusstsein gekommen, auf welchen Pakt er sich eingelassen, wem er sich verschrieben hatte. Der

Schock saß aber nicht tief genug, larmoyant suchte er sein Heil in einer seltsam zurechtgezimmerten Natur- und Gotteswelt.

> Seewalchen, 23. August 1917
> Verehrter Herr General und Freund, ich möchte eine Bitte und eine Frage in Dein liebes und verstehendes Herz versenken: – Ich bin seit meiner Frontfahrt seelisch wie zerbrochen, weil ich am deutschen Volk, erwerbgierig und äußerlich, wie es jetzt seit 1866 geworden, verzweifeln gemusst. Dass ich, der sinnenfällig Lebensfrohe, mich nur mehr mit religiösen Dahinsinnen abgebe, wird Dir [...] mehr sagen, als mein scheinbar gutes Aussehen. [...] Ich möchte daher die Majorscharge gar nicht mehr abwarten und um meine Superarbitrierung bitten, wenn ich da nicht wieder vor irgend einem verständnislosen oder gar feindseligen polnischen, magyarischen oder tschechischem Stabsarzt zittern müsste. [...]
> Ich bitte Dich nun bei der innigen Anhänglichkeit, die mich seit nun 22 Jahren an Deine liebe Person fesselt, mach mich <u>gänzlich</u> frei [...] Du kannst dem betreffenden Präses der Superarbitrierungskommission so leicht im Vertrauen das tragische Schicksal meines armen Vaters mitteilen, von dem her ich erblich belastet bin. Mögen sie meinethalben sogar glauben, mir drohe der religiöse Wahn; – wenn sie mich nur freilassen![293]

Schreiben konnte er schon, der Rudolf Hans, dieser Brief ist ein unleugbarer Beweis. Alle Register werden gezogen: Die 22jährige Freundschaft, die uneingeschränkten Möglichkeiten des Generals, dessen liebendes und verstehendes Herz; die Unfähigkeit und Indolenz der anderen, dieser vermaledeiten Stabsärzte. Und um wen ging es denn eigentlich? Um einen zerbrochenen, an der deutschen Kraft verzweifelnden Mann, einen Dichter, einen Denker, einen großen Sohn Österreichs, der ganz einfach nicht mehr kann, der, vielleicht erblich belastet (Bartschs Vater war dem Wahnsinn verfallen), krankhaft depressiv, nicht aus noch ein weiß und um Hilfe ruft, nein schreit! Jetzt ist seine Zeit gekommen, 45 habe er werden müssen, drei Jahre Schaffensfreude habe ihn dieser Krieg gekostet, und nun tue sich endlich der Vorhang zum Ewigen vor ihm auf:

> Wieder frei und freizügig sein dürfen, der Gedanke macht mich schwindeln vor Glück. Es stehen in meinem Herzen vier Gestalten derer, „die sich auflehnten": König Saul, Faust, Michelangelo und Beethoven. Sie wollen ans Licht und mir ist der Atem abgesperrt, den ich ihnen einhauchen könnte. Sei mein Mitarbeiter, indem Du sie und mich frei machst, ich bitte Dich!

Einem Text zu Beethoven wurde denn auch wirklich der Atem eingehaucht! Jetzt sei es nur eine kleine Mühe, einem Stabsarzt, „der vielleicht <u>meinen</u> Namen gar nicht kennt", Weisung zu erteilen. „Dereinst wird dieses Tun vielleicht <u>Deinen</u> Namen umleuchten." Vorletzter Trumpf: „Ich sehe von meinem Tische hier den ganzen See, über den die wilden Enten fliegen. Jeder Wurm und jeder Vogel darf reisen, wie er will; der Dichter, der die Herzen weit und leicht machen könnte, zum ersten male seit die Welt steht, nicht." Letzter Trumpf: „Rilke wurde von <u>Bayern</u> aus freigebeten, weil er Dichter ist. Bei uns gibt's das nicht, – hilf Du mir!"

Es wird nie zu eruieren sein, ob es die Freiheit des Wurmes, der Vögel oder der Flugenten – oder gar des Poeten Rilke war, also welches Argument wohl zum Tragen kam, Fakt ist: Rudolf Hans Bartsch, Absolvent des Instituts für Österreichische Geschichtsforschung, im Kriegsarchiv als Offiziersstellvertreter bis Hauptmann von 1895 bis 1911 und in der Literarischen Gruppe vom 20. November 1914 an zugeteilt, verließ dieselbe mit 1. Dezember 1917. Er verfiel nicht dem Wahn, war Lebenskünstler und Genussmensch, lebte ständig über seine finanziellen Verhältnisse. Er hatte zwei Frauen (parallel) zu versorgen – „Berta hat jetzt monatlich ungefähr 9 Millionen, Grete und ich haben nur den dritten Teil zusammen"[294] –, besaß Villen in Baden, am Attersee und zuletzt in Graz.[295] Dann aber nützten auch großer Bekanntheitsgrad und frühere hohe Auflagenzahlen nichts mehr: Nach dem Krieg verbannten Expressionismus und Neue Sachlichkeit den Vielschreiber in die Versenkung, wo er (mehr oder minder unbeachtet) bis zum heutigen Tag verblieb.

Arthur Roessler[296], der einen Freund in Seewalchen am Attersee besuchen wollte, berichtet:

> […] da begegnete mir Rudolf Hans Bartsch […], der Verfasser des Romans „Zwölf aus der Steiermark", des besten der vielen Bücher, die er schrieb, trug in beiden Händen je vier Bierflaschen. Als wir uns nahe kamen und er mich erkannte, legte er sein „gedankenträchtiges Haupt" in den Nacken und rief: „Nicht grüßen! Nicht reden! – Ich – – – dichte!" und wollte damit an mir vorbei schreiten, in gleichsam hohenpriesterlicher Haltung. Ich wußte von früheren Begegnungen mit ihm, daß er sich mitunter in Abgeschmacktheiten gefiel, die er augenscheinlich für Eindruck bewirkende Bekundungen seiner dichterischen Genialität hielt, tat ihm daher aus schabernakischer [sic] Laune nicht den Gefallen, ihn ohne Anrede passieren zu lassen, sagte vielmehr: „Schade, sehr schade, denn für heute wollte ich mir von Ihnen eine Auskunft erbitten, um einen, wie ich glaube, wichtigen Vorgang beim dichterischen Schaffen. – Nun vielleicht kann das

ein andermal geschehen, wenn Sie gerade nicht dichten." – Bartsch blieb stehen, schwang die Bierflaschen und erklärte: „Wann sollte dies sein? Ich dichte immer! – Nachdem jedoch im Schöpfungsakt eine Unterbrechung eintrat, begleiten Sie mich ein Stück des Weges und dabei können wir über die Fragen sprechen, die Sie beantwortet haben möchten. Um was handelt es sich also?"

Alfred Polgar – „Die schönste Figur, wie gemacht für eine Uniform!"[297]

Das Zitat der Überschrift täuscht. Polgar mag zwar als junger Mann in der Uniform sehr gut ausgesehen haben, fesch – wie man in Wien und in militärischen Kreisen gern sagte –, er selbst akzeptierte die Banalität der Äußerlichkeit nicht. Er analysierte sorgfältig und schrieb – zugegeben erst im April 1919 – der Uniform und ihren Trägern ganz andere Wertigkeiten zu:

> [...] Die Uniform ist von uns genommen. Der Krieg war ihre, nur ihre, große Zeit. Eine Zeit, in der auch die Zivilisten nicht wie Zivilisten aussahen, sondern wie militärisches Rohmaterial oder wie militärische Schlacke. [...]
> Die Uniform war stärker als der, der sie trug. In friedlichen Tagen gab sie der Mann zum Schneider, wenn sie ihm nicht paßte; zur Kriegszeit ließ sich die Uniform den Mann nach ihren Bedürfnissen richten. Sie zog ihn ein, nicht er sie an. Sie war der Inhalt; der Mensch, der sie trug, nur dieses Inhalts zufällige Form.
> Für gewöhnlich gilt: Das Kleid ist die Fortsetzung der Epidermis. Aber für das Soldatenkleid galt dies nicht. Hier mußte es heißen; der Mensch ist eine Fortsetzung der Uniform nach innen. [...]
> Wie unter einer Tarnkappe verschwand das „Individuum" in der Uniform. In Erscheinung trat: das Gattungsexemplar. Der Mensch hörte auf, ein Selbständiges, Abgeschlossenes zu sein. Er war jetzt Teil, Splitter, Bruchstück, das erst durch Einfügung in das Ganze ein Etwas wurde. [...]
> Das war ja überhaupt das Schöne beim Militär: die Versachlichung aller menschlichen Relationen. [...] Denn mit dem Untertauchen des Individuums in die Gattung schwand ihm höchste Qual der Erdenkinder: Persönlichkeit wahren zu müssen. Unrecht, das ihm widerfuhr, Unvernünftiges, das ihm zu tun geheißen ward, traf wie Elementarereignis, Widerstand, Klage, Motivensuche, Vergeltungswünsche und all den hiermit verbundenen Energieverbrauch ausschließend. Bosheit

kam wie Schicksal, von Mühen der Abwehr und Rache lossprechend, wie fallender Ziegelstein, wie hutentführender Windstoß, wie abspringender Funke von der ewig brennenden Riesenlohe der Widrigkeiten. Die Uniform versinnbildlichte das. Ihre bündig ausgesprochene Idee: Du hast aufgehört, Zweck zu sein, und bist Mittel! Die Pflichten gegen das eigene Ich mit ihrem ganzen Komplex sittlicher und ästhetischer Martern, endeten, ersetzt durch die einfache Pflicht, dieses Ich dem Verdrecken und Verrecken preiszugeben. Mit der Uniform zog man „einen anderen Menschen an": den Un-Menschen, den Anti-Menschen. Und so wurde es eine große Zeit.[298]

Polgars Œuvre ist umfangreich und ziemlich einheitlich. Dramatisches und Lyrisches finden sich wenig – abgesehen von den kabarettistischen Texten – bis gar nicht, seine Prosastücke hingegen gehen in die Tausende. Bei den Texten, die er als Redakteur verfasste – zeitweise schrieb er für drei und mehr Blätter gleichzeitig –, kann man von Kritiken oder Rezensionen sprechen, anderes nennt er selbst Skizzen und Feuilletons. An dieser Stelle darf sich Karl Kraus zu Wort melden, der Polgar prinzipiell nicht übel gesinnt war: „Den Vergleich seiner Feder mit der spitzigen Klinge oder mit dem widerhakigen Pfeil aus der Waffenhandlung des Herrn Salten muß er [Polgar] sich nicht gefallen lassen."[299] Aber mit einer kritischen Bemerkung konnte Kraus doch nicht hinter dem Berg halten:

> Ich habe diesen jungen Journalisten einmal in die Literatur eingereicht. Ich sehe mich längst genötigt, ihn wieder zurückzuziehen. Ein gutes Feuilleton, das Herr Polgar seinerzeit geschrieben hat, hat alles Unheil verschuldet. Seither schrieb er dasselbe Feuilleton etwa hundertmal, und es ist nicht besser geworden.[300]

Polgar war wie etliche seiner Kollegen ein Vielschreiber. Er publizierte vor dem Krieg, während des Krieges und nach dem Krieg; was er nie schrieb, war Propaganda – *für* den Krieg. Er misstraute allen Ideologien, allen Parolen und allen Radikalismen – so misstraute er schon der allerersten Kriegsbegeisterung in den Augusttagen des Jahres 1914, von der so viele erfasst worden waren. Er ließ sich nicht vereinnahmen. Eigentlich könnte man ihn und seine Schreibkunst in das Lager des Karl Kraus gut einordnen, was die Literaturwissenschaft auch hin und wieder tut. Aber während Kraus Streiter, Kämpfer, voll polemischer Leidenschaft, mit ungeheurer Aggressivität brüskiert, verletzt und – wie schon notiert – Ankläger, Verteidiger und Richter in einer, seiner Person sein will, ist Polgar der, der beobachtet, der gelassen am Rande steht, Zeuge sein will und die Menschen und ihre „kleine Zeit" beschreibt. Marcel Reich-Ranicki meint im Vorwort zur sechsbändigen Ausgabe der Polgar-Werke: „Im Grund müßte man wie Polgar schreiben können, um zu zeigen, wie er schreiben konnte."

Nun stellt sich die Frage: Wie gelangte der Pazifist und Anti-Held Alfred Polgar in die „Heldenbeschreibungsanstalt" des Kriegsarchivs? Verfolgen wir den militärischen Werdegang, so sind die ersten Schritte recht unspektakulär: Einberufung am 1. Oktober 1896 zum Militärdienst. Zum damaligen Zeitpunkt stellte die Musterungskommission fest, dass Alfred Polak, so hieß er bis zu seinem Namenswechsel (auch Felix Salten oder Roda Roda wechselten ihre Namen), „mindertauglich und minderkräftig" sei.[301] Im Mai und Juni 1897 absolvierte der Mindertaugliche einen Sanitätskurs und wurde Anfang 1898 zum Gefreiten befördert. Die Uniform wird es wohl nicht gewesen sein, eher das „Nur nicht an die Front!", weshalb der Corporal Alfred Polak, der infolge der allgemeinen Mobilisierung am 27. März 1915 einrückte und am 13. April in eine Transportabteilung versetzt wurde, sich ins Kriegsarchiv absetzte: „Am 1. Mai 1915 kam der Landsturm tit. Corporal Alfred Pollak, als Schriftsteller bekannt unter dem Namen Polgar [...]."[302] Und trotz der Uniform-Figur war seine militärische Karriere auch an diesem Ort nicht sehr spektakulär: Mit 20. September 1915 wurde er zum Feldwebel ernannt – Ende! In seinem Frontabschnitt, nämlich im literarischen des Kriegsarchivs, war er nicht besonders fleißig. An diesem kompromittierenden Ort floss relativ wenig Kompromittierendes aus seiner Feder.[303] Es finden sich lediglich zwei Texte im *Donauland*, die als harmlos eingestuft werden können, nämlich ein Aufsatz über Schauspielkunst, weiters eine kleine Novelle[304] und ein Text *Scharlach* im *Jahrbuch 1917 des K.k. österreichischen Militär-Witwen und Waisenfonds*. Das bereits erwähnte Memorandum, das er allerdings zusammen mit Stefan Zweig für die Kriegsausstellung des Jahres 1916 verfasste, stammt ebenso aus seiner Feder und beweihräuchert die Herren des Kriegsarchivs und ihre Leistungen, wurde aber dennoch oder deshalb verworfen. Die Zusammenarbeit mit Zweig betreffend findet sich eine kleine Karikatur, die Polgar zugeschrieben wird und wenig schmeichelhaft für Zweig ist.

In *Unteilbar und Untrennbar*[305], dem bereits genannten umfangreichen Prachtband, finden sich drei gezeichnete größere Beiträge von Polgar: *Österreich-Ungarn*, *Die Bukowina im Kriege (Bis zur ersten Befreiung von Czernowitz)* und *Im Osten (Bis Ende des Jahres 1914)*; da im Besonderen die Beschreibung der Schlacht von Tannenberg, Hindenburgs großen Sieges. Während die beiden erstgenannten Artikel relativ deskriptiv gehalten sind, werden die Schlacht bei Tannenberg und die Person Hindenburgs verherrlicht. Polgar tappte genau wie Ginzkey in die Masurischen Sümpfe, nur zog er sich geschickter am eigenen Haarschopf wieder heraus:

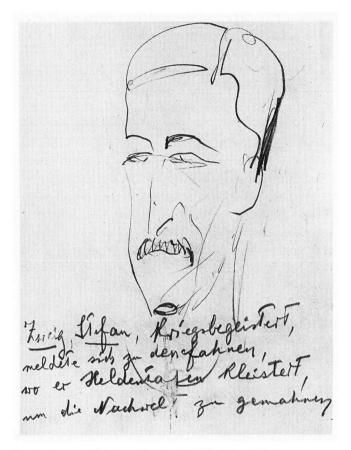

Karikatur von Stefan Zweig (1916) Alfred Polgar zugeschrieben: „Stefan Zweig, kriegsbegeistert, meldete sich zu den Fahnen, wo er Heldentaten kleistert, um die Nachwelt zu gemahnen."

Am 28. August erwähnt der deutsche Heeresbericht zum erstenmal den Namen „Hindenburg". „Unsere Truppen in Ostpreußen unter Führung des GObst. V. Hindenburg", heißt es da, „haben die von Narew vorgegangene russische Armee, in Stärke von 5 Armeekorps und 3 Kavalleriedivisionen in dreitägiger Schlacht in der Gegend Gilgenburg – Ortelsburg geworfen und verfolgen sie über die Grenze." Diesem ersten kurzen Tatsachenbericht entnahm noch niemand die ganze Größe und Herrlichkeit des erfochtenen Sieges. Sie wurde erst klar, als Tag für Tag anschwellend, die Ziffern publiziert wurden.

> 30 000 – 60 000 – 70 000 – 90 000 – 100 000 Gefangene! Das für *Hindenburg* seither so charakteristisch gewordene jähe Steigen des Siegesthermometers versetzte ganz Deutschland in einen Rausch von Freude und Begeisterung. 100 000 Gefangene, darunter drei kommandierende Generäle, viele hundert Offiziere, das gesamte Artilleriematerial des Feindes, unübersehbares Kriegsgerät, Wagen, Fahnen und Standarten, und unter den Hekatomben der Gefallenen auch der Feldherr des vernichteten Heeres! Zerschmetterung einer ganzen ¼ Million starken Armee auf offenem Felde! Und nicht durch Zufallshilfen, sondern nach einem vorgefaßten Plan, in echt deutsch-gründlicher Durchführung eines strategischen Gedankens: man müßte lange in der Kriegsgeschichte zurückblättern, um in gleich unverwirrter Klarheit eine Schlachtenidee von ihrer Quelle, der Genialität des Feldherrn, bis zu ihrer Mündung in die entscheidende Tat verfolgen zu können. Den Deutschen wurde die Schlacht bei Tannenberg – so genannt nach dem Standort des Hauptquartiers – zum verheißungsvollsten Schicksalszeichen ob ihrer Ähnlichkeit mit der Varusschlacht dem hochragenden Denkmal am Eingang der nationalen Historie. Hier wie dort war die heimatliche Erde mit ihren Söhnen im Bunde, Eroberübermut zu strafen. Hier wie dort versank in Sumpf und Moor der Traum von einem unterjochten Deutschland. Hier wie dort nützte Genie und Tatkraft eines einzelnen die kriegerische Tüchtigkeit der Rasse zur Rettung des Vaterlandes.

Es stimmt nachdenklich, dass Polgar überhaupt die Flucht zu den „Tinterln" angetreten hat; wenn aber einmal an Ort und Stelle, konnte er sich konsequenterweise den gegebenen Usancen nicht entziehen; er tat es nicht, er war kein Held. Zu seiner Verteidigung sei gesagt, dass er, seinen Lebensprinzipien huldigend, kein lauter Schreier war, der sich ins Zentrum platzierte, sondern wie bei allen seinen literarischen Arbeiten, eher am Rand stehend, als Zeuge fungierte.[306] Wir wollen auch nicht das „Osterpogrom" Kaiser Karls vom 21. März 1917 vergessen, das eine ständige Bedrohung, nämlich Abberufung in den Schützengraben, darstellte. Bei Polgar (und seinem Kollegen Julius Klinger) wurde das auch versucht, und zwar vom Kriegsministerium im März 1917. Man hielt Polgar im Hinterland für entbehrlich (wohl eher störend) und drängte auf Abgang. Mit 26. März 1917 kam der Befehl zur Ablöse, „umsomehr als es sich um frontdiensttaugl. Einj. Freiw. handelt, deren Heranziehung zum Frontdienst unbedingt gefordert werden muß"[307]. Das Kriegsarchiv hatte sich erfolglos quergelegt: „Polgar, 43 Jahre alt, ist als Literat und Künstler von Rang bei den vielen, Propagandazwecken dienenden Publikationen, speziell dem Werk ‚Österreich-Ungarn in Waffen', hervorragend tätig und eigentlich nicht zu ersetzen."[308] Bei der Kraftprobe zwischen Ministerium und Archiv siegte der Dritte, nämlich die Presse. Wir erinnern uns, dass auch Stefan Zweig von der *Neuen Freien Presse* befreit wurde;[309] bei Polgar war es die *Wiener Allgemeine Zeitung.* Mit 1. 8. 1917 wurde er als Parlamentsberichterstatter für die *Wiener Allgemeine Zeitung* auf unbestimmte Zeit enthoben; am 30. November 1917 bis 1. Februar 1918; am 17. Mai 1918 auf unbestimmte Zeit, bis zum so genannten Umsturz 1918.

Zuletzt sollen noch als wesentliche Meriten die „Wehrkraft zersetzenden" Texte genannt werden, die Polgar als Theaterkritiker (er war seit 1895 in verschiedenen Bereichen Mitarbeiter der *Wiener Allgemeinen Zeitung* und durfte auch während der Archiv-Zeit für das Blatt schreiben) und zum Thema Militärisches verfasste – stets unter dem aufmerksamen Blick des Zensors, lange schon vor 1914 und den Kriegsjahren. Da wäre der Sketch *Soldatenleben im Frieden,* den Polgar 1910 als Retoure zu Carl Rösslers und Roda Rodas Militärlustspiel *Der Feldherrnhügel* verfasst hat. Beides wurde von der Zensur verboten; der Zensor misstraute Polgars militärischer Idylle zu Recht.[310] Polgar nahm das Lustspiel nach dem Krieg in seinen *Kleinen Schriften* auf und widmete es seinem Freund und Koautor Egon Friedell:

> Im Jahre 1910 wurde die lustige Militärkomödie „Der Feldherrnhügel" (Rössler und Roda Roda) von der österreichischen Zensur verboten. Damals entstand dieses „Soldatenleben im Frieden", „ein zensurgerechtes Militärstück, in das jede Offizierstochter ihren Vater ohne Bedenken führen kann". Auch das „Soldatenleben" wurde aber, obgleich es das Militär in wirklich schönem Licht erscheinen ließ, verboten. Nicht einmal eine Aufführung im Kabarett wollte die Behörde gestatten. So blieb in Österreich die Begeisterung für die allgemeine Wehrpflicht bis 1914 unerschüttert.
>
> ERSTE SZENE
> *Manöver. Freies Feld. Die Soldaten lagern malerisch.*
> WOKURKA: Heut muß me uns abe z'samm'neme, unsre geliebte Leitnand Freid mache, weil kummte gruße Inspektion, Durchlauchtigster Herr von Fürst.
> *Alle Soldaten springen auf, salutieren stramm eine Sekunde lang und lagern sich dann wieder malerisch.*
> AUGENSTEIN: Tausend Jahr soll er leben und gesund sein unser geliebter Herr von Leutnant, wie überhaupt alle geliebten Herrn Höhere und Vorgesetzten. Ich wünsch' m'r nix Besseres.
> *Gemurmel der Zustimmung.*
> EIN SOLDAT *schluchzt heftig*: Ich Unglückseliger! Nächste Woche sind meine drei Jahre um, und ich muß wieder weg vom Militär!

THOMAS: Könnten wir nicht allein ein bißchen Fleißexerzieren, statt hier untätig auszuruhen?
HINTERSTEINER: Ja gewiß. Wenn der oberste Kriegsherr ruft, soll er uns gestählt finden.
WOKURKA: Ich bin für Vorlesen aus gute, nützliche, militärische Buch.
AUGENSTEIN: Wenn ich denk', daß scho' vierzig Jahr' kein anständiger Krieg war! Der ewige Friede muß einem ja zuwider werden! [...]

ZWEITE SZENE
Leutnant Mayer, Wachtmeister Zapfel, die Vorigen
LEUTNANT *ein großes Buch unterm Arm*: Guten Morgen, meine lieben Söhne, habt ihr auch ausgeschlafen? [...]
WACHTMEISTER *salutierend*: Melde herzlichst, ja.
LEUTNANT *salutierend*: Danke herzlichst. Außerdem: es waren gestern schon wieder zwei Mann mehr in der Kompanie. Natürlich Zivilisten, die sich in Soldatenverkleidung eingeschlichen hatten, um an den Gewehrübungen teilnehmen zu können. Ernst: Daß mir so etwas nicht wieder vorkommt! Die Mannschaft scharrt ungeduldig mit den Füßen. Was ist denn? Ach ja, ihr wollt exerzieren – Wachtmeister (er gibt ihm das Buch, das er unterm Arm trug): Halten Sie mir meine „Kritik der reinen Vernunft" [...]

Humor, Witz und Satire gehören zu den Ingredienzien der Sketche, und die schrieb Polgar vor allem während der Zeit, als er sich für Kabarett im Allgemeinen und für das „Cabaret Fledermaus"[311] im Besondern interessierte, oft in Zusammenarbeit mit Egon Friedell, der die Einfälle hatte, die dann Polgar detailliert ausführte – so berichtet jedenfalls Friedell.

Polgar schrieb nicht von der Front, wo er zu seinem Glück nie war (auch nicht im Rahmen einer sogenannten Exkursion), sein Kriegsschauplatz war das Hinterland, dort, wo die Menschen unter Entbehrungen, Hunger, der Angst und Sorge um die leiden, die in den Schützengräben sind. Es sind die „kleinen Leute" (so nennt er auch eines seiner Feuilletons), die unbekannten und schon gar nicht umjubelten Helden und Heldinnen, oft Frauen:

„Was schert der Tod des einzelnen!" sagte der Hauptmann, „wenn nur die Truppe der Fahne Ehre macht!"
„Was liegt am Schicksal eines Regiments, wenn nur die Stadt genommen und der Feind verjagt wird", sagte der General.
Der Patriot sagte: „Und ob wir alle bis auf den letzten Mann sterben müssen, wenn es nur dem Vaterland zunutze kommt."
Der weitblickende Kulturhistoriker blickte weit und sagte: „Selbst

wenn ein paar Staaten zugrunde gingen – sie wären nicht vergeblich zugrunde gegangen. Europa würde sich auf sich selbst besinnen, und aus dem Blutbad gereinigt, neugeboren, emporsteigen." […]
„Mag alles hin werden, wenn nur mein Bub mit geraden Gliedern nach Hause kommt!" sagte Frau Müller und legte die Zeitung mit den Siegesnachrichten ungelesen neben die ungetrunkene Tasse Kaffee-Ersatz.[312]

Am 2. Mai 1914 wird in der deutschen satirischen Wochenzeitschrift *Simplicissimus* eine kleine Skizze mit dem Titel *Feinde* abgedruckt.[313] Zum Inhalt: Während des Balkankriegs kommen zwei schwerverletzte Soldaten, ein rumänischer Offizier mit zerschossener Kniescheibe und ein tödlich verwundeter bulgarischer Arzt, auf dem Schlachtfeld nebeneinander zu liegen. Ungeachtet der feindlichen Ausgangssituation gelangen die beiden ins Gespräch, überwinden die nationalen Gegensätze: „Sie hassen mich, ich merke es schon. Natürlich, weil ich Rumäne bin! Das konnten Sie nur für Augenblicke vergessen[…] Darauf der andere: „Ein Trottel sind Sie! Eine Trottelei ist der Krieg!" Sie entwickeln ein gewisses Maß an Solidarität, um einander Hilfe gegen Schmerzen, Kälte und Todesangst zu leisten, bis dem Arzt bewusst wird, dass er die Nacht nicht überleben wird, der jüngere Offizier aber schon: „Der da neben ihm, der andere. Der würde gesund werden, nicht sterben wie der Doktor. Der hatte eine schmale Nase, keine dicke wie der Doktor. Der war jung, nicht alt wie der Doktor." Sterbend schießt er dem Bulgaren seine letzte Patrone in den Kopf. Eine bulgarische Patrouille entdeckt die beiden Leichen, und der kommandierende Oberst hebt das hehre Jubellied auf das soldatische Heldentum an:

> „Meine Herren Kriegskorrespondenten", sagte er, „erzählen Sie Ihren Lesern, wie ein Bulgare stirbt. Dieser Mann war kein Soldat von Beruf und doch ein Held, Krieger bis zum letzten Atemzug. Selbst auf den Tod verwundet, nützte er noch seinen letzten Augenblick, einen Feind des Vaterlandes niederzustrecken. Ehre dem Tapferen." Ein Morgenstrahl traf die Warze an des Obersten Backe, daß sie wie Karfunkel glühte.

Geradezu prophetisch ahnt Polgar voraus, was der große Krieg aus den Menschen machen, was in den nächsten Monaten bittere Realität werden wird. Er sucht nicht nach Schuldigen, stellt keine politische Analysen an, seine Überlegungen sind grundsätzlicher Art. Schon vor dem Krieg war er sich der Liebe der Menschen zueinander nicht sicher. Das Grundübel ist aber nicht die Aggressivität, sondern eher die Indifferenz des Menschen; ohne anzuklagen, stellt der Verfasser nur fest: Der Mensch ist des Menschen Wolf. Vor den Richter allerdings ruft er Militarismus, Militärs und deren hohle Phrasen von Tapferkeit und Heldentum.

Im *Theaterabend 1915* wird die Flucht in den Kunstgenuss, die ästhetische Ablenkung gebrochen mit den „Geschehnissen da draußen":

> Um halb acht ist Beginn. [...] der Portier an der großen Freitreppe zieht seine Kappe vor den Theaterbesuchern. Sie gehen mit übertriebener Hast an ihm vorüber, als schämten sie sich, dazusein. Die Frauen tragen Schmuck – man hat die Empfindung: Beute – und vor den Spiegeln im Garderobenraum zupfen sie sich ihr Haar zurecht, überpudern eilig das Gesicht, drehen den Oberkörper in sanften Schraubenwindungen. Sie sind sehr lieblich anzusehen, [...] als trügen sie ein feines Musikwerk im Innersten. Man spürt die Werkstatt, nach guter Seife und mildem Fett und warmem Wasser und süßem Tabakrauch duftend, von gläsernen und metallenen Kleinigkeiten blinkend, aus der sie hergekommen sind, die holden Spielereien. Wo sind ihre Besitzer? In einem Erdloch vielleicht, riechen nach Schweiß und Unrat, haben Läuse im Haar, der Regen klatscht ihnen ins Gesicht, und ihr Herz leidet unendliche Sehnsucht nach Gewesenem.[314]

Um der Drangsalierung durch die Zensur zu entgehen, griff Polgar zu verschiedenen Mitteln. So versetzte er die Skizze *Die Musterung*[315] – eine grauenhafte, böse Schilderung dieses Procederes, dem sich alle Soldaten, auch die Herren des Kriegsarchivs (man denke an das Lamento von Bartsch oder die Erfahrungen Rilkes), unterwerfen mussten, ganz einfach ins feindliche Frankreich, oder er gab einen Text im *Prager Tagblatt* heraus, der dann auf diesem Umweg den gestrengen Augen und Rotstiften der Zensoren entging. Oder er gab lediglich die Inhaltsangabe eines „Prachtwerkes", indem er hinter der Theatralik des Krieges diesen selbst versteckte, wie zum Beispiel für Leo Felds Schauspiel *Freier Dienst*, aufgenommen am 7. März 1916 in der *Wiener Allgemeine Zeitung*:[316]

> „Freier Dienst" ist ein von dieser großen Zeit beschwingtes Stück. Eine Art blutiger Zephir schwellt seine Segel: es ist der Krieg der so säuselt. [...] Wir befinden uns im Aufenthaltsort eines Stabes, wo der Krieg sein freundlichstes, sauberstes, appetitlichstes Gesicht zeigt. Alles ist glatt und schön, nobel und herzlich. Und auch die bösesten Wunden, die der Kampf geschlagen, sekretieren noch Sirup. Durchaus edle Menschen handeln durchaus edel. Ein edler General, mild und stark, geht über den Tod seines Sohnes in anekdotischer Gefaßtheit an die Arbeit. Wo er hintritt, wächst Gras. Ein edler polnischer Jude leistet aus edlen Motiven Spionagedienst und weist klingenden Lohn mit

edler Entrüstung zurück. „Was glauben Sie?" sagt er, „für Geld?" Nur daß er nicht sagt: „Für schnöden Mammon?" Dann holt der edle Jude den Sohn des Generals vom Schlachtfelde heim – und der Sohn lebt! Für seine völlige Genesung bürgt ein edler Stabsarzt, der so tut, als ob er nicht bis fünfe mustern könnte. Auch ein reizender, geradezu, wie Fräulein Valerie sagt: totschicker Wiener Leutnant ist da, der die feschesten Bemerkungen über den Krieg macht. Ein weiterer junger Offizier, zu einem Todeskommando ausersehen, weicht dieser letalen Aufgabe keineswegs aus, obwohl man ihm freistellt, sie anzunehmen oder abzulehnen. „Stolz und froh, in Paradeadjustierung des Leibes und des Geistes, tritt er vor seinen General und bittet, nach einer längeren, aber wohlgesetzten Rede über Pflicht, um den Heldentod. General (langsam): ‚Und so unterwerfen Sie sich, männlich und gefaßt, einem furchtbaren Schicksal?' – ‚Nein, Exzellenz, ich unterwerfe mich nicht, (hell) ich bitte um mein Schicksal.' General (freudig): Baron! – (hell und freudig) Seh'n S, so heiter ist das Sterb'n in Galizien-Wien."

In einer Skizze verwebt Polgar die kriminellen Taten eines berühmten Wiener Ganoven – des Einbrecherkönigs Johann „Schani" Breitwieser, der am 1. April 1919 von der Polizei erschossen wurde – mit dessen Taten während des Krieges. Sie werden gleichgesetzt und der Verbrecher zum Helden hochstilisiert. Das entsprach einer Tätigkeit, die Polgar im Kriegsarchiv hätte ausüben sollen – wir erinnern uns an das „Heldenfrisieren" –, was er aber verweigerte. Die Skizze wurde erst 1922 veröffentlicht und gehört zu den satirischen Meisterstücken Polgars. Die Fragen lauten implizit: Wann ist Mord Mord? Unter welchen Bedingungen tötet der Mensch? Wann ist er heldenhafter Mörder, wann mörderischer Held? Diese Fragen werden nicht gestellt, aber hinlänglich beantwortet:

> Ein Heldenleben
> Breitwieser ist von der Polizei erschossen worden. [...] Er] war unser tüchtigster, energischester, erfolgreichster Einbrecher. Wir hatten keinen besseren. Von ihm hieß es: Er kommt, sieht, nimmt. Er war Anhänger der reinsten Annexions- und Enteignungspolitik. Vor dem Schwung seiner Offensive bestand kein Grenzschutz der Habe. Eiserne Kassen, Festungen des Besitzes, knackte er, wie der Feldherr Antwerpen knackte oder Nowo-Georgiewsk.
> Er war wandelnde Lebensgefahr. Die bedrohlichste, seit der Generalmajor Teisinger nicht mehr musterte. Er machte auf der Walstatt keinen Gefangenen und gab keinen Pardon. Verräter oder des Verrates Verdächtige erledigte er in kurzem Prozeß wie ein k. und k. Feldgericht. Niemals ergab er sich. War die Übermacht noch so groß, er

schlug sich durch, zu den Seinen. Der Geist siegte über die Materie
Im Schießwesen war er vorzüglich ausgebildet und verdiente längst
die rote Troddel, die den Brustkorb des treffsicheren österreichischen
Kriegsmanns schmückte. Mit seiner Munition sparte er, ließ den
Feind herankommen und schoß erst, bis er scharf zielen konnte. Seine Hand zitterte so wenig wie sein Herz. Sein Revolver war immer geputzt, eingefettet, schußfertig. Nie trennte er sich freiwillig von der
treuen Waffe. Mußte er sie entbehren, griff er zum Messer. Fehlte auch
dieses, brauchte er seine Zähne. Genau im Sinne des k. und k. Dienstreglements, 2. Teil, wo es vom „Nahkampf" handelt. [...]
In der großen Kampagne mordete er während einiger Monate unter
Habsburgs Fahnen. Obzwar er nicht nur physisch, sondern auch seelisch durchaus A-tauglich für das Kriegshandwerk, und seinen Talenten, Eignungen und Tugenden die steilste militärische Karriere sicher
war, litt es ihn doch nicht bei dem Tötungsgeschäft. Seine Menschenwürde empörte sich gegen das Vertierte der Schützengrabenexistenz
wie gegen die maschinelle Massenmetzelei. Und das Lügnerische der
offiziellen Kriegsethik erfüllte sein redliches Einbrecherherz mit bitterstem Abscheu. So beschloß er, dem häßlichen Metier trotz allem
winkenden Lorbeer zu entsagen. Kraft seiner überlegenen Intelligenz wurde es ihm leicht, schwachsinnig zu erscheinen und – da er als
Mannschaftsperson für die höhere Führung nicht in Betracht kam –
nach Hause geschickt zu werden.
[Im April 1919] geriet er vor die Pistolen der Wachleute und ging zu
Gott ein, als Einbrecher und brav. [...] „Breitwieser, du hast dich vergangen wider Leben und Eigentum deines Nächsten!"
„Herr, wie konnte ich glauben, daß dir an deren Schonung gelegen sei?
Hätte sonst deine Allmächtigkeit vier Jahre lang?"
Worauf Gott unverzüglich eine Disziplinarstrafe über die unsterbliche arme Seele verhängen, aber sie dann ins Paradies laufen lassen wird, wo die Polizisten Palmwedel haben und die Einbrecher
Maschinengewehre.[317]

Nach dem Sturz des Doppeladlers rechnete Polgar ab. Mit den großen Worten:
„Sie starben, auf daß kommende Geschlechter schön und gut leben. Aber das
ist eine verfluchte Lüge. Sie starben überhaupt nicht ‚auf daß'. Sie starben, weil
man sie nicht leben ließ."[318] Er rechnete ab, mit den Teisingers dieses Krieges
und vielleicht auch mit sich selbst:

Der Teisinger[319] ist gestorben, ehemaliger Feldmarschall der k. u.
k. Armee, gehaßt und gefürchtet von allen, die den Krieg haßten
und fürchteten. Der Teisinger hatte das Amt, zu einer Zeit, da alles

verwendbare Menschenmaterial schon für die Front aufgebraucht war, aus den übriggebliebenen Hinterlandsmännern – dem „Bruch", wie die Wiener das nannten – noch ein paarmal hunderttausend Feldsoldaten herauszupressen. Von einem devoten Arzt begleitet, erschien er in Kanzleien, Spitälern, Ämtern oder wo sonst immer mindertaugliche Militärpersonen ihrem vertrottelten Dienst oblagen und erklärte einen Teil der rudelweise vor ihn getriebenen schlotternden Individuen für tauglich. Er verließ sich dabei mehr auf seinen Geschmack als auf irgendwelche ärztliche Gutachten. [...]

Die volle Verantwortung dafür, daß unter den zweimalhunderttausend so viel krüpplige, bresthafte, von Krankheit zerfressene Exemplare waren, nahm der Teisinger auf seine Generalskappe. Als aber der ganze Dreck- und Bluthaufen zusammenbrach, und die zurückgestaute Liebe der Bevölkerung für die Herren Offiziere sich elementar entlud, nahm der Teisinger seine Generalskappe ab. Und mit ihr selbstverständlich auch die Verantwortung, die er auf sich genommen hatte. Er habe, sagte er, nur die strikten Befehle seiner vorgesetzten Behörde ausgeführt.

Und er rechnete ab mit dem Volk, den Österreichern, im Speziellen mit den Wienern. In dem Stück *Der unsterbliche Kasperl. Ein Spiel für das Hanswursttheater*[320] – einem Spiel, das bereits die Weichen für die nächste „große Zeit" stellt – tritt der Tod an den Wiener Kasperl heran, um ihn abzuholen und zur Sammelstelle zu bringen, wo „die himmlischen und höllischen Kommissare" ihre Klientel rekrutieren. Ob sein zukünftiger Platz der Himmel oder die Hölle sein wird, muss von einem Richter geprüft werden, der auch mit der Anklage den Prozess eröffnet:

> KASPERL *wischt sich den Schweiß von der Stirne*: I geb' Ihnen mein großes Ehrenwort, Herr kaiserlicher Rat, i hab' gar nicht gewußt, daß i so a schlechter Kerl bin.
> DER HIMMLISCHE KOMMISSARIUS: Verzeih Ihm, er wußte nicht, was er tat!
> DER HÖLLISCHE KOMMISSARIUS: Er hat den Krieg entzündet!
> RICHTER zum Kasperl: Was sagst du da darauf?
> KASPERL: I waß von gar nix. I hab' g'rad g'schlaf'n, da hab i a Musi' g'hört und Hoch schrein, und Fahnen san ausg'steckt wor'n, und a Hetz' war's und die Straß'n allerweil bumvoll und die Soldat'n in lauter neuche Uniformen mit der Regimentskapell'n voran … da hab i halt mit Hoch g'schrien. I kann net widerstehn, wann i a Musi' hör'.
> DER HÖLLISCHE KOMMISSARIUS: Der Fall ist klar. Todsünde des

gewissenlosen Leichtsinns! Die Welt anzünden, weil die Streichhölzer so lustig brennen! Ich reklamiere die Seele für mich.
DER HIMMLISCHE KOMMISSARIUS: Der Fall ist klar. Infantile Ahnungslosigkeit. Unschuldiges Werkzeug der Vorsehung! Mangelnder dolus. Nicht Verführer, sondern Verführter. Ich reklamiere die Seele für mich. […]
KASPERL: Ja, was ich noch sagen wollt' … I hab nie niemandem was tan. I sag's, wie's is. I war immer a guater Kerl. I hab'n Kaiser gern g'habt, wie a Kaiser war, und i hab auf ihn g'schimpft, wie kaner mehr war. Mir is alles Wurscht, wann i nur mei Viertel Wein hab' und an Tanz und a Musi' und an G'spaß und a paar fesche, resche Madeln […] Und überhaupt san an allem die Juden schuld.

Felix Salten – animalische Nachkriegswehen[321]

Es muß sein.
Brausendes Rufen fegt durch die sommerlichen Straßen. Die linde Atemluft trinkt den Atem all der Tausende, die jetzt zueinander gefunden haben, hebt den mächtigen Klang von Menschenstimmen auf, breitet ihn aus, daß er gleich tönenden Schleiern durch die Dämmerung flattert, und weht ihn weit in die Ferne. Dann rauscht aus dem Gewühl die Riesenorgel des Gesanges auf. Sie rufen alle wie aus einem Mund. Sie fangen alle wie aus einem Munde zu singen an. Alle dasselbe Lied. Und niemand gab ihnen das Zeichen.
Niemand weist ihnen den Weg, wie sie nun, gleich einer Armee, in breiten Kolonnen, mit ruhigem Schritt die Ringstraße entlang ziehen. Führerlos und doch wie auf ein Ziel gerichtet. Tausendfach untereinander verschieden und getrennt durch Bildung und Vermögen, durch Alter und Alltagsgesinnung und doch in dieser Stunde unauflöslich verbunden, einig, zusammen in einem einzigen Gefühl.
Wo der Ring sich zur festlichen Pracht des Schwarzenbergplatzes weitet, fluten die Menschenströme zusammen. Hoch steigt der Leuchtbrunnen zum Himmel, und von dem farbig flammenden Hintergrund seiner auf- und nieder schäumenden Strahlen hebt sich dunkel die heroische Silhouette des Reiterstandbildes. Ehern gewordene Vergangenheit, die jetzt umbrandet und umdonnert wird von der drangvoll lebendigen Gegenwart. Tausendstimmig braust das Rufen. Tausendstimmig schwillt der Gesang und weht wie Sturmwind über alle

Häupter. Ein ungeheurer Akkord aus Menschenbrust. Die Stimme eines Volkes. Der Wille eines Volkes. […]

Wir sind leichtlebig. Das geben wir gern zu. Geben zu, daß wir oft die Kehrseite pathetischer Wichtigkeiten lächelnd bemerken und daß uns dann das Gefühl für Pathos wie für Wichtigkeit schwindet. Aber den blutigen Ernst des Krieges fühlen wir alle, kennen die furchtbare Vollendung, mit der die moderne Technik den Kampf gerüstet, wissen, wie tödlich scharf die Waffen jetzt geschliffen sind, und deshalb, nur deshalb haben wir gezögert. So oft auch die Hand ans Schwert fahren wollte, immer war uns da die angeborne Farbe der Entschließung von des Gedankens Blässe angekränkelt, wie vielen Jammer, wieviel unmeßbares Elend der Krieg über die Menschen ausschüttet. Wir haben uns dieses Gedankens nicht zu schämen. Er verbindet uns mit allen Völkern, die innerhalb der Kulturgrenzen wohnen. […]

Und nun erheben wir die Waffen, die so lange Zeit geruht haben. Ziehen blank … weil wir müssen! Es geht nicht anders. Dies Bewußtsein: es geht nicht anders! Klingt aus dem Gesang all der Tausende und Tausende, die jetzt in Oesterreichs Städten unter freiem Himmel zusammenströmen. Und von überall her tönt uns das Echo. Aus Deutschland, aus Italien, aus England. Man fühlt es in Europa: das war kein Friede mehr, in dem wir lebten. Das war schon ein Kampf, ein ungesunder, heimlicher Kampf, der an die Wurzeln unseres Lebens griff. […]

Nicht beduselt und übermütig ziehen wir in diesen Krieg, sondern gestrafft und beschwichtigt von der ernsten Erkenntnis: Es geht nicht anders, es muß sein! Muß! In dem Begreifen der unbedingten Notwendigkeit liegt Beruhigung. Jeder hat es einmal erlebt. Wir beugen uns, jeder zu seiner Stunde, unserem Schicksal. Das Wort: es muß sein! Läßt uns auf Lieblingswünsche verzichten, macht den Menschen stark zu großen Opfern. […]

Vor dem Kriegsministerium schart sich die Menge um Radetzkys Denkmal. Als ein Greis von vierundachtzig Jahren, just in demselben Alter, in dem der Kaiser heute steht, schrieb Radetzky die Worte: „Ich beklage das Blut, das fließen muß; aber ich werde es vergießen." Schrieb diesen Satz nach Jahren, in denen er geglaubt hatte, sein Leben gehe nun ruhevoll und in abendlicher Stille zur Rüste. Kriegslärm und Schlachtendonner waren ihm seit Dezennien verbraust. Er aber holte den aufrechten Mann aus seiner Greisenbrust hervor. Denn er hatte erkannt: Es muß sein!

Felix Salten, geboren als Siegmund Salzmann, zog blank, und zwar in der *Neuen Freien Presse*, am Mittwoch, den 29. Juli 1914, mit seinem berühmt-berüchtigten Feuilleton „Es muß sein" – auf Seite eins, gleich unterhalb des Kriegsmanifests des Kaisers, das mit einem ähnlich berühmten „An meine Völker" eröffnet worden war. Drei Jahre später, am gleichen Tag, es war ein Sonntag, wird er, wieder auf Seite eins, im Feuilleton sein Resümee zu „Drei Jahre Krieg" ziehen, nicht weniger begeistert und emphatisch; doch davon später. Für uns stellt sich die Frage nach dem „Was bisher geschah". Sie zu beantworten, ist überaus schwierig, weil Salten seine Biographie, besonders was die Jugend- und Schulzeit betrifft, sehr literarisch gestaltet, beschönigt, verschweigt, ausspart.

Im Leben eines Menschen sind es oftmals nur einige wenige Determinanten, die Leitlinien legen oder verbauen, die prägend und von lebenspropädeutischem Einfluss sind. Bei Salten, geboren am 6. September 1869 in Budapest, betraf das drohende Menetekel Familie und Bildungsgang. Vater Philipp Salzmann, ein Repräsentant des assimilierten Judentums, schlug als erster in einer langen Reihe nicht die Laufbahn eines Rabbiners ein, sondern wählte den Beruf des Ingenieurs. Eigentlich erträumte er sich schnellen Reichtum durch die Ausbeutung von Kohlelagerstätten in Ostungarn, verspekulierte sich und fallierte. Er riss die gesamte Familie, Ehefrau Marie – Tochter aus begüterter Familie – und seine sieben Kinder, darunter fünf Söhne, mit sich in den Ruin, ungebrochenen Mutes von einer wirtschaftlichen Krise in die nächste taumelnd. So blieb den Söhnen nichts anderes übrig, als sehr rasch zum Lebensunterhalt ihren Teil beizutragen. Salten brach seine nicht sehr vielversprechende Schulkarriere ab und verkaufte (nach eigenen Angaben) bereits als Sechzehnjähriger[322] Polizzen der „Phönix-Versicherung", den geheimen Eid leistend, der Armut in seinem eigenen Leben keinen Platz einzuräumen. Er wird in Zukunft auch seine persönlichen Misserfolge als abhängig von äußeren Faktoren interpretieren, er wird sich nicht in Pessimismus und Depression zurückziehen, sondern, dem Motto „Ich habe nichts zu verlieren!" folgend, sein Leben, auch sein Schreiben nach dem Prinzip der Nützlichkeit orientieren. Die Wahrnehmung eigener Interessen, die eigene Kraft und Leistung sollten Hilfen sein, um sich in der Gesellschaft zu positionieren.

Frühzeitig begab er sich in die Arme der Presse und blieb ihr getreuer Anhänger bis an sein Lebensende. Als Autodidakt war er stolz auf seine Karriere als Star-Journalist und Bestseller-Autor. Es gab Zeiten, da schrieb er für vier Blätter gleichzeitig (*Die Zeit, Wiener Allgemeine Zeitung, Berliner Tagblatt*), er war Schriftsteller, Kunst- und Theaterkritiker und Übersetzer. Er nahm jeden Auftrag an, korrigierte die Realität zu seinen Gunsten, war erfolgreich, bei den

Leserinnen und Lesern beliebt und schraubte seine Gehaltsforderungen, nach jeder Sensations-Story dementsprechend höher. Er schrieb Libretti, Bühnenstücke und Filmdrehbücher, verdiente viel, leistete sich einen Lebensstandard, der weit über seinen Verhältnissen lag und wurde – wie einst der Vater – von Gläubigern verfolgt und gefordert.

Im Frühjahr 1890 wurde er in den „Griensteidl-Kreis" aufgenommen; mit Arthur Schnitzler, Hugo von Hofmannsthal und Richard Beer-Hofmann bildete er „die Clique", misstrauisch beäugt von einem anderen Griensteidl-Besucher, von Karl Kraus:

> Da fällt zunächst ein Schriftsteller auf, der sich aus schüchternen Anfängen zum Freunde des Burgtheater-Autors emporgerungen, ein Parvenu der Gesten, der seinen literarischen Tischgenossen Alles abgeguckt hat und ihnen die Kenntnis der wichtigsten Posen verdankt. Haben es die Anderen in der Unnatürlichkeit bereits zu einiger Routine gebracht, ihm sieht man stets noch die Mühe an, die ihn seine Nervosität kostet. […] Nach den Stoffen hatte er nie weit zu gehen. Er schrieb immer das, woran seine Freunde gerade arbeiteten. […][323]

Ebenso urteilte Kraus über Felix Salten: „Er kann manches, aber er ist nichts."[324]

Über die erste Begegnung mit Salten im April 1891 berichtet der Burgtheater-Autor Arthur Schnitzler:

> Wie ich einmal Paul Goldmann in der Redaktion der Blauen Donau (Presse)[325] besuche, begegnete ich dort einem sehr jungen schlanken Mann von etwas altwienerischer Barttracht, zu seinen Füssen einen Jagdhund, Hex genannt. Ein animiertes Gespräch entwickelt sich bald, gehen vielleicht miteinander fort, treffen im Griensteidl häufig zu literarischen Unterhaltungen zusammen.[326]

Es blieb dann nicht bei den literarischen Unterhaltungen; während das Verhältnis zu Hofmannsthal im Lauf der Jahre (nach 1903 finden sich keine nennenswerten Zusammentreffen und gemeinsamen Lesungen mehr) abkühlte, blieben Salten und Schnitzler zeitlebens eng verbunden. So belegt durch weitere (hier nur auszugsweise) Tagebucheintragungen:

> 1891
> 21.6. Vorm. Loris [Hofmannsthal]und Salten bei mir (letzterer hatte bei mir geschlafen). Wir „sprühten".
> 22.6. Beer-Hofmann: Monomane des Geschmacks. Salten (und ich): Menschenfex.
> Mit Rich. B.-H. und Salten Franz Josef Bahnhof soup.

> 24.6. Mit B.-H. und Salten Türkenschanze.
> 6. 8. Fuhr nach Mödling zu Salten.
> 9. 8. Dann in Mödling mit [...] Salten.
> 10.8. Mit Salten soup.
> 18.8. Mit Salten soup., den ich mit Mühe nach Wien brachte, er sprach davon, seine Gel., die ihm untreu zu sein schien, zu verwunden oder zu tödten. Er schrieb nur einen Brief und fuhr mit mir herein.[327]

Nachdem sich Salten 1902 verheiratet hatte (Schnitzler war Trauzeuge), wurde der enge Kontakt weiter aufrecht gehalten; es waren dann weniger die Geliebten[328], die zum Thema wurden, sondern die Ehefrau(en), die Kinder, vor allem aber auch literarische Produktionen. Salten vertrat Freund Schnitzler enthusiastisch in diversen Theaterkritiken, dieser wiederum half in Saltens pekuniären Nöten aus.[329] Die finanziellen Probleme Saltens wurden auch nicht durch dessen Einstieg ins Filmgeschäft gelöst. 1913 galt es noch als künstlerisch-kommerzielles Abenteuer: künstlerisch durchaus erfolgreich, hatte er sich allerdings kommerziell viel zu viel versprochen.[330]

Vor Ausbruch des Ersten Weltkriegs war Salten erfolgreich, berühmt, anerkannt und überaus produktiv – ein Vielschreiber, auch ein Schreiber von Trivialliteratur. Die große Welle der Kriegsbegeisterung hatte ihn wie viele andere erfasst, auch in privaten Schreiben vertrat er euphorisch die These, man werde geläutert aus den Kämpfen hervorgehen:

> Ich glaube und hoffe es, dass wir alle sehr verändert aus diesem Krieg hervorgehen werden. Und ich habe eine so feste Zuversicht zu unserem alten Österreich! Das merke ich oft daran, dass ich in der fiebernden Aufregung, in der ich, wie jetzt wohl jeder, lebe, doch niemals ein Bangen spüre. So selbstverständlich sitzt mir die Gewissheit in der Brust, dass wir den Sieg für uns haben werden.[331]

Für diesen Sieg war auch er bereit, vieles zu tun – aber nicht alles. Er strich aus seinem Gedächtnis, dass sein Stück *Der Gemeine*[332] 1901 verboten worden war und dass er 1905 im *Buch der Könige*[333] den deutschen Kaiser verächtlich gemacht hatte. Er produzierte patriotisch-nationalistische Texte am laufenden Band, er fand den vormals als narzisstischen belächelten Schnurrbart Kaiser Wilhelms nun „stählerne Energie" ausstrahlend – vor allem aber: Nur nicht an die Front!

Ergo: Felix Siegmund Salten wird seit dem 18. Juli 1916 als Einjährig-Freiwilliger Infanterist des Landsturm-Bataillons Nr. 29 im Kriegsarchiv geführt. Den Weg in das Haus in der Stiftgasse wird ihm wohl Franz Karl Ginzkey gewiesen haben, denn Salten hatte Ginzkey bereits am 8. Juli 1895 in seiner Funktion als Redakteur der *Wiener Allgemeinen Zeitung* die Übernahme eines Feuilletons

(„Der letzte Schuss") bestätigt.[334] Sie hatten einander nach dem Eintreffen Ginzkeys in Wien, im Herbst 1897, kennen gelernt – Ginzkey machte seine Antrittsvisite in Saltens Privatwohnung in Hietzing –, und der um zwei Jahre ältere und bereits arrivierte Salten förderte den Wiener Neuzugang: Er brachte dessen Gedichte in der Osterbeilage des Jahres 1898 in der *Wiener Allgemeinen Zeitung* (sehr gut platziert, auf Seite vier inmitten all der Großen wie Hugo von Hofmannsthal, Arthur Schnitzler, Peter Altenberg etc.), und im nächsten Jahr startete er eine belletristische Beilage, die *Wiener Allgemeine Rundschau*, zu der er Ginzkey ebenfalls herzlich einlud. So ist es also nicht verwunderlich, dass der Herr Oberofficial seinem ehemaligen Mentor Tür und Tor öffnete und dass der auch noch bezüglich seiner Pflichten sehr geschont wurde:

> Tätigkeit des Schriftstellers Salten (1916)[335]
> Salten zeigte sich nur sporadisch beim Direktor. Die einzige Arbeit, die er im Interesse des Kriegsarchivs leistete, war eine Reihe von Aufklärungsarbeiten über die staatlichen und militärischen Verhältnisse Österreich-Ungarns, die auf Verlangen des KPQ in deutschen Blättern erschienen.
> Im übrigen beschäftigte er sich mit Plänen, gleich nach Kriegsschluss einen Kultur-Kongress in Salzburg zu veranstalten, der die geistigen Führer aller Nationen zwecks Abbau des Hasses und Wiederaufrichtung der Kulturgemeinschaft vereinigen sollte. Ihm schien Salzburg hiezu sehr geeignet zu sein und er glaubte, dass einer Einladung von österreichischer Seite willig Folge geleistet würde.
>
> 8. März 1917
> Salten legt den ersten Aufklärungsartikel über unsere Stabs- und Militärverhältnisse vor. Er entfaltet eine rührige Tätigkeit für unsere Propaganda im neutr. Ausland, insbesondere in der Schweiz, Einteilung von Kunstreden, Vorträgen.
>
> 29. März [1917] Salten meldet Abgehen in die Schweiz wegen eines Einleitungsvortrages für das Burgtheatergastspiel.

Dem Journalisten und Kritiker war es gelungen, seinen Kriegsdienst beim *Fremden-Blatt* abzuleisten, sich auf Nebenschauplätze des realen Kriegsgeschehens zurückzuziehen; allerdings nicht, was die literarische Front betraf, da stand er gewappnet mit all seinem Pathos eindeutig in erster Reihe, ganz vorne – und allein! Über die Vermittlung der Fürstin Metternich wurde Salten die Ehre zuteil, allein vor dem Sarg des verstorbenen Monarchen Kaiser Franz Joseph in Schönbrunn zu stehen.[336] Dementsprechend ergriffen waren dann auch seine Worte anlässlich des Staatsbegräbnisses am 31. November, über die sich nicht nur Karl Kraus, sondern auch die *Arbeiterzeitung* mokierte:

> Eine Stunde lang *trinkt der geöffnete Mund der Kirche die hohen Würdenträger des Reiches* [...] Während dessen *vollführt der tote Kaiser seine letzte Fahrt* durch die Straßen der Stadt. Der Krieg eskortiert den müden, greisen Monarchen aus seinem Schloß zur Gruft [...] Dieser Leichenwagen mit dem breit ausladenden Baldachin, schwer in Holz geschnitzt, *wuchtend und wiegend in der eigenen Last, diese acht Rappen, beinahe unwirklich in ihrer düsteren Schönheit, prangend in ihrer mühsam verhaltenen Kraftfülle*, in der ihre Schritte, *von tragischer Anmut federnd, feierlich deklamiert* – es ist ein Anblick von ergreifender Wirkung [...] Dem dunkelnden Torbogen *entquillt nun wieder ein kleines, farbiges Getümmel von Uniformen*. Dann erscheinen die Garden wieder und ihr Zug *ein wandelndes Spalier, das jetzt keinen Inhalt hat*, stellt die enge Gasse wieder her [...][337]

Die Beziehungen Saltens zum Haus Habsburg waren wahrscheinlich im Jahr 1898 eröffnet worden. Da hatte der Journalist Erzherzog Leopold Ferdinand Salvator[338] (aus der toskanischen Linie der Habsburger) kennen gelernt, der sich überhaupt nicht dem Comment eines Erzhauses unterwarf. Vor allem nicht standesgemäße Liebesverhältnisse, auch die seiner Schwester Luise, sorgten für Aufregung und Skandale, die der Hof zu vertuschen und applanieren suchte, die aber Salten als Mann vor Ort, ausgestattet mit Exklusivrechten natürlich, publizierte: Die österreichische Yellow Press mit Herrn Salten als Gesellschaftsreporter war geboren.

Salten war den in die Schweiz geflohenen Paaren gefolgt und berichtete anonym als Spezialcorrespondent – Eingeweihte wussten auf jeden Fall Bescheid.[339] Außerdem verarbeitet er die Geschichte und die Interviews ein weiteres Mal in einem 1905 (anonym!) erschienenen Buch *Bekenntnisse einer Prinzessin*. Nicht eingeweiht wurde Arthur Schnitzler, aber er war nicht zu täuschen:

> 23. 12. 1906: Das Bekenntnisse einer Prinzessin; vor 1-2 J. anonym erschienen, gewiss von Salten; nahm mir's neulich von Otti S. mit. Fand es sehr interessant.
> 25.12. Bei Salten [...] Er begleitete mich; erzählte mir 3 Einakterstoffe; sprachen über die „Bekenntnisse", deren Autorenschaft er fortgesetzt (ziemlich ungeschickt) leugnet.

1915 veröffentlichte Salten die Erzählung *Prinz Eugen, der edle Ritter*[340] – wieder einmal wird der Prinz aus seinem Grab geholt und rettet das Abendland. Im gleichen Jahr publizierte er zwei Novellen in *Langens Kriegsbüchern*, nämlich *Die Gewalt der Dinge* und *Abschied im Sturm*. In letzterer geht es um die Liebesaffäre einer verheirateten Frau mit einem jungen Offizier. Der Krieg überwindet und beendet dieses dekadente Verhältnis und führt die Beziehungen zu einem edlen und heroischen Happy End.

Die zunächst enge Freundschaft mit Karl Kraus wurde schon erwähnt. Man kennt auch die Unversöhnlichkeit des „kleinen Kraus", der seine Opfer unermüdlich verfolgte und geißelte, aber Salten gab ihm auch wirklich genug Gründe und Anlässe. Es finden sich über 250 Eintragungen in der *Fackel*. Damit sind nicht ganze Aufsätze, Glossen oder Artikel gemeint; es genügt schon die Namensnennung Saltens, den Kraus immer mit einem negativen Konnotat umgab, zum Beispiel, um einen anderen zu desavouieren. Auch im April 1916 merkt Kraus mit zynischem Unterton an:

> Herr Felix Salten, der sich die ersten Sporen im Balkanzug verdient hat, [brachte] etwas aus Konstantinopel [mit]: „Die Büffel und Pferde brachen erschöpft zusammen, aber unsere braven Kanoniere, in deren Schar alle österreichisch-ungarischen Nationalitäten vertreten sind, arbeiteten noch die ganze Nacht durch, und am 24. Dezember [1915] um die Mittagsstunde konnten wir bereits dem Feinde unsere ersten Weihnachtsgrüße entbieten. […] Den Abzug des Feindes sahen wir mit an, auch den Angriff der türkischen Truppen, die unter dem Donner der Artillerie die Franzosen und Engländer bis auf den letzten Rest ins Meer warfen." Das hat er im Teesalon des Pera-Palace-Hotels erfahren, wo die Offiziere „staubbedeckt, gleichsam noch von dem Staub der Schlacht umwallt", ihm entgegenkamen, um ihm zu berichten. […] „Wissen Sie", sagte der türkische Offizier, „es ist wunderbar, wie die Österreicher und Ungarn da draußen geschossen haben. Die feindlichen Schützengräben waren stellenweise nur fünf Meter von den unseren entfernt, und da feuerten die österreichisch-ungarischen Batterien so genau hinein, daß unsere Soldaten einfach zuschauen konnten." Ich unterbrach ihn: „Davon haben unsere Herren nichts erzählt!" – „Ach was", entgegnete er lebhaft, „die Österreicher und die Ungarn erzählen überhaupt zu wenig …, immer … sie sind zu bescheiden."

Und immer, wenn die Landsleute zu bescheiden sind, gibt Herr Salten es in die Zeitung. Es ist jammerschade, daß das Ensemble heimatlicher Bescheidenheit durch die Referenten gestört wird, die nicht wie jene, das Licht unter den Scheffel, sondern den Namen unter den Artikel setzen, sich mit ihrer ganzen Persönlichkeit neben die Batterien

Plakat: Felix Salten *Liebe und Hass im Kriege*,
Vortrag beim Wiener Volksbildungsverein 1915

stellen und einfach zuschauen können, wie geschossen wird. Hinein, statt daneben. Daneben statt hinein.³⁴¹

Im November 1916 besuchte Salten zum ersten Mal die Schweiz und hielt in Zürich einen Vortrag über Grillparzer. Im April 1917 war der Anlass der Reisetätigkeit das Gastspiel des Burgtheaters in den Schweizer Städten Zürich und Bern und das Thema des Salten-Vortrages entsprechend angepasst:³⁴²

> […] Indem wir nun daran gehen, vom Burgtheater zu sprechen, finden wir uns der großen Schwierigkeit des Schilderns gegenüber. Wie soll man das Burgtheater beschreiben, um dem, der es nicht kennt, eine

anschauliche Vorstellung zu geben? Wie soll man seine Besonderheit zeichnen, um dem, der es nie gesehen hat, einen bildhaften Eindruck zu vermitteln? Räumliche und zeitliche Distanz sind ja in tiefsinniger Weise einander ähnlich und Entfernung wirkt oft genug wie Vergangenheit. In unserem Fall aber ist beides. Und wenn Sie auch morgen das Burgtheater hier sehen werden, irgendwie bleiben trotzdem diese beiden Distanzen auch morgen bestehen. Denn Sie sehen (wie nicht anders möglich) nur das Burgtheater eines einzigen Abends, sehen nur das von heute. Die Wiener aber sehen an jedem Abend das Burgtheater von jetzt und das von früher, sehen das Heute und zugleich die Reihe von Jahren und Jahrzehnten zurück, alles in einem, oder richtiger in einem alles. Gleichwohl erscheint es mir als gewiss, daß gerade hier, in der Schweiz, wo Geschichte so lebendige Gegenwart geblieben und mit solcher Lebendigkeit im Alltag empfunden wird, auch der Hauch von Historischem, der dies Spiel umwittert, nicht unerkannt und ungespürt verweht.

Salten wohnte auch der Uraufführung seines Stückes *Kinder der Freude*[343] im Stadttheater Zürich bei. Am 22. Dezember 1917 erlebte das Stück dann auch in Wien am Deutschen Volkstheater seine Uraufführung, zu der der Autor (Salten führte ebenso Regie) Max von Hoen einlud:

Hochverehrter Herr General,
erlauben Sie mir, Sie zu der Premiere meines Einakterzyklus, „Kinder der Freude" für morgen Abend einzuladen. Da ich seit vierzehn Tagen unaufhörlich Proben habe, ist es mir leider unmöglich gewesen, diese Einladung persönlich bei Ihnen vorzubringen und die beiliegenden Sitze selbst zu überreichen. Es würde mir eine grosse Freude sein, wenn Sie mir die Auszeichnung erweisen und kommen wollen.
Mit dem Ausdruck meiner ganz besonderen Hochachtung bin ich, hochverehrter Herr General, Ihr sehr ergebener Felix Salten

Von ungewöhnlichem Zynismus, voller Phrasen und leerer Deklamation war Saltens Statement zum bereits erwähnten Thema *Drei Jahre Krieg*.[344] Karl Kraus hätte gemeint, es gehöre schon eine Menge Chuzpe dazu, um einem Volk nach drei zermürbenden, grauenhaften Kriegsjahren mit Millionen Opfern zu erklären, dass es ohne dieses gemeinsame Kriegserlebnis nicht in der Lage gewesen wäre festzustellen, dass es so viele wunderbar edle und gütige Menschen gebe. Und hätte dieser Krieg, der im Übrigen wie eine Naturkatastrophe über die Menschen gekommen sei, kürzer gedauert, dann hätte dieser kürzere Zeitraum die Fülle der Leistungen gar nicht fassen können.

Heißer noch als vom Brand der sommerlichen Sonne waren die Tage, die jetzt zum drittenmal sich jähren, durchglüht von Begeisterung. Und wie waren diese Tage durchrauscht von Gesang. Es ist eine der wunderbarsten und ergreifendsten Eigenschaften der Menschen, daß sie in solchen Zeiten der Erhebung weder an das eigene Schicksal noch an Glück oder Unglück überhaupt zu denken vermögen, daß sie in solchen Stunden alle zusammen nur einen einzigen Rhythmus des Herzens, nur einen Atem und zusammen nur eine Stimme haben, die in alten, der Heimat geweihten Liedern zu singen anhebt.
Da entrollt sich vor unseren Blicken, die eines solchen Schauspiels damals noch ganz ungewohnt waren, mächtig und feierlich das große Drama des Völkerkampfes. Eine Kriegserklärung nach der anderen dröhnte zu uns her, wie Donnerschlag auf Donnerschlag. Das nahm man in den Tagen des ausgehenden Julimondes und des aufsteigenden August, als ein Sommergewitter, davon die Friedenslust, der man nun nachsagt, sie sei träge und erschlaffend gewesen, angefrischt und gereinigt werden sollte. Wenn die Blätter fallen – länger konnte der Wettersturm unmöglich dauern. Niemand hat es anders gedacht; niemand war imstande, sich's vorzustellen, daß wir einst aus der Distanz von drei Jahren auf diese ersten Tage zurückschauen und immer noch mitten im Kriege sein werden. Keiner von uns hat geahnt, was kommen wird, weder die obenhin Begeisterten, noch die Bedenklichen. Wir alle zusammen haben während dieser drei Jahre nicht immer sagen dürfen, was wir denken. Aber es hat auch in der ganzen Welt kein einziger Mann etwas zu denken vermocht, was sich als dieses Krieges tiefste Erklärung hätte sagen und anhören lassen. [...]
So sprechen wir denn auch von ihm als einem Erlebnis, das eines Tages über uns herfiel. Es hat uns durchaus umgewandelt, denn keiner von uns ist ja vorbereitet gewesen, alle haben erst lernen müssen: im Krieg existieren, atmen, schlafen und wachen, seine Arbeit verrichten. Alle haben erst lernen müssen, daß es so furchtbare Gegensätze gibt, wie Menschen, die draußen im Feld sterben und Menschen, die zur selben Zeit in den Städten sicher und gelassen umhergehen. Und haben lernen müssen, daß solche Gegensätze notwendig, ja fast bis zur Trivialität selbstverständlich sind. Wenn wir heute zurückschauen, dann erblicken wir eine von der Katastrophe jählings überraschte Menschheit und dürfen jetzt nach drei Jahren, da niemand mehr zu Ruhmredigkeiten Lust hat, dennoch feststellen: diese Menschheit hat in ihrer großen Stunde überwältigende Beweise von Größe gegeben. [...] Inmitten einer Katastrophe, in der Ungeheueres [sic!] zerstört

wurde, haben die europäischen Völker wunderbare Menschlichkeiten gezeigt. Nicht bloß die strahlenden Gestalten, die gleich zu Anfang, hinreißend, schön und magisch aus der Menge emporstiegen und deren Bild wir alle noch im Gedächtnis haben, sondern die Menge selbst, die Ungekannten, die Namenlosen, die Armen und Ärmsten. Welches Maß von Opfermut, von Geduld, von stillem Tragen, von edler Heiterkeit im edlen Schmerz, von Treue und Güte, gerade bei den Einfachen. […]
Wie vor drei Jahren umrauscht uns auch jetzt wieder die Eroica großer Siege. Allein nach dreijährigem Ringen ist neben Triumphmarsch und Siegesfreude doch auch der Verständigungsgedanke maßvoll vernehmlich. […]

Aber nun sei es an der Zeit, nach Völkerverständigung zu rufen, sei doch der Feind über Verwundete und Tote hinweg zum Kameraden geworden. Zunächst gelte es aber, ein großes Hindernis zu überwinden. Vor drei Jahren hätte man nicht gewusst, was der Krieg ist, und heute könne man sich den Frieden nicht mehr vorstellen. Und die Schuld trage die moderne Technik, denn „eine dämonische Rolle spielt die moderne Technik in diesem Krieg. Sie weitet den engen Raum dreier Jahre zu einer fast übertrieben inhaltsreichen Epoche. Von der rasenden Gefährlichkeit ist eine Lockung ausgegangen, die das Blut der Menschen zum Sieden brachte. Ungeduldig, ihre unermeßlichen Mittel zu Wasser und zu Lande, unter See und in den Lüften endlich besser genützt zu sehen, hat sie die Menschen dazu verführt und gezwungen ihre Streitigkeiten einmal auszufechten."

Den Zusammenbruch der Monarchie und die Ausrufung der Republik am 12. November 1918 erlebte Salten stilecht und in bester Gesellschaft, mit dem ehemaligen Außenminister Ottokar Graf Czernin, im Restaurant Sacher in Wien. Er kehrte auch mit der Familie wieder in seine Villa ins vornehme Cottage-Viertel zurück, die er voller Angst vor „marodierenden" Soldaten, vor den Streikenden, dem „Mob"; vor Plünderungen und Exzessen verlassen hatte.[345] Wie bei Hans Rudolf Bartsch hatte der Paradigmenwechsel in der Politik auch einen solchen im literarischen Schaffen Saltens mit sich gebracht. Sein Frühwerk war im Dunstkreis von „Jung-Wien" (das hatte Karl Kraus – wie so oft – schon richtig gesehen) entstanden. Die Lyrik spiele eine völlig untergeordnete Rolle, Novellen, Essays, Schauspiele (oft Einakter), Romane und unzählige Feuilletons machten ihn bekannt und berühmt.[346] Nach dem Krieg wusste er weder politisch noch literarisch, in welches Lager er sich begeben sollte. Er schwankte zwischen rückwärtsgewandtem Konservativismus einerseits, liebäugelte andererseits mit den Linken, dem gemäßigten Bolschewismus, engagierte sich aber auch im Kampf zwischen liberalem Judentum und Zionismus.

In seinem Spätwerk versuchte er seine vielfältigen Textsorten weiterzuführen: Er wechselte vom *Fremden-Blatt* zur *Neuen Freien Presse*, er schrieb weiter als Theater- und Kulturkritiker, er engagierte sich bei Filmprojekten und wendete sich verstärkt dem „populären" Roman, den Tiergeschichten zu.[347] Da zeigte sich ein deutliches Nachlassen der Erfindungskraft, vielleicht fehlten aber auch Wille und Möglichkeit. Diesem Genre blieb er verhaftet; die Geschichten, es sind vierzehn, wurden während seiner Zeit im Exil in der Schweiz seine Erwerbsquelle; die feuilletonistische Arbeit blieb ihm verwehrt.[348] 1938 kamen seine Werke auf die Verbotsliste der Reichsschrifttumskammer.

Davor hatte Salten bereits mehrere Tiergeschichten geschrieben, wie *Bambi. Eine Lebensgeschichte aus dem Walde* (Berlin 1924), *Der Hund von Florenz* (Wien 1929), *Fünfzehn Hasen. Schicksale in Wald und Feld* (1929), *Gute Gesellschaft. Erlebnisse mit Tieren* (1930) und *Freunde aus aller Welt. Roman eines zoologischen Gartens* (1931) – die Reihe ließe sich fortsetzen. An *Bambi* dürfte Salten schon seit 1921 gearbeitet[349] und auch an den Erfolg geglaubt haben, denn er bemühte sich um die Möglichkeit einer amerikanischen Ausgabe. Die Frage nach der Gattung – Kindergeschichte, Bildungsroman, Parabel oder Satire – kann vielfältig beantwortet werden. Man kann einen Subtext unterlegen und die Kriegsereignisse wieder aufrufen, in der die Kreatur in einem Jagd-Massaker wie Soldaten auf einem Schlachtfeld von „Ihm", dem Feind, dem Menschen, hingeopfert wird:

> In diesem Augenblick vernahm sie Seine Stimme. Zwanzigfach, dreissigfach schrie Er auf. Hoho! Haha! Es dröhnte erschütternder als Sturm und Gewitter. An die Baumstämme schlug Er, dass es trommelte. Es war grauenerregend und niederschmetternd. Fernes Rauschen und Knacken von geteiltem Buschwerk drang herüber. Kreischen und Krachen von zerbrochenen Zweigen. Er kam! – Er kam hier herein ins Dickicht. [...] Sie hörten das Flügelbrausen des Fasans leiser werden, hoch in der Luft. Ein heller Donnerschlag. Stille. Dann ein dumpfes Aufschlagen auf dem Boden. „Der Fasan ist gefallen", sagte Bambis Mutter bebend. „Der erste", fügte Ronno hinzu. Marena, das junge Mädchen, sprach: „In dieser Stunde werden manche von uns sterben. Vielleicht werde ich darunter sein."

Unter Tiergeschichte lässt sich beim ersten Blick auch *Florian. Das Pferd des Kaisers* einordnen. 1933 erschienen, ist *Das Pferd des Kaisers* für die einen ein nostalgischer, konservativer, rückwärtsgewandter Roman, für die anderen ein Buch für jugendlich-naive, schlichte Gemüter, und dritte sehen in dem Text ein Abbild der k. u. k. Monarchie, die glorifiziert und deren Untergang betrauert wird.[350] Auf jeden Fall versuchte Salten eine Tiergeschichte mit einem historischen Roman zu verquicken. Der Lipizzanerhengst Florian, als Symbolfigur des alten Habsburgerreiches, wächst in der Zeit des Weltkriegs auf und wird in der Nachkriegszeit als Kutschenpferd abgehalftert. Auf den Spuren des Habsburg-Mythos spricht Salten der Monarchie eine Vermittlerrolle zwischen den Kulturen zu, der Hengst fungiert als Metapher für die zivilisatorischen Leistungen des Hauses Habsburg. Die österreichische Identität wird nicht als ein Willensakt der verschiedenen Nationen definiert, sondern als Ausdruck eines organisch gewachsenen Gebildes, das somit eine übernationale Kulturidee repräsentiert. Prämissen, die wir auch bei anderen Literaten gefunden haben.

> Uralte Erbschaft von vielen Generationen her, in Florian zu einer Art Genialität gesteigert, machte es ihm leicht, seine Bestimmung zu erfüllen, eine Bestimmung, eine Aufgabe, die seine Väter seit Jahrhunderten immer wieder erfüllt hatten. An ihm vollzog sich in hohem Maß eine Erscheinung, die sich bei auserlesenen Exemplaren edel gezüchteter Tiere manchmal mit besonderer Reinheit vollzieht. [...] Das wirklich Schrankenlose, das wahrhaft Wilde haben sie [= die Lipizzanerhengste] ja seit urdenklichen Zeiten verloren und vergessen. Nur selten einmal und nur in einzelnen hervorragenden Wesen regt sich der Urinstinkt und bedrängt sie rätselhaft. Eine lange Ahnenreihe hatte Florian geholfen, seine Urtriebe zu überwinden [...] doch mächtig war auch in seiner Seele der Zusammenhang mit der Natur geblieben.[351]

Der Erste Weltkrieg wird – wie immer bei Salten – nicht als etwas von Menschen Gemachtes, sondern als eine Naturerscheinung definiert, und Kaiser Franz Joseph ist nicht der Initiator des vier Jahre dauernden Schreckens, nicht der Täter, der Mörder von Millionen – bei Salten repräsentiert er die Idee des Herrschens, er ist die identitätsstiftende Figur des Staates, eine Über-Persönlichkeit mit individuellen Zügen:

> Der Mensch Franz Joseph trat unmittelbar hervor. Und dieser Mensch war ein Kaiser. Eine Wirklichkeit, die Franz Joseph niemals vergaß und die seiner Umgebung unauslöschlich ins Bewußtsein gestempelt blieb. Nur sehr selten, nur ganz ausnahmsweise merkten sie, daß dieser Kaiser ein Mensch war. Immer jedoch ein hoheitsvoller, ein ganz allein und einsam ragender Mensch. Weltfremd und zugleich unerfahren, weise und trotzdem beschränkt, gewissenhaft bis zur Pedanterie und bei alledem zügellos herrisch. Ausgestattet mit dem schlagfertigen, spöttischen Witz der Habsburger und dennoch wortkarg, zurückhaltend bis zur Schüchternheit, und manchmal so gerade und offen,

daß man davon überwältigt wurde. Dieser fürstliche Mann konnte alle seine Gemütsregungen verhehlen. Nur seine Eifersucht schimmerte hie und da deutlich genug hervor. Seine Anfälle von Jähzorn waren gefürchtet, wie man den Tod oder die zufahrende Hand des Todes fürchtet.[352]

An allen literarischen Fronten –
Dienst im Kriegspressequartier

Es müssen zuerst alle Gewehre auf dem Kriegsschauplatz sein,
bevor die Federn anrücken können.
(Max von Hoen)[353]

Im Süden – Robert Musil, ein Redakteur mit Eigenschaften

Präambel: Erstens: In keiner einzigen Ausgabe der *Fackel* nennt Karl Kraus den Namen Robert Musils. Zweitens: Der militärische Akt des Kriegsarchivs zu Robert Musil[354] ist der umfangreichste im Vergleich zu allen übrigen angeführten Literaten.

In dem Akt befindet sich auch das mehrseitige Haupt-Grundbuchblatt, in dem exakt und fast minutiös die Karriere Musils als Militär-Unterrealschüler (1892–1894 in Eisenstadt) und Militär-Oberrealschüler (1894–1897 in Mährisch-Weißkirchen, wo auch Rainer Maria Rilke in den Jahren 1890–1891 gelitten hatte) festgehalten wird. Die k. u. k. Militär-Erziehungs- und Bildungsanstalt war kein elegantes und elitäres Institut, sondern eine spartanische Zuchtanstalt, darüber hatte sich Rilke beklagt. Mit 17 Jahren verließ Musil die Schule und schrieb sich an der Technischen Militärakademie in Wien ein. Er brach die Offiziersausbildung ab, kam damit einem Wunsch des Vaters entgegen, und widmete sich ganz dem Studium des Maschinenbaus an der Technischen Hochschule in Brünn, wo Vater Ingenieur Alfred Musil seit 1890 als Professor lehrte.[355] Sein „Einjährig-Freiwilliges" absolvierte er beginnend mit 3. Februar 1901 im k. u. k. Infanterie-Regiment Freiherr von Heß in Brünn. Die Eintragungen setzen sich über Jahre (1902, 1903, 1908, 1910, 1911) und Seiten fort, mit „eingerückt", „befördert", „beurlaubt", „transferiert", „enthoben", bis zum 31. Dezember 1913, da wird Leutnant Musil aus der „k.k. Landwehr bei Ablegung der Offizierscharge auf Grund der Bestimmungen des §59 des W.[ehr-]G.[esetzes] v. 1912 nach vollstreckter Dienstpflicht" aus dem Ersatzbataillonskader des k.k. Landesschützenregiments Trient Nr. 1 ausgemustert, entlassen. Die Erstbegegnung mit der Kriegspsychose („Der Krieg kam wie eine Krankheit, besser wie das begleitende Fieber, über mich.") fand ein halbes Jahr später, im August 1914, in Berlin statt:[356]

> Berlin, August, Krieg
> Stimmung, wie es von allen Seiten herbrach ... Die entwurzelten Intellektuellen.
> Die, welche nach einer Weile erklären, daß sie ihr Gleichgewicht wiedergefunden haben und nichts an ihren Anschauungen zu ändern brauchen [...].
> Neben aller Verklärung das häßliche Singen in den Cafés. Die Aufgeregtheit, die zu jeder Zeitung ihr Gefecht haben will. Leute werfen sich vor den Zug, weil sie nicht ins Feld dürfen. Auf den Stufen der Gedächtniskirche, während des Buß und Bittgottedienstes beginnen Laien zu predigen.
> Die meisten Nottrauungen in den Gebäranstalten.
> Einfachere Kleidung der Frauen.
> Ich hänge mich einem ziemlich rasch fahrendes Automobil ins Dach um ein Extrablatt zu erlangen. Die Aufrufe der verschiedenen Berufe: Apollo schweigt und Mars regiert die Stunde [...].
> In den Kasernen Unordnung, Entfesselung. Mit Ausnahme des Dienstes. Zentimeterhoher Schmutz, Notlager, Trinken. Es wird wie verrückt gestohlen. Koffer erbrochen. Liegenlassen darf man überhaupt nichts. [...] Selbst die Offiziere sagen nur: wenigstens nicht in der eigenen Kameradschaft stehlen! Richter und Rechtsanwälte sagen einander, als wäre es nichts, hast du nicht mein Koppel geklaut? [...]

Auch Musil war gegen die erste Welle der Kriegsbegeisterung nicht gefeit gewesen. Bereits im September-Heft der *Neuen Rundschau* meldete er sich mit einem Artikel zu Wort, in dem er enge Verbindungen zwischen der Literatur „der Moderne" und dem Krieg feststellen will:

> Europäertum, Krieg, Deutschtum[357]
> Der Krieg, in andren Zeiten ein Problem, ist heute Tatsache. Viele der Arbeiter am Geiste haben ihn bekämpft, solange er nicht da war. Viele ihn belächelt. Die meisten bei der Nennung seines Namens die Achseln gezuckt, wie zu Gespenstergeschichten. Es galt stillschweigend für unmöglich, daß die durch eine europäische Kultur sich immer enger verbindenden großen Völker heute noch zu einem Krieg gegeneinander sich hinreißen lassen könnten. Das dem widersprechende Spiel des Allianzensystems erschien bloß wie eine diplomatisch sportliche Veranstaltung.
>
> Tagelang, da der phantastische Ausbruch des Hasses wider uns und Neides ohne unsre Schuld Wirklichkeit geworden war, lag es über vielen Geistern noch wie ein Traum. Kaum einer, der sein Weltbild, sein

inneres Gleichgewicht, seine Vorstellung von menschlichen Dingen nicht irgendwie entwertet fühlte.[...] Trotzdem bleibt ungeheur, wie die plötzlich erwiesene Möglichkeit eines Krieges in unser moralisches Leben von allen Seiten umändernd eingreift, und wenn heute auch nicht der Zeitpunkt ist, über diese Fragen nachzudenken, wollen wir, vielleicht auf lange hinaus letzten Europäer, in ernster Stunde doch auch nicht auf Wahrheiten baun, die für uns keine mehr waren, und haben, bevor wir hinaus ziehn, unser geistiges Testament in Ordnung zu bringen.

Treue, Mut, Unterordnung, Pflichterfüllung, Schlichtheit, – Tugenden dieses Umkreises sind es, die uns heute stark, weil auf den ersten Anruf bereit machen zu kämpfen. Wir wollen nicht leugnen, daß diese Tugenden einen Begriff von Heldenhaftigkeit umschreiben, der in unserer Kunst und in unseren Wünschen eine geringe Rolle gespielt hat. Teils ohne unsre Schuld, denn wir haben nicht gewußt, wie schön und brüderlich der Krieg ist, teils mit unsrer Absicht, denn es schwebte uns ein Ideal des europäischen Menschen vor, das über Staat und Volk hinausging und sich durch die gegenwärtigen Lebensformen, wenig gebunden fühlte, die ihm nicht genügten.

Dichtung ist im Innersten der Kampf um eine höhere menschliche Artung; sie ist zu diesem Zweck Untersuchung des Bestehenden und keine Untersuchung ist etwas wert ohne die Tugend des kühnen Zweifels. Unsere Dichtung war eine Kehrseitendichtung, eine Dichtung der Ausnahmen von der Regel und oft schon der Ausnahmen von den Ausnahmen. In ihren stärksten Vertretern. Und sie war gerade dadurch in ihrer Art von dem gleichen kriegerischen und erobernden Geist belebt, den wir heute in seiner Urart verwundert und beglückt in uns und um uns fühlen. [...]

Dieses Gefühl muß immer da gewesen sein und wurde bloß wach; jeder Versuch, es zu begründen, wäre matt und würde aussehn, als müßte man sich überreden, während es sich doch um ein Glück handelt, über allem Ernst um eine ungeheure Sicherheit und Freude. Der Tod hat keine Schrecken mehr, die Lebensziele keine Lockung. Die, welche sterben müssen oder ihren Besitz opfern, haben das Leben und sind reich.

Musil reiste Mitte August mit Ehefrau Martha (er hatte sich am 15. April 1911 mit Martha Marcovaldi, geborene Heimann, verheiratet) nach Österreich, stellte sich dem Vaterland zur Verfügung und rückte mit 20. August 1914 zum

Landsturmbezirkskommando in Linz ein. Dort wurde er sogleich zum Kommandanten einer Landsturm-Marschkompanie ernannt. Anfang September begab er sich mit seiner Truppe zum „ausübenden Grenzschutzdienst nach Südtirol". Er wurde mit seinen Leuten in der Stellung Goldsee-Franzenshöhe bzw. Trafoi[358] eingesetzt; zu diesem Zeitpunkt war Italien noch Bündnispartner. Die Festung Franzensfeste im gleichnamigen Ort, benannt nach Kaiser Franz I., sollte die wichtige Verkehrsverbindung über den Brenner nach Norden sichern. Der Bau blieb unvollendet und wurde auch nicht in kriegerische Auseinandersetzungen verwickelt. Es gab mehrere andere Sperrforts in dieser Region. Die Kasernen wurden im Talbereich untergebracht. Im Zusammenhang mit Südfront, Kampfgeschehen und Krieg mag eine Sache unbedeutend sein, aber: Diese Region am Fuße der Ortler-Gruppe gehörte zu den landschaftlich schönsten Abschnitten der Südfront. Martha war Robert Ende September gefolgt und hatte Quartier in seiner Nähe, in Trafoi genommen.[359] Für den Militaristen Musil bedeutete das nicht unbedingt Grund zur Freude, im Gegenteil, er sah das erste halbe Jahr im Feld eher als Befreiung aus den bürgerlichen Zwängen an.

In Trafoi gab es einige Hotels, unter anderen das Trafoi-Hotel (I. Klasse mit 175 Zimmern), in dem die Offiziere untergebracht waren. Zu literarischen Arbeiten fand Musil wenig Zeit, der Dienst nahm ihn doch sehr in Anspruch. Mit 1. November 1914 wurde er zum Landsturmoberleutnant ernannt. Gesamt gesehen war das erste Kriegsjahr für den Herrn Oberleutnant recht erträglich. Das sollte sich ändern.[360] Ende Dezember wurde das ganze Bataillon auf den russischen Schauplatz abkommandiert, nur Musil und seine Kompanie blieben zurück – allerdings mit der Option, auch über kurz oder lang nach Galizien abtransportiert zu werden. Betrieben wurde diese Ablösung, die dann auch mit 25. Jänner 1915 erfolgte, vom Rayonskommandanten Oberst Friedrich Hradezny, mit dem Musil etliche Querelen auszufechten hatte. (Auch Franz Werfel wird in die Mühlen der militärischen Hierarchie geraten.) Die Abkommandierung machte weniger dem Betroffenen selbst zu schaffen als den Verwandten, insbesondere den Eltern. Sie zweifelten an den militärischen (Führungs)qualitäten, die Mutter ängstigte sich um das Leben des Sohnes, der Vater empfand die Versetzung als Degradierung und argumentierte mit seinen Krankheiten und Leiden, die sich durch den Ärger um den Sohn verschlimmert hätten:

> Lieber Robert:
> Es fällt mir schwer an Dich zu schreiben und doch muß ich es tun, will ich zur inneren Ruhe kommen. Ich stehe vor einem Rätsel, das ich trotz allen Nachdenkens nicht lösen kann, denn es ist mir geradezu unfaßbar, daß Du den Anforderungen eines

Hauptmann Robert Musil im Schmuck seiner Orden (1917): Militärverdienstmedaille, Ritterkreuz des Franz-Joseph-Ordens, Kaiser-Karl-Truppenkreuz

Kompanie-Kommandanten nicht solltest entsprochen haben [...] Du verlangst von den Menschen zu viel und bietest ihnen zu wenig. – Ich habe es auch in Linz gesehen, in Deinem Gruße anderer Offiziere, in dem allein schon so wenig Entgegenkommen und Verbindlichkeit lag, daß Dein Wesen den Eindruck von Arroganz hervorrufen mußte;[361]

Mit Ende Jänner 1915 wurde Robert Musil als Adjutant beim Landsturm-Infanterie-Bataillon Nr. 169 eingeteilt, das mit dem ausübenden Grenzschutzdienst im Raum Levico (Südtirol) beauftragt war. Ein Kommando, das nicht ganz ungefährlich war. Zwar hatte das Erdbeben vom 15. Jänner 1915 (siehe dazu auch Stefan Zweigs Bemerkung) große Verwüstungen angerichtet und über 30 000 Todesopfer gefordert, sodass von den Zentralmächten angenommen wurde, diese Naturkatastrophe hätte Italien pazifiziert, aber das sollte sich als Fehleinschätzung herausstellen. In Italien forderte die Irredenta-Bewegung die Auslieferung etlicher Gebiete, so von Österreich z. B. das Trentino. Die deutschen Verbündeten rieten Österreich-Ungarn, es möge doch ein Opfer bringen und den Gebietsabtretungen zustimmen, um Italien stillzuhalten. Doch schon im Dezember 1914 war man sich im Wiener Außenministerium einig:[362]

> Durch eine Abtretung des Trentino an Italien würden wir das Grundprinzip, auf dem die Existenz Österreich-Ungarns beruht, selbst in Frage stellen. Die Existenzberechtigung der Monarchie liegt in der Tatsache, dass der Friede Europas unausgesetzten Erschütterungen unterworfen wäre, wenn in jenem Gebiete, wo die großen europäischen Rassen, Germanen, Romanen, Nord- und Südslawen in wechselseitiger Durchdringung aneinandergrenzen, nicht eine starke Großmacht bestünde, die, im Laufe der Jahrhunderte entstanden und festgefügt, Teile aller angrenzenden Völker und mit ihnen den isolierten Block des Ungarntums umfaßt. Zugunsten dieser europäischen Notwendigkeit müssen alle benachbarten Staaten auf die völlige Realisierung ihrer nationalen Ideale verzichten, so wie auch die einzelnen Volksstämme in der Monarchie in nationaler Hinsicht Beschränkungen notwendigerweise unterliegen.

Verhandlungen wurden zu spät eröffnet und außerdem war es müßig, um territoriale Zustände zu diskutieren, da Kaiser Franz Joseph jegliche Abtretungen kategorisch ausschloss. Da konnte kommen, wer wollte. Am 10. April wurde ein italienisches Memorandum überreicht, das die Forderung nicht nur nach dem Trentino enthielt, sondern auch Teile des deutschen Südtirols, im adriatischen Raum Görz (Gradisca), die Isonzolinie bis Tolmein, die adriatische Küste bis Monfalcone, die Bucht von Valona etc. Am 16. April lehnte der österreichische Außenminister Baron Stephan Burian die Forderungen ab, am 26. April, also nur zehn Tage später, unterschrieben Italien, England, Frankreich und Russland in London einen Geheimvertrag, den später so benannten „Londoner Vertrag".

Österreich hatte bis Ende 1914, wie schon angemerkt, mehr als eine Million Tote, Verwundete, Gefangene zu beklagen, hatte Galizien verloren und Serbien nicht erobert. Angesichts dieser Tatsachen wollte man in letzter Minute noch eine Kehrtwende machen, aber es war zu spät: Am 23. Mai 1915 überreichte der italienische Botschafter dem Minister des Äußeren der k. u. k. Monarchie die Kriegserklärung Italiens. An jenem 23. Mai, es war Pfingstsonntag, konnten Robert Musil und mit ihm alle Leserinnen und Leser in der Extra-Ausgabe der *Wiener Zeitung* auf Seite eins lesen:

> An meine Völker! Der König von Italien hat Mir den Krieg erklärt. Ein Treubruch, dessengleichen die Geschichte nicht kennt, ist von dem Königreiche Italien an seinen beiden Verbündeten begangen worden.
> Nach einem Bündnis von mehr als dreißigjähriger Dauer, während dessen es seinen Territorialbesitz mehren und sich zu ungeahnter Blüte entfalten konnte, hat Uns Italien in der Stunde der Gefahr verlassen und ist mit fliegenden Fahnen in das Lager Unserer Feinde übergegangen.
> Wir haben Italien nicht bedroht, sein Ansehen nicht geschmälert, seine Ehre und seine Interessen nicht angetastet; Wir haben Unseren Bündnispflichten stets entsprochen und ihm Unseren Schirm gewährt, als er ins Feld zog.
> Wir haben mehr getan: Als Italien seine begehrlichen Blicke über unsere Grenzen sandte, waren Wir, um das Bundesverhältnis und den Frieden zu halten, zu großen und schmerzlichen Opfern entschlossen, zu Opfern, die Unserem väterlichen Herzen besonders nahe gingen. Aber Italiens Begehrlichkeit, das den Moment nützen zu sollen glaubte, war nicht zu stillen.
> Und so muß sich das Schicksal vollziehen.
> Dem mächtigen Feinde im Norden haben in zehnmonatlichem gigantischen Ringen und in treuester Waffenbrüderschaft mit den Heeren Meines erlauchten Verbündeten Meine Armeen siegreich Stand gehalten.
> Der neue heimtückische Feind im Süden ist ihnen kein neuer Gegner. Die große Erinnerung an Novara, Mortara, Custozza und Lissa, die den Stolz meiner Jugend bilden, und der Geist Radetzkys, Erzherzog Albrechts und Tegetthoffs, der in meiner Land- und Seemacht fortlebt, bürgen Mir dafür, daß Wir auch gegen Süden hin die Grenze der Monarchie erfolgreich verteidigen werden.
> Ich grüße meine kampfbewährten, siegerprobten Truppen, Ich vertraue auf sie und ihre Führer! Ich vertraue auf Meine Völker, deren beispiellosem Opfermute Mein innigster väterlicher Dank gebührt. Den Allmächtigen bitte Ich, daß er unsere Fahnen segne und unsere gerechte Sache in seine gnädige Obhut nehme. Franz Joseph m. p.

Nun wurde die Situation ernst, im Musilschen Militärakt steht es schwarz auf weiß: „Verwendung im Kriege vom 23.5. bis Ende August 1915 Adjutant von Major Franz Graf Alberti de Poja im Unterabschnitt Palai."[363] Palai liegt am Talschluss des Fersentales und wurde erst während des Krieges von österreichischen Soldaten durch eine Straße erschlossen; bis zu diesem Zeitpunkt gab es nur einen Saumpfad. Der Literat Musil verwendete später die Landschaft und den Ort als Kulisse in seiner Erzählung *Grigia*[364]. Musils Protagonist trifft Grigia an jenem Ort, der „hing an der Lehne eines Hügels; der Saumweg, der sie hingeführt hatte, sprang zuletzt förmlich von einem großen Stein zum nächsten, und von ihm flossen, den Hang hinab und gewunden wie Bäche, ein paar kurze, steile Gassen in die Wiesen. Stand man am Weg, so hatte man nur vernachlässigte und dürftige Bauernhäuser vor sich, blickt man aber von den Wiesen unten herauf, so meinte man sich in ein vorweltliches Pfahldorf zurückversetzt, denn die Häuser standen mit der Talseite alle auf hohen Balken, und ihre Abtritte schwebten etwas abseits von ihnen wie die Gondeln von Sänften auf vier schlanken baumlangen Stangen über dem Abhang".[365]

Das Anrücken des Militärs brachte Arbeit in das Dorf: Die Männer waren im Straßenbau eingesetzt, die Frauen transportierten den Nachschub. Dreizehn Mädchen wurden für ihre Dienste sogar mit dem eisernen Verdienstkreuz ausgezeichnet.[366] Die Schule wurde als Materiallager und Unterkunft requiriert, die Offiziere quartierten sich im Pfarrhof ein:[367]

> Krieg. Auf einer Bergspitze. Tal friedlich wie auf einer Sommertour. Hinter der Sperrkette der Wachen geht man wie Tourist.
> Fernes Duell schwerer Artillerie. In Intervallen von 20, 30 Sekunden u. mehr; erinnert an Knaben, die auf große Entfernungen einander mit Steinen bewerfen. Ohne Bestimmtheit des Erfolges lassen sie sich immer zu noch einem Wurf verleiten. […]
> 1. VI. Leben unverändert wie stets (mit Ausnahme der 2 Patrouilletage) Erledigung der Post, Telefongespräche. – Kartenspiel.
> 4/VI. Langsames Vorgehn der Italiener
> 6/VI In S. Orsola ist ein junger ital. Standschütz zurückgeblieben. Die Patrouille bringt ihn ein. Da der Major ihn erst anbinden lassen wollte, holt ein Zgsf. einen Strick. […] Der Bursche zittert am ganzen Körper, weil er denkt, daß er aufgehängt wird.
> 11/VI Mein Pferd auf dem Ritt zur Bahn marod geworden, dh. nächtliche Fahrt auf einem Leiterwagen nach Trient. In Begleitung eines Feuerwerkers, der von Lavarone kommt u. von der guten Haltung der Truppen dorten erzählt. Nur die Standschützen sollen auf Freund und Feind schießen.

29. VI. Der deutsche Leutnant kommt mit dem Detachement nach Pontarso; unser Gend. Wachm. meldet sich bei ihm und will ihm Aufschlüsse über die gegnerische Situation geben: „Schon gut, wir werden sie schon finden" und geht ohne Aufenthalt weiter.
Unordnung beim G.A.K. 40 periodische Meldungen im Monat. Bis hoch hinauf keine Stelle, die diese Meldungen verarbeitet. […]
Die Kompagnien zerrissen. Die Proviantur zur Proviantur des G.A.K. gemacht. Eine 4te Komp. wird aufgestellt u. das Baons Kdo. erfährt zufällig durch ein durchlaufendes Dienststück davon.
30/VI. Hübsch, jedesmal wenn Pferde kommen. Stehn auf der Wiese, legen sich nieder. Gruppieren sich immer regellos in die Tiefe.
4/VII Beschießung des Werks Mte Verena durch 30.5 Mörser gesehn. Wo das Geschoß einschlägt steigt senkrecht eine Fontäne von Rauch und Staub auf, die oben wie eine Pinie breit wird. Man hat ein neutrales Gefühl wie beim Scheibenschießen. […]
Um die österr. Werke liegen von der letzten Beschießung die Granatlöcher hell wie Maulwurfslöcher. Arbeiten am Fabonti, gesicherte Wege: überraschend wie dieser Berg bezwungen wurde.
Ende Juli. Eine Fliege stirbt: Weltkrieg. Das Grammophon hat sich schon durch viele Abendstunden gearbeitet. Rosa wir fahrn nach Lodz, Lodz, Lodz. Und: Komm in meine Liebeslaube. […] In den Köpfen wolkt Traurigkeit und Tanz. Von einem der vielen langen Fliegenpapiere, die von der Decke herabhängen, ist eine Fliege heruntergefallen. Sie liegt am Rücken. In einem Lichtfleck am Wachstuch. Neben einem hohen Glas mit Rosen. Sie macht Anstrengungen sich aufzurichten. Sie wird schwächer. Stirbt ganz einsam.

Musil hatte während der Palaier Zeit an den Gefechten teilgenommen, bescheinigte seiner Truppe, dass die Männer tapfer und nicht feige gewesen waren. Für sich selbst stellte er eine gewisse Gleichgültigkeit fest, und wenn man das Kriegstagebuch des Adjutanten Robert Musil liest, erinnert man sich an seine frühe Figur des „Monsieur le Vivisecteure", der eine „Polargegend" bewohnt. Wie sein Monsieur Vivisecteure befand sich Musil in einer polaren, der Realität und dem Leben entgegengesetzten Position.

Wie Franz Werfel leistete Robert Musil seinen Frontdienst ab. Wie bei Werfel ist es eine Frau, seine Frau Martha, die ihm Garant der Normalität ist. Wie Werfel versuchte Musil daneben literarische Arbeiten in Angriff zu nehmen. Es blieb zunächst bei kleinen Skizzen, Vorarbeiten, die später in den zwanziger Jahren in die Erzählungen *Drei Frauen* eingearbeitet werden. Neu war, dass Musil seine lyrische Produktion nach vielen Jahren auf Grund des Grigia-Erlebnisses wieder beleben konnte, ein halbes Dutzend Gedichte liegt vor.

Von Ende August bis Mitte November 1915 war Musil im Grenzabschnitt Sommo (Colle delle Benne) stationiert und dort er-, nein, überlebte er seine Feuertaufe. Neben den gigantischen Materialschlachten wirkten die kleinen Fliegerpfeile (sie wurden immer von Flugzeugen abgeworfen) „rührend atavistisch", aber sie konnten einen Mann „vom Kopf bis zu den Sohlen durchschlagen".

> Man hörte es schon lange. Ein windhaft pfeifendes oder windhaft rauschendes Geräusch. Immer stärker werdend. Die Zeit erscheint einem sehr lange. Plötzlich fuhr es unmittelbar neben mir in die Erde. Als würde das Geräusch verschluckt. Von einer Luftwelle nichts erinnerlich. Von plötzlich anschwellender Nähe nichts erinnerlich. Muß aber so gewesen sein, denn instinktiv riß ich meinen Oberleib zur Seite und machte bei feststehenden Füßen eine ziemlich tiefe Verbeugung. Dabei von Erschrecken keine Spur, auch nicht von dem rein nervösen wie Herzklopfen, das sonst bei plötzlichem Choc auch ohne Angst eintritt. – Nachher sehr angenehmes Gefühl. Befriedigung, es erlebt zu haben. Beinahe Stolz; aufgenommen in eine Gemeinschaft, Taufe.[368]

Nach dieser finden sich noch drei Eintragungen militärischer Art im Kriegstagebuch. Es folgen Notizen biographischer Natur, denn Musil beschloss, sein Leben aufzuschreiben. Mitte November wurde Musils Truppe von San Christoforo am Caldonazzo-See an den Isonzo abkommandiert. Isonzo war ein Menetekel, ein Schreckenswort. Musil machte die 4. Isonzoschlacht von 10. November bis 11. Dezember mit. Die Südfront erstreckte sich von Duino bis zum Triglav, Österreich hatte bis Anfang November, also nach der 3. Isonzoschlacht, bereits mehr als 100 000 Mann Verluste. Die Italiener hatten viel mehr Soldaten im Einsatz und waren besser gerüstet. Die gefährlichste Waffengattung waren die Minenwerfer, hinzu kamen die Fliegerbomben. Lawinen gingen nieder, die Felsen splitterten und verursachten zusätzliche Verwundungen, Nachschubwege waren blockiert, Nachrichtenverbindungen zerstört und die Wasserversorgung lag im Argen. Zwar bekannte Musil, dass da „irgendwo auf 100 m etwas vorbei" kam, aber eben vorbei, und dann werde man „überströmt von einem Glücksgefühl. Der Tod ist etwas ganz Persönliches. Du denkst nicht an ihn, sondern – zum erstenmal – spürst ihn"[369]. Mit Musil spürten mehr als 100 000 Soldaten den Tod, mussten sich ihm ergeben. Historiker gehen davon aus, dass die gesamte 5. Armee aufgerieben worden war.

Musil lebte noch immer in einer Todes-Euphorie, doch hin und wieder mag es ihm schon gedämmert haben, dass es doch besser wäre, weg von der Front in die Etappe abkommandiert zu werden. Zwar wurde ihm zuerkannt, dass er „Vorzügliches geleistet, schwierige Rekognoszierungen im feindlichen

Artilleriefeuer mit Geschick bewirkt und seinen Kommandanten stets mit aufopferndem Fleiß unterstützte"[370], doch der Belobte begann Hebel in Bewegung zu setzen, um die Front verlassen zu können. Die Entscheidung nahm ihm sein Körper ab, er wurde krank.[371] Er lag mit hohem Fieber, Schüttelfrost, Augenkatarrh, Schwellungen und Blutungen im Mund zunächst zwei Tage in Corvara, dann fünf Tage in Bruneck und wurde am 20. März nach Innsbruck transferiert. Umfangreiche Untersuchungen, die auch Musils syphilitische Infektion der Vergangenheit miteinschloss, lieferten folgende Befunde: Gingivitis, Stomatitis, Pharyngitis: ulcerosa non luetice. Er wurde mit hochgiftigem Quecksilberdioxyd behandelt und weiter ins Reservespital Prag-Karolinental gebracht, wo auch Egon Erwin Kisch behandelt worden war. Nach fast zwei Jahren Frontdienst beantragte Musil am 20. April 1916 seinen ersten Urlaub. Max von Becher, der für zweieinhalb Jahre als Zugskommandant beim Infanterieregiment Nr. 49 in Brünn stationiert gewesen war, kannte Musil seit dem Jahr 1900.[372] Becher holte den Freund nach dem Lazarett-Aufenthalt im Mai 1916 in die Auszeichnungsgruppe zum Heereesgruppenkommando Erzherzog Eugen nach Bozen.[373] Der zweite Kriegsabschnitt Musils begann, im Hinterland, in einer Redaktionsstube, am Schreibtisch. Das Ehepaar Becher und das Ehepaar Musil nahmen Quartier in der Villa Isidora in Gries bei Bozen, Musil versuchte zu schreiben, aber er empfand nur „Abgeschlagenheit begründet durch Kanzleitätigkeit, die mir schlecht tut". Dennoch erfüllte er seine Pflicht, obgleich ihm die Redaktionsarbeit schon in Berlin nicht sehr viel Spaß gemacht hatte.

Während des Ersten und später auch während des Zweiten Weltkriegs erschienen eine Reihe kleinerer und größerer Feld-, Front- und Schützengrabenzeitungen, die im Fall der *Tiroler Soldaten-Zeitung* „Nachrichten über die militärische Lage, ferner über einzelne militärische Begebenheiten auf den Kriegsschauplätzen sowie über sonstige Angelegenheiten, die das Interesse der Armee, oder Einzelner berühren, vermitteln. Die ‚Tiroler Soldaten-Zeitung' wird womöglich 3mal wöchentlich im Standorte des Landesverteidigungskommandos erscheinen und im Wege der Abfertigung zur weiteren Verbreitung den Kommanden, Truppen und Anstalten unentgeltlich zugestellt. – Von Zivilpersonen ist für 1 Exempl. der Zeitung 10 h zu entrichten."

Das konnte man im Geleitwort der ersten Nummer der *Tiroler Soldaten-Zeitung* vom 2. Juni 1915 auf Seite eins lesen, verfasst vom Tiroler Landesverteidigungskommandanten Viktor Dangl, auf dessen Initiative das Militärblatt geschaffen worden war.[374] Gerade an der Südfront war es wichtig, über eine Zeitung zu verfügen, die die propagandistischen Interessen vertrat. Die Intention zur Gründung des Blattes lag nicht nur im Interesse des Landes Tirol, sondern kam, trotz regionaler Bezüge (Tiroler Wappen und Adler im Zeitungskopf,

Tiroler Schriftsteller, Journalisten und Künstler), aus der Zentrale in Bozen. Es gab auch Parallelausgaben in italienischer und ungarischer Sprache.

> In den Anfängen ihres Erscheinens musste die TSZ. vor allem darauf bedacht nehmen, den Bedürfnissen der Truppen nach neuesten Nachrichten zu entsprechen, da die Tageszeitungen damals spät und unregelmäßig in den Schützengräben eintrafen. In der Folge hat sich die TSZ. auf die übersichtliche Zusammenstellung von bereits anderwärts erschienenen Lesestoff beschränkt, und ist nach und nach dazu übergegangen, Originalbeiträge der Offiziere etc., Soldaten und einer Reihe bekannter […] Schriftsteller zu bringen. Wissenschaftliche, kulturelle, poetische Beiträge, gemeinverständliche auch ernste Betrachtungen und heitere Episoden aus dem militärischen Leben bildeten von nun an den Inhalt der Zeitung. Im Laufe der Zeit wurde besonders Gewicht auf die bildliche Darstellung gelegt. In diesem Sinne wurden vor allem Bilder von Helden unseres Kriegsschauplatzes gebracht, ferner Reproduktionen von Gemälden, landschaftlichen Skizzen, Photographien, Karikaturen, geographische Karten zum besseren Verständnis der Vorgänge auf den Kriegsschauplätzen.[375]

Zum Zeitpunkt der Abfassung dieses Berichtes war der Versuch einer Fusionierung zwischen der *Tiroler Soldaten-Zeitung* und der *Karnisch-Julischen Kriegszeitung* bereits fehlgeschlagen, gelungen war aber, programmatisch festzuschreiben, dass das Blatt verstärkt zur Bekämpfung des Irredentismus und zur Hebung des österreichischen Staatsgedankens einzusetzen wäre. Am 30. Juni 1916 wurde beschlossen, die Redaktion mit 12. Juli nach Bozen zu verlegen, sie dem Heeresgruppen-Kommando zu unterstellen, die Mitarbeiter zu verabschieden und die neue redaktionelle Leitung mit 8. Juli 1916 dem Oberleutnant Dr. Robert Musil zu übergeben.[376] Im Juni 1916 betrug die Höhe der Auflage 14 000 Exemplare, zum Jahresende 23 000. Mit der formalen Umgestaltung (mit August 1916 wurde auch der Name auf *Soldatenzeitung* verkürzt) und mit der neuen Redaktion ging auch eine inhaltliche Neuorientierung Hand in Hand. Vor der Ära Musil sei die Zeitung nur ein „Frontblattl gewesen, nichts als Soldatenberichte"[377], nun brachte man Artikel politischen Charakters, auch zu brisanten Themen mit überregionaler Geltung. Vom ökonomischen Standpunkt gab es auch Veränderungen. Nach einem Kassasturz im September 1916 und einem festgestellten Defizit von mehr als 6000 Kronen[378] wurde das Blatt nicht mehr unentgeltlich an die verschiedenen Abteilungen abgegeben. Es erschien nur einmal wöchentlich, Mittel für luxuriös ausgestattete Festausgaben (im August 1916, anlässlich Kaisers Geburtstag) wurden lukriert, die Leser mussten ein Abonnement lösen und im Blatt selbst wurden Werbeseiten verkauft.

Die Veränderungen wurden von der Zensur misstrauisch beäugt (Vorzensur wurde durch die Behörden in Bozen ausgeübt) und vom großen Zensor Karl Kraus dreier Glossen[379] für würdig befunden. Kraus dürfte die *Tiroler Soldaten-Zeitung* regelmäßig gelesen haben und wären Musils Artikel nicht anonym erschienen, hätte er ihm vielleicht heimgeleuchtet. Es darf nicht vergessen werden, dass die Redaktion, wie schon erwähnt, anlässlich der Kriegsausstellung des Jahres 1916 im Wiener Prater eine Drucker-Werkstätte eingerichtet hatte und das Ausstellungspublikum das Blatt dort noch druckfeucht erwerben konnte.

Musil hatte vor Kriegsbeginn in Berlin als Redakteur der *Neuen Rundschau* journalistische Erfahrungen gesammelt, hatte damals ein großes, interessiertes und gebildetes Publikum und war dennoch mit dieser Profession unzufrieden gewesen. Nun war er wieder Redakteur, also in einem ungeliebten Metier, die Zahl seiner Leser war geringer und sicherlich auch weniger intellektuell, und er war aufgefordert, propagandistische Motive deutlich klar zu machen:

> Um die Bestrebungen des HGKmdos [Heeresgruppenkommandos] für eine Besserung der innenpolitischen Verhältnisse zu unterstützen, wäre es zweckmäßig, wenn die […] Soldatenzeitung in jeder Ausgabe kurze, geschickt verfaßte, populäre Aufsätze über den Irredentismus (sein Wesen, seinen Zusammenhang mit dem Kriege, Teilnahme von Beamten, Lehrern und Geistlichen, Vereine usw. und seine Bekämpfung in Haus, Schule und Amt) bringen wird. Es müßte die Notwendigkeit von Reformen bis zum letzten Mann bekannt werden, damit auf diese Weise die anzustrebenden Ziele eine Förderung durch die Masse erfahren.[380]

Der Überblick einer Ausgabe der *Soldatenzeitung* (vom 27. August 1916) möge die journalistische, redaktionelle und propagandistische Arbeit Musils verdeutlichen: Das Titelblatt zeigt (fast durchgehend) ein großformatiges Foto: die Soldaten in einer Felswand, mit einem winzigen Unterstand, nicht mehr als vier Meter im Quadrat, wie ein Adlernest in den steilen Hang geklebt in einer malerischen Schneelandschaft, also sicher in einer Höhe von 2000 Metern. Untertitel: „Luftige Unterkunft".

Der Umfang jeder Ausgabe betrug 20 Seiten, die Seiten 2 bis 5 bringen zwei oder mehrere größere Artikel. Im Heft vom 26. August sind das *Das österreichische Parlament* und *Herr Tüchtig und Herr Wichtig*, höchstwahrscheinlich von Musil verfasst. Es folgen weitere Bereiche:

> Am Beobachterstand:
> *Freie Stellen für kriegsinvalide Offiziere und Militärbeamte. Die*

Volksgesundheit nach dem Kriege. Kriegsbilanz. Was wurde in Galizien zerstört? Ein Riesen-Zeppelin.

In jedem Heft wurde wird in dieser Rubrik ein großes Foto eines einfachen Soldaten, eines Helden abgebildet und in einem kurzen Text seine herausragende Leistung im Kriegsgeschehen und die entsprechende Auszeichnung dokumentiert.

UNTERHALTUNG
Kriegsgebet [Gedicht des Einj.-Freiw. Heinz Langhammer]. Der Hiesl ba dr Präsentiering. Wer hat Andreas Hofer erschossen? Der Fliegerangriff auf Mailand am 14. Feber 1916. [Ebenso zwei weitere Gedichte:] Der Landsturmmann [und] Letzter Gruß eines Gefallenen.

UNSERE LANDHEIMAT
Reiche und arme Völker. Getreidebau in den Alpenländern. Landeslieferungen von Heu und Stroh. Aus der Ernte von 1916. Gründung einer niederösterreichischen Bodengenossenschaft. Landwirtschaftlicher Lehrgang im Dienst der Kriegsfürsorge an der k. k. Hochschule für Bodenkultur in Wien. [...]

FELDBRIEFKASTEN
[Anfragen von Militaristen werden beantwortet, z. B:] Gewährleistet ein Filter ein einwandfreies Trinkwasser?

DER LUSTIGE TACHINIERER
[Heiteres! So das Poem:]
Goethe (im Hinterland).
Ueber allen Kipfeln ist Ruh',
Von Semmeln spürest Du
Kaum einen Hauch.
Die Ziege frißt Blätter im Walde,
Warte nur balde
Frißt Du sie auch

BÜCHEREINLAUF

WERBUNG

Allem Anschein nach hatte Musil mit der Redaktion der Zeitung keine Probleme. Wie Stefan Zweig in *Donauland* sah er in der *Soldatenzeitung* ein Blatt, das es zu organisieren galt, zu verkaufen, den Leserkreis zu erweitern. Für ihn war der Krieg an der Südwestfront ein von Italien aufgezwungener, Habsburg hätte bis zum letzten Augenblick versucht, das Blutvergießen zu verhindern.

Moralisch zeigte er keine Bedenken, er begnügte sich wohl hauptsächlich mit der Leitung des Blattes, aber er stellte auch – wie alle anderen Literaten – seine schriftstellerischen Fähigkeiten in den Dienst der Propaganda. Als Chefredakteur lieferte er einige Beiträge. Vor allem sind es die Leitartikel, die trotz fehlender Kennzeichnung zugeordnet werden können. Die Frage nach der genauen Anzahl wird in der Musil-Forschung diskutiert, bleibt aber letztlich unbeantwortet.[381] Diese Frage ist sicher von Interesse, doch genau so wichtig ist zu eruieren, wieso er sich überhaupt vor den Propagandakarren spannen ließ – beziehungsweise, ob er wirklich „über Nacht zum Propagandisten politischer Reformen geworden ist".[382]

In Musils Tagebuchaufzeichnungen finden sich wenige Hinweise zu diesem Lebensabschnitt, er nahm nach dem Krieg auch kaum Stellung. Bei der Lektüre des ersten Leitartikels festigt sich der Eindruck, dass der Schriftsteller Musil mit dem Redakteur nicht konform geht und dass er die produzierten Texte der *Soldatenzeitung* von seinem literarischen Schaffen streng getrennt sieht und sehen will. Als weisungsgebundener Offizier tat er seinen Dienst, erfüllte seine militärische Pflicht, folgte den Befehlen. Allerdings tat er das in einer Art und Weise, die sehr nachdenklich stimmt:

Im Artikel *Aus der Geschichte eines Regiments*[383] findet man große sprachschöpferische Kraft, inhaltlich gepaart mit einer im Deskriptiven verhafteten Kälte, einem Beiseitestehen, die Realität beobachtend. Aufgebaut ist der Text in drei Abschnitten. Eröffnet wird mit einer bildhaften Schilderung der Landschaft, wobei einige Passagen den Notizen im Tagebuch entsprechen, also: eindeutig Musil (man wird auch an die sprachlichen Landschaftsmalereien von Egon Erwin Kisch erinnert). Im zweiten Abschnitt wird der Angriff auf eine italienische Stellung „seziert", gespickt mit makabren Vergleichen. Das Ende bildet die Stilisierung zweier Soldaten zu Helden. Oberleutnant D. und Feldwebel K. werden in bester propagandistischer Manier, frei nach Rilke, zu „Helden frisiert":

> [...] Diese Nacht war zum Schneiden dunkel; wer zwischen den Häusern hintastete, stieß mit den Augen an Finsternis wie Holz. Draußen, wo der Grund sich hob, standen kleine dunkelgelbe Sterne, die kein Licht spendeten, aber es war etwas besser; eine matte, ungewisse Erhellung floß aus der Weite des Raumes und verdünnte die Nacht. Dort wanderten manchmal schwarze Busche in Mulden und Furchen oder standen unförmig still; Patrouillen. Kleine Zettel krochen zurück oder liefen im Dorf ein, vom Tuten des Feldtelephons gemeldet, das so melancholisch ist, wie der Pfiff nächtlich einfahrender Dampfer. Dort setzte sich das Mosaik kleiner, oft widerspruchsvoller Meldungen

zusammen und aus der Nacht wuchs bei Kerzenschein der Gegner, wie er längs der großen Straße nördlich des Berges stand, mit den Flügeln sich an stark befestigte Höhen lehnte und mit fieberhafter Eile an der Ausgestaltung seiner Stellungen arbeitete.

Für den nächsten Tag wurde der Angriff festgesetzt. In dieser Nacht aber meldeten die Patrouillen, daß Nebel eingefallen sei. Dann Regen. Wie mit nassen Fetzen wischte der Wind durch die Gräben und Mulden; dann zogen die Schwaden zwischen den Häusern durch, dann der Regen; dann blieb er zwischen den Häusern stehen.

Als der Morgen kam, war er wie dünnes, nasses Leinen ausgespannt; vor dem vierzigfachen Scherenfernrohr der Artillerie, durch das der Blick zum Gegner hinausfuhr, stand an Stelle der Welt, blind und höhnend eine große, runde, angelaufene Scheibe. Jeder Schuß wäre Verschwendung; wie ihres Auges beraubte Riesen stehen die schweren Geschütze plump im Regen; der Angriff ist abgesagt. [...]

Da legt auch der Gegner los. Schwere Artillerie aus der Flanke; hastig ausbrechendes Feuer bis dahin zurückgehaltener Batterien von überall her. Deckung ist ausgeschlossen, man wüßte nicht, gegen welche Richtung; wird auch bald so ermüdend und nach einer Weile gleichgiltig. Die allen bekannte bösartige Sinnlosigkeit des von Ferne Beschossenwerdens senkt sich auf die Herzen. Aus den warmgewordenen Kleidern dampft die Nässe der Regennacht. Die Verluste sind nicht groß; viel größer scheinen die bleiernen Füße zu sein, auf denen jeder vorwärts schleift; nichts vermag den ruhigen Fluß ihres Vorwärtsstrebens auch nur für einen Augenblick zu hemmen.

Dann wird der Anstieg schwerer; mit Steinblöcken und Geröll durchsetztes Gelände beginnt; in fast ungangbarem Jungwald arbeitet sich die Mannschaft empor. Da – die vor der Gefechtsfront befindlichen Patrouillen sind 20 bis 30 Schritte, die erste Linie kaum 300 Schritte von der gut versteckten, hinter Drahtgewirr lauernden feindlichen Stellung entfernt – setzt mörderisches Infanteriefeuer ein. Es wirkt wie Erlösung, wie ein Bad, das man nach staubiger Wanderung erblickt. Die Leute sind nicht mehr zu halten; so wie einer sich auskleidet, fliegen die Rucksäcke zu Boden und ein ungestümes Vorarbeiten beginnt. Von Baum zu Baum, Deckung zu Deckung; Offiziere voran. In einem Nu liegen sie vor den starken Drahthindernissen und drängen sich freiwillig zum aufopferungsvollsten Heldendienst; im feindlichen Nahfeuer den Weg durch die Hindernisse mit Drahtscheren freizulegen.

Die erste Reihe wird vom Hieb der Maschinengewehre niedergemäht, neue stürzen hervor. Einer sinkt von einem Brustschuß getroffen in die Knie und arbeitet weiter, bis er den tödlichen Kopfschuß erhält; ein anderer bahnt sich die Bresche mit dem Kolben, ein dritter mit dem Spaten. Die übrigen tun, was sie nur können den Gegner niederzuhalten. Auch die eigenen Maschinengewehre sind inzwischen nachgekommen und beginnen zu spielen. Das Gefecht stockt auf Minuten. Wahnsinniges Feuer des Gegners reißt Löcher mit blutenden Rändern in die Masse. Die Reserve der ersten Linie wird eingesetzt. Ein unwiderstehlicher Antrieb schleudert die erste Menschenwoge in die Stellung. Mit hocherhobenem Kolben springt Oberleutnant D... zu den halbdurchschnittenen Drähten, zwei wuchtige Schläge, das Gewehr springt in Splitter, um ihn blitzen Handgranaten und Minen auf, aber schon ist die Bresche frei und neben dem aus drei Wunden blutend zusammengesunkenen Oberleutnant drängt seine Kompagnie mit wildem Kampfgeschrei vorbei.

Inzwischen hat auch am linken Flügel die Kompagnie die Hindernisse niedergelegt und ist in die feindlichen Gräben eingedrungen. Auch dort kommen Maschinengewehre heran und erweitern durch flankierendes Feuer die Einbruchsstelle.
Nur in der Mitte will es nicht vorwärts. Maschinengewehrfeuer des Gegners hält den Angriff nieder; wer sich erhebt kann des Todes sicher sein.

Da nimmt Feldwebel K. einen Spaten, nichts sonst, kriecht trotz der hageldicht einschlagenden Geschosse unter dem Drahthindernis durch, stürzt sich allein auf die Bedienung des Maschinengewehrs und macht den ersten Italiener mit einem einzigen Schlag der kleinen Schaufel nieder. Durch diese Kühnheit verblüfft, setzt das feindliche Heer auf Sekunden aus; diese Zeit genügt; durch das Beispiel des tollkühnen Feldwebels begeistert, stürzt sich ein Schwarm mit Scheren, Kolben und Spaten auf die Hindernisse, andere kriechen unter den Drähten durch und springen in die feindlichen Gräben. Kurzes erbittertes Handgemenge. Einzelnen stockt das Herz; dann beginnen Bächlein Fliehender nach hinten zu rinnen; endlich ergießt sich mit einemmal wilder Schwall der Flucht. Nachrennen, Halten; Feuer setzt wieder ein. Dann setzt das Feuer aus. Irgendetwas verraucht. Augen, die lange nur einen Flug von Undeutlichem gesehen haben, kehren zurück zu festen Dingen; Gesichtern, Toten, der Sonne, die hoch und rund am Himmel steht, dem liegen gelassenen Rucksack.[384]

Die Beiträge der *Soldatenzeitung*, ob propagandistisch, loyal zu Kaiser und Land oder kritisch zum Thema Parlamentarismus[385] in *Das Österreichische Parlament*, die Reaktivierung des parlamentarischen Lebens betreffend[386] oder in *Zentralismus und Föderalismus* die Nationalitätenfrage diskutierend waren nicht unumstritten, sodass aus Bozen der Ruf nach patriotischer Integrität und Wahrung der Burgfriedenspolitk tönte.[387]

Am 15. April 1917 erschien die *Soldatenzeitung* mit Nummer 45 zum letzten Mal. Die Gründe für ihr rasches Absterben lagen in der Umstrukturierung und Verschiebung der militärischen Einheiten.[388] Feldmarschall Conrad von Hötzendorf war mit 2. März 1917 seines Postens als Chef des Generalstabs enthoben und zum Heeresgruppenkommandanten von Tirol ernannt worden. Im Gegenzug trat Erzherzog Eugen an die Spitze des wiedererrichteten Kommandos der Südwestfront in Marburg (Maribor). Die Presseabteilung Erzherzogs Eugen hatte lange Zeit als Herausgeber der *Soldatenzeitung* fungiert, aber eine Übersiedlung von Redaktion und Druckerei schien ausgeschlossen, ebenso die Leitung durch das Kommando der Südwestfront in Bozen. Private Übernahmepläne zerschlugen sich ebenso. An die Adresse der Schriftleitung gab es keine Schuldzuweisungen, ganz im Gegenteil: Von Feldmarschall-Leutnant Alfred von Krauß[389] wurde für Oberleutnant Robert Musil (seinem Protegé?) mit 19. April 1917[390] eine Auszeichnung beantragt, das Ritterkreuz des Franz-Josephs-Ordens:

> Nach Auflösung des LVK. in Tirol musste daran gedacht werden, die vom LVK. seinerzeit gegründete und für die im Stellungskriege liegenden Truppen geradezu unentbehrliche „Tiroler Soldatenzeitung" zu erhalten. Ldst. Obt. Dr. Musil hat sich unter den schwierigsten Verhältnissen bereit erklärt, diese Zeitung fortzuführen. Er hat sie durch unermüdlichen Fleiss, besonderes Taktgefühl und ausserordentliche Begabung auf eine solche Höhe gebracht, dass sie heute alle übrigen Soldatenzeitungen weit überragt und an der Front nicht allein durch ihre unterhaltenden, sondern insbesondere durch ihre belehrenden Aufsätze von ganz besonders patriotischem Einfluss ist. Dieser Einfluss wurde auch vom AOK anerkannt, es hat dem HGK. mit Op. Nr. 36771 vom 29.1.1917 mitgeteilt, dass die Zeitung „sehr gut und geschickt geführt ist", dass sie „eine Resonanz zu erreichen wusste, die in Oesterreich-Ungarn bei einem militärischen Blatt einzig dasteht". Da diese Leistungen lediglich dem Ldst. Oblt. Dr. Musil zuzuschreiben sind, halte ich ihn für eine neuerliche Allerhöchste Auszeichnung für besonders würdig.

Wir überspringen jetzt die weiteren Stationierungen Musils (deshalb der Umfang der Militärakte) und wenden uns seinem angestrebten Ziel zu: Welche Tätigkeit auch immer, in Wien sollte sie sein. Mit Jänner 1918 wurden die Pläne dann realisiert. Robert traf im Rahmen eines vierwöchigen Urlaubs in Wien ein, Martha am 10. Jänner. Der Jänner 1918 war für Österreich-Ungarn ein Katastrophenmonat: Im Kriegshafen Cattaro (Dalmatien) war Meuterei ausgebrochen, in den Daimler-Werken in Wiener Neustadt gab es Protestdemonstrationen wegen der Kürzung von Lebensmittelrationen und in Wien stand man am Rande eines offenen Aufruhrs.

Das Kriegspressequartier mobilisierte noch einmal alle Kräfte, Durchhalteparolen waren angesagt, Zivilisten und Militärs sollten zum letzten Mal in die Pflicht genommen werden, weg von Lethargie und Kriegsmüdigkeit. Binnen zwei Wochen (ein in Österreich unübliches Tempo) wurde Musil vom Kriegspressekommando angefordert, freigestellt, ein Konzept vorgelegt, bestätigt, und am 7. März 1918 erschien die erste Nummer der *Heimat*[391]. Über diese Vorgänge findet sich noch weniger als üblich in Roberts Notizen, aber einiges im Briefwechsel Marthas mit ihrer Tochter Annina:

> 7. März 1918
> Sie wollen eine neue patriotische Wochenschrift machen und sind froh, daß sie Robert dazu gefunden haben. (Man darf noch nicht darüber sprechen!) Robert muß aber seinen Namen hergeben und weiß noch nicht, ob er es tun soll. Er muß sich aber bald entscheiden.

> 29. März 1918
> Morgen schick ich Dir die Zeitung. Der Leitartikel ist von Robert. Man sieht ihr nicht an, daß sie vom K.P.Q. herausgegeben wird, es soll auch nicht bekannt werden. Offiziell ist Robert der Besitzer der Zeitung.

> 7. April 1918
> Es werden Ausgaben der Zeitung in verschiedenen Sprachen gemacht und Robert bekommt die Oberleitung von allen. Bis jetzt sieht das Blattl sehr häßlich aus, aber es soll anders werden; morgen schicke ich endlich 2 Nummern davon. […] Robert hat einen politischen Artikel zu machen, der ihn furchtbar langweilt.

> 8. Juni 1918
> Blei ist jetzt auch bei der „Heimat", ist für Robert eine gute Hilfe. Ich glaube, Robert hat 10 Herren unter sich, denn sie erscheint jetzt in 4 Sprachen. Es ist jetzt eine Menage eingerichtet worden; eigentlich bekomme ich sie wohl nicht, aber uneigentlich wohl doch;

> 28. Dezember 1918
> Robert genießt seine letzten freien Wochen ungestörter Arbeit; am 15. tritt er ins Amt ein. Wenn die Regierung bleibt, wird er später eine sehr schöne Stellung bekommen, ich fürchte aber, daß sich alles wieder ändern wird.

In der Nummer 8 stammt der Leitartikel *Kriegswucher. Taschendiebe beim Weltbrand* aus der Feder Musils. Er reihte sich mit seinem Schreiben für die *Heimat* in die große Gruppe der janusköpfigen Literaten ein: dienstlich schreibt man streng propagandistisch, mit der Forderung nach Altruismus; privat ist man individualistisch und – egoistisch. Musil bildete da keine Ausnahme, aber: Er hielt die Stellung, hielt sie länger als Franz Werfel und Egon Erwin Kisch. Nach der Demobilisierung am 6. November und der Ausrufung der Republik am 12. November blieb Hauptmann Musil noch einen Monat in seinem Amt und „löste auf". So erfüllten sich Martha Musils Wünsche nicht, viel eher bewahrheitete sich ihre Sorge: Mit 15. Dezember 1918 und einer Abfindung von 690 Kronen verließ ihr Robert das KPQ.[392]

Der Kriegsarchiv-Kollege Franz Theodor Csokor begegnete Robert Musil im Jänner 1919 zum ersten Mal nahe Wien in dem Erholungsheim „Helmstreitmühle" der Philanthropin Dr. Eugenie Schwarzwald:

> Die klagenden Augen der Vermittlerin dieser Bekanntschaft, der von der gesamten Nachkriegsbelegschaft jener Pension unterschiedslos angeschwärmten blonden Sekretärin der Frau Doktor, irrten verzweifelt über die Mittagstafelordnung, die Egon Erwin Kisch, der Gründer der Wiener „Roten Garde", und Feldmarschallleutnant Pflanzer-Baltin, der als der strengste Offizier der untergegangenen k. u. k. Armee galt, zu Sitznachbarn machte. „Fräulein Martha", bat Musil mit unergründlichem Lächeln, „geben Sie mir den Platz zwischen den beiden".[393]

Besser hätte kein anderer die politische Positionierung des Robert Musil der Nachkriegszeit beschreiben können als eben er selbst. Und auch seiner Situation während des Krieges gedachte er ohne Ressentiments und Bedauern und meinte im Gespräch mit dem dreißigjährigen, noch völlig unbekannten Schriftsteller Dr. Soma Morgenstern, der dem um zehn Jahre älteren, berühmten Dr. Musil kurz nach Kriegsende in Wien begegnete: „Ich bin für Krieg", denn ich habe „das große Erlebnis des Todes" erfahren. Darauf Morgenstern: „Sie denken also, daß es gut ist, wenn Menschen getötet werden, damit der Schriftsteller Musil ‚das große Erlebnis des Todes' auskostet? Was mich betrifft, stehe ich auf dem Standpunkt, daß es für den Schriftsteller, der ‚das große Erlebnis des Todes' haben möchte, nur eine rechtschaffene Gelegenheit gibt, nämlich seinen eigenen Tod."

Musil errötete bis in die Haarwurzeln – damals hatte er noch viel Haar – und schwieg eine sehr peinliche Zeit. Dann sagte er: „Es ist nicht meine Schuld, daß ich den Krieg überlebt habe. Aber Sie haben das Recht so zu reden, ohne einen banalen Eindruck zu machen, weil Sie selbst ein Soldat im Krieg waren – wenn auch als Schriftsteller noch zu jung, um das Erlebnis des Todes richtig einzuschätzen.[394]

Im Osten: Zum Schießen komisch – Alexander Roda Roda

Der Rosenbaum,

Der Rosenbaum

Vertritt die schönsten Blätter.

Er gedeihet kaum
Im Etappenraum
An der Front schreibt sich's viel netter.

Ich seh mir alles
Selber an,
Dann kann ich alles wissen.
Und schlimmsten Falles
Werd' ich dann
Von den Schrapnells zerrissen.

Was schert mich Weib,
Was schert mich Kind,
Was gilt mein eignes Leben?
Zum Zeitvertreib
Mir errichtet sind
Die schönsten Schützengräben.

[…] Das Militär
Bin ich gewohnt;
Für meine Schlachtberichte
Spring ich von der
Zu jener Front
Und mache Weltgeschichte.

Heut bin ich in
Der Weichselschlacht

Und morgen am Isonzo
Ich hab es drin sehr weit gebracht
Und bin es schon gewohnt so.

Der Brigadier
Er meldet mir,
Der Feind wird Schläge kriegen.
Doch werden wir
Geschlagen hier,
So laß ich einfach siegen.

Das Hinterland
Betret ich kaum,
Ich bleib viel lieber doda.
Ich bin verwandt
Mit Rosenbaum
Doch heiß ich Roda Roda.[395]

Es wäre nicht Karl Kraus, wenn diesem kleinen Poem, neben anderen Seitenhieben, nicht eine gewisse Ranküne zugrunde läge: „Rosenbaum – Roda Roda" und zu ergänzen „Rosenfeld". „Alexander Friedrich Rosenfeld, Pseudonym Roda Roda", so steht es in den meisten Nachschlagewerken. Rosenfeld soll auch der Name der Familie gewesen sein. Die Personalakte im Kriegsarchiv bringt Licht ins Dunkel: Am 4. November 1892 trat Alexander Rosenfeld in die Armee ein. Am 1. April 1894 konvertiert er vom mosaischen Glauben zur römisch-katholischen Kirche, wissend, dass er als Jude Schwierigkeiten auf dem Weg zum Offizier hätte. 1899 erfolgt die Namensänderung zu Roda Roda, das wird im Personalakt mit 2. Jänner 1906 registriert.[396] Zu Religion- und Namensänderung hier ein kurzer Exkurs aus der Autobiografie des Siegfried Trebitsch[397], ebenfalls Mitglied der Literarischen Gruppe:

> Mein Oberst [von Zeller] hatte mich eines Tages zu sich gebeten […], sah mich lange forschend an und begann auf ein Aktenbündel weisend, das vor ihm lag:
> „Ich ersehe aus deinen Papieren, Herr Oberleutnant, die ich mit den anderen für eine mir angesagte Kontrollkommission vorbereiten muß, daß du konfessionslos bist. Das ist mir sehr unangenehm. Das gefährdet eine allerhöchste Auszeichnung, die ich zu erwarten habe, von anderen Schwierigkeiten für uns beide ganz abgesehen. Da schau her! Konfessionslos bist du! […] Was willst du damit sagen? Meine Herren sind nicht konfessionslos! Meine Herren haben eine Religion! Da muß ich schon bitten! […] Nein mein Lieber, du wirst in dieser Abteilung

als einer meiner Herren Offiziere nicht konfessionslos bleiben! Ich gebe dir vierzehn Tage Zeit, […] aber dann erwarte ich dich hier an dieser Stelle mit Dokumenten, die mir beweisen, daß du eine Konfession hast. Ich will nicht in dich dringen, du hast die freie Wahl. Mir ist nach unserem Staatsgrundgesetz eine jede Religion willkommen. […] Du kennst meine Sympathien für dich, Herr Oberleutnant, deshalb möchte ich dich warnen: Werde nicht am Ende aus Bequemlichkeit ein Israelit!"
„Zu Befehl Herr Oberst", rief ich […] und konnte mich nicht enthalten, hinzuzufügen:
„Das Judentum ist aber keine Bequemlichkeit!"

Die Grundausbildung des Einjährig-Freiwilligen dauerte sechs Monate, fand in Graz statt und unter den größten Anstrengungen: „Einstweilen setzte ich alle, wirklich alle Kräfte daran, ein tüchtiger Soldat zu werden."[398] Als mustergültiger Schüler wurde er mit 1. Oktober 1893 in den aktiven Dienst der Armee übernommen. Ihm schwebte die Offizierslaufbahn vor, mit all dem sozialen Prestige und das natürlich in der schmucken Uniform.[399] Dass von des Kaisers Rock, also der äußeren Hülle, nicht mehr in das Innere des Herrn Titular-Corporal drang, ist verwunderlich. Es mag an den militärischen Hierarchien gelegen haben, die wurden von Roda gerne hinterfragt; es kam zu etlichen disziplinären Verstößen, Kasernenarrest war die Folge. Fehlende Prüfungen verhinderten zunächst das Avancement, Roda wurde erst am 1. Jänner 1896 zum Reserveleutnant ernannt. Die Ernennung gab ihm Ansporn, er ließ sich, mit großem Erfolg, zum Reitlehrer ausbilden. Die Folgen eines Reitunfalls im März 1900 setzten der Karriere ein plötzliches Ende und dämpfte die Begeisterung für den Soldatenberuf sichtlich, ein leidenschaftlicher Reiter blieb er bis ins hohe Alter. Am 1. Mai 1901 erfolgte – in letzter Minute, kurz vor Beendigung seines aktiven Dienstes – die Ernennung zum Oberleutnant, mit 16. Mai ließ er sich in die Reserve übersetzen.[400] Noch ein Vierteljahrhundert später, in seinem autobiographischen Roman *Roda Rodas Roman*, gedachte er mit einer gewissen Wehmut seiner Militärzeit:

Oft ging ich in Uniform: als Berufsoffizier der Reserve hatte ich das Recht darauf – und aus Sparsamkeit mußte ich die vielen Waffenröcke auftragen. Schon die Uniform begrenzte in gewissem Grade meinen Umgangskreis. – Und so gern ich dort in Essegg [Osijek] dem Zwang des Regiments entronnen war: oft packte mich die Sehnsucht wieder Soldat zu sein – und ich betörte meine Sehnsucht, indem ich, der Zivilist, für eine Stunde den Säbel um die Hüften schnallte.

Bei Ausbruch des Krieges meldete er sich als Berichterstatter an die Front und zu Wort. Eine Ursache dafür, die bisher noch nicht angesprochen wurde und jenseits der Ängste um das eigene Leben liegt, bestand im gesellschaftlichen Funktionsverlust der Schriftsteller in den Jahren vor dem Krieg. Die allgemeine Kriegseuphorie ermöglichte vielen eine Integrationsmöglichkeit in die Gesellschaft, weiters sich politisch und weltanschaulich zu positionieren, ja sich sogar als Wortführer der gesamten Nation – zumindest dem Anschein nach – zu exponieren.[401] Thematisch waren die Journalisten an die aktuellen Kriegsereignisse gebunden, sie hatten auf diese bzw. auf das, was ihnen als solche vorgeschrieben wurde, zu reagieren. Sie schrieben für den Tag. Gleichzeitig standen sie im Dienst der Armee, waren auf die Dienstordnung im KPQ hingewiesen worden, „Pressedienst ist Propagandadienst!", und hatten sich mehr oder minder freiwillig diesem Reglement unterworfen.

Ausschlaggebend für die Akzeptanz und Resonanz bei der Leserschaft war der Bekanntheitsgrad der Schriftsteller und ihrer literarischen Produktion vor den Kriegsjahren. Oft löste die Nennung des Namens beim Publikum schon die Bereitschaft aus, die Artikel zu lesen. Folglich war die Nachfrage groß, die Zahl der Auflagen stieg (wie zum Beispiel im Fall der *Neuen Freien Presse*) und die Eigentümer konnten mit den kommerziellen Erfolgen zufrieden sein.

Die *Neue Freie Presse* galt als das bedeutendste Presseorgan Österreichs, Moriz Benedikt fungierte seit 1908 als Herausgeber, Alleinaktionär und Chefredakteur des Blattes. Finanziell war man durch beste Verbindungen zu den österreichischen Bankkreisen, so zum Haus Rothschild, abgesichert. Die Leserschaft rekrutierte sich aus gesellschaftlich führenden Schichten der Hochfinanz, der Wirtschaft, aus höheren Beamten und Intellektuellen. Die Vätergeneration von Arthur Schnitzler, Elisas Canetti oder Manès Sperber, allesamt treue Abonnenten der Zeitung, fand ihre persönlichen Werthaltungen und politischen Ansichten in der *Neuen Freien Presse* widergespiegelt.[402] Es darf aber nicht unerwähnt bleiben, dass das Blatt während der Kriegsjahre nicht nur die Treue zum Haus Habsburg auf ihr Panier setzte, sondern dass man, am rechten Rand angesiedelt, deutschliberal schreiben ließ und fern jedes pazifistischen Gedankens kriegshetzerisch agitierte. In den *Letzten Tagen der Menschheit* beschreibt Karl Kraus Moriz Benedikt als Kriegsgewinnler und „Herr[n] der Hyänen", der sich am Tod und Blut der Soldaten-Opfer bereichert hatte. Kraus war es auch, der, abgewiesen von der Redaktion der *Neuen Freien Presse*, besonders die Feuilletons konsequent verfolgte und einer scharfen (Sprach)Kritik unterzog.

Alexander Roda Roda gehörte wie Franz Karl Ginzkey, Ludwig Ganghofer oder Franz Molnar zu den Schreibern, die keine literarischen Innovatoren waren, keine gesellschaftlichen Tabus brachen, der Blattlinie folgten und damit den Geschmack der Leserinnen und Leser trafen, die sich eine Bestätigung der eigenen bürgerlich-kapitalistischen Wertvorstellungen erwarteten. Roda Roda ist auch ein Beispiel dafür, dass er selbst seine literarische Produktion vor, während und nach dem Krieg als einheitlich betrachtete und kommentierte, nämlich: Er sei Verfasser von humoristischen Geschichten und Anekdoten. Nicht zufällig nennt er sein 1920 erschienenes Buch *Irrfahrten eines Humoristen*, in dem er die Kriegsberichte in den Gesamttext einarbeitet. Dass er sich durch diese Kriegsliteratur vor den Karren der Propaganda spannen ließ, klammert er aus, entzieht er jeglicher Reflexion. Karl Kraus schreibt ihm bewusste Verschleierungstaktik zu, auf jeden Fall ein hohes Maß an Ignoranz.

Nach dem Rückzug aus der Armee hatte Roda den Weg als Journalist eingeschlagen, eine gute, passende Entscheidung. Die Jahre bis 1905 hatte er vor allem auf Reisen verbracht. Er berichtete vom Balkan, aus Südosteuropa, aus Italien, Spanien, und ließ sich endlich in Deutschland nieder. Schon in dieser Zeit verfügte er über ausgezeichnete Beziehungen zum Kriegspressequartier in Wien und zu Max von Hoen:

> Roda BERLIN, W. 30 Nollendorfstrasse 18.
> 12. September 1905.
> Ew. Hochwohlgeboren,
> die „Neue Freie Presse" berief mich telegraphisch aus Stekna nach Pilsen ab. Ich hatte daher keine Gelegenheit mehr zu einer Abschiedsaufwartung bei Ew. Hochwohlgeboren und erlaube mir nun, Ew. Hochwohlgeboren auf diesem Wege zu versichern, dass ich mich für das mir so vielfach bekundete Entgegenkommen stets zu gehorsamstem Dank verpflichtet fühlen werde. Sollte ich jemals in die Lage kommen, Ew. Hochwohlgeboren irgendwie dienen zu können, so werde ich die Gelegenheit mit herzlicher Freude begreifen [sic!].
> Mit dem Ausdrucke ausgezeichneter Hochachtung und vollkommener Ergebenheit bin ich Ew. Hochwohlgeboren gehorsamster
>
> Roda Roda[403]

Roda und Hoen hatten während des russisch-japanischen Krieges eine schriftliche Bataille, und zwar vertraten beide Herren divergierende Meinungen zum Ausgang des Krieges.[404] Roda hatte richtig geschätzt, Hoen falsch. Dennoch blieben sie freundschaftlich verbunden. 1907 reiste Roda auf Einladung Zar Ferdinands von Bulgarien (der ihn sehr verehrte und auch während des Großen Krieges empfing) nach Sofia. (Roda sprach Tschechisch, Bulgarisch, Serbisch und Türkisch.) 1912 nahm er als Berichterstatter für die *Neue Freie Presse* am Ersten Balkankrieg teil und sah sich – trotz des Ernstes der Situation – in seiner Funktion als Kriegsberichterstatter als Humorist. In dieser Stimmung entschied er wieder, in den Krieg zu ziehen:

> Wien, Hotel City, 26. Juli 14, nachm.
> Teure Base,
> laß Dir für die gütige Besorgung des Paddelruders danken. Ich habe mich sehr gefreut, daß Du nicht vergessen hast. [Wozu er das wohl gebraucht hat?] Ich bin in Wien, habe alle Vorträge abgesagt und möchte Kriegsberichterstatten. Azi geht heut angeblich nach Belovar (Slavonien), also an die Grenze. Er soll gestern abd, erzählt man mir, begeisterte Reden an seine Mannschaft gehalten haben u. auf den Schultern umhergetragen worden sein. Noch in der Nacht, in ihren Komiß-Pyjamas, liefen ihm die Soldaten auf die Straße nach. Leider sehe ich ihn nicht mehr, da er wohl zu beschäftigt ist. Ich bin mit respektvollem Handkuss Dein Vetter Roda[405]

Wie bereits erwähnt, befand sich das Kriegspressequartier im Sommer 1914, noch ziemlich provisorisch eingerichtet, im Hotel „Tegetthoff" in der Wiener Johannesgasse. Dort hatte man sich zu melden, wenn man kriegsberichterstatten wollte. Roda muss einer der Ersten gewesen sein, obgleich kein entsprechendes Ansuchen vorliegt. Vertraut man dem folgenden Bericht von dem damaligen Adjutanten Hoens, Lustig Prean, hat sich die Aktion „Roda und das KPQ" wie ein Kabinettstück abgespielt:

> In einem Zimmer des ersten Stockes stand Generaloberst von Hoen und empfing mich mit den Worten: „Was soll ich mit dir? Du sollst ein Manipulationsoffizier sein und bist ein Kadett. Aber von mir aus bleib da. Kannst stenographieren und maschineschreiben?" Und als ich dies bejahte, war ich Kanzleioffizier geworden, ein paar Tage später Fähnrich und von Hoens Gnaden Adjutant eines Apparates, der erst im Wachsen war. Es erschien Roda Roda wie ich ihn mir vorgestellt hatte, grauer, soldatisch geschnittener Anzug, rote Weste mit Artillerieknöpfen, buschige Augenbrauen, ebensolcher Schnurrbart, Grenzertyp, Mensch von der slawonischen Militärgrenze, das unvermeidliche Monokel [...]. Wir waren nun zu dritt, Oberst Hoen, der „Bohemien unter den Generalen", Roda Roda, der herrlichste Kriegsschriftsteller und schlagfertig-witzige Militärreporter, der Mark Twain der Donauländer, zwei Kriegswissenschaftler wenn man so sagen darf, und ich, das Laienkind. Dieses Trifolium, ein Fähnrich, der zu seiner Stellung durch Zufall gekommen war, ein Kriegsberichterstatter, den niemand eingeladen hatte, und Hoen, wir waren – nur wir – für zwei Tage das k. u. k. Kriegspressequartier.[406]

Für die rasche Aufnahme ins KPQ waren mehrere Faktoren maßgeblich: Zum einen die guten Verbindungen zu Militärkreisen, vertreten durch dessen Leiter Max von Hoen, zweitens seine Erfahrungen als Kriegsberichterstatter im Balkanfeldzug, und drittens war es die Macht der *Neuen Freien Presse*, die Roda als Vertreter nominiert hatte. (Wir erinnern uns an Stefan Zweigs „Rettung" durch das nämliche Blatt.) Im Protokoll über den Präsenzstand der Mitglieder des KPQs[407] ist unter anderem angeführt, dass Roda für die *Neue Freie Presse*, die *Union Stuttgart*, die *Berliner Illustrierte Zeitung*, den *Pester Lloyd* und die *Vossische Zeitung* berichten wird. Wie später seine Kollegen hatte sich auch Roda den Mobilisierungsinstruktionen[408] aus dem Jahr 1909 zu unterwerfen:

1. Zeitungsberichterstatter können nur zur Landarmee zugelassen werden, zur Flotte erfolgen keine Einteilungen.

2. Erst über gestellte Ansuchen der betreffenden ausländischen Regierung können Zeitungsberichterstatter zugelassen werden (Gesamtzahl zirka 15, von einem Staate höchstens 3). Der österreichischen und ungarischen Presse sind überdies je 8 Zeitungsberichterstatter-Stellen vorbehalten. Die Verhandlungen bezüglich Zulassung der einheimischen Berichterstatter sind mit der zuständigen Regierung, bezüglich der ausländischen Reporter im diplomatischen Wege zu pflegen. Die Regierungen sind aufzufordern, nur vollkommen vertrauenswürdige Personen zu empfehlen.[409]

3. Die Berichterstatter sollen der deutschen oder ungarischen Sprache mächtig sein; beherrschen sie diese Sprache [sic!] nicht, so müssen sie unbedingt französisch können.

4. Jeder Berichterstatter kann einen Diener und 1 Pferd mitbringen. Für die Ausrüstung hat jeder Berichterstatter selbst vorzusorgen. [...]

5. Die Reporter und ihre Diener haben sich ausschließlich der Zivilkleidung zu bedienen. Um den Arm ist sichtbar das entsprechende Abzeichen zu tragen (schwarz-gelbe Armbinde mit der Aufschrift „Presse"). Die Berichterstatter und deren Personal erhalten vom Reichskriegsministerium eine Legitimation, um sich jederzeit ausweisen zu können.

6. Berichterstatter und Diener haben einen Revers auszustellen, in dem sie zur Kenntnis nehmen,
a) daß sie vom Einrückungstage an zum Gefolge einer auf Kriegsfuß gesetzten Heeresabteilung gehören und daher der Militärstrafgerichtsbarkeit und Disziplinarstrafgewalt der k.u.k. Armee unterworfen sind,

b) daß sie sich einverstanden erklären, daß die k.u.k. Heeresleitung für materielle und Leibesschäden keine Verantwortung übernimmt und keinerlei Ersatz leistet.

Berichterstatter und deren Personal dürfen weder unmittelbar noch mittelbar mit Angehörigen des feindlichen Staates oder mit dessen Aliierten [sic!] Verkehr unterhalten, andernfalls sie als Spione behandelt werden. [...]

9.) Für die gesamte Korrespondenz der Berichterstatter ist nur die deutsche, ungarische oder französische Sprache gestattet (Chiffren oder geheime Schreibmittel sind untersagt). Dem Zensor steht es frei, verdächtige oder indiskrete Briefe und Telegramme der Berichterstatter ganz oder teilweise von der Beförderung auszuschließen und Sätze, Worte und Zahlen darin zu streichen, zu entfernen oder unleserlich zu machen.

Es bleibt dem Zensor überlassen, den hievon betroffenen Reportern Mitteilung zu machen oder nicht. Bezügliche Reklamationen der Reporter sind unstatthaft.

Berichterstatter, die ihre abgegebene Erklärung verletzen oder erhaltenen Befehlen oder Ermahnungen zuwiderhandeln, sind vom Kriegsschauplatz abzuschaffen, eventuell ist vorher gegen sie ein Strafverfahren einzuleiten. Dasselbe gilt für Berichterstatter solcher Blätter, die der k. u. k. Armee schädliche Nachrichten bringen, ohne Rücksicht darauf, aus welcher Quelle diese Nachrichten stammen.

Strafweise vom Kriegsschauplatz entfernte Berichterstatter dürfen nicht ersetzt werden.

Die Ablösung von Berichterstattern während des Feldzuges ist – von schweren Krankheitsfällen abgesehen – unstatthaft; sie sollen die Monarchie grundsätzlich erst nach Beendigung des Krieges verlassen.

10.) Die Verköstigung und Unterkunft für die Berichterstatter und deren Personal (Pferde) wird von der Heeresverwaltung vom 8. Mobilisierungstag an beigestellt.

Die Auslagen für die Beförderung der Berichterstatter und ihrer Diener sowie deren Bagage von Wien auf den Kriegsschauplatz sowie auf diesem selbst, trägt die Heeresleitung, jedoch mit dem Vorbehalte, daß die Heeresleitung für materielle und Leibesschäden keine Verantwortung übernimmt und keinen Ersatz leistet.

Als Berichterstatter versuchte Roda Roda, militärische Vorschriften zu umgehen, seine Prominenz auszunützen, um Begünstigungen für sich herauszuschlagen, die es ihm ermöglichten, seine Berichte so zu gestalten, wie er es sich vorstellte. Er tat alles, so zum Beispiel ließ er sich auf wagemutige Extratouren zu Pferd ein, um näher an das Kriegsgeschehen heranzukommen. Treibendes Moment waren sicher persönliche Sensationslust und Voyeurismus, noch mehr die Sensationslust und der Voyeurismus seiner Leserschaft und seine Berufsehre, die beruflich-ethische Positionierung, salopp formuliert: Er wollte seinen Job besonders gut machen. Ein Aspekt sollte auch noch in Erwägung gezogen werden: Schreiben war auch sein Brotberuf. Eine erhaltene Reiseabrechnung von Roda gibt die Höhe der täglichen Vergütung mit 7 Kronen 80 Heller an,[410] hinzu kam das Salär pro Beitrag von der Zeitung.

> Im Weltkrieg bin ich dann als Berichterstatter überall gewesen, wo österreichische Truppen kämpften: Von Krakau bis zu den Rokitosümpfen – in der Bukowina, in Rumänien, der Bulgarei, in Montenegro, am Isonzo, in Kärnten, im Trentino. 1915 ritt ich vom Bug tief nach Wolhynien und zurück; von der Sawe nach Makedonien und zurück; die größten Ritte, die ich je unternommen habe.[411]

Wie kamen die Texte, von Augenzeugenberichten kann wenig die Rede sein, zu Stande, war doch den Berichterstattern der direkte Weg zur Front versperrt, um keine militärischen Geheimnisse preiszugeben? Mit viel Glück war der Schreiber in einer der „Expositur en" eingeteilt, das heißt, er war einer von mehreren Berichterstattern, die unter der Leitung eines Offiziers an die Front gebracht wurden; ein Auswahlverfahren in der Ära Hoen, wobei die Auswahl schon auch einmal das Los entscheiden konnte. Weiters gab es den täglichen Bericht des Armeeoberkommandos, das offizielle Kommuniqué („Höfer-Berichte", genannt nach dem Verfasser der amtlichen Heeresberichte[412]), das nun, je nach Schreib- und Imaginationsfähigkeit des Reporters paraphrasiert, kommentiert – bearbeitet wurde:

> Am Mittag kam diese amtlich zurechtgestutzte Kunde und nun war es Sache der obgenannten Federn, sie aufzuputzen, zurechtzumachen, zu verzieren, zu verbrämen, auszuwalken, zu kneten und möglichst schmackhaft zu machen, damit der Anschein geweckt werde, als sei der Kriegsberichterstatter Gott weiß wie gut unterrichtet.[413]

Roda war sicher einer, der besonders gut zu kneten und auszuwalken wusste. Ob er zu denen gehörte, „die mit nichts als dem Hartlebenschen Reiseführer […] und der Landkarte ausgerüstet"[414] durch Galizien zog und die lebhaftesten Berichte – Variationen eines Themas – an die Presseredaktion sandte, kann im

Einzelnen nicht nachgeprüft werden, wird aber sicher – bei der unglaublichen Zahl der Roda'schen Berichte, es waren über 700 für die *Neue Freie Presse*, damit reiht er sich in die Reihe der Vielschreiber ein – öfter der Fall gewesen sein. Alles unter den wachsamen Augen der Zensur. Denn: Oberste Kontrollstelle war das Kriegsüberwachungsamt, das KPQ war das ausführende Organ und organisatorisch ein Teil der Inlandstelle; es gab drei Zensoren – einen österreichischen und zwei ungarische. Mit der Verlegung nach Rodaun im Herbst 1916 überließ man die Zensur Generalstabsoffizieren des Armeekommandos.[415] In militärischen Kreisen wurde die Zensur des KPQ als viel zu wenig streng beurteilt. Es gab die spezielle Frontzensur mit besonderen Richtlinien, daran wurde immer wieder erinnert:

> An das Platzkommando des k. u. k. Kriegspressequartiers
> Feldpost 11, am 14. Juli 1916.
> Mähr. Ostrau
> Ich habe die mir schriftlich überreichten Wünsche der österreichischen wie der ungarischen Kriegsberichterstatter zur Kenntnis genommen, und hierüber seiner Exzellenz dem Chef des Generalstabes Vortrag erstattet.
> Seine Exzellenz der Chef hat meinem Antrag gemäß bewilligt, daß – versuchsweise [unterstrichen] – je zwei Berichterstatter auf kurze Zeit zu einzelnen Korps, wo dies möglich, einzuteilen wären und zwar unter folgenden Bedingungen:
> 1.) Völlige Unterordnung unter dieses Kommando.
> 2.) Zensur jedes Artikels durch einen Generalstabsoffizier, zweite Zensur durch Kriegspressequartier.
> 3.) Jede Unzukömmlichkeit hat sofortige Ausschließung aus dem Kriegspressequartier zur Folge. [...] Ich bin fest überzeugt, daß der Versuch der Einzelentsendung der Kriegsberichterstatter zu den Korps, Dank der tadellosen Haltung jedes der entsendeten Herren [Wo bleibt die Schalek?], sich bestens bewähren wird. Ein solcher Erfolg würde den Versuch voraussichtlich zu einer ständigen Einrichtung machen, was sicherlich dem Interesse der Publizistik überhaupt und jedes einzelnen Berichterstatters entspräche.
> Beiliegend die wichtigsten Zensurbestimmungen, welche zur Vervielfältigung an alle Kriegsberichterstatter auszugeben sind.[416]

Die Zensurbestimmungen waren hinlänglich bekannt; die Beilage verkürzte die Vorschreibungen auf zwölf Punkte, inhaltlich gab es keine Veränderungen:
- Nur historisch wahre Darstellungen.
- Keine strategischen Betrachtungen.

- Keine Überschwänglichkeiten über Niederlagen des Feindes und keine Herabsetzung des Feindes.
- Keine numerischen Angaben über Stände, Verluste, der Übermacht.
- Keine Angaben über die Verwendung von Gefangenen.
- Über deutsche Truppen nur das schreiben, was von der deutschen Zensur gestattet wird. [etc.] Und –
- Keine Interviews von Offizieren publik machen.

Was den letzten Punkt betrifft, hatte auch Roda eine Verwarnung erhalten. Das Verhältnis zwischen den Berichterstattern, also zivilen Personen, und den Militärs war nicht immer reibungslos. Als ein Beispiel nennt Karl Hans Strobl Generalmajor Dr. von Bardolf, der „die Gesellschaft [= Gruppe der Berichterstatter] so recht hochmütig gefragt [hatte], was sie eigentlich hier wollte und ihr eröffnete, daß kein Bedarf nach ihr vorhanden sei".[417] Die Rache der Berichterstattung war der „Pressefluch: Nicht genannt soll er werden!" Im Nachlass Hoen befindet sich ein sehr vertrauliches und privates Schreiben eines Untergebenen des Generalmajors Bardolf:

> Was ich befürchtet habe, ist eingetreten. Die Armeekommandanten und sonstige Generale, die sich interviewen lassen und martialische Ansprachen halten, werden in den Zeitungen verherrlicht, die anderen existieren nicht. [...] Das geht doch nicht lieber Max! Wir können doch nicht offiziell – zensurmäßig – zuschauen, wie die Zeitungsjuden unsere Armee in stolze, stolzere und stolzeste differenzieren. [...] Die Kerls sollen schreiben, was sie gesehen haben, wie die Truppen leben und arbeiten, aber sie sollen keine indirekten Vergleiche anstellen in Bezug auf Qualität der Führer, der Moral etc.

Trotz aller Verweise muss der Unruhestifter, „der Mark Twain der Donauländer", wie nicht anders zu erwarten, seine Aufgaben ausgezeichnet erledigt haben, das geht aus einem Schreiben von Moriz Benedikt an Max von Hoen hervor:

> [...] Gestatten Sie mir Herr General, zu bemerken, wie außerordentlich erkenntlich wir dafür sind, daß wir bei Ihnen immer so viel Entgegenkommen und Einsicht finden. Wir wünschen nur, daß Sie an politischer Stelle in Wien wären. Sehr erfreut war ich von der Mitteilung, daß Sie mit unserem Roda Roda zufrieden sind. Ich kann objektiv sagen, daß seine Artikel viel dazu beigetragen haben, um die Armee volkstümlich zu machen. [...][418]

Alexander Roda Roda, 1914, (heller Anzug und Schirmmütze) als Kriegsberichterstatter in einem galizischen Dorf

Wie alle anderen Mitarbeiter des Kriegspressequartiers und Kriegsarchivs musste sich Roda etlichen Musterungen[419] unterziehen. Immer wieder ging es um die Fronttauglichkeit. Die Herren Berichterstatter zeigten zwar allesamt Sehnsucht nach der Front, aber gestürmt sollte sie mit der Feder in der Hand werden, nicht mit dem Säbel.

Der erste Beitrag Roda Rodas in der *Neuen Freien Presse* trägt das Datum 2. August 1914, der letzte 7. März 1917. Dazwischen finden sich die 744 Berichte, Feuilletons oder nur kurze Telegramme.[420] Alle diese Texte wollen informieren, belehren, unterhalten, kritisieren, überzeugen, überreden und agitieren.[421] Alle sind sie Propagandatexte, die sowohl die Zivilisten im Hinterland als auch die Soldaten in der Etappe oder direkt an der Front beeinflussen sollen. Alle Berichterstatter waren sich ihrer propagandistischen Aufgabe durchaus bewusst, sie verstanden sich in der Zeugenposition, als Vermittler für ihr Leserpublikum, und regten an, man möge sie doch stärker und gezielter einsetzen und ihr Können als Ressource nützen, um ein höheres Maß an Einflussnahme zu erreichen: „Je länger der Krieg dauert, desto stärker werden wir mit allen Machtmitteln der Presse und der Kunst das Volk vor einer Kriegsmüdigkeit bewahren, die Begeisterung und Opferbereitschaft des Volkes wachzuhalten haben."[422]

Warum Rodas Beiträge am 7. März 1917 abrissen, bleibt im Bereich der Spekulationen. Er war weiterhin im Stand des KPQ, schrieb auch einige Beiträge für das *Donauland,* doch, es ist schwer zu glauben, er fühlte sich nicht mehr als Sprachrohr der Kriegspropaganda. Er zog sich mit seiner Familie nach Trentschin-Teplitz zurück, er will schriftstellern und nicht mehr kriegsberichterstatten. Es war ihm gelungen, den Vertrag zur *Neuen Freien Presse* aufzukündigen (vielleicht hat man auch ihm gekündigt?) und die Bande zum KPQ zu lockern, sodass er „nur mehr an die Front zu reisen braucht, wann er will. Und er will nicht mehr", schrieb seine Frau im Dezember 1916 an Helene von Kiel.[423]

Roda Roda gehört in die lange Reihe derer, die sich nach dem großen Krieg nicht an ihre propagandistische Tätigkeit erinnern wollen, sondern eben nur an die großen Ritte. Sein Verdrängungsmechanismus und sein Mangel an Reflexion sind unverständlich. Selbst als Jude in Slawonien geboren, wird er im Weltkrieg Kriegshetzer gegen das Slawentum. Zwar übte er sich nicht in Hassgesängen, doch stellte er sich und seine schriftstellerischen Fähigkeiten oftmals mit kaltem Zynismus, nicht schlecht verborgen unter dem Mantel des Humors, in den Dienst der Kriegspropaganda. Das alles lässt ihn zu einem steten Thema in der *Fackel* des Karl Kraus werden, über den sich Roda an höherer Stelle (auch noch nach den Kriegsjahren) stets beschwerte und beklagte.

Schon sein erster Bericht in der *Neuen Freien Presse* ist ein Beleg für Roda Rodas Können, mit leichter Hand (Feder und Pinsel) aquarellhaft eine kleine Skizze zu fabrizieren, die mit allen Phrasen, die sich anbieten, alle Register zieht und so der Leserschaft recht tief in Herz und Seele dringt. Da sind die „zittrigen und fiebrigen Wochen der Ungeduld", die den pflichtgetreuen Berichterstattern „unerträgliche Prüfungen des Wartens" auferlegen. Endlich wird man gerufen, es schallt die Trompete, sie setzt das „Signal ‚Vorwärts'" und man darf „dem Heer auf Schritt und Tritt folgen." Tief durchdrungen von der Gewalt, der Größe der kaiserlichen Armee, in dem das kleine KPQ seine Aufgabe hat und diese auch mit allem Einsatz erfüllen wird. Da sind die liebreichen (tränenüberströmten) Frauen und Mädchen am Bahnsteig, mit „Liebesgaben – Zigaretten, Wegzehrung – und Ansichtskarten". Diese kleinen Kunstwerke werden die Lieben daheim ganz sicher bald wieder in Händen halten, dafür wird die Feldpost schon Sorge tragen. Das Wann bleibt offen.

Aus der Heimat, wo die Bauern schon die Ernte eingefahren haben – Gottseidank! – denn „Rußland hat sein Getreide schwerlich eingebracht" – Gottseidank! – bewegt sich der Zug mit etwa sechzig Männern, die „eine schöne Kameradschaft vereint", in die „Berge Serbiens, in die Sümpfe Rußlands", damit sie Zeugnis ablegen „der Taten in diesem Krieg, der die Erdrinde beben läßt von den Küsten des Mittelmeers bis zum Polarkreis". Amen!

Das geht an die Adresse des eigenen Volkes, an Österreich-Ungarn. Die Texte Roda Rodas haben verschiedene Intentionen und verschiedenes Zielpublikum. Zum einen ist es das eigene Volk, die Zivilisten, die Vertreter der öffentlichen Meinung, deren Kriegsgegnerschaft und im Lauf der Jahre Kriegsmüdigkeit hintangestellt werden und deren Kriegsbegeisterung weiterhin am Köcheln gehalten werden sollen. Zu diesem Zweck erfolgt die Umwertung von Tatsachen, das heißt Niederlagen werden verschwiegen oder beschönigt. Die Freiwilligkeit, der Mut des österreichischen Heeres, seiner Offiziere und seiner Soldaten werden bewundert. Die Vorbildhaftigkeit wird betont:

> An der Kärntner Front.
> Von Roda Roda.
> Kriegsberichterstatter der „Neuen Freien Presse".
> Der Transport.
>
> Wir haben es mit drei Gegnern zu tun gehabt – Serben, Russen, Italienern: unter allen waren nach allgemeinem Urteil die Serben die erbittertsten, die Italiener die brutalsten, die Russen immer noch die anständigsten, alles in allem geradezu ritterliche Gegner. Man sollte nun meinen, gegen sie müßte der gemeine Mann am liebsten kämpfen. Doch weit gefehlt; der lauteste Gesang schallt aus den Zügen, die nach der italienischen Grenze rollen.
> Dies Bataillon ist ein vortreffliches Beispiel für den Geist der Armee. Ich weiß nicht, woher sie kommen – jedenfalls müssen die Leute seit Tagen und Nächten unterwegs sein, und Flaumbärte sind sie der Mehrzahl nach auch nicht mehr, wahrscheinlich besteht die Masse aus lauter wehmütigen Menschen; alle zusammen schreien vor Uebermut. Sie sitzen mit baumelnden Beinen in den offenen Schiebetüren der Wagen, sie tragen Blumen, Medaillen, Bänder an den Kappen („Zum dritten Mal ins Feld"), der Hornist bläst die lustigsten Extra- und Bademärsche; die Wagenwände sind mit Inschriften bedeckt; und jeder Unglimpf schließt mit der Versicherung: „Wir werden das Kind schon schaukeln", „Wir kommen ihnen's Maul zunähen", „Der König ist der Re, die Welschen sein die Hirsch und wir die Jäger". Es spricht aus jeder Aeußerung die leichtherzige Siegessicherheit. Das ist Saatkorn von Radetzkys Erntefeldern.[424]

Zum anderen wendet er sich an ein weiteres Zielpublikum, nämlich an die Militärs an der Front und in der Etappe. Manche Personen werden namentlich erwähnt, aber auch Truppenverbände oder einzelne Bataillons („Die Honved") werden „lobend" hervorgehoben. Ihre heldenhaften Leistungen müssen als

Symbol für die Unbesiegbarkeit der gesamten Armee und für diesen gerechten und heiligen Krieg herhalten:

> Helden.
> Telegramm unseres Kriegsberichterstatters.
> Kadett Franz Földesi und Franz Lazar eines ungarischen Infanterieregiments haben bei der Behauptung einer Höhe im heftigsten Granat- und Schrapnellfeuer standgehalten und den Berg für uns bewahrt. [...] Zur Besetzung eines sehr gefährdeten Postens meldete sich Kadett Nikolaus Bäck desselben Regiments mit seinem Zug freiwillig. Es gelang ihm eine fast senkrechte Felswand einzunehmen, den Gegner zurückzuwerfen und die gewonnene Stellung durch zwei Tage zu behaupten. Bei diesen erbitterten Kämpfen fand er den Heldentod.
> Den Heldentod fand auch der Finanzwach-Oberrespizient Franz Weilhärter, ein Mann von zweiundfünfzig Jahren, der sich freiwillig zum Frontdienst meldete, nachdem er seine ein paar tausend Kronen betragenden Ersparnisse in Kriegsanleihe angelegt und den Rest dem Roten Kreuz überwiesen hatte. Er war Stellungskommandant auf einem Berge, von dessen beiden Spitzen eine in unserem, die andere im Besitz des Feindes ist. Bei einem Sturm, den er mit 35 Mann erfolgreich durchführte, fand dieses wahrhaft aufopfernde Heldenleben seinen ruhmreichen Abschluß.[425]

Im Gespräch mit einem gefangenen russischen Offizier leistet Roda Roda Übersetzungshilfe aus dem Ungarischen. Ein Kampfschrei soll übersetzt werden, wie ihn die magyarischen Bauern üblicherweise im Dorfwirtshaus vor einer Prügelei ausstoßen, was der Russe natürlich nicht wissen konnte und daher auch nicht verstanden hatte: „Csak a fejét usd, hogy meg ne sántuljon! [Schlagt ihm das Schädeldach ein, damit er nicht lahm werde!]" Roda dazu:

> Die Honvéd hält sich auch an den Spruch und geht mit dem Kolben an. „Man will doch sehen, wo man hinhaut", sagen die Infanteristen. Das Bajonett lieben sie nicht, weil man da den einen Feind erst abschütteln muss, ehe man den zweiten stechen kann.[426]

Die Führer der Armee werden von Roda zu verehrungswürdigen Helden stilisiert, gleichzeitig werden sie als Soldat unter Soldaten beschrieben, verbunden mit ihren Untergebenen, voller Schlichtheit und Bescheidenheit.[427] Nicht im Quartier trifft der Berichterstatter den Erzherzog Josef Ferdinand Salvator, sondern im Freien. „Er trug einen kurzen Pelz, einen Muff von Wolfsfell" und auf der Kappe „drei erbeutete russische Kokarden". Man trug eine Bahre herbei, auf der ein Verwundeter lag. Der Erzherzog erkannte den Mann sofort und wusste auch gleich, an welchem Ort er verwundet worden war, so als wüsste er den Standort jedes einzelnen seiner Soldaten. Sogleich heftete der Erzherzog dem tapferen Offizier die „große Silberne" an die Brust. „Sie wollen also an die Front", fragt der Habsburger den Berichterstatter, „dann bitte rasch vorwärts an meinen rechten Flügel. [...] Dort soll eben eine Höhe genommen werden", zeigt sich Erzherzog Josef instruiert.

> Hier wundert sich niemand darüber, daß der Erzherzog die Gefahr aufsuchte – wo sollte er sonst weilen, als bei seinen Soldaten? Noch lange in die endlose Nacht tönte mir eine leise erstaunte Frage des Erzherzogs nach: Ich nicht ins Infanteriefeuer gehen? Da wär' ich ja der einzige Feigling in meinem Korps.

Der Aufbau eines Feindbildes fordert die ganze literarische Kunstfertigkeit des Berichterstatters.[428] Die Feindpropaganda muss als Gegenbild zur k. u. k. Armee mit besonders drastischen Mitteln betrieben werden. Alle moralischen Werte werden dem Feind, dem Russen, dem Serben oder dem Italiener abgesprochen. Der Feind ist zunächst auf jeden Fall der Aggressor, er verfügt über viel weniger Kriegskönnen, ist barbarisch und feige, liebt sein Vaterland nicht und flüchtet sich lieber in die österreichische Gefangenschaft als mutig in den Heldentod zu gehen:

> Der russische Angriff.
> Von Roda Roda.
> Kriegsberichterstatter der „Neuen Freien Presse".
> (Vom Kriegspressequartier genehmigt.)
> Die ersten Erfolge, die Rußland bei Beginn des Krieges erzielte, beruhen auf Massenwirkung der Infanterie. Rücksichtsloses Opfern von Menschenmaterial ist von Anfang an ein Kennzeichen russischer Kampfesart gewesen. „Verluste bis zu 50 von Hundert", sagt ein aufgefangener Befehl der zweiten russischen Armee, „sind als normal zu erachten. Nur Verluste, die 75 von Hundert erreichen, sind als schwer zu bezeichnen." Die russische „Dampfwalze" kam aber bald zum Stillstand, als wir imstande waren, erhebliche Kräfte dagegen einzusetzen. Wo der Russe sich erst einmal geschlagen fühlt, ergab er sich zu Tausenden. Schon in diesen ersten großen Kämpfen trat die mangelhafte Einzelausbildung des russischen Infanteristen deutlich zutage. Er schoß meist viel zu hoch und vielfach im Hüftanschlag. Das Visier wurde oft während des ganzen Gefechtes nicht geändert. Erfahrene Kameraden haben den Neuling oft darauf aufmerksam gemacht, daß man beim Sturm auf eine russische Stellung mit möglichster

Geschwindigkeit die weit hinten liegenden Geschoßgarben durchlaufen müsse, um vorn in eine weit ungefährlichere Zone zu geraten, wo fast alle Geschosse über den Angreifer hinweggehen. [...]

Der allgemeine Angriffsplan der Russen bietet fast immer das Bild der in diesem Krieg schon so oft angewendeten „Zange": ein Durchstoßen an zwei oder mehreren Stellen, Umfassen und Aufrollen der dazwischen liegenden Frontteile.

Prüfen wir ruhig und sachlich, so müssen wir die schnelle Anpassungsfähigkeit der russischen Heeresleitung an die neuen und schwierigen Aufgaben des Krieges und die Höhe technischer Hilfsmittel bewundern. Anderseits verdient der moralische Tiefstand der russischen Kriegsführung nur Verachtung. Der Offizier ist hier nicht immer der Führer und Kamerad wie bei uns, sondern oft Polizist und Henker des gemeinen Soldaten. Die verhältnismäßig geringe Zahl von Offizieren unter den von uns gefangenen Russen ist nicht auf den Offiziersmangel oder den Umstand, daß der Offizier sich nicht ergibt, zurückzuführen, vielmehr darauf, daß bei vielen Truppenteilen der Offizier nicht in der vordersten Linie kämpft. Er bleibt zurück und hilft mit Kanonen und Maschinengewehren die Sturmtruppen dem Feind entgegentreiben. Diese Art von Kriegführung muß früher oder später auch das uns an Einwohnerzahl so weit überlegene Rußland erschöpfen. Mit vollem Vertrauen können wir dem weiteren Verlauf der Kämpfe entgegensehen.[429]

Mit vollem Vertrauen sah Alexander Roda Roda vielleicht noch im Herbst 1916 den Kämpfen entgegen, sicher nicht mehr im Jahr 1917. Da hatte er sich zunächst nach Bulgarien abgesetzt. Er hatte von Zar Ferdinand von Bulgarien einen Sonderauftrag erhalten: Er sollte als Übersetzer bulgarischer Schriftsteller eingesetzt werden. Er erhielt die Freistellung vom Kriegspressequartier bis Ende November 1917. Der Aufenthalt wurde als offizieller Reisebefehl deklariert, das KPQ forderte aber auch regelmäßige Berichte ein. Das Unternehmen war interessant und für die bulgarische Literatur sensationell: Zum ersten Mal wurden die Texte von 26 Dichtern ins Deutsche übertragen (1918 erschien das Werk unter dem Titel *Das Rosenland* in einem Hamburger Verlag). Noch aus Sofia meldete Roda neue Pläne nach Wien:

> An das k. u. k. Kommando des Kriegspressequartiers in Wien
> Sofia, 2. Nov, 1917
> Auf die Anfragen vom 25. Oktober d. J. E. Nr. 10 975, erlaube ich mir, höflich zu erwidern:
> Ich unterbreitete Ende September dem Herrn Obersten mündlich die

> Bitte, den Winter über – nach Beendigung meines bulgarischen Besuches – entweder an einem die Tätigkeit des Heeres veranschaulichenden Kinostück oder an einem Theaterstück, Radetzkys Armee behandelnd, arbeiten zu dürfen. Ich begründete meine ergebene Bitte wie folgt:
> Die Zeitungen und Zeitschriften schränken, durch Papiermangel gezwungen, ihren Nachrichtenteil tunlichst ein, meine Arbeiten finden darum weniger Resonanz als früher; während meine Berichte ehedem – aus der Neuen Freien Presse – oft von zwanzig und mehr Blättern nachgedruckt wurden, ist ein Nachdruck jetzt eine Seltenheit. Andererseits sind die Kinos und Theater überfüllt. Es läge jetzt mehr als je im Interesse der Heeresleitung, die Kinos und Theater als Propagandastätten auszunutzen.
> Um nun an die erwähnte Winterarbeit gehen zu können, brauchte ich eine Reihe von Entwürfen, die ich schon zu Friedenszeiten in München niedergeschrieben hatte. Diese Entwürfe hatte ich in München aus einem sehr umfangreichen auf dem Speicher des Spediteurs liegenden Gepäck herauszusuchen.
> Der Herr Oberst hatte die Güte, meine Bitte zu bewilligen. Ich trat die Dienstreise nach München um den 1. Okt. an und konnte erst am 5. oder 6. dort mit der Sucharbeit beginnen, da (wegen des allgemeinen Umzugtermins) früher Arbeiter (Packer) nicht verfügbar waren.
> Ich bin mit dem Ausdruck vollkommener Hochachtung, gehorsamst ergeben Roda Roda.

Bis zum 1. November 1918 erhielt Roda mehrere Urlaubsbewilligungen und die Erlaubnis zur Heimarbeit, dann wurde er aus dem Kriegspressequartier entlassen. Das Radetzky-Stück landete unvollendet in der Schublade, dafür kamen etliche andere Roda-Bücher auf den Markt. Er galt als Meister der Mehr- und Vielfachverwertung. Alle seine Werke oder Teile daraus wurden mehrfach publiziert. Freunde rieten ihm zur Mäßigung und sich zu beschränken. Roda gab zur Antwort: „Unsinn. Ich halte mich an das Beispiel Gottes: Was hat Gott nicht alles geschaffen – wieviel Mist ist darunter – und was hat Gott für einen Namen."[430]

Das Prager Bataillon – Franz Werfel und Egon Erwin Kisch

Auf das Prager Bataillon konnte der Kaiser sich nicht verlassen, dieses Prager Bataillon hatte kläglich versagt. Zwar waren Kanonier-Titular-Vormeister Franz Werfel (äußerst ungern) und Korporal Egon Erwin Kisch (mit großer

Neugier auf das Abenteuer) dem Ruf zur Verteidigung des Vaterlandes gefolgt, hatten auch Leib und Leben eingesetzt, hatten ihre Blessuren erlitten und waren verwundet worden. Doch abberufen nach Wien ins Kriegspressequartier, drückten auch sie sich vor einem weiteren Kriegseinsatz. Aus ihren Federn kam wenig Propagandistisches, ganz im Gegenteil: Was der eine schrieb, war so brisant, dass er es zum ersten Mal erst im Jahr 1922 (Kisch) veröffentlichen konnte. Der andere publizierte seine Kriegserinnerungen sogar erst 1929 (Werfel). Noch dazu waren sie es, die gemeinsam (mit vielen anderen) dieser Monarchie den politischen Todesstoß versetzt und sie im wahrsten Sinne des Wortes zu Grabe trugen. In seinem Roman *Barbara oder Die Frömmigkeit* setzt Franz Werfel seinem Kumpanen Kisch mit der Figur des Ronald Weiß ein literarisches Denkmal:

> Ronald Weiß war mit seinen dreißig Jahren schon ein Journalist von großem Namen. Er schrieb für die bedeutendsten österreichischen und deutschen Zeitungen. […] es ist selbstverständlich, daß er sogleich […] bei Kriegsausbruch von allen Seiten die gesuchtesten und gesichertsten Berichterstatterstellungen angeboten bekam. Er lehnte alles schlankweg ab, denn ihm war es darum zu tun, den Krieg als Infanterist, als Grabensoldat zu erleben, mehr aus Gründen der journalistischen Erkenntnis natürlich als aus patriotischem Pflichtgefühl. Unermüdlich witzig, von Leben triefend, mit einer kraftvollen und lustigen Natur begabt, besaß er überdies noch die Gloriole der Kühnheit, die ihm seine Fahrten und Erlebnisse eingetragen hatten. Er fand auch hier beim Ersatzkader sogleich einen Kreis junger Leute, die ihn bewunderten. […] Weißens Witz entzündete sich ohne tiefere Herkunft an der Wirkung, die er erntete. Seine schnellen und unruhigen Augen verrieten das, wenn er gierig den Beifall der Runde einkassierte. […] Rundheraus gesagt, der Journalist war ein Ehrgeiziger, gemildert durch Eitelkeit.[431]

Vielleicht hat Werfel ein Porträt geschaffen, vielleicht hat er Kisch auch parodiert, Tatsache ist, dass Kisch die ihm zugewiesene Rolle durchaus akzeptiert und sein Placet zum Abdruck eines erläuternden Interviews in der *Wiener Allgemeinen Zeitung* gegeben hat. Die Redaktion gab eine kleine Erklärung zum Text ab: „Bekanntlich ist Egon Erwin Kisch unter dem Namen Ronald Weiß eine der Hauptgestalten in Werfels neuem Roman ‚Barbara'. Kisch hat es bisher prinzipiell abgelehnt, sich über seine Gestalt bei Werfel zu äußern, und es ist dies das einzige Interview, das er über ‚Ronald Weiß' gegeben hat. Die Redaktion."

> Was ich von Ronald Weiß halte, meinem Doppelgänger in Werfels Roman „Barbara"? Als ich das Buch las, hatte ich schon mehrere Kritiken gelesen, in denen stand, daß die Figur meine Photographie und eine sehr gehässige Photographie sei. Ein Schriftsteller hat mich sogar geharnischt verteidigt, während ein anderer im „Berliner Tagblatt" es begrüßte, daß mein Typus von Werfel vernichtet worden sei. Als ich aber das Buch las, habe ich gesehen, daß ich eigentlich nicht karikiert bin. […] Das Gedächtnis Werfels ist bewundernswert, und da Gedächtnis Genie ist, ist das Buch bedeutend. Was Ronald Weiß anbelangt sind die Gespräche, die wir miteinander geführt haben, mit der Genauigkeit einer Grammophonplatte wiedergegeben. Nur hier und da kontrapunktiert er einiges. Aber es wäre kleinlich einem Romanschriftsteller zu verwehren, daß er Schatten aufzeigt, wo er soviel Lichter verwendet hat.[432]

Die erste Begegnung Franz Werfel – Egon Erwin Kisch hat nicht an der Front und auch nicht in der Etappe stattgefunden, sondern viel früher, nämlich in Prag, wahrscheinlich im Jahr 1911 und wahrscheinlich an einem weit ungefährlicheren Schauplatz – im Kaffeehaus. Beide Literaten waren in der Moldaustadt geboren worden, Kisch im April 1885, Werfel im September 1890. Beide Familien hatten es im Textilhandel zu Wohlstand gebracht und ließen – wie das bei bürgerlichen jüdischen Familien üblich war – den Söhnen eine gründliche Schulbildung in Klosterschulen[433] angedeihen. Die jungen Herren waren beide keine sehr guten Schüler, interessierten sich mehr für Fußball als für Mathematik und Latein, schafften aber doch die Matura. Beide lasen sie leidenschaftlich – vor allem Zeitgenössisches – schmiedeten auch erste eigene Verse,[434] mussten aber dem Vater bzw. der Mutter (Kischs Vater war 1901 verstorben) Genüge tun, die einen soliden bürgerlichen Beruf für ihre Sprösslinge anstrebten. Folglich immatrikulierte Kisch im Oktober 1903 an der Deutschen Technischen Hochschule in Prag, um Straßenbau zu studieren – ein Semester! Dann wechselte er an die Prager Deutsche Universität, um zum Beispiel bei August Sauer Einführungsvorlesungen in Literatur und Philosophien zu hören – zwei Semester! (Der ältere Bruder Paul war ihm vorausgegangen und beendete an der Fakultät seine Studien – auch unter Mitwirkung des jüngeren Bruders, der nicht nur auf einen Abschluss drängte, sondern auch für den Älteren recherchierte und Material besorgte, galt es, Arbeiten zu verfassen.) Im September 1905 verlegte Kisch seinen Lebensmittelpunkt nach Berlin und belegte Kurse in der Journalistenschule Richard Wredes – ein Semester!

Franz Werfels Vater insistierte darauf[435], dass der Sohn nach (um ein Jahr verspätet) bestandener Matura ein Universitätsstudium beginnen oder eine kaufmännische Lehre absolvieren solle. Das tat der Sohn auch, allerdings hospitierte er lediglich bei Vorlesungen an der philosophischen und juristischen Fakultät, er besuchte auch manchmal Kurse der Handelshochschule. Viel mehr Zeit verbrachte er allerdings in den unzähligen Kaffeehäusern Prags; das Café Arco wurde sein Stammcafe, lag es doch nur wenige Schritte von der elterlichen Wohnung entfernt, gleich hinter dem Masaryk-Bahnhof. Dort trafen einander nachgewiesenermaßen Max Brod (zwar erst 24jährig, galt er als Doyen der Gruppe) und seine Schützlinge Franz Kafka, Oskar Baum, Rudolf Fuchs, Willy Haas und Franz Werfel – und eben auch Egon Erwin Kisch. Von ihm soll auch das Bonmot „Es kafkat und brodelt und werfelt und kischt" stammen. Er reihte sich damit in eine Gruppe ein, die nicht ganz sein Terrain war.[436] Das Bonmot, in Prag gebe es die neuen „Arconauten", floss ganz sicher aus der Feder von Karl Kraus – dazu aber an anderer Stelle mehr.

Noch eine Gemeinsamkeit sollte nicht unerwähnt bleiben: So wie viele (mit einem Maturazeugnis in der Tasche) junge Männer meldeten sich beide zum Einjährig-Freiwilligen-Jahr, der privilegiert-verkürzten Form des Militärdienstes, um ihre Pflicht für Kaiser und Vaterland zu erfüllen; Kisch im Jahr 1904, Werfel im Herbst 1911. Werfel musste wegen kleiner Vergehen mehrere Arreststrafen absitzen, er litt unter der Grobheit und Dummheit der Kameraden und Vorgesetzten, er hasste die anstrengenden Gefechtsübungen (er war nicht der Sportlichsten einer und etwas dicklich), und das Hierarchische und Demütigende des Soldatentums stieß bei ihm auf Unverständnis.[437]

Auch Kisch prallte und stieß gegen das militärische Reglement, das kein Verständnis für Kasernenhofhumor, literarische Produktion, Ehrenhändel – eben alles das, was junge, unbekümmerte Studiosi so treiben – zeigte, und will man den Übertreibungen von Kisch Glauben schenken, verbrachte er 147 Tage (festgehalten in *Marktplatz der Sensationen*) oder gar 260 Tage (*Abenteuer in Prag*) im Arrest.[438] Wie viele Tage auch immer, die Erfahrungen wurden gemacht, boten Stoff für mehrere heiter-satirische[439], aber auch für ernste Erzählungen, hatte der Bürgersohn doch zum ersten Mal Bekanntschaft mit Kriminellen, Gewalttätern und sozial Unterprivilegierten gemacht. Literarisch überhöht werden diese dann zu prachtvollen Burschen, Freiheitsfanatikern, Anti-Autoritären, Gleichheitsschwärmern, voll Hass gegen Duckmäuser und Streber und Militarismus, wenn auch nicht aus politischer Überzeugung. Auch ihm fehlte es – siehe untenstehende Eintragung in seinem Notizbuch – an soldatischer Ambition:

> Mir fehlt – wie im Befehl zu lesen –
> Die Liebe zum Soldatenwesen,
> dann Ehrgeiz, Ernst, sowie Fleiß. [...]
> Da sitz ich nun total verbittert

an Leib und Seele gleich erschüttert, […]
Kurzum, so krieg ich wirklich schon
auch die Soldatenambition.[440]

Zwischen 1906 und 1913 durchlebte Kisch die *Bohemia*-Zeit[441], er war Lokalreporter in dem deutschsprachigen Blatt, das sich nach außen hin liberal präsentierte, aber gegen Sozialismus und tschechischen Nationalismus anschrieb. Im Zuge seiner Recherchearbeiten kam Kisch mit den kleinen Leuten, den Arbeitern, den Proletariern und den an den Rand der Gesellschaft Gedrängten in Kontakt. Kontakt im wahrsten Sinne des Wortes: So wurde die berühmte „Revoluce", die Königin des Prager Nachtlebens, seine Freundin, und zusammen mit ihr dominierte er in der Prager Künstlerkneipe „Montmartre" das Programm. Die Erfahrungen dieser Jahre waren prägend für den Menschen und Schriftsteller, und neben seinen Beiträgen und Feuilletons in der Tagespresse werden sich die kleinen sozialkritischen Erzählungen und lokalkolorierten Skizzen in *Aus Prager Gassen und Nächten* (Prag 1912) bzw. *Prager Kinder* (Prag 1913) wiederfinden.

In die *Bohemia*-Zeit fällt auch die Fehde mit Karl Kraus, der zwischen 1910 und 1913 zu Vortragsreisen in Prag Aufenthalt nahm. Auch die Kämpfe mit dem „Fackel-Kraus" verbanden die zwei aus dem Prager Korps – zeitlich versetzt, für Werfel länger andauernd als für Kisch. Vier ziemlich provozierende und wenig geschliffene Artikel stammen aus der Feder des Reporters Kisch gegen den Kulturkritiker Kraus, der sich in seinen Repliken auch nicht lumpen ließ. Beim vierten Text anlässlich einer Kraus-Lesung in Prag zum Beispiel handelte es sich um eine längere Abhandlung, erschienen in der *Deutschen Hochschule*, 4. Jahrgang, Heft 1, Oktober 1913, der auf heftigstes Drängen des Bruders Paul zustande kam.[442] Unter dem Titel *Herr Karl Kraus* erweitert Kisch die üblichen Vorhaltungen – wenig Besucher, gekränkte Eitelkeit des Vortragenden, sich Anbiedern an die deutschen Studenten Prags, „vorgeschwindeltes Märtyrertum" etc. – um einen wesentlichen Punkt: „Die Publizistik ist aber nicht dazu da, ihr Urteil zu persönlichen Zwecken zu mißbrauchen."

Kanonier-Titular-Vormeister Franz Werfel

Auch Franz Werfel focht mit Karl Kraus eine (fast lebenslange) Fehde aus. Sie nahm ihren Anfang im Jahr 1911 in Prag, war allerdings von anderer Qualität als diejenige Kischs. Werfel war ursprünglich ein begeisterter Anhänger, ein Jünger des Meisters Kraus und war von diesem auch in seinen dichterischen Anfängen gefördert worden.[443] Aus einem wirklich nichtigen Grund (Werfel hatte abwertend, keinesfalls ehrenrührig über Baronin Sidonie von Nádherný gesprochen) wurde Kraus zum unerbittlichen Feind des jungen Dichters; die schriftlichen Auseinandersetzungen füllten Seiten in Briefen, in der *Fackel,* in Theaterstücken und im Nachhinein auch in der Fachliteratur.[444] Da wurde der lebenslange, zum Teil öffentlich ausgetragene Kampf sorgfältig unter Anführung von 92(!) Dokumenten protokolliert.

Nach Ableistung des Einjährig-Freiwilligen-Jahres, im Oktober 1912, war Werfel nach Leipzig übersiedelt, um bei Kurt Wolff einen Vertrag als Autor und Lektor zu unterschreiben. Sein Aufenthalt in Deutschland wurde immer wieder von Reisen nach Prag unterbrochen, wo er selbst Lesungen aus eigenen Werken hielt, seine Kontakte zum Arco-Kreis weiter vertiefte, mit Franz Kafka Lektüre austauschte (dessen Besuch er in Leipzig empfing) und im Oktober 1913 Rainer Maria Rilke bei den Hellerauer Festspielen (nahe Dresden) traf. Die Welt schien in Ordnung – bis zu eben jenem Fauxpas, einem spätpubertären Rückfall, gegenüber der Baronesse Nádherný und deren Verteidiger (Liebhaber) und Ritter Karl Kraus. Letzterer verlegte das Kampfgeschehen auf ein anderes Schlachtfeld, auf das literarische, und begann seine erste öffentliche Attacke im April 1914 mit einer satirischen Notiz in der *Fackel.*[445] Der Beschuldigte antwortete – zeitverzögert – mit einem besorgten und verzweifelten Brief. Als das Attentat am 28. Juni auf den Thronfolger erfolgte, war der Streit mit Karl Kraus etwas in den Hintergrund gerückt. Werfel musste sich bei seinem Prager Regiment melden und kehrte in die Kaserne auf dem Hradschin als Kanonier-Titular-Vormeister zur Batterie No. 2 zurück. Am 17. Juli verfasste er den oben angeführten Brief bereits mit Adresse „Franz Werfel S. Feld. Art. Reg. 19 Standort Feldpost 94".

Tapferkeit vor dem Feind, Heldentum, Vaterlandstreue, für Gott und Kaiser – das waren für Werfel nur Worthülsen; sein Credo lautete: „Nur nicht an die Front!" So scheute er überhaupt nicht davor zurück, seinen militärischen Vorgesetzten bei der Musterung[446] psychische Unzurechnungsfähigkeit vorzutäuschen (er bekennt es selbst), und er wurde daher bereits Ende November 1914 „bis zur Herablangung des Superarbitrierungsbefundes" beurlaubt.[447] Erster Aufschub! Im Februar 1915 (zweite Musterung) befand das Prager Militärkommando den Dichter für weitere zwei Monate als kriegsuntauglich. Zweiter Aufschub! Der machte Besuche in Berlin, wo er Martin Buber, Gustav Landauer und Max Scheler traf.[448] Die Gespräche bestätigten Werfel in seiner antimilitärischen Haltung. Aus Angst – „Nur nicht an die Front!" – sprach er persönlich bei der obersten Heeresleitung in Wien vor, brachte seinen labilen Gesundheitszustand ins Spiel und zeigte sich durchaus bereit zu dienen, aber nach Möglichkeit an einem Ort, der seiner persönlichen Ausnahmesituation entspreche! Erstaunlicherweise gelang es ihm, die Herren des Armeeoberkommandos zu überzeugen, und sie schickten ihn nach Bozen in die Provinz Südtirol, die zum

„Der Telegraphist", Zeichnung aus *Donauland*, 1917

damaligen Zeitpunkt noch völlig außerhalb des Kampfgeschehens lag. Dritter Aufschub! In Wien traf er in einem Restaurant Karl Kraus, der wütend aufsprang, den verdutzten Werfel wieder mit den Vorwürfen der „Sidonie-Tratschgeschichten" überfiel. Außerdem verlangte er von Werfel, als Dichter möge ihm gefälligst Besseres einfallen. Der Gegeißelte wusste zunächst nicht zu antworten, versuchte den Aufgebrachten zu beruhigen – ohne Erfolg, versuchte sich zu entschuldigen – ohne Erfolg. Das war der endgültige Bruch.

Mitte April 1915 mietete sich der Soldat Franz Werfel (auf eigene Kosten) in einer Bozener Gaststätte ein, versah seinen Bürodienst, fand dennoch genug Zeit, um zu lesen, zu schreiben, Wanderungen zu unternehmen. In seinem *Bozener Buch*[449] schreibt er es der Lektüre von Dantes *Göttlicher Komödie* zu, der Erkenntnis, dass das Inferno, die Hölle bereits im diesseitigen Leben angesiedelt sei – der unbedarfte Beobachter würde den darauf folgenden Akt eher unter Selbstverstümmelung einreihen. Wie auch immer: Bevor die Seilschwebebahn von Bozen nach Kohlern die Gipfelstation erreichte, sprang Werfel ab, wurde ein Stück mitgeschleift und an beiden Beinen schwer verletzt. Man transportierte ihn ins Bozener Spital, wo er im hellen Spitalszimmer, unter starken Schmerzen leidend, glücklich feststellte: „Ein herrliches Gefühl des Gebüßthabens erfüllte mich [...] Mit diesem Ereignis [...] war meine Seele alle Schuld, alles Sündengefühl losgeworden [...]. Nun gehörte ich zu den Leidenden, zu den Armen, zu den Nichtbeglückten der Erde." Vierter Aufschub!

Vielleicht hatte er aber auch gehofft – der Krieg dauerte ja bereits etliche Monate –, er könne die restliche Kampfzeit rekonvaleszent (es waren ihm auf Grund der Verletzung weitere vier Monate Urlaub zugestanden worden) zuerst in Bozen und dann in Prag verbringen. Noch im Juni 1915 ging er mit Krücken und musste sich die Fragen besorgter Freunde gefallen lassen, an welcher Front er denn die Verwundungen davon getragen hätte. Anfang Oktober war kein Aufschub mehr möglich, Werfel rückte in Trebnitz (Böhmen) ein, wo sein Regiment, die Schwere Haubitzendivision No. 8, stationiert war. Natürlich wieder nicht in die Kaserne, sondern auf eigene Kosten in einer Gaststätte, und außerdem nur für sechs Wochen, dann wurde er – nur wenige Tage, bevor seine Truppe an die Front zog – wiederum vom Kriegsdienst befreit. Doch noch der fünfte Aufschub!

Von November 1915 bis Jänner 1916 hielt er sich in Prag auf, zuerst im Prager Garnisonsspital und nach seiner Entlassung in der Stadt, unfähig zur literarischen Produktion und in ständiger Angst vor der Nachmusterung im Februar. Ihm zur Seite stand Gertrud Spirk, zur Kriegszeit als Operationsschwester eingesetzt, die ihn betreute, mit ihm die wenigen Prager Monate genoss und mit dem Gedanken spielte, nach Kriegsende mit Werfel nach Wien zu gehen.[450] Was der Dichter befürchtete, trat ein: Mit Februar 1916 wurde er dem Feldartillerieregiment Nr. 19 unterstellt und nach Elbe-Kostelec transferiert. Dort musste er wie alle übrigen Soldaten in der Kaserne wohnen und wurde zu „leichten militärischen Aufgaben" herangezogen. Nach einem Monat – die Katastrophe: Befund frontdiensttauglich, Weitertransport nach Hodów bei Jezierna, im östlichsten Teil Galiziens. Mehr als 15 Monate leistete Werfel Kriegsdienst, einen Dienst, um den er von anderen beneidet wurde: Er wurde dem Regimentsstab als Telefonist und Meldegänger zugeteilt.

Während dieser Zeit – 300 Briefe und Karten an Gertrud! Und immer die Bitte, sie möge doch schreiben, er klammere sich an diese Nachrichten aus der „Normalität", aus der Hand einer (damals noch) geliebten Frau. Sie hat diesen Auftrag sicher erfüllt, ihre Schreiben sind jedoch nicht mehr auffindbar. Wahrscheinlich hat Werfel die Briefe in den Wirren des Zweiten Weltkriegs verloren. Mit zu bedenken ist, dass über der gesamten Korrespondenz die schwere Hand der Zensur und die wachsamen Augen der Spirkschen Eltern ruhten.

Aus den Nachrichten von der Front erfahren wir nicht nur von Werfels Tätigkeit, von seinen militärischen Lebensumständen, den literarischen Arbeiten, sondern auch von seiner physischen und vor allem psychischen Befindlichkeit, seinen Stimmungsschwankungen, seiner Selbstfindung. Zwischen den Zeilen kann der aufmerksame Leser seinen politischen Kommentar herauslesen, das Ringen um (christlichen) Gottesglauben und Judentum, und zu guter Letzt fiel

in die Jahre 1916/17 auch sein Kampf auf dem literarischen Feld mit Karl Kraus.
Auszüge aus Werfels Korrespondenz mit Gertrud Spirk:

1.2.1916
[Erste Nachricht.] Ich musste nämlich die ganze Nacht viele Kilometer lange Telefonleitungen abtragen. [Findet er „romantisch" – Karl May wird zitiert!]
7.6.1916
Meine grösste Klage ist, dass ich eben hier zu gar nichts komme, vor allem nicht zu meinem Lebenselement, zum Faulenzen und zum Herumlungern.
22.6.1916
Die Post ist für mich ein grosser Moment [...] Schreib immer!
30.6.1916
Gemeinschaft mit Fremden, die einen verletzen und an den Nerven reissen, Vergewaltigung der Seele, unfreiwilliges Zusammensein mit der schwunglosen, armseligen, kleinlichen, beschränkten, geschickten, bösartigen, lieblosen, [...] bemitleidenswerten Talentlosigkeit Mensch! Das ist aber wieder ein Hochmut! Es geht mir ja, wenn man am Krieg selbst misst, gar nicht schlecht. Nur hat es natürlich ein Offizier unvergleichlich besser, der hat hier ein eigenes Zimmer, vorzügliche Menage u. immerhin Freiheit.
1.7.1916
Im Übrigen, glaube ich, kennt man mich hier schon ein bisschen. Gestern kam die Schwiegertochter des Bauern, in dessen Schupfen wir schlafen (eine polnische Jüdin) zu mir und sagte wortwörtlich: „Ihnen, weil Sie sind ein Dichter, möchte mir erlauben zu offerieren für Ihnen ein Bett." Nun habe ich seit gestern ein <u>weisses</u> Bett.
15.7.1916
Liebstes ich kam schon 2 Tage nicht dazu [Dir zu schreiben]. [Er steht täglich um fünf Uhr auf, zwei Stunden früher als nötig, um für sich zu arbeiten.]
24.7.1916
Ich habe mir auch schon ein ganz nettes Zimmerchen bei besseren Leuten gemietet, bin glücklich. [Er hatte eine „Verdauungsstörung – nervös bedingt" und mit einem Postpaket eine sehr schöne Uniform bekommen.] Weisst Du, es gibt übrigens Menschen hier, die in märchenhaften [...] Monturen mit herrlichen Stiefeln herumspazieren, es gibt ausserdem eine grosse Menge Menschen, die sich hier wunderbar wohl fühlen. Einer sagte letztlich einen klassischen Satz, der in der

„Fackel" ein grosses Zeitereignis wäre: „Mir gefallts so gut, nicht geschenkt ginget ich jetzt nach Ischl!"
31.7.1916
Ich weiss jetzt ganz genau, wie das Schlechte aussieht. Ich kenne das Gute, aber das Geheimnis gut zu sein, kenne ich nicht. Ich weiss ganz gewiss, dass ich ein Dichter bin, hatte mich aber dem Schicksal zu leicht abgekauft. […] Ich bin nicht eine Einheit gegen die Welt. Sondern ich bin eine Einheit gegen mich und die Welt.
4.8.1916
Ich bin so ein typischer Nichtsnutz. Es ist ja so schwer. Was sollen wir tun? Der Krieg wird noch Jahre dauern.
[Feldpostkarten ohne Datum]
Hier sind nun die grossen Kämpfe so scheint es vorrüber [sic!]. Wir sind an ganz abgelegener Stelle. […] Um Gotteswillen mache Dir ja keine unnützen Sorgen! […] Es geht mir so gut wie noch nie! Der Zigeuner in mir ist zufrieden über die Primitivität dieses Lebens.
28.8.1916
Früh um 4h beginnt der Dienst. Ich stelle die Gefechtsmeldungen zusammen, und dann gibt es die üblichen Arbeiten den ganzen Tag bis zum Abend. Manchmal muss ich auch, wenn eine Leitung gerissen ist, diese abgehen, und ausbessern.
6.9.1916
Hier alles beim Alten. Ich höre von allerhand Bemühungen um mich! Aber ich bin gar nicht so wehleidig, als mich die Menschen wollen. [...] Deine Briefe aus Prag waren oft gedrückt […]. Ich dachte oft, es wären Stadt und Menschen sehr mitschuld daran. Natürlich ist die Ahnungslosigkeit, mit der man mich hier behandelt, erschreckend. Aber ich spiele in meiner lächerlichen Überlegenheit mit ihnen. Ich mache mich höchst ernsthaft über sie lustig, fühle nicht den geringsten Groll. Hassen kann man nur Gleichwertige.
13.10.1916
Liebste, es gibt für uns nur eine Möglichkeit, das Leben zu ertragen. Unerschütterliche Größe, Nachahmung Christi, höchste Unbestechlichkeit. Ich werde Dich tiefer binden als jedes Band der Welt.
14.11.1916
[Der erste Schnee. Er hofft auf Urlaub.] Dazu noch politische Hoffnungslosigkeit. Der Friede liegt unabsehbar fern.
24.11.1916
Mir geht es sehr gut in meiner Klause. Ich arbeite wenig, und wenn Arbeit kommt, schimpfe ich so sehr, dass ich der richtige

Telephonschreck des ganzen Frontabschnitts bin. Ich glaube, Drohungen, Beschimpfungen und Ehrenbeleidigungen macht mir das hysterischste Prager Telephonfräulein nicht nach.

Nach einem kurzen Weihnachtsurlaub im Dezember 1916 gelang es Werfel Mitte März 1917, an der Hochzeit seiner Schwester Hanna in Prag teilzunehmen. Er trat nach einer (ersten) Beförderung vom 20. Februar 1917 als Korporal mit zwei Sternen auf, musste aber die Uniform mit Smoking und Zylinder tauschen, die ihm der Vater lieh. Er verbrachte einige Stunden mit Gertrud Spirk, beteuerte seine Liebe, machte Pläne für ein gemeinsames Leben – nach dem Krieg und, nicht in Prag. Zurück in seinem Militäralltag, hielt ihn die Hoffnung aufrecht, man würde ihn von der Propagandagruppe des KPQs anfordern. Eine Propagandareise in die Schweiz sollte arrangiert werden. Die Nachrichten über eine Offensive der Russen, die dann Ende Juni erfolgte, wurden immer häufiger; die Angst saß ihm wieder im Nacken. Ende Juni 1917 die Erlösung: Zugsführer (mit drei Sternen – zweite Beförderung) Franz Werfel sei nunmehr militärisch dem k. u. k. Kriegspressequartier in Wien unterstellt, habe die Front unverzüglich verlassen und in Prag weitere Befehle abzuwarten. Kaum hatte er Hodów verlassen, als das Gebäude, in dem er seit Monaten gelebt und seinen Dienst versehen hatte, einem Volltreffer zum Opfer fiel und bis auf die Grundmauern zerstört wurde.[451]

Anfang August in Wien angekommen, nahm Werfel seinen Dienst an der literarischen Front im KPQ auf. Gertrud hatte sich vom Spitalsdienst beurlauben lassen und begleitete ihn, reiste aber weiter aus der Hitze der Stadt zu einer Kur nach Tirol. Der Dienst mit der Feder widerte Werfel an, aber die Versetzung von der Front forderte Opfer: „Vor allem habe ich jetzt eine Unmenge literarische Arbeiten vom Kriegspressequartier bekommen und ich sitze bis tief in die Nacht [Waren es nicht doch die „Sitzungen" im Café Central?], um Vorworte für Kriegsausstellungen und andere schöne Dinge zu schreiben", berichtete er Gertrud. Nur wenige Texte sind von ihm gezeichnet, sodass nicht geklärt werden kann, ob das „Vorwort zur Kriegsausstellung", es wäre die zweite, tatsächlich aus seiner Feder stammt.[452] Aber es liegt ein überaus sorgfältig und aufwändig gestaltetes Kinderbuch *Neue Bilderbogen und Soldatenlieder* vor, das der Dichter mit einem zweiseitigen Vorwort versehen und das er auch mit seinem Namen gezeichnet hat. Da ist von vielem die Rede: ein historischer Abriss über das „Bilder sehen" und über die Zeichner und Verlagsinhaber, aber wenig Propagandistisches:

> Leider erlosch mit dem Tode Trentsenskys die ganze Magie dieser
> Welt, sein Verlag verfiel, die Kinder verlernten die Leidenschaft für all
> die Landschaften, Menschen und Tiere, die man ausschneidet. Andere

Interessen kamen, wie es die Sammelwut zum Beispiel ist, die einem Zeitalter entspricht, wo Besitz und Eigentum stärkere Mächte sind als das Leben; kurz andere Zeiten kamen und es schien, daß eine lebendige Tradition der schöpferischen Volksseele (wie wir sie in unserer Darstellung ja verfolgen konnten) mit diesen Bilderbögen ihr Ende gefunden haben.
Dennoch ist dem nicht ganz so. Der Krieg, der den schrecklichen Triumph der technischen Welt bedeutet, hat eine ungeheure Sehnsucht unter den Menschen entfacht, eine Sehnsucht nach unmittelbaren Werten, nach den kindlichen Werten des Gefühls, des unbedingten und reinen Lebens, das im Bewußtsein seiner gottgespendeten Heiligkeit sich gegen die feindliche Mechanisierung sträubt.
So hatte mit vielen anderen auch diese Tradition nur geschlummert. Sie ein wenig zu erwecken, mag die Absicht der vorliegenden Publikation sein.
Die hier vereinigten Bilderbögen stellen den Menschen unseres Heimatlandes im Kriege dar. Sie haben nicht nur einen künstlerischen Zweck, sondern sie sind vor allem erfüllt von einem sittlich erzieherischen Willen. Was wollen sie jenen Kindern lehren und zeigen, deren Väter und Brüder auf ihnen in den tausend Zufällen, Schicksalen und Begebenheiten des Feldlebens dargestellt sind? Sie wollen ihnen zeigen, daß der Mensch ihres Vaterlandes unverwüstlich und heiter sein Leben in allen Lagen lebt, daß er viel leisten und erdulden kann, und daß er im widrigen und günstigen Geschick nicht verarmt an menschlicher Anmut. Und lehren wollen diese Blätter eins vor allem: die Dankbarkeit gegen jene Männer, die Stand hielten und ihr Herz nicht begruben. Und weiter wird hier eins noch den Kindern verkündet und in die Brust gepflanzt: – die Hoffnung! Die Hoffnung, daß all das Opfer nicht umsonst gewesen ist, und der Mensch, der sich opfernd bewährt hat, auch vollends sich bewähren wird. All dies sei in des Bildes Sprache ausgesprochen, die stärker ist als die Sprache des Wortes.

Es ist wohl eher der dem Vorwort folgende Inhalt des Buches, dem sich Werfel zur Verfügung gestellt hatte, der ihn straft. Schon die erste Seite mit der Überschrift „Neue Bilderbogen herausgegeben zu Gunsten der Kriegspatenschaft" zeigt das große K unter den drei Wappen. Kaiser Karl im Strahlenkranz und mit der österreichischen, der böhmischen und der ungarischen Krone geziert, prangt inmitten prächtiger Laubgirlanden – natürlich Eichenblätter – und Fahnenschmuck, rot-weiß-grün und schwarz-gold. Da kann der junge Leser seinen Kaiser in fünf Szenen betrachten: Begrüßung der einfachen Soldaten, herrscherlicher Blick durch den Feldstecher, kameradschaftliches Händeschütteln,

Tapferkeitsmedaille an die Soldatenbrust heftend und huldvoll winkend im Auto abreisend. Dazu der Text – eindeutig nicht von Werfel verfasst:

Der Kaiser im Schützengraben

Die Huppe [sic!] ertönt trara, trara!
Und alle jubeln: der Kaiser ist da!
Der Kaiser kommt nach den Soldaten zu seh'n.
Wie sie kämpfen, siegen und vorwärts gehen.
Kommt auch zu lindern manch' Leid und Schmerz,
Hat ja selbst ein echtes Soldatenherz,
Und für jeden hat er ein gutes Wort.
Ermuntert hier und tröstet dort.
Und manchem, der vor keinem Wagnis zurückgeschreckt,
Hat er selbst die Tapferkeitsmedaille angesteckt.
Und jeder fühlt, der Kaiser ist uns gut,
Für ihn geben wir gerne unser Leben und Blut!
Wie er wegfährt, rufen sie noch lange hurrah,
Und jeder freut sich, denn der Kaiser war da!

Propaganda in der neutralen Schweiz

Andere messen sich mit der Macht, stellen sich Angesicht zu Angesicht gegen die Verbrechen der Zeit, deren Opfer jene sind, die im Schützengraben Jugend und Leben verlieren müssen, und wieder andere, nämlich die gefriedigten Seelen des Kriegsarchivs [...] quälen sich nicht mehr, [...] und werden sogar auf Propaganda in die Schweiz geschickt.[453]

Propagandareisen in die Schweiz waren das Nonplusultra des Kriegsdienstes mit der Feder, und viele Literaten des Kriegsarchivs und des Kriegspressequartiers bemühten sich um einen Reiseauftrag, aber nicht jedem war er vergönnt. Eine günstige Voraussetzung bestand darin, wenn eine Einladung an den Dichter oder Schriftsteller von einer Schweizer Institution erging. Aber auch von den österreichischen Stellen in der Schweiz, zum Beispiel der Gesandtschaft (vom k. u. k. Gesandten Musulin), konnte eine Bitte ergehen. (Einfacher lag der Fall, wenn man – wie Felix Salten – von einer Zeitung als Korrespondent den Auftrag erhielt.) Dann begann in Österreich der Marathon durch die Instanzen. Wir erinnern uns an Stefan Zweigs Bemühungen, der sich fast gleichzeitig mit

Franz Werfel in der Schweiz aufhielt. In Wien hatten sich das k. u. k. Kriegsministerium, das k. u. k. Ministerium des Äußeren, die k. u. k. Polizeidirektion, das Kriegspressequartier und das Kriegsarchiv ins Einvernehmen zu setzen. An all diesen Stellen gab es Vorgesetzte, die dem Propagandabeauftragten mehr oder weniger wohl gesonnen waren – siehe den Fall Werfel. Er wurde, obschon in Wien und beim KPQ, noch militärärztlich untersucht:

> Das k. u. k. AOK hat mit Qu. Nr. 167.159 vom 29. 9. 1917 verfügt, dass der ständigen Kommandierung des Zugführers Franz WERFEL des schw. FAR 19 zum KPQ, dem er zeitlich zur Lösung einer bestimmten propagandistischen Aufgabe, zugewiesen worden war, nichts im Wege steht, wenn dessen fachärztliche Untersuchung beim zuständigen Truppenkörper veranlasst und von diesem der Befund – auf Frontdienstuntauglichkeit lautend – dem AOK Qu. Abt. vorgelegt würde. Ich beehre mich ergebenst darauf hinzuweisen, dass WERFEL zu den führenden Literaten der modernen Richtung gehört und daher nicht nur im verbündeten Reiche, sondern auch im deutschsprechenden neutralen Auslande für Propagandaaufgaben mit besonderem Vorteil verwendet werden kann. Während seiner Erprobung im KPQ hat er sich hervorragend bewährt, so dass seine Mitarbeit schwer gemisst werden würde.[454]
> Leiter der Propagandagruppe Schramm Schiessl m. p.

Es dauerte mehr als drei Monate, bis Werfel den Abreisebefehl (Datum 17.1.1918) in Händen hielt. Ferner wurden ihm das Leumundszeugnis („Das k. u. k. Kriegspressequartier gewährleistet die moralische und politische Zuverlässigkeit des Inhabers dieser Bescheinigung: Franz WERFEL, Dichter und Schriftsteller. Wien, am 16. Jänner 1918") und der von der k. u. k. Polizeidirektion bewilligte Reisepass übermittelt. („[…] Ich beehre mich um die geneigte Ausfolgung eines Reisepasses ohne jeglichen Vermerkes seines Militärdienstverhältnisses – so wie für Zivilpersonen ergebenst zu bitten. […]") Dass all diese Absicherungen, so war zum Beispiel der Pass zeitlich begrenzt ausgestellt, keine Garantie dafür darstellten, dass der Literat sich an die Dauer des Aufenthaltes bzw. an die gewünschten Inhalte seiner Vorträge halten werde, beweisen die Herren Zweig und Werfel. Zweig hat sich vor Ort zwar noch sehr um das „Schweizer-Donauland-Heft" bemüht, zog es aber dann vor, seine militärischen Aufgaben in Österreich nicht wieder aufzunehmen:

> Ich gehe in einigen Tagen nach Zürich zurück. Werfel ist da, der beste Dichter, den wir unter den jungen haben, und ein guter Freund von mir. Er war tapfer während des Krieges, unerschütterlich in seiner

Menschlichkeit. Er ist meinem Weg gefolgt und hat gleich mir einen Vortrag in Zürich gehalten, und ich wünschte er befolgte auch meinen Rat, nicht zurückzugehen.[455]

Werfel, der vom *Donauland* nichts wissen wollte, begründete seine Haltung in einem Brief an Stefan Zweig folgendermaßen:[456]

> Unterdessen habe ich auch das „Donauland" durchgeblättert, und nun, verzeihen Sie mir sind meine inneren Widerstände sehr laut geworden. Nicht wegen der Literatur – ich habe zuviel Widerspruch gegen mich in mir – um aesthetisch hochmütig zu sein, und von mir weiss ich nichts anderes, als dass die Erkenntnis einer aus mir gelogenen Zeile das Furchtbarste ist, was ich kenne – nicht aber, ob ich sub specie saeculorum von den Lügnern (H. Müller) werde zu unterscheiden sein! Das ist es nicht was mir abscheulich ist an dieser Zeitschrift. Ich fühle vor allem nur, dass ich einen Verrat begehe, wenn ich dort auftauchte.
> Wozu denn immer wieder neue Schuld auf sich häufen?! Denken Sie, wir müssten einmal für jedes unverantwortliche Wort, das wir sagten, Rede stehn, für jeden Klatsch, für jede Wichtigtuerei! Oft scheint es mir, dass dieses Gericht uns ganz sicher ist. […] Liebster Zweig, ich bedaure Sie schrecklich, dass Ihre Stellung Sie zu solchen Kompromissen zwingt. […]

Werfel stand ziemlich allein im Kreise der österreichischen Literatenfreunde mit seiner Sorge um die Zeit nach dem Krieg. Er war sich der Macht des Wortes, der Kraft der Sprache sehr bewusst und sicher, dass er und all die anderen irgendwann einmal Rechnung legen müssten, wie man denn mit den literarischen Waffen umgegangen sei. Der von Zweig geforderte Einsatz im *Donauland* schien ihm ehrenrührig. In Zürich las er aus eigenen Werken vor mehr als tausend Zuhörern, wohnte der Schweizer Erstaufführung seiner *Troerinnen* im Stadttheater bei (es folgten vier weitere im ausverkauften Haus) und erntete vom Publikum Kränze, Blumenbuketts, Applaus und von der Schweizer Presse uneingeschränktes Lob. Geplant waren im Frühjahr 1918 zwölf Vorträge in verschiedenen Schweizer Städten, auch in Davos. Und dort ist es dann passiert: Es war nun einmal überhaupt nicht habsburgfreundlich, wenn man das bolschewistische Russland, den Erzfeind der Habsburger, als großes kulturelles und gesellschaftliches Vorbild pries und dazu ein Hohelied auf den Pazifismus sang:

> Rede an die Arbeiter von Davos
>
> Genossen! Sie sind heute hierher gekommen, den Vortrag meiner Gedichte anzuhören; dies erfüllt mich mit großer Dankbarkeit, es erfüllt

mich aber auch mit Angst. Ich trete heute vor Menschen hin, die die wirkliche Arbeit auf Erden leisten, jene ernste, unverlogene Arbeit, auf der schmarotzerhaft all das schwindelhafte Treiben ruht, das sich Kultur nennt. Sie alle tun jene wahre Arbeit, die den Schweiß auf die Stirne treibt, die Hände hart macht, ja das Leben in Gefahr bringt, nicht die Scheinarbeit an Schreibtischen, in Bank und Börse, bei der sichs wohl leben läßt und die Fett erzeugt. [...]
Ich frage: Auf welches Publikum ist der moderne Schriftsteller angewiesen? Auf ein Publikum von Müßiggängern, Gelangweilten und Defekten, muß ich zur Antwort geben. Frauen von Geschäftsmenschen, Rechtsanwälten, Ärzten, die mit sich selbst nichts anzufangen wissen, sind unser Publikum. Tagediebe, die ihre Eitelkeit mit Bildung totschlagen, und Bürger-Knaben, die in der Schule nicht gutgetan und darum von bösem Ehrgeiz gehetzt sind. Die Wechselwirkung zwischen dem Dichter und diesem bürgerlichen Publikum ist trostlos; [...]
Was sich heute Kunst nennt, ist das schillernde Fettauge auf der kapitalistischen Suppe. Jenes bürgerliche Publikum, von dem ich vorhin sprach, jene unbefriedigten Frauen, Müßiggänger, Halbkranken fühlen sich ja in ihrem Schmutz wohl, möchten beileibe aus ihrem träge erträglichen Zustand nicht heraus, und das revolutionäre Fuchteln ihrer Künstler, das sie beklatschen, ist nichts andres als Spiegelfechterei eines bösen Gewissens, das nicht dran denkt, aus dem Sumpf aufzutauchen.

Sie, meine verehrten Zuhörer, stehn all diesem Schein fremd gegenüber, wissen nichts von ihm, und er bekümmert Sie wenig; und wie wäre das anders möglich? Können Sie denn, auf deren Schultern und Rücken jene Fläche lastet, auf der die Leichtfertigen und Gesättigten tanzen, können Sie diesen Tanz sehn?
Aber ist die Kluft zwischen denen, die am tiefsten Wesen und Leid der Erde an ihrem Leibe spüren, und den Künstlern, ist diese Fremdheit nicht ein großes Unglück für die Künstler und für die menschliche Gemeinschaft überhaupt? Sie fragen mich: ist für all die Millionen, die auf den Schlachtfeldern zerrissen werden, die in bitterer Arbeit und Armut schmachten, die in die Bergwerke niederfahren müssen und schreckliche Nächte vor Läden sich anstellen, um irgendeinen Nahrungsersatz am späten Mittag davonzutragen, ist für all diese Millionen das Geistige ein Bedürfnis?

Ich glaube, ein Kenner des Volkes und aller Völker wird Ihnen darauf ruhig zur Antwort geben: „Ja, das ist es! Und stärker denn jemals!" Denn es wäre der Mensch kein Mensch, der gleichgültig heute all die irrsinnigen Verbrechen hinnähme, die an ihm begangen werden, der stumpf sein Leben unter den uniformierten Macht-Wölfen erlitte, ohne nach Gott zu fragen, der Wahrheit und Gerechtigkeit! Die aber ist die Aufgabe des Schriftstellers: Was unbewußter, ungestalteter, halbgefühlter Schrei in der Brust eines jeden Menschen ist, dem es nicht gelingt, seinem Schicksal zu entwischen, das zusammenzufassen und zu formen, in einen Schrei, in einen Brennpunkt von Schrei, und diesen zur Gestalt erstarrten Schrei nach unten den Menschen hinzuhalten als Erkenntnis und nach oben Gott entgegenzustrecken als Klage und Anklage. [...]

Da aber liegt der große Fehler in der Entwicklung des west- und mitteleuropäischen Sozialismus. Der Sozialismus wollte nicht mehr Religion sein; er sank zur politischen Partei hinab, er wollte nicht mehr Kampf sein um Verwirklichung der Menschenliebe und Gerechtigkeit, – da erniedrigte er sich zum bloßen Klassenkampf, zum Kampf um Lohnaufbesserungen, zum unbewußten Kampf um den Aufstieg in die bürgerliche Klasse. Und hierin allein müssen Sie den Grund suchen, warum die deutsche Sozialdemokratie bei Beginn des Kriegs umfiel. Sie hatte keinen Anteil mehr an der revolutionären Idee, kein Interesse mehr an der Umgestaltung der Menschenwelt, das ganze Sinnen und Trachten der so ‚gebildeten' deutschen Partei war von wirtschaftlichen Aspirationen beherrscht, und da der idealflüchtige, phrasenverderbte deutsche Arbeiter dasselbe Interesse hatte wie der Unternehmer, nämlich das an der ökonomischen Kraftentfaltung des Staates, wurde er zum Bejaher des Staates und zum Sklaven des Militarismus.

Wie anders hingegen im ungebildeten Rußland!
Hier klaffte zwischen Geist, Dichtung und Sozialismus kein Abgrund. Seit vielen Jahrzehnten brachten sich ganze Generationen von Studenten der Idee zum Opfer, Frauen warfen ihre Jugend hin und verendeten in Katorgen, hier fanden die größten Herzen unter den Dichtern des Jahrhunderts, Tolstoi und Dostojewski, gewaltiges Gehör, und nur weil sie dies Gehör fanden, rissen sie das Volk vorwärts und wurden zu den großen Dichtern, die sie sind.
Und nur weil in Rußland Geist und Sozialismus in eins verschmolzen ist, weil der Kampf um die Verwirklichung der Menschenliebe, weil

> Religion Herzenssache von Millionen ist, konnte die Revolution triumphieren. Einzig und allein nur darum. [...]
>
> Die Gedichte, die ich Ihnen vortragen will, auch sie gehören leider zu jenen Dingen, die abhängig sind von der heute so oft erwähnten Wechselwirkung zwischen Verfasser und bürgerlichem Publikum. Dieses Publikum hat neben den zünftigen Literaten ihren Rang bewertet und sie eingeordnet.
> Mein höchstes Glück indessen wäre, diese Verse möchten, soweit dies Verse eben vermögen, ein Beitrag sein zur Auflösung der bürgerlichen Welt, ein Beitrag zur Erneuerung des Sozialismus. Ob dieser mein Wunsch so eitel ist, darüber mögen Sie nun richten.

War es Courage, ein großer Moment der Begeisterung – Werfel war stets für temperamentvolle und leidenschaftliche Ausbrüche gut – oder war es seine grundsätzliche Gestimmtheit, der er glaubte in der freien Schweiz ihren Lauf lassen zu können? Er musste vier Vorträge absagen, sofort (am 22. März 1918) zurück nach Wien eilen und sich in einem 15seitigen Rapport[457] an das KPQ verteidigen:

> [...] In Wien wurde mir sogleich von vielen Seiten das Gerücht zugetragen, meine Vorträge in der Schweiz hätten die Unzufriedenheit des k. u. k. Ministeriums des Äusseren erregt, ja man fragte sogar, ob es wahr wäre, dass ich sozusagen durchgefallen sei.
> Diese Auffassung, die nur auf höchst falschen Informationen beruhen konnte, kränkte und verstimmte mich aufs Tiefste, war ich doch zurückgekehrt in dem vollen und berechtigtem Bewusstsein, nicht nur durch mein literarisches Werk in dem neutralen Auslande meinem Vaterlande viel Sympathien bei Freund und Feind erworben, sondern mehr noch als dies, einen geradezu ausserordentlich grossen Erfolg errungen zu haben, wie niemand leugnen wird, der irgend einen meiner Vorträge gehört hat oder auch nur die Berichte las, die die Schweizer Presse meinen Rezitationen widmete. [...]

Stefan Zweig, der im Februar-Heft 1918 der Zeitschrift des Lesezirkels Hottingen einen Essay verfasst hatte, verteidigte Werfel, als beide noch nicht wussten, dass sie sich verteidigen mussten: „Er ist jung. Das dreißigste Jahr hat sich vor ihm noch nicht aufgetan. Und doch ist sein lyrisches Werk schon ein Wesentliches unserer Zeit und er selbst die stärkste Bürgschaft der neuen schöpferischen Generation in Deutschland."[458]

Korporal Egon Erwin Kisch

Die Mobilmachung traf Kisch auf der Insel Rügen an. Er erhielt die Anweisung, sich beim k. u. k. Infanterieregiment Nr. 11 zu melden, also machte er sich via Berlin nach Prag auf. Mit kleinem Gepäck (da ist die Rede von vier Taschentüchern, zwei Unterhosen und drei Hemden), in der Annahme, mehr sei nicht nötig, und ohne Wissen, wohin die Züge das Regiment bringen würden. Er und die Kameraden wurden über Gmünd, Tulln nach Wien Ostbahnhof, über Preßburg weiter nach Budapest transportiert. Endlich dämmerte ihm: „Also, es steht fest: Wir ziehen gegen Serbien."[459] Nach tagelangen Bahnfahrten, Schifffahrten und anstrengenden Märschen kam der Tross endlich in Frontnähe.

Kisch führte, wie viele andere Kriegsteilnehmer, ein Tagebuch. Während die anderen wuschen, gruben, kochten, schliefen[460] und sich dem Defätismus des Unausweichlichen hingaben, hielt Kisch alles, was ihm vor Augen kam und was er mit ungebrochener Neugier aufspürte, stenografisch (mit Tintenbleistift) in kleinen Notizbüchern fest:

> AUSMARSCH UND AUFMARSCH
> Freitag, den 31. Juli 1914
> Als zehnjähriger Junge habe ich ein Tagebuch zu führen begonnen. Wenn ich heute, da ich 20 Jahre älter bin und andere Möglichkeiten einer Emanation besitze, wieder die Führung eines Tagebuches aufnehme, so bestimmen mich dazu mehrere Gründe: das Gefühl eine historische Zeit zu erleben, die Unmöglichkeit, die wichtigsten meiner Erlebnisse derzeit publizistisch preiszugeben, die persönlichen Ereignisse, die, im Zusammenhang mit der politischen Lage, in den letzten Tagen mich getroffen haben, und die in mir die Erwartung wecken, daß ihnen weitere folgen werden.

Ursprünglich waren seine Aufzeichnungen nicht für eine Veröffentlichung bestimmt, aber er gab die Büchlein Prag-Heimkehrern mit und bat in einem beiliegenden Brief Mutter und Bruder um größte Sorgfalt:

> 30. August 1914
> Ein verwundeter Freund, Hr. Hugo Robitschek, Smichov, Kronenstraße 24, bringt mein 1. vollgeschriebenes Tagebuch nach Hause zu Euch, da ich mich im Kriege nicht damit schleppen will. Er wird Dir von meiner guten Laune und meinem Wohlbefinden erzählen.
> 29. September 1914
> Liebste Mutter!
> Herr Dr. Malec, der zur Promotion nach Prag fährt, ist so

Egon Erwin Kisch – immer mit Zigarette

liebenswürdig diese zwei weiteren Bändchen meines Tagebuches abzugeben. Bin pumperlgesund, sehr lustig und habe eben Dein Paket erhalten.
Dein Egon Erwin[461]
K.u.k. Feldpostamt 33, 12. X. 14
Daß die Tagebücher ankamen, freut mich herzlich. Gebet acht darauf.
28. 11.1914
Hebe die Tagebücher in der Kassa auf.[462]

Später wiegt sich Kisch in der Hoffnung, seine Aufzeichnungen veröffentlichen zu können:

> Ich habe ein riesiges Kriegstagebuch geschrieben, mein bestes Werk, das aber erst mit Schreibmaschine „gedruckt" ist. Heinrich Mann hat es partiell gelesen, hat mir darüber Enthusiastisches geschrieben, auch sonst gefällt es. Aber es kann erst nach dem Krieg erscheinen.[463]

1922 erschien dann auch die erste Auflage unter dem Titel *Soldat im Prager Korps*; im selben Jahr folgten zwei weitere Auflagen. 1930 entschloss man sich in Berlin (Erich Reiss Verlag) zu einer Neuauflage unter dem Titel *Schreib das auf, Kisch!*[464], die, erweitert um eine Einleitung, ziemlich ident ist:

> Du bist klüger, als der Soldat war, der all das in sein Notizbuch kritzelte – sechzehn Jahre sind vergangen, Krieg und Frieden sind vergangen mit Lehren, mit Kämpfen um die Macht und Personen, die wir damals nicht sahen, weil wir in den Schützengraben befohlen waren und auf den Schützengraben gegenüber zu lugen hatten. Der Herausgeber K. ist mit dem Protokollführer nicht mehr identisch.

Das mag für den Verfasser Kisch zutreffen; was den Text betrifft, konnte in Prag nachgewiesen werden – die Original-Büchlein sind bis heute verschollen –, dass die Stenogramm-Umschrift, mit Schreibmaschine ausgeführt (wahrscheinlich von Bruder Paul, Kisch erwähnt es im *Prager Korps*), mit handschriftlichen Korrekturen versehen keine größeren Streichungen oder Ergänzungen enthält.[465] Der gesamte Text ist in elf Kapitel gegliedert, und jede Seite enthält eine Kopfzeile mit einer zusammenfassenden Inhaltsangabe. Mit dem Ende des österreichischen Feldzugs gegen Serbien, am 6. Dezember 1914, schließt das *Prager Korps*. Die abschließenden „Bemerkungen" in der Fassung von 1922 zeigen einen Rückblick auf die ersten Kriegsereignisse:

> Die vier Monate des Kriegsjahres schließen hier ab, der österreichisch-serbische Feldzug von 1914 ist beendet und ich will die Übertragung an dieser Stelle unterbrechen. Die nächsten Wochen brachten Feldwachdienste und Flußabsicherung an Donau, Save und Drina; Retablierung der Truppen und ihre Ergänzung durch Marschbataillone, die Absetzung Potioreks, die Demission unseres Armeekommandanten […], Inspizierung durch den neuen Oberkommandanten Erzherzog Eugen, Weihnachtsabend mit Liebesgaben, Silvester voll Befürchtungen, Fröste, Läuseplage, Infektionskrankheiten, dann Einwaggonierung auf den nördlichen Kriegsschauplatz. […] Hier wieder Stürme, Verluste, ungeheure Kälte, abgefrorene Füße, Abenteuer mit Selbstverstümmlern, Spionen und russischen Gefangenen und ununterbrochenen Kämpfe [sic!]. Speziell der 11. März sah unser Regiment in einer Schlacht, die ihm die größten Verluste dieses Krieges brachte,

an 40 Offiziere und 700 Mann; mit vier Kameraden gelang es mir, bereits gefangen, zu entkommen.

Die Neuauflage aus dem Jahr 1930 erstreckt sich zeitlich bis zum 13. Februar 1915; beide Fassungen enden mit der Verwundung und dem Heimtransport nach Prag Mitte März 1915. Obwohl Kisch als im Kriegsgeschehen Involvierter sicher immer nur einen kleinen Ausschnitt des Kriegsgeschehens miterleben und erkennen konnte, sind seine Analysen ziemlich deckungsgleich mit den knapp hundert Jahre später publizierten Ergebnissen der Forschungsliteratur österreichischer Historiker.

Max Brod, der Weggefährte aus den „Arco-Tagen", stellte Jahre später fest:

> Ich erinnere mich genau, daß mir den allertiefsten Eindruck Kischs Kriegstagebuch machte, das ich im Manuskript las, als er, aus dem Felde beurlaubt, vorübergehend heimkam. Kisch selbst schien diese Aufzeichnungen mehr als Experiment zu betrachten, nicht allzuviel von ihnen zu halten. Ich war sofort begeistert, beglückwünschte ihn zu dem neuen, völlig originellen Stil, den er nun gefunden habe. Wenn ich nicht irre, ist tatsächlich dieses Kriegstagebuch dasjenige Werk Kischs, das seine später so berühmt gewordene Unmittelbarkeit der „Reportage" (dieser Begriff fehlte damals im Katalog der Kunstformen) zum erstenmal in völliger Reinheit zum Durchbruch brachte.[466]

Als Reporter wollte sich Kisch nicht verstanden wissen (die *Bohemia* hatte ihn als Kriegsberichterstatter angefordert, das Gesuch wurde jedoch abgelehnt[467]), viel eher bekannte er, dass es ihm zunächst nach dem großen Abenteuer[468] verlangt hätte und – die ganzen Kriegsjahre hindurch – nach der Wahrheit. Nach dem Tod des Bruders und mit den fortschreitenden Kriegsereignissen begann er nicht mehr nur das mit eigenen Augen Gesehene zu beschreiben, sondern zu analysieren und – soweit es die innere und äußere Zensur erlaubten – zu kritisieren. Er zweifelte am inneren Zusammenhalt der Armee (man bedenke das Sprachenbabel innerhalb des Vielvölkerstaates), an der Überlegenheit und den Fähigkeiten der Offiziere, die in tadelloser Uniform mit blitzenden Säbeln, hoch zu Ross, ein wunderbares Ziel abgäben.[469] Er kritisierte die k.u.k. Artillerie, die zu kurz schießt und die eigenen Truppen dezimiert,[470] dass unfähige Kommandanten widersprechende Befehle ausgeben, die zu Chaos und Konfusion führten. Er kritisierte die schlechte Ausrüstung der Truppe, die übermüdet, verzweifelt und hungrig gehetzt und getrieben wurde, während die Offiziere in der Etappe in Delikatessen und Privilegien schwelgten, und wenn es ernst wurde – sprich an Gefechtstagen –, immer erkrankten, durch Regimentsärzte leicht Urlaubsscheine erhielten und so zu Kriegskriminellen wurden.[471] Er klagte die Taktiker des Militärs an, die sich an Gegebenheiten sonderbarster Art hielten (an Kaisers Geburtstag muss Valjevo erobert sein[472]) und lediglich aus Überlegungen des Prestiges und der eigenen Karriere handelten: Der Einzug in Belgrad wurde um vier Tage verzögert, um am „Jubiläumstag", das war der Tag des Regierungsantrittes von Kaiser Franz Joseph, die Jubelmeldung abzugeben.[473]

Die stärksten Bilder malte Kisch, wenn er Tod und Verwundung beschrieb, die Schmerzen und Leiden der Verletzten und die Hilflosigkeit und Abgebrühtheit der Ärzteschaft. Was er in seinen Aufzeichnungen aussparte, war das eigene Töten und Morden. Das auktoriale Element in seinem Text gebot ihm diese schonende Distanz.

> Zahllose Verletzte wurden an uns vorbeigetragen, auf Tragbahren, auf dem Rücken oder von je zwei Leuten bloß mit den Händen, Stöhnende, Wimmernde, Schreiende, Zugedeckte, Blutende, Verbundene und Unverbundene, Leute, denen die Wange weggerissen war oder die Nase, Soldaten, die hinkten, und solche , die sich selbst den blutenden Kopf mit ihrem Verbandszeug zurechtpacken wollten, und solche, deren Arm nur an einem Knochen und an Hautfetzen hing. Am furchtbarsten wirkte auf uns ein Kadettenaspirant unseres Regiments, der tobsüchtig geworden war.[474]
> Wir kamen an einer ländlichen Ziegelei vorüber, die zu einem Spital umgewandelt worden war. [...] Soldaten der Sanitätsgruppe, Bandagenträger der Infanterie, Mediziner von vier Regimentern, Assistenzärzte, Oberärzte, Regimentsärzte, Stabsärzte – alles wimmelte durcheinander, es gab keinen Überblick, Einjährig-Freiwillige-Mediziner des 2. Semesters knüpften die Enden zerrissener Stirnadern aneinander, vernähten die gefährlichsten Wunden, der Oberstabsarzt verband Streifschüsse, die Doktoren hatten nicht einmal Schürzen über ihrer Uniform. [...] man hatte einen Tisch und einen Schrank aus irgendeiner Hütte requiriert, [...] ein narkotisierter Infanterist unseres Regiments [...] lag darauf, und ein Regimentsarzt amputierte sein Bein oberhalb des Kniegelenkes. [...] „Sparen mit dem Verbandszeug", schrie der Arzt.[475]

In all dem Grauen und Entsetzen schuf sich Kisch auch mentale Ruhepausen, in der nicht Mensch und Kriegsmaschinerie das Sagen hatten, sondern die Natur: ein schattenrissartiger Trupp marschierender Soldaten, ein aufgerissener Himmel mit sintflutartigen Regenfällen.

> Aber die vorrückenden Truppen boten ein Nocturno von gewaltiger malerischer Wirkung. Werestschagin, du Stümper! Am Himmel ein Armeekorps von Sternen, wie man es kaum je im Abendlande sah,

und von dem fast hellblauen Nachthimmel hob sich die Silhouette der kriegerischen Figuren und ihrer Gewehre und Säbel düster und bedrohlich ab; an der rechten Straßenseite war eine Böschung, auf der einzelne Leute neben ihrer Kolonne marschierten, um nicht so viel Staub zu schlucken. Von unten sahen sie aus wie Giganten unheimlichster Art.[476]

Als der Regen begann, [...] stand die Truppe. Die Tausende von bewegten Gruppen schienen zu bizarren Felsblöcken erstarrt. Das steinerne Heer! Die sandsteinfarbenen Zeltblätter waren über Mann, Tornister und Brotsack geworfen, über stehende, sitzende und liegende Leute. Dergleichen Formationen habe ich, wenn auch nicht so mannigfaltig, in der böhmisch-sächsischen Schweiz gesehen. Wir haben schon viel erlebt während dieses serbischen Feldzuges, wir haben Tote, Verletzte, Häftlinge und Hinrichtungen gesehen, wir haben Strapazen, Müdigkeit, Hunger. Durst, Frost und Hitze in den 14 Tagen überstanden, seit wir Kleider und Stiefel nicht von unseren Leibern ziehen konnten. Aber ich glaube, wenn wir noch tausendmal Seltsameres und Grausameres erleben, nichts wird uns stärker in Erinnerung haften, nichts werden wir je deutlicher schildern können, als diesen unerbittlichen Guß.[477]

Die weitere militärische Karriere des Korporals Kisch lässt sich aus den Militärakten gut erschließen:

[...] von Kriegsbeginn bis zu seiner schweren Verwundung am 16. März 1915 beim Feldregt. gedient und sich in verschiedenen Verwendungen durch unerschrockene, brave Haltung und Pflichttreue hervorgetan. Insbesondere hat Einj. Freiw. Korporal Kisch wiederholt wichtige Aufträge unter den schwierigsten Kampfverhältnissen in Serbien und in den Karpathen aufopfernd, schneidig und sehr geschickt ausgeführt.[478]

Die brave Haltung und die Pflichttreue waren bereits Ende August 1914 belohnt worden:

Heute erhielt ich vor der Front ein Diplom vom Armeekommando überreicht, in welchem mir „für tapferes, mutiges und beispielgebendes Verhalten vor dem Feinde" die belobende Anerkennung ausgesprochen wird.[479]

Von Februar bis März 1915 befand er sich auf dem russischen Kriegsschauplatz an der Karpatenfront, wo Kisch am 16. März eine Granate traf und schwer verletzte: „Granatverletzung in der Mitte des linken Oberarms und am linken Schulterblatt, an der linken Schläfe, am rechten Oberschenkel, ... Ruptur beider Trommelfelle mit der Folge einer traumatischen Neurose." Auszeichnung: Ernennung zum Kadetten![480]

Von März bis November 1915 hielt sich Kisch als Patient im Spital Karolinental und im Garnisonsspital in Prag auf, wo ihn, wie schon erwähnt, auch Max Brod besuchte. Eingestuft als untauglich für den Felddienst, tat Kisch Kanzleidienst in Temesvár und bei der Paketzensur in Orsova. Selbst Zensor wurde er ein Opfer der Zensur, er erhielt eine zehntägige Arreststrafe wegen verbotener Berichterstattung von der Front. Er hatte einen Artikel an den *Pester Lloyd* geschickt, der Mitteilungen enthielt „über Zahl und Standort der Truppe, falsche Vorstellungen über die Art des Dienstbetriebes erweckte, ferner durch Kritik Offiziere und Mannschaft des Heeres lächerlich machte". Das schreibt man nicht ungestraft. Mit 22. März 1916 wurde Kisch kriegsdiensttauglich eingestuft und für mehr als ein Jahr zum Ersatzkompagniekommando nach Gyula[481] versetzt. Dort „gondelte [er] an der Spitze einer Requisitionskommission in den Städten, Dörfern, Farmen, Bauernhöfen und Häusern des Komitats umher, Boden, Kammern, Betten, Ställe, Gärten, Felder etc. nach altem Getreide durchsuchend und vieles konfiszierend [...], und war dem geistigen Heldentod nahe".[482] Aber auch im Fall Kischs: Sie waren da, die begründete Angst vor der Bestätigung der Frontdiensttauglichkeit, der ständige Gedanke „Nur nicht (wieder) an die Front!"

Auch wenn er es selbst in seinen biographischen Aussagen leugnete und im Nachhinein beschönigte: Zu seiner großen Erleichterung ging ihm die Kommandierung nach Wien (mit 25. April 1917) ins Kriegspressequartier zu, wo er mit 2. Mai seinen Dienst antrat. Er arbeitete zunächst in der Auslandsgruppe des KPQs. Diese Stelle hatte aus ausländischen Zeitungen Nachrichten zu exzerpieren, die im Inland nicht erscheinen durften, und zu einem Bulletin zusammenzufassen. Später schrieb er in der Zeitschrift *Österreichisch-ungarische Kriegsberichte* und von März bis Oktober 1918 in der von Robert Musil redigierten Soldatenzeitung *Heimat* mit. In Wien blieb ihm auch Zeit genug, im Lauf eines Jahres fünfundzwanzig Feuilletons in der *Bohemia* zu veröffentlichen.[483] Er ging journalistisch – nicht ganz freiwillig – neue Wege, indem er einerseits autobiographische, andererseits historische Skizzen aus der Zeit vor dem Krieg im Feuilleton unterbrachte.

Aktuelle Reportagen hielten sich aus Gründen der Zensur nur an das Oberflächengeschehen, eine Abspaltung der Reportage von der politischen Information in Nachricht und politischem Kommentar wurde in seinen Texten manifest, sie kristallisierten sich zu einer Art Erlebnisbericht:

> In Venedig war ich auch (mit Flugapparat), habe gehört wie Lyon
> (Frankreich) drahtlos telegraphiert, habe im Taucheranzug am Mee-
> resgrund spaziert und bin in einem U-Boot unter See gefahren.
> Den Gefechtsbericht über das Torpedobootgefecht hast Du ja in der
> Boh[emia] gelesen.[484]

Es war das technoromantische Abenteuer – wie es im Mai 1918 Karl Kraus nannte –, das auch Kisch auslebte, das seinen Weg in die Richtung des Sensationsreporters der dreißiger und vierziger Jahre vorzeichnete. Das KPQ honorierte die Leistungen auch dementsprechend:

> Oblt. Kisch ist seit 25. April 1917 zum K. u. K. KPQ kommandiert, wo
> er zuerst in der Auslandsstelle, dann seit September 1917 in der Re-
> daktion eingeteilt, durch seine eminente schriftstellerische und jour-
> nalistische Begabung, verknüpft mit außerordentlicher Pflichttreue
> und Eifer, schon hervorragende Dienste geleistet und sich jederzeit die
> erdenklichste Mühe zur Erfüllung der an ihn gestellten Aufgaben ge-
> geben hat. […] Da diesem braven Offizier seit August 1914 keine Al-
> lerhöchste Auszeichnung zuteil wurde, erscheint er einer solchen in
> ganz besonderem Masse würdig.[485]

Es ist schwer zu glauben, dass Kisch nicht für die Leistungen und Leiden an der Front, sondern für die Kämpfe am Schreibtisch dekoriert werden sollte und dass man ihn gerade dann auszeichnen wollte, als er bereits (Ende 1917 / Anfang 1918) den Kontakt mit den Gegnern des Krieges und der revolutionären Opposition gesucht hatte. Verschriftlichen wird er diesen Widerspruch seines Lebens in dem Aufsatz *Kriegspropaganda und ihr Widerspiel*.[486]

In Wien, im KPQ, im Café Central, im Sommer 1917 war er Franz Werfel wieder begegnet und die beiden hatten ihre Bekanntschaft, mehr war es wohl nicht, aus den Prager Café-Arco-Tagen fortgesetzt. Im Café Central scharten sie sich neben Franz Blei, Albert Paris Gütersloh, Alfred Polgar, hin und wieder auch Robert Musil, um Benno Karpeles, den Herausgeber der pazifistischen Zeitschrift *Der Friede*[487]. Die unerhört gebildeten Dozenten und Doktoren der abstraktesten Philosophie nahmen Kisch als „enfant chéri" auf[488] und probten gemeinsam den Aufstand – aber nur in großartigen utopischen Gedankenmodellen und auf dem Papier. Das war Kisch zu wenig, seine Freundschaft mit dem Revolutionär Leo Rothziegel war ihm eher Orientierungshilfe:[489]

> Beschlossen wurde die Gründung des illegalen „Arbeiter- und Solda-
> tenrates", der im Januarstreik 1918 und von da in allen innenpoliti-
> schen Ereignissen des Jahres, zu denen auch der Sturz der Monarchie
> gehörte, die entscheidende Rolle spielte. Mit der politischen Arbeit

unter den Soldaten waren drei Genossen befaßt. Einer war der besonders unter den Jungarbeitern populäre Leo Rothziegel [...] und der dritte war ein Offizier, nämlich ich.
Es war ein seltsamer Sprung, geradenwegs aus einem zeitlebens leidenschaftlich ausgeübten Beruf, dem des Öffentlichmachens, in die Tätigkeit des Geheimhaltens zu springen. [...] Ich nächtigte in den Sammelstellen der Soldaten [...] und traf mich mit den Vertrauensleuten, die wir bei unseren Nächtigungen gewählt hatten, zu Sitzungen auf der Praterwiese oder im Keller einer wegen des Krieges stillstehenden Schokoladefabrik. Alle Vorsichts- und Tarnungsmaßregeln wurden vorgekehrt, und während ich sie vorkehrte, ertappte ich mich oft bei dem Gedanken, wieviel schöner es wäre, solch eine Verschwörungsszene zu beschreiben, statt sie zu organisieren.

Am 30. Oktober 1918 zogen etwa 2000 Demonstranten vom Wiener Parlament zur Rossauerkaserne, um Deserteure und politische Gefangene zu befreien – Kisch war dabei. Seine rhetorische und theatralische Begabung (das Abreißen seiner Kragendistinktionen an der Uniform ist verbürgt[490]) verströmte sich in großen Reden – in seinem Gefolge Franz Werfel. Der hatte in der Wiener Innenstadt, ausgerechnet vor dem Gebäude des Bankvereins, das Wort ergriffen und schrie, dass man „gegen diese Übermacht an berittener Polizei heute noch zu schwach" sei, aber schon bald werde „das Proletariat lawinengleich auf jene Herren herabschmettern, die heute noch ausbeuten", und dann würden auch Menschen dieser Klasse „diese Geldpaläste besitzen" – wobei er über seine Schulter wies.[491] Einer kühleren Temperaments, Robert Musil, sah die Situation am 2. November 1918 etwas differenzierter:[492]

Revolutionstagebuch
Hätten nicht Dynastie und Behörden förmlich freiwillig demissioniert, so hätte es beinahe keine Revolution gegeben. Die Vertreter der Volkssouveränität sind nur zögernd in die geräumten Positionen nachgerückt. [...] K[isch] bemüht sich, da hinein Bolschewikismus zu tragen. „Kommen Sie hin, mich sehen?" frägt er vor der Versammlung der Roten Garde am Deutschmeisterplatz heute meine Frau. „Heute abd. habe ich 4 000 Gewehre zur Verfügung. Es wird noch viel Blut kosten", sagt er mit der Miene ernsten Bedauerns. (Vor vier Wochen hat er den Tod jeden weiteren Mannes an der Front für ein Verbrechen erklärt!) Seit 48 Stunden glaubt er nicht gegessen und geschlafen zu haben (wurde aber im Café bei einer Mahlzeit gesehen). Er ist ganz heiser, fahrig und man kann nicht zwei zusammenhängende Sätze aus ihm herausbringen. Mit ihm zieht W[erfel], in diesen zwei Tagen blaß

mager und heiser geworden. Hat anscheinend keine Ahnung, was er tut, glaubt auf die Leute im Sinne friedlichen Umsturzes zu wirken. Er ist enorm komisch. K. dagegen wirkt hysterisch, um jeden Preis bemüht, sich in den Mittelpunkt einer Staatsaktion zu bringen.

Martha Musil kam nicht zum Deutschmeisterplatz, sie hatte mit Kisch (später auch mit Werfel) ganz anderes vorgehabt, wie sie ihrer Tochter Annina in diversen Briefen mitteilte:[493]

25. Mai 1918: Ich habe wieder einmal mein Talent entdeckt und wieder zu malen angefangen. Heute habe ich eine Skizze von Kisch gemacht, aber sie ist noch nicht fertig.

8. Juni 1918: Kisch und seine Bekannte finden sein Porträt sehr gut; ich male ihn später noch einmal, er ist jetzt auf einer Dienstreise, wird mindestens 4 Wochen ausbleiben, er ist ein netter Kerl, man muß immer über ihn lachen. Er hat ein sehr hübsches Buch geschrieben: Der Mädchenhirt (ist für Dich nicht recht passend), aber eigentlich ist er Journalist. – Dienstag sitzt mir Werfel; ich will sehen, daß ich ihn in einem Mal fertig mache; für Kisch habe ich 2 Tage gebraucht. Werfel ist auf den ersten Eindruck häßlich, sehr dick, aber wenn man ihn öfters sieht, findet man seinen Kopf sehr gut, sehr malerisch, aber nur wenn er lebhaft ist. – Kisch ist das reinste Quecksilber, daher sind beide schwer zu malen.

9. September 1918: Im Café [Herrenhof] ist es jetzt lange nicht mehr so schön, auch Kisch wird wahrscheinlich wieder eine Berichterstatterfahrt machen, aber es ist noch nicht sicher; der Bruder ist wieder hier und neulich war auch der kleine Bruder hier, aber Egon Erwin ist bei weitem der Schönste.

18. September 1918: Kisch ist seit Montag auf Urlaub, 4 Wochen, erst zwei Wochen Prag, dann Weimar, dann Berlin. [...] Kisch ist verzweifelt, weil er keine neue Uniform für Berlin hat; die Zivilsachen findet er selbst nicht schön genug.

19. Oktober 1918: Kisch ist noch nicht zurück, er hat einmal geschrieben.

28. Dezember 1918: Kisch sehen wir nicht mehr so oft; (er ist nicht mehr bei der Roten Garde.) Zu Weihnachten hat er sehr viel Geschenke bekommen, hatte immer alles im Kaffeehaus mit, weil dort seine Garderobe ist, sein Zimmer war ihm in diesem Monat gekündigt worden und er schläft seit 14 Tagen jeden Tag wo anders, weil er zu faul

ist, sich eine Wohnung zu suchen. K. Honig, das er auch geschenkt bekam, hat er in einem Tag aufgegessen, gleich am Abend 12 Brote mit Honig. Sein Bruder ist immer entsetzt über ihn; aber sie sind doch alle stolz aufeinander;

Ob mit Komik oder Hysterie nach Robert oder mit Heißhunger und in Schönheit nach Martha – beide Herren (Werfel und Kisch) beendeten ziemlich formlos ihre Karrieren im Kriegspressequartier: Sie gingen nicht mehr zum Dienst. Werfel verarbeitete die Ereignisse der Novembertage 1918 in seinem großen Roman *Barbara*, er widmete den revolutionären Unruhen und damit dem Zusammenbruch der Monarchie ein großes Kapitel.[494] Mit dokumentarischer Genauigkeit schildert er die nervöse und chaotische Atmosphäre, zeichnet die Protagonisten in der Art eines Schlüsselromans, die leicht zu identifizieren sind. Kisch schrieb sich in vielen autobiographischen Texten frei; *Kriegspropaganda und ihr Widerspiel* wurde schon zitiert. Beide schrieben sie aber erst nach dem Jahr 1918, an der Jahreswende 1918/19 wurde eher über sie geschrieben: Abgesehen von den Polizeiprotokollen zum Fall Werfel, entfaltete sich eine geharnischte Schmutzkampagne in den österreichischen und deutschen Blättern zum Fall Kisch.[495] Egon Dietrichstein berichtete im *Neuen Wiener Journal*:

Der Kommandant der Roten Garde. Ein Porträt.[496][…] Es könnte der Name eines Sensationsfilms oder gefährlicher Karl Mayscher Abenteuer sein, in denen die rote Farbe noch nicht in Begleitung von Jakobinertum, sondern nur von Indianern vorkommt ist aber in Wirklichkeit jener des Oberleutnants, vor kurzem noch des k. u. k. Oberleutnants Kisch; vor kurzem noch Egon Erwin Kisch, als Signum harmloser, sogar – hört, hört! Patriotischer Feuilletons, in denen die Armee und ihre Siege gefeiert wurden. […]
In den ruhigen Prager Schilderungen, die er in der „Bohemia" veröffentlicht, ist nicht mehr zu finden als eine ungewöhnliche journalistische Begabung, die politische Fronde wird einem anderen Gebiet seiner Tätigkeit reserviert. Politik und Schriftstellerei haben sich seither in Prag besser vertragen als in dem leidenschaftslosen ästhetischen Wien. Denn nur das eine wollte Erwin Egon Kisch, der alles sein will und viel ist, nicht sein: Ein Ästhet, einer jener Literaten, die mit einem Federstiel, einem Schreibtisch und einigen Kaffeehausimpressionen auskommen. Er braucht Erlebnisse. Sein ganzes, einige dreißig Jahre langes Leben ist eine ruhelose Jagd nach solchen Erlebnissen, die ihn frühzeitig über die ganze Erde herumtrieben. Als Journalist ist er stolz, nie snobistisch mit literarischem Buchstabenehrgeiz kokettiert zu haben, sondern ein Journalist im ursprünglichen, simplen, nicht durch

Schriftstellereitelkeit entstellten Sinne zu sein. Ein Journalist der alten Schule, der nicht nur schreibt, sondern auch sieht, der nicht nur über die Ereignisse berichtet, sondern sie erzeugt. Ein Journalistentyp, wie man ihn hierzulande nicht antrifft, den man in Amerika suchen muß. Wenn man will: Ein Reporter
[Es folgt eine Reihung der Künste, über die Kisch verfüge, und eine Reihe Bezichtigungen; er sei ein Strolch unter Strolchen, ein Hochstapler, ein Dilettant, eine Zirkusattraktion.]
Er ist ein bißchen auf den Meeresboden getaucht, in Flugschiffen und U-Booten gefahren, als es gerade aktuell war [siehe Hans Rudolf Bartsch!], er hat über diese patriotischen Ausflüge als Offizier des Kriegspressequartiers patriotisch geschrieben und an der Westfront Filmaufnahmen geleitet. Er war im Feuer, als sich ihm hiezu Gelegenheit bot und brachte eine Verletzung und Tagebuchblätter mit. Er wollte zeigen, daß er das auch kann. Und weil er alles kann, haben wir noch mancherlei von ihm zu erwarten. Wenn noch ein neuer Erdteil zu entdecken ist, Egon Erwin Kisch-Crusoe wird ihn sicherlich auffinden. Weil aber nun just die Welt sehr klein geworden, der Verkehr mit den Abenteurern eingestellt, der Zutritt zur Fremdenlegion gesperrt ist, wurde Egon Erwin Kisch Kommandant der Roten Garde. Aus Begeisterung, aus Ueberzeugung. Und dann, um zu zeigen: daß er das auch kann.

Werfel stürzte sich in die Arme Alma Mahlers, hoffend, er könne die politischen Agenden weit hinter sich lassen. Er flüchtete sich in die Religion – schwankend zwischen christlicher und jüdischer Mystik – wie so viele Intellektuelle an dieser Zeitenwende. Kisch glaubte eine Lösung für alle nationalen und sozialen Konflikte in den Parteiprogrammen des Kommunismus gefunden zu haben und setzte mit der Drucklegung seines *Kriegstagebuches* einen Schlusspunkt hinter „die große Zeit". Alfred Polgar wird im Dezember 1923 eine Rezension schreiben, in der er den Text mehrfach würdigt:[497]

Nicht das Buch eines Agitators und doch deshalb ein agitatorisches Buch. Es erzählt, wie's zuging. Wie Menschen die Nötigung, heroische Bestien zu sein, erledigten. Wie sie gehäufte Martern des Leibes und der Seele ertrugen oder nicht ertrugen. Der Mechanismus des Kriegsgeschehens liegt bloß, abgehoben ist die pathetische und heldische Umhüllung, denunziert in ihrer elenden fetzigen Papierigkeit. Die Darstellung des Drina-Rückübergangs sollte in unsere Schulbücher aufgenommen werden. Ein erziehliches Lesestück, geeignet, den Tod in der Senkgrube der Ehre recht sehr zu entsüßen.

Die Reservisten: Hermann Bahr, Hugo von Hofmannsthal und Anton Wildgans

Denn wir alle, […] alle segnen, segnen, segnen diesen Krieg!
(Hermann Bahr)[498]

Offener Brief von Hermann Bahr an Hugo von Hofmannsthal vom 26. August 1914:

> Ich weiß nur, daß Sie in Waffen sind, lieber Hugo, doch niemand kann mir sagen, wo. So will ich Ihnen durch die Zeitung schreiben. Vielleicht weht's der liebe Wind an Ihr Wachtfeuer und grüßt Sie schön von mir.
> Mir fällt ein, daß wir uns eigentlich niemals näher waren, als da Sie Ihr Jahr bei den Dragonern machten. Erinnern Sie sich noch. Sie holten mich gern abends ab und wir gingen zusammen, und ich weiß noch, wie seltsam es mir oft war, wenn wir im Gespräch immer höher in die Höhe stiegen, über alle Höhen uns verstiegen und dann mein Blick, zurückkehrend, wieder auf Ihre Uniform fiel; sie paßte nicht recht zu den gar nicht uniformen Gedanken. Im Oktober werden's zwanzig Jahre! Seitdem ist man „berühmt" geworden, es hat uns an nichts gefehlt, aber wer wagt zu sagen, daß diese zwanzig Jahre gut für uns waren. Wie sind Sie jetzt plötzlich so blaß geworden in diesem heiligen Augenblick! Es war eine Zeit der Trennung, der Entfernung, der Vereinsamung; jeder ging vom andern weg, jeder stand für sich, nur für sich allein, da froren wir. Jetzt hat es uns wieder zusammengeblasen, alle stehen für einander, da haben wir warm. Jeder Deutsche daheim oder im Feld trägt jetzt die Uniform. Das ist das ungeheure Glück dieses Augenblicks. Mög' es uns Gott erhalten!
> Und nun ist auf einmal auch alles weg, was uns zur Seite trieb. Nun sind wir alle wieder auf der einen großen deutschen Straße. Es ist der alte Weg, den schon das Nibelungenlied ging; und Minnesang und Meistersang, unsere Mystik und unser deutsches Barock, Klopstock und Herder, Goethe und Schiller, Kant und Fichte, Bach, Beethoven und Wagner. Dann aber hatten wir uns vergangen, auf manchen Pfad ins Verzwickte. Jetzt hat uns das große Schicksal wieder auf den rechten Weg gebracht. Das wollen wir uns aber auch verdienen.

Hugo von Hofmannsthal, 1897, Reserveleutnant
bei den Ulanen

Glückauf, lieber Leutnant. Ich weiß, Sie sind froh. Sie fühlen das Glück, dabei zu sein. Es gibt kein größeres. Und das wollen wir uns jetzt merken für alle Zeit: es gilt, dabei zu sein. Und wollen dafür sorgen, daß wir hinfort immer etwas haben sollen, wobei man sein kann. Dann wären wir am Ziel des deutschen Wegs, und Minnesang und Meistersang, Herr Walter von der Vogelweide und Hans Sachs, [...] Kant und Fichte, Beethoven und Wagner wären erfüllt. Und das hat unserem armen Geschlecht der große Gott beschert! Nun müßt Ihr aber doch bald in Warschau sein! Da gehen Sie nur gleich auf unser Konsulat und fragen nach, ob der österreichisch-ungarische Generalkonsul noch dort ist: Leopold Andrian. Das ist nun auch gerade zwanzig Jahre her, daß

Andrian den „Garten der Erkenntnis" schrieb, diese stärkste Verheißung. Er wird sie schon noch halten, mir ist nicht bang: ein Buch mit zwanzig, eins mit vierzig, eins mit sechzig Jahren, weiter nichts, in jedem aber volle zwanzig Jahre drin, dann wird er der Dichter der drei Bücher sein, das ist auch ganz genug. Und wenn Ihr so vergnügt beisammen seid und während draußen die Trommeln schlagen, der Poldi durchs Zimmer stapft und mit seiner heißen dunklen Stimme Baudelaire deklamiert, vergeßt mich nicht, ich denk' an Euch.

Es geht Euch ja so gut, es muß einem ja doch schrecklich viel einfallen, nicht?

Auf Wiedersehen![499]

Dieser offene Brief war nicht nur Gegenstand einer zehnseitigen Replik von Karl Kraus[500] (allerdings erst fast zwei Jahre später), sondern knüpfte wirklich an ein gemeinsames Stück Vergangenheit an, dessen Auffrischung Bahr durch eben dieses Schreiben wieder in Angriff genommen hatte. Bahr und Hofmannsthal (da schrieb dieser noch unter dem Pseudonym „Loris", weil man als Schüler nicht publizieren durfte) begegneten einander zum ersten Mal 1891 im Café Griensteidl in Wien; Loris wurde Hermann Bahr vom Schauspieler und Schriftsteller Gustav Schwarzkopf zugeführt.[501] Bahr war 28 Jahre alt, Hofmannsthal zehn Jahre jünger, ein Gymnasiast, Sohn einer reichen (zum Katholizismus konvertierten) jüdischen, geadelten Familie. Er studierte nach der Matura zunächst Jus, dann Romanistik und schloss mit Doktorarbeit ab. Eine Habilitation wurde nicht vollendet. Hofmannsthal heiratete 1901 Gertrud Schlesinger, übersiedelte nach Rodaun – wo er bis zu seinem Tod wohnte – und lebte berühmt (wie Bahr so richtig anmerkt) und anerkannt als freier Schriftsteller.[502]

Ganz anders Hermann Bahr, der hatte ein unstetes und weitaus bewegteres Leben. Zwar stammte auch er aus einem gut bürgerlichen Haus – der Vater war Jurist, Notar und übte diverse öffentliche Funktionen aus, allerdings in Linz! (Nicht zufällig apostrophierte Karl Kraus Bahr gerne mit „der Herr aus Linz".) Bahr flüchtete aus der einen Provinz in die nächste, nach Salzburg, um dort seine Gymnasialstudien zu beenden, wanderte weiter nach Wien und begann mit dem Studium der Klassischen Philologie, später Rechtswissenschaften und Nationalökonomie. Er schloss sich dem Kreis um den deutschnationalen Georg Ritter von Schönerer an und wurde auf Grund einer Rede, gehalten 1883 anlässlich der Trauerfeier für Richard Wagner, in der er den Anschluss Österreichs an das Deutsche Reich forderte, von der Wiener Universität relegiert. In Graz fand er in der Folge keine Aufnahme, seine Studien in Czernowitz waren ebenfalls von kurzer Dauer, also zog er weiter nach Berlin, wo seine Dissertation nicht

„Hermann, der Heilige." – Karikatur in der Zeitschrift
Die Muskete vom 9. November 1916

approbiert wurde. Schluss mit den Studien! 1887/88 absolvierte er sein Freiwilligenjahr in Wien, verbrachte ein Jahr in Paris, bereiste Spanien, Marokko und Russland, ehe er sich, zurückgekehrt nach Wien, im bereits genannten Griensteidl der Gruppe „Jung-Wien", auch „Wiener Moderne", anschloss, deren Mittelpunkt er schließlich wurde. Er konnte zu diesem Zeitpunkt bereits von seiner schriftstellerischen Tätigkeit leben, gut leben – als Theaterkritiker, Journalist, Dramaturg bzw. Regisseur. 1912 ließ er sich mit seiner Frau, der Schauspielerin Anna Bahr-Mildenburg, in Salzburg, im Schloss Arenberg nieder. Er konvertierte zum katholischen Glauben, besuchte täglich die Messe und mutierte zum katholischen Publizisten. Freunde und Feinde verfolgten die Bahrsche Kehrtwende mit Misstrauen und Staunen, hielten die Konversion für eine neue

Kunstströmung, auf die Bahr, dem man nachsagte, dass er jede mitgemacht hatte (auch bevor sie noch Mode wurde) aufgesprungen war und mitschwamm.

Bei Ausbruch des Ersten Weltkriegs – Bahr wurde aufgrund seines Alters nicht eingezogen – wurde der Dichter von der ausbrechenden Kriegsbegeisterung nicht verschont, im Gegenteil, mit allen ihm zur Verfügung stehenden Mitteln betrieb er Kriegspropaganda. Am eindeutigsten schon während der ersten Kriegsjahre in seinem später umstrittensten Buch *Kriegssegen*[503]. Der Dichter eröffnet mit einer Erklärung:

> Wer einen Feuersegen, Wettersegen oder Seuchensegen spricht, will damit nicht Feuersbrunst, Hagelschlag oder Pestgefahr einen Segen nennen, sondern bittet Gott, daß er ihre Not zum Segen wende. [...] So meint auch das Wort Kriegssegen nicht, daß der Krieg ein Segen sei, sondern daß wir uns daraus einen Segen holen wollen! Ich hätte nie gedacht, dies erst noch aussprechen zu müssen, aber das Wort Kriegssegen ist wirklich mißverstanden worden, und von ganz klugen Leuten. Salzburg, Advent 1914

Nun, so missverständlich mag der „Segen des Krieges" doch nicht gewesen sein! Programmatisch und chronologisch wird im leichten, jovialen Ton (damit es halt auch jeder versteht!) vorgegangen. Das Buch enthält den bereits zitierten *Gruß an Hofmannsthal* (Bayreuth, 16. August), gefolgt von einem Aufsatz, betitelt *Carlyle gegen Frankreich* (Bayreuth, 17. August). Darin wird der englische Neid thematisiert, der „uns schon 1870 dazwischen gefahren sei, es habe nicht viel gefehlt". Im gleichen Jahr sei auch Unglaubliches an Willkür, Grausamkeit und Zuchtlosigkeit von den Franzosen gegen Deutschland verübt worden. Und dass Deutschland „heute, nach vierhundert Jahren von Misshandlung und Mißgeschick diesen Feind rechtschaffen niedergemacht" habe und ihm abnimmt, was von ihm gestohlen wurde – Elsass und Lothringen – das sei kein Revanchismus, sondern nur die gerechte Strafe. Es folgt der *Kriegssegen* (München, 27. Oktober):

> Einen Kriegssegen will ich sprechen, den Segen aussprechen, der auf allen Lippen liegt, denn wir alle, so weit es Deutsche gibt in der weiten Welt, alle segnen, segnen, segnen diesen Krieg!
> Ich habe nicht vor, lyrisch zu werden. Lyrik liegt mir fern. So fern, daß ich in diesen ganzen drei Monaten, man denke, noch kein einziges Kriegsgedicht verfaßt habe. [Gott sei's gedankt!] Wer kann das von sich sagen? Wer macht mir das nach?[504]
> Nein, ich will trachten, ganz unlyrisch bedächtig aufzählen, was wir in diesen drei Monaten erlebt haben [...]

Bismarck wird zitiert, der diesen Krieg schon vorausgesagt habe und gemäß dessen markigen Worten es auch geschah und „wir sahen mit unseren seitdem geweihten Augen die deutsche Mobilmachung". Diese war – so Bahr – begleitet von einem Enthusiasmus, einem Enthusiasmus ganz besonderer Art, nämlich von einem wohl disziplinierten. „Und so, wenn wir das Wunder der deutschen Mobilmachung sahen, erstaunten wir gar nicht, weil es ja kein Wunder war, sondern nichts als ein natürliches Ergebnis, erarbeitet seit tausend Jahren, der Reinertrag der ganzen deutschen Geschichte." In diesem Kapitel des Bahrschen Elaborates wird auch Goethe bemüht, der große Deutsche, der es auch schon immer gewusst habe: „Sich voneinander abzusondern ist die Eigenschaft der Deutschen!" Und weiter: „Die Menschen werden durch Gesinnungen vereinigt, durch Meinungen getrennt." Und wäre Goethe noch unter den Lebenden, er hätte sich unzweifelhaft an Bahrs Seite gestellt und nicht nach Meinungen gefragt, sondern den Herrn aus Linz in seiner Ansicht bestärkt, dass nun, „in dieser großen Zeit", lediglich der Wille zur Tat Geltung habe.

Im Brief *An einen entfremdeten Freund* (Salzburg, Allerheiligen) fordert Bahr diesen auf, doch nach Deutschland zu kommen, um das einzigartige, gemeinsame Aufstehen zu sehen, denn „wir fühlen alle, daß der Deutsche jetzt für die ganze Menschheit kämpft, für alle lichten Menschen!" Der Freund, der in Sorge um Sieg oder Niederlage ist, der die Frage nach der Sinnhaftigkeit des Kämpfens stellt, wird zurechtgewiesen:

> Aber jetzt hör ich Sie ungeduldig rufen: Und Europa? Waren nicht die besten Deutschen alle längst der Enge der vaterländischen Gesinnung entwachsen? [...] Waren wir geistig nicht längst Europäer geworden? Und dieses Europa, unser Stolz, unsere Lust, ist zerstört! Ja, lieber Freund, es ist zerstört. Nicht durch unsere Schuld. Wir wurden angegriffen, wir mußten uns unserer Haut wehren. [...] Nicht wir haben es zerstört, sondern der Haß. Wir hätten den Krieg ohne Haß geführt. [...] „Wir Deutsche", hat Bismarck gesagt, „fürchten Gott, aber sonst nichts in der Welt; und die Gottesfurcht ist es schon, die uns den Frieden lieben und pflegen läßt!"

Wer diesen Frieden breche, so Bahr weiter, werde allerdings abgeschlagen, aber dazu bedürfe es nicht des Hassens, da genüge schon das Schwert.

Es folgen die Kapitel *Heldentum*, in dem wieder ein deutsches Spezifikum aufgerufen wird: „Es ist ein Heldentum der Pflicht, der Treue, der inneren Ordnung und der guten Nerven, ein ganz unpersönliches, anonymes, sozusagen feldgraues Heldentum." Es ist das Kanonenfutter, es sind die Millionen, die sich nicht arrangieren konnten, es sind vor allem fast immer tote verreckte Feldgraue – von einer Granate zerfetzt, von einer Kugel getroffen, im Giftgas erstickt oder im Schützengraben verschüttet – die in Bahrs Szenerie die Helden abgeben. Aber dieses Heldentum, dieses andere Heldentum machte der Dichter nicht zum Thema.

Der Aufsatz *Kriegerisch* unterscheidet zwischen denen, die hinterm Ofen sitzen oder im Café und sich ihre Kriegserlebnisse aus den Blättern und Journalen saugen, und denen, die an der Front waren und „aus dem Felde ganz andere Augen" mitbrachten. Und Hermann Bahr weiß auch, welche Augen ihn da ansehen:

> Es sind die Augen Cäsars! Wenn man den Gallischen Krieg liest, sieht einen daraus zuweilen ein Augenpaar an, von einer Klarheit des Sternenhimmels in Winternacht. Denn der neue Heldenschlag, den dieser Krieg gezeitigt hat, stammt ja von Cäsar.
> Cäsar war der liebenswürdigste, heiterste, stillste Held, seine gewinnende Freundschaft, seine Anmut, die Menge betörend, ja selbst Gegner versöhnend, von der größten Einfachheit der Sitten, immer gut gelaunt, niemals aufgeregt, immer artig, selbst wo er aus Klugheit grausam sein mußte; […]

Lieber wollen wir die nächsten Kapitel *Österreich! Unterricht in Kriegszeit* (da führt der „Kriegspädagoge" das Wort), *Flüchtlinge* und *Aufruf zur Verschwendung* (die Bahrsche Lösung aller aus dem Krieg resultierender wirtschaftlicher Probleme) überspringen und zurück, auf die ersten Seiten des Büchleins schauen. Dort lässt er *„das deutsche Wesen"* erscheinen:

> Und wenn ich hundert Jahre würde, diese Tage werd ich nie vergessen! Es ist das Größte was wir erlebt haben. Wir wußten nicht, daß so Großes erlebt werden kann. Noch vor drei Wochen wären wir unfähig gewesen, es uns auch nur vorzustellen. Dieses Gefühl, etwas erlebt zu haben, was wir selber noch gar nicht aussprechen können, überwältigt alle. Jeder sieht's dem andern an und fühlt's am Drucke seiner entschlossenen Hand. Reden ist unnütz geworden, jeder weiß stumm, was jeder fühlt. Nichts lebt in uns als das Eine, das Ungeheure: uns ist das deutsche Wesen erschienen.
> Wir haben einander endlich erblickt. Wir wissen jetzt zum erstenmal, wie wir wirklich sind. Das ist das unbeschreibliche Geschenk dieser großen Zeit. Davon schlagen in dieser schweren Stunde die Herzen alle so hoch. Niemals sind wir ernster gewesen, aber auch noch nie so froh. In einer gläubigen Freudigkeit stehen wir beisammen, die wir niemals kannten. Denn uns ist das deutsche Wesen erschienen.
> Wo war es so lang geblieben? Über Nacht stand es auf. Und steht so

stark da, daß nichts daneben mehr Platz hat auf der deutschen Erde.
Jeder andere Gedanke, jedes andere Gefühl ist weg. [...] Wir haben
uns wieder, nun sind wir nichts als deutsch; es genügt uns auch ganz,
wir sehen jetzt, daß man damit völlig auskommt, fürs Leben und fürs
Sterben. [...] Von Waffen starrt das Land, und jedes deutsche Herz
von Zuversicht. Ein einziges Schwert des Glaubens ist das ganze Volk.
Uns ist das deutsche Wesen erschienen! [...]
In unheiligen Wünschen hatte jeder seinen wahren Willen vergessen.
Jetzt hat jeder seinen Willen wiedergefunden, da zeigt sich's: alle haben nur einen. In allen deutschen Herzen schlägt jetzt derselbe heilige Zorn. Ein heiliger Zorn, ein heiligender Zorn, ein heilender Zorn.
Alle deutschen Wunden schließen sich. Wir sind genesen. Gelobt sei
dieser Krieg, der uns am ersten Tag von allen deutschen Erbübeln erlöst hat.[505]

Angesichts dieser Schulterschluss-Apotheose, dieser deutsch-österreichischen (eigentlich nicht allzu österreichischen) Blutsbrüderschaft-Eloge erübrigt sich jeder Kommentar. Nur einer konnte nicht an sich halten; noch am 9. Oktober 1917 erinnert Karl Kraus seine Leserschaft an den *Kriegssegen* und an den darin enthaltenen *Brief an Hofmannsthal*:

Da ist es denn geboten, wieder einmal auf ein Büchlein hinzuweisen,
das den Titel „Kriegssegen" führt, und insbesondere auf jenen darin
enthaltenen denkwürdigen „Gruß an Hofmannsthal", über den seinerzeit die Hühner in Salzburg Tränen gelacht, die Menschen aber mit
ihrer Humorlosigkeit und mit ihrem schlechten Gedächtnis, auf das
der Herr Bahr allerwege still vertraut, zur Tagesordnung der Generalstabsberichte übergegangen sind. [...] Man hätte nun aber doch wohl
annehmen müssen, daß ein Mensch, dem das passiert ist [die Publikation des „Kriegssegen"], auf Kriegsdauer, wenn nicht lebenslänglich
sich versteckt halten würde. Statt dessen riskiert er auf die Straße zu
gehen, in Zeitungen und Zirkeln für das junge Österreich zu werben,
zwischen Piusverein und Neuem Wiener Journal zu vermitteln [...] so
sehe ich mich zu der Drohung gezwungen [...] – ich warne das neue
Österreich, ich warne aber auch den Hermann Bahr [...]: nämlich den
„Gruß an Hofmannsthal" im Wortlaut wiederabzudrucken![506]

Und auch Stefan Zweig meldete sich mit einem Vorschlag zu Wort, der beim erstmaligen Lesen seltsam anmutet und durchaus überrascht, dem aber bei näherer Betrachtung nichts entgegenzusetzen ist:[507]

Hermann Bahr abgebildet in der *Fackel* vom September 1913: „Ich warne das neue Österreich vor dem Hermann Bahr [...] Er hat mehr Gesinnungen als bunte Bademäntel."

Lieber verehrter Herr Bahr, [...] Endlich stehen Sie dort, wo ich und manche Ihrer besten Freunde Sie seit drei Jahren erwartet haben! Als Europa wahnsinnig wurde, ich hier in Wien mit einem entsetzlichen Grauen das Schäbigste wie das Beste unserer Geistigkeit in einem plötzlichen Patriotismus toben sah, allein, urallein, griff ich nach allen Seiten mit den Händen zu meinen Menschen, wer mit mir hielte im Gefühl! Ich schrieb damals auch Ihnen und bekam eine merkwürdige Karte, ich möchte doch für Europa keine Sorge haben. Und dann Ihr „Kriegssegen"! Offen, lieber Hermann Bahr, ich habe damals an Ihnen verzweifelt. [...]

Wenn Sie heute Lammasch und Rolland als die Tapferen erkennen, so genügt dies aber nicht. Ihre Pflicht als Mensch der aufrechten Meinung (und dies liegt im Sinne Ihres Glaubens, den zu ehren ich mich immer verpflichtet fühle) ist, heute sich selbst <u>anzuklagen</u> und ihre Bücher, ihre Aufsätze des Anfangs zu verwerfen. Öffentlich ihnen abzusagen! Denn diese Aufsätze schwimmen noch immer herum, werden noch immer citiert und argumentiert – gehen Sie, Hermann Bahr, mit gutem Beispiel voran, kaufen Sie Ihren „Kriegssegen" zurück, lassen Sie ihn einstampfen und fordern Sie die andern auf, ein Gleiches zu tun. Nur so können auch Sie, der Spätgekommene, noch der heiligen Sache nützen: durch öffentliche Buße. […]

Hugo von Hofmannsthal leistete sein Einjährig-Freiwilligen-Jahr, beginnend mit 1. Oktober 1894, in Brünn beim Dragoner-Regiment 6 ab. (Auf dieses Datum bezieht sich auch der groteske öffentliche Bahr-Brief aus dem *Wiener Journal*.) Zunächst noch ganz positiv gestimmt, das Militärjahr als Fortsetzung der Gymnasialzeit betrachtend – nur minder scheinhaft und unzulänglich –, sendet er köstliche und überaus witzige Briefe an Freunde und die Eltern:

Verehrte beidige Eltern, deren Sohn befindet sich wohl, […] deren Sohn geht heute Abend ins Theater, deren Sohn speiste gestern in Göding mit einem Erbprinzen, 3 gewöhnlichen Prinzen, 9 Grafen, 7 Freiherren, 16 reichs- und sonstigen Rittern und Edlen nebst einigen wenigen bürgerlichen Canaillen (das Essen war elend), deren Sohn ist aber trotzdem den obenerwähnten Eltern noch immer ganz gewogen, denn deren Sohn hat heute endlich das Geld (75 fl.) bekommen.[508]

An Edgar Karg, ziemlich zeitgleich: „Es wird Dir sonderbar vorkommen, aber ich freu mich eigentlich auf's dienen [sic!]. Weißt Du, wegen der naiven geistlosen Art sein Leben hinzubringen […]."[509] Allerdings sieht die Lage im Juni 1895 schon wesentlich düsterer aus: „Sehr große Depression. Abends Spaziergang im Wald, Birken, schwarzes Wasser, Sumpfgräser, alles tot, ich mir selber so nichts, so unheimlich. Alles Leben von mir gefallen."[510] Noch zweimal muss der Dichter die Studierstube mit dem Kasernenhof vertauschen und zu den Waffenübungen eilen: im Mai 1896 und im Juli 1898. Er empfindet die Zustände als entsetzlich und furchtbar, den Gestank, den Schmutz, das elende Leben der Bauern (er logiert in Tlumacz, einem Nest in Galizien, nahe der russischen Grenze), und doch ist er mit den Lehren, die er aus den Militärdiensten zieht, zufrieden. Das Auseinanderklaffen von Poesie und Leben, von Realität und Kunst – Phänomene, die zu entschlüsseln, auch während der Kriegsjahre 1914 bis 1918, nicht gelingt, werden ihm bewusst:

> Ich bin hier viel ernster und härter, als ich je in meinem Leben war.
> Ich korrigiere meinen Begriff vom Leben: von dem, was das Leben für
> die meisten Menschen ist: es ist viel freudloser, viel niedriger, als man
> gerne denkt. [...] Das Leben, das wir in Wien führen, ist nicht gut [...]
> Wir leben in geistiger Beziehung wie die Kokotten, die nur französischen Salat und Gefrorenes essen.[511]

Hugo von Hofmannsthal war überzeugter Österreicher, heute spricht man von Altösterreicher, seine geistige Heimat war davon geprägt. Doch bereits im April 1912 gestand er in einem Brief an den Freund Eberhard von Bodenhausen, dass die Habsburgermonarchie sich zu dem entwickelt habe, was sie seiner Meinung nach nicht sein solle: ein Vielvölkerstaat, in dem Kaiserwürde und Reichsidee an Kraft verloren und die Nationalitäten an Macht gewonnen hätten:

> Trüb stets hier, Eberhard, trübe um unser altes Österreich. Ich frage mich manchmal mit Bangen: in was für Decennien wachsen meine zwei Buben hinein. Die äußere Lage [...] ist nicht das Schlimmste.
> Wären wir ein Staat wie jeder andere, wir könnten handeln [...] Das Innere ist das furchtbare Problem. Die südlichen Slawen innerhalb der Monarchie, nicht nur die Serben, auch die Croaten, in halbem Aufruhr (viele standrechtliche Erschießungen, Verhaftungen, von denen nicht gesprochen wird) die Böhmen tückisch lauernd mit gefletschten Zähnen – Galizien, der ruthenische Teil, unterwühlt von russischen Agitatoren – Italien ebenso gern Feind als Bundesgenosse. [...] und im Inneren, halb Indolenz, halb Kopflosigkeit, [...] Wir gehen einer dunklen Zeit entgegen [...] können von Schritt zu Schritt alles verlieren – und – das ist das Schlimmste – auch wo wir siegen, nichts rechtes gewinnen als nur Verlegenheiten.[512]

Der Ausbruch des Weltkriegs hatte ihn daher nicht überrascht, im Gegenteil, wie bei so vielen Intellektuellen wurde der Krieg von ihm freudig begrüßt, ja geradezu maliziös als Kriegsspiel unterschätzt: „Das hätte ich mir auch nicht gedacht, daß ich noch einmal im Leben eine Feldkappe aufsetzen und einen geschliffenen Säbel umschnallen würde. Macht mir aber viel Freude. Ich bekomme entweder ein Bahnsicherungscommando in Istrien oder Dalmatien – oder Urlaub, beides ist möglich."[513] Am 26. Juli 1914 erhielt der 40jährige doctor philosophiae, Vater dreier Kinder, seine Einberufung als Offizier zum Landsturm-Feldregiment Nr. 5 nach Pisino im Hinterland von Istrien, wohin er am 28. Juli einrückte. Seiner Frau Gerty teilten er nur lakonisch mit: „Ein bisserl öd ist schon dieses Nesterl."[514] Und weiter: „Bewaffnet mit einer Officierskappe, einem Regenschirm, englischen cakes und Lindtchocolade eile ich per Schlafwagen dem Feind entgegen."[515] Anders an Ottonie Gräfin Degenfeld: „Glauben

Sie mir und sagen es allen unseren Freunden, daß wir alle hier bis zum letzten Holzknecht, in dieser Sache und in alles, was daraus werden möge, mit einer Entschlossenheit, ja Freude hineingehen, wie ich sie nie erlebt habe, ja nie für möglich gehalten hätte."

Diese Freude und Entschlossenheit mag ja nun für den Holzknecht Gültigkeit gehabt haben, der Dichter verließ die Garnison nach wenigen Tagen wieder, kehrte am 4. August zurück nach Wien und wurde mit 10. August der Pressegruppe des Kriegsfürsorgeamtes[516] als Leiter zugeteilt. Er betrieb systematisch seine Freistellung und erhielt mit 1. Oktober 1914 die gewünschte Superarbitrierung, wie die bereits angeführten Schriftsteller- und Dichterkollegen. Die Begründung laut ärztlichem Gutachten:

> Leut. Dr. Phil. Hugo Hofman von Hofmannsthal, 40 J. alt, mittelgroß, minderkräftig, blutarm leidet an allgem. Nervenschwäche mittleren Grades mit Beteiligung des Herzens /: anaemische Geräusche zweiter Pulmonalton akzentuiert:/ und nach Angabe an geringer Zuckerharnruhr [=Diabetes. Zu viel Lindtchocolade?], daher zu den Truppendiensten in der Lw. [= Landwehr] untauglich, zu Lokaldiensten und zw. zu Kanzleidiensten geeignet.[517]

Der Herr Leutnant verließ demnach den Kriegsschauplatz noch bevor die Kampfhandlungen eingesetzt hatten, was nicht heißen soll, dass er seine Kraft und Energie nicht weiterhin für Volk und Kaiser zur Verfügung stellte. Am 7. Oktober 1914[518] klagte er noch dem Freund Bodenhausen, dass bis Mitte September der „auf uns lastende Alp ungeheuer" gewesen sei, aber seit „man sieht, daß eine russische Offensive doch zum Stehen gebracht werden kann [...] ist das Gefühl der ungeheuren Spannung nach dem Westen gewandt, auch bei uns. Aber es wird alles gut gehen, Eberhard, ich fühle es im innersten Herzen, dort wo das Gefühl mir liegt, und wir werden unser Leben wieder lieb haben und uns ohne Ende freuen, daß wir Deutsche sind. Österreich! Du ahnst ja gar nicht mein Guter, niemand von Euch ahnt so recht, was wir in diesen 10 Wochen durchgemacht haben. [...] Seit dem Türkenkriege nichts, was annähernd damit zu vergleichen wäre. Der Umfang des Landesverrates im Süden, Osten und Norden einfach monstruös, ein zwanzigfaches Oberelsaß. [...] Kam dieser Krieg nicht bald, so waren wir verloren – und wohl Deutschland mit uns."

Er sei aber nun schon seit Wochen aus der militärdienstlichen Tätigkeit ganz in die politische hinübergezogen, aber in ganz anonymer Weise und seither habe er auch die Depression, nicht vor dem Feind zu stehen, überwunden.[519] Mit gar nicht so anonymer Dichtung, geistiger Unterstützung und moralischer Erbauung wandte sich Hofmannsthal den neuen Aufgaben zu, denn „das Bedürfnis nach Geistigem ist ja bei denen vorn so groß, so hört man

immer wieder. […] Sie bitten immer wieder um etwas, was sie ‚emporzieht'
vom Morde".[520]

Das Geistige manifestierte sich in Hofmannsthals publizistischem Engagement; zum einen in Artikeln und Essays in Zeitungen und Zeitschriften, zum anderen in Buchpublikationen und Vorträgen, in Berichten von und während etlicher Dienstreisen. Auf diesem weiten Feld leistete er mit vollem Einsatz Propagandaarbeit. Er wollte aber auch aktiv, sozusagen als Politiker seinen Mann stellen: „Die acuteste Sorge ist die für die Winterausrüstung, seitens der Heeresverwaltung geschieht bei uns nur unzulängliches in diesem Punkte, alle Kräfte sind auf den Munitionsersatz, die Verpflegung gestellt, hier muß mit angespanntesten Kräften nachgeholfen werden; dazu mache ich anonyme Politik."[521]

Eine Form der anonymen Politik kam in Gestalt einer groß angelegten Publikation (die allerdings nach dem 26. Bändchen wieder aufgegeben wurde), einem Sammelwerk, mit dem Titel *Österreichische Bibliothek*. Der ursprüngliche Titel war programmatisch *A.E.I.O.V.* Der Wahlspruch Kaiser Friedrichs III. (1415–1493), vielfach gedeutet – u. a. Austriae est imperare orbi universo –, sollte modifiziert als „Aller Ehren Ist Österreich Voll" die Österreich-Idee ins Blickfeld rücken. Die Reihe sollte beim Verlag Heller[522] publiziert werden, erschien aber unter verändertem Titel schlussendlich im Insel-Verlag. Es ließe sich noch etliches zur *Österreichischen Bibliothek* sagen, zum Beispiel, dass Anton Wildgans eineinhalb Jahre zuvor beim Verlag Staackmann ein ähnliches und doch ganz anderes Projekt („nennen wir dieses Gesamtwerk vorderhand aufs Geratewohl ‚Österreichische Bibliothek'") vorgelegt hatte.

Während Hofmannsthal von der Fiktion eines Großreiches, eines übernationalen „Heiligen Reiches" ausging und so ein restauratives Modell mit zukunftsorientierten Utopien verbunden wissen wollte, enthielt Wildgans' Vorschlag ein bodenständig-deutsch gekennzeichnetes, durch Zusammenschluss einerseits und strenge Abgrenzung andererseits geprägtes Programm. Seine Beiträger sollten Rosegger, Schönherr, Bartsch, Ginzkey, Csokor etc. sein – alle, bis auf die beiden Erstgenannten, Mitglieder des Kriegsarchivs, Literarische Gruppe.[523] Trägt die *Österreichische Bibliothek* als literarische Unternehmung Zeichen einer weiten und freien Geistigkeit, so ist sie als kulturpolitisches Projekt mit den Stigmata des Vergeblichen und Vergänglichen behaftet.

Anton Wildgans, Jahrgang 1881, war wie seine Kollegen und Freunde gezwungen, ein Doppelleben zu führen. Nach dem üblichen Bildungsgang, mit abgeschlossener Matura, fühlte er sich zum literarischen Schaffen hingezogen, beendete aus finanziellen Gründen, aber auch auf Wunsch des kranken Vaters, das ungeliebte Jusstudium und übte diesen Brotberuf (1909 bis 1911 als Untersuchungsrichter) auch über mehrere Jahre aus. Die militärische Laufbahn war ihm von Anbeginn verschlossen, war er doch bereits in der Gymnasialzeit an Scharlach erkrankt. Bei der ersten Musterung wurde als Folgeerscheinung eine schwere Venenerkrankung festgestellt und Wildgans untauglich geschrieben. 1912 beschließt er nach etlichen spektakulären Erfolgen auf Wiens Theaterbühnen, sich nur mehr der Kunst zu widmen. Der Freundeskreis zu dieser Zeit weist Namen auf, die uns hinlänglich bekannt sind: Max Mell, Theodor Csokor, Stefan Zweig, und – besonders wichtig – Franz Karl Ginzkey. Bei Ausbruch des Weltkriegs will sich Wildgans nach seinen Möglichkeiten in den Dienst der Sache stellen („Es drängt mich, in der jetzigen schweren Zeit meine Kräfte dem Staate zu weihen"), er meldet sich erneut bei Gericht, beim Pressereferat, wird aber nicht angenommen. Bis Dezember 1914 weihte er dem Staat anderweitig seine Kräfte, nämlich mit Produzieren von Propaganda-Flugblättern.

Am 3. Dezember 1914 schrieb Hugo von Hofmannsthal an Anton Wildgans, er beabsichtige eine Reihe kleiner Bücheln herauszugeben, die „unsern Besitz im geistigen, historischen, culturellen Sinn ein wenig in Evidenz bringen sollen". Er trat mit der Bitte an Wildgans heran, der möge ihm doch die Gedichte, welche der als Flugblätter im Verlag Heller herausgegeben habe, zum Abdruck überlassen, seien sie doch „außerordentlich schön, [...] specifisch oesterreichisch und treten durch die Actualität des Themas aus dem Bereich des Nur-poetischen an die Grenze des Politischen (das Wort in seinem höheren und reineren Sinn genommen)"[524]. Er schließt auch noch den Wunsch nach einem Gedicht an, „ein Gedicht auch, das so gut wäre, wenn es unter diesen stünde: eines, das beseelte und gute Worte über unsere vielerlei Völker zu sagen wüsste, über das Nebeneinander-Ineinander, über das Beieinanderhausen der Deutschmährer und Cechischen Mährer, dieser wieder und der Slovaken, über das Teilhaben an der gleichen Landschaft – dieses österreichische Gedicht von Ihnen verlangen, wäre es zuviel?"[525]

Im folgenden Briefwechsel zeigte sich Wildgans durchaus bereit, man diskutierte Verdienstmöglichkeiten (die Erträge der Flugblätter kamen – wie auf dem Titelblatt festgehalten – dem Roten Kreuz zu) und den weitaus größeren Absatzmarkt des Insel-Verlages. Gleichzeitig erläutert er aber Hofmannsthal, dass er seine Gedichte als Botschaften mit Appellcharakter verstanden wissen wolle, die unter seinen Werken eine Ausnahmestellung einnehmen. Sie hätten mit Poesie im höheren Sinne nichts zu tun, da es sich um Dokumente eines mehr oder weniger allgemeinen Lebensgefühls handle. Mittels der poetischen Technik leiste er soziale Arbeit, vaterländische Arbeit.[526]

Wildgans übermittelt *Die Legende*, bittet aber um die Möglichkeit der Überarbeitung und die Richtigstellung zum Beispiel der „mir von der Zensur verstümmelten letzten Zeile" in der *Legende*.[527] Postwendend antwortet Hofmannsthal:

> „Legende" kannte ich nicht; es ist wiederum ein sehr schönes Gedicht
> – ist mir vielleicht von allen am nächsten gegangen […]. Nun muss ich
> aber noch etwas sagen, um wiederum freimütig zu bleiben: dass mir
> das Gedicht nur mit dem veränderten, censurierten Schluss schön, ja
> nur mit diesem erträglich ist.[528]

Dieser zensurierte Schluss lautete:

> Nachschrift:
> Er hieß Hollerbeck oder Hollubetz.
> In der Verlustliste neun oder zehn
> Fand man ihn unter den Toten stehn.
> Er hatte nicht viel mehr als sein Leben.
> Das hat er gehorsam gegeben
> Für Eid und Gesetz.
> Nur Gott hat ihn sterben gesehn.

In der handschriftlichen unzensierten Fassung lautete die letzte Zeile: „Nicht einmal Gott hat ihn sterben gesehn." Hofmannsthal empfand diesen Schluss „als grimmigen, frevelhaften Witz, gegen den mein Herz sich verschließt".

Hofmannsthals erster Wunsch wurde erfüllt: Sieben Flugblätter-Gedichte und der Text *Freiwillige. Ein Gedicht aus den Tagen der Mobilisierung* bildeten den Inhalt des Bändchens *Österreichische Gedichte* (erschienen 1915 als Nr. 12 in der *Österreichischen Bibliothek*).[529]

Der zweiten Bitte kam Wildgans aber nicht nach. In einem langen Antwortschreiben vom 7. Dezember legte er sein politisches Credo ab, das über den gegebenen Anlass weit hinaus ging und ein Urteil über die kulturpolitische Konzeption der gesamten Reihe enthielt. Es ist auch deshalb von Interesse, weil nicht nur er (auch Hermann Bahr zum Beispiel), sondern ein großes Lager im Rahmen der österreichischen Innenpolitik öffentlich oder geheim die gleichen Ideen vertrat und damit – in unserem Fall – völlig konträr zu den Hofmannsthalschen Vorstellungen und Befürchtungen stand:

> Sie schlagen mir, hochverehrter Herr Doctor, vor, zum Abschluss des
> Bändchens ein Gedicht zu machen, das dem Beieinander der vielen
> Nationalitäten unserer Reichshälfte Rechnung tragen möge, um es
> kurz zu sagen. Hiermit berühren Sie etwas für mich sehr Problematisches. […] Ich bin Österreicher mit Leib und Seele. […] Ich glaube
> aber nur an die ethische Kraft eines Staates von verschiedenen Nationalitäten, wenn einer von ihnen hegemonisch überwiegt. Und so muss
> ich innig wünschen, dass diese Führerrolle in unserem Vaterlande
> dem deutschen Stamme zufiele. Dies macht mich gegen die anderen

unserer Völker gewiss nicht blind und nichts liegt mir ferner als Abneigung gegen andere Rassen und Nationalitäten.

Er setzte fort, dass es d a s Österreich staatsrechtlich gar nicht gebe, sondern nur die im Reichsrat vertretenen Königreiche und Länder. Die Folgen und Auswirkungen, die diese Situation im derzeit stattfindenden Weltkrieg habe, seien höchst problematisch. Ein Staat, der zu drei Viertel aus nichtdeutschen Völkern bestehe, schlage sich für die Weltmachtstellung des einigen deutschen Reiches und kämpfe gleichzeitig gegen Slaven, die dem überwiegenden Großteil seiner Völker stammesverwandt seien.

Wildgans riet daher von einem Bündnis mit dem Panslawismus ab und tendierte (persönlich – wie er häufig betont) zu einem mit Deutschland. Er sprach von einer weltgeschichtlichen Widersinnigkeit und verglich die politische Situation Österreichs mit dem Zusammenschluss der Russen, Balten, Ukrainer und Polen. Der November 1918 wird ihm Recht geben.

Hofmannsthal selbst hat keine Kriegslyrik geschrieben. Es gibt nur eine einzige Wortmeldung als österreichisches Contra zum deutschen Poem – wohl dem Freund und Vermittler Bodenhausen[530] zuliebe.

Österreichs Antwort.[531]

Antwort gibt im Felde dort,
Faust, die festgeballte,
Antwort dir gibt nur *ein* Wort:
Jenes Gott erhalte!

Unsern Kindern eint uns dies,
Wie's uns eint den Vätern,
Einet heut die Kämpferschar
Hier mit uns, den Betern.

Berge sind ein schwacher Wall,
Haben Kluft und Spalte:
Brust an Brust und Volk bei Volk
Schallt es: Gott erhalte!

Helden sind wie Kinder schlicht,
Kinder werden Helden,
Worte nicht und kein Gedicht
Könnens je vermelden.

Ungeheueres umfaßt
Heut dies heilig Alte,

Und so dringts zum Himmel auf:
Unser Gott erhalte!

Hofmannsthal hat sich aber für die Wildgans-Texte sehr engagiert; er versuchte, Eingriffe vorzunehmen (im Fall der *Legende*), sie für seine Zwecke zu adaptieren und hat sie, wie bereits erwähnt, als „außerordentlich schön und specifisch österreichisch" befunden. Sie passten also in sein kulturpolitisches Konzept. Wildgans andererseits war keine Zauderer und Zögerer, kraftvoll und vollmundig, mit breiter Palette bediente er die propagandistischen Forderungen:

Vae victis!
Ein Weihelied den verbündeten Heeren.

Nun, alle Zungen, hebet an zu preisen:
Der Tag der großen Rechenschaft bricht an.
Da wird mit heißem Blut und kaltem Eisen
Ein wundersames Menschenwerk getan.
Dem Lügengeist, der lang genug vergiftet,
Wird schauerlicher Untergang gestiftet,
Und heilige Adler stürmen himmelan.

[...] Um Menschenwürde und um Menschenrechte
Bekriegen freie Männer dumpfe Knechte
In frech heraufbeschworner Gegenwehr.

[...]

Weh den Besiegten! Härtester der Sprüche,
An ihren Nacken wird er kalt vollstreckt
Mit Schlächterruhe ohne Haß und Flüche
Zermalmt die Brut und was sie ausgeheckt.
Der Sieger wird die Großmut unterdrücken,
Und über schmählich hingekrümmte Rücken
Hinabstampfen wie auf häßliches Insekt.

[...]

Das große Händefalten soll Hofmannsthal besonders berührt und ergriffen haben. Eine Strophe enthält auch den nach dem Krieg häufig zitierten Begriff, dass die Österreicher ein „Volk der Tänzer und der Geiger" seien.

Das große Händefalten[532]
Ein Gebet für Österreichs Volk und Kämpfer.

[...]

Nun freilich ruh'n die wirkenden Maschinen,
Das Feld liegt brach, die flinke Mühle steht.
Denn alle Hände, die da sind, bedienen
Nunmehr des Krieges heiliges Gerät.

[...]

Denn immer noch, wenn des Geschickes Zeiger
Die große Stunde der Geschichte wies,
Stand dieses Volk der Tänzer und der Geiger
Wie Gottes Engel vor dem Paradies.

Und hat mit rotem Blut und blanken Waffen
Zum Trotze aller Frevelgier und List,
Sich immer wieder dieses Land erschaffen,
Das ihm der Inbegriff der Erde ist.

Erwäge dies in deinem dunklen Walten,
Unendlicher, der Schmach und Sieg verleiht!
Denn unser großes stummes Händefalten
Ist nur gerichtet auf Gerechtigkeit.

Freiwillige
Ein Gedicht aus den Tagen der Mobilisierung.

Wir waren lange ohne rechten Sinn
Und waren doch da und immer bereit.
Manchem zu Last und niemandem zu Gewinn
Lebten wir hin
In Dumpfheit und Nutzlosigkeit
Und warteten auf unsere Zeit.
Da kam sie die heilige über Nacht
Und hat auch uns klar und nützlich gemacht
Nun sind wir geweiht.

Wir prahlen nicht, daß wir Helden sind,
Wenn's auch an Mut nicht gebricht.
Wir sind nur jeder der großen Mutter Kind
Und lieben der Heimat Wolken und Wind.
Wir sind nur ihr freudiges Ingesind,
Mehr nicht.
Die Zeit, die heilige – über Nacht

Hat sie uns heilig und nützlich gemacht.
Nun sind auch wir: Pflicht.

Was wir träumen, das ist jetzt Wahn.
Von unserm Ich kam uns kein Glück,
Stückwerk war es, kein Stück.
So haben wir es abgetan
Und sind nun mehr:
Zwei Hände für ein Gewehr,
Eine Faust für ein Schwert,
Ein Reiter für ein Pferd,
Und ein Herz, das leicht bricht,
Für den Tod, für den Tod –
Mehr nicht.
Das hat die Zeit,
Die heilige Zeit über Nacht
Aus uns armen suchenden Seelen gemacht.
Sie sei gebenedeit.

Infanterie!
Ein Gedicht gewidmet dem Volke in Waffen. Juni 1915.

[...]
Als Gott uns aufrief zum großen Morden,
Da legten wir unser Werkzeug hin,
Und mit demselben gelassenen Sinn,
Mit dem wir den Pflug oder Hammer rührten,
Die Feder regierten, die Bücher führten,
Sind wir einfach Soldaten geworden.
Viel ist es ja nicht, was wir haben müssen,
Um für das grimmige Handwerk zu taugen:
Zwei atmende Lungen, zwei sehende Augen,
Und Kraft und Beharren in Armen und Füßen,
Und Herzen, die mutig zu brechen wissen –
Und dies – Gott weiß es – verstehen sie,
Die tapferen Herzen der Infanterie!

[...]

Einst aber, wenn sie mit tausend Glocken
Über die Gräber unserer Helden

Friede den Menschen auf Erden frohlocken,
Werden auch wir uns zum Worte melden!
Wollen den Schwur und die Pflicht, die wir taten,
Nicht etwa verleugnen oder verraten,
Soldaten sind wir und bleiben Soldaten!
Nur daß wir die Feinde dann allerorten,
Wo sie die Früchte blutiger Saaten
Uns verkümmern oder vergällen,
Suchen werden, finden und fällen!
Wir, die Pflüger, die Schollenaufwerfer,
Wir, die Fabriken, die Städte, die Dörfer,
Wir brausenden Züge, wir stauenden Wehre,
Wir, die frachtenden Flüsse und Meere,
Wir, aus Herzen Gehirnen und Händen,
Wir, aus erdebevölkernden Lenden
Rastlos wirkende Energie!
Wir, die Schwerter der Weltgerichte,
Wir, die Taten der großen Gedichte,
Wir, die Glorie, wir, die Geschichte,
Wir, die ewige Infanterie!

Gegen solche Romantisierung der Kriegsereignisse erhob Alfred Polgar in der Zeitschrift *Der Friede* 1918 die Stimme und qualifizierte die Lyriker ab:[533]

Von Kriegsdichtern gibt es vier Spielarten:
die Sänger und Besinger des Kriegs,
die lyrischen Betrachter,
die Protestler,
die Schweigenden.
Ehre den Schweigenden! Ihr Stummsein durchklingt den Lärm der Zeit. Ihr Schweigen macht den Mördern den Prozeß. Es ist Anklage und Urteil.
Ehre auch den Mutigen, die Widerspruch erheben. Kriegerische Musik gegen den Krieg: die kann man sich, wenn schon durchaus musiziert werden muß, gefallen lassen.
Der sich auf den Kadaverberg stellt und singt: „Kein schön'res Los, als wer vorm Feind erschlagen", der mag noch Dichter sein.
Aber wer die „Stimmung" des Totenhaufens in schöne Worte und edle Rhythmen einfängt, ist ein Leichenschänder.
Die lyrischen Betrachter – das ist die schlimmste Spezies. Ihre Wehmut begeilt sich am Jammer der Welt. […]

> Viel ärger als die wilden Barden sind die milden Elegiker.
> Viel ärger als die Fahnenschwinger sind die Florschwinger.
> Viel ärger als die Trompeter sind die Harfenisten.
> Äußerstes Mißtrauen gegen die Dichter, die der Krieg zum Dichten „anregt"!
> Ihr geistiger, literarischer Profit vom Kriege, gefühlzinsend in Poesie angelegt, weniger schmählich als materieller?
> Er ist hundertmal schmählicher.

1915 erschien in der *Österreichischen Bibliothek* auch der Band *Bismarck und Österreich*. Gesammelt wurden Äußerungen des großen Deutschen über Österreich. Für Hofmannsthal ein Thema, das ihn nicht erst seit Kriegsbeginn bewegte: das Verhältnis Österreichs zu Deutschland (eigentlich zu Preußen). Die Fragen nach dem Gemeinsamen und dem Trennenden fasste er in einer Art knappen, fast simplen Gegenüberstellung zusammen, die 1917 in der *Vossischen Zeitung* und ein Jahr später in das *Donauland* (gekürzt) aufgenommen wurde[534]:

> Der Österreicher und der Preuße.
> Ein Schema von Hugo von Hofmannsthal.
>
> Im ganzen:

Oesterreich	Preußen:
Gewachsen, geschichtliches Gebilde von Natur reiches Land, alles von außen her: Natur und Gott,	Geschaffen, ein künstlicher Bau, von Natur armes Land, alles im Menschen und von Menschen,

> daher:

Heimatliebe als Zusammenhaltendes,	Staatsgesinnung als Zusammenhaltendes,
mehr Frömmigkeit,	mehr Tugend,
mehr Menschlichkeit.	mehr Tüchtigkeit.

> Soziale Struktur:

Ein dichtes soziales Gewebe, die Stände in der Kultur verbunden; die Mechanik des ganzen unpräzise.	Ein undichtes soziales Gewebe, die Stände in der Kultur geschieden; aber präzise Maschinerie.
Hoher Adel reich an Typen, politisch uneinheitlich	Niedriger Adel scharf gesondert, einheitlich in sich.

Polygene Beamtenwelt: keine geforderte Denk- und Fühlweise.	Homogene Beamtenwelt: Träger eines Geistes. „Herrschende" Anschauungen und Gepflogenheiten.
Volk: Selbstständigste Masse, unbegrenzter Individualismus	Volk: Disziplinierbarste Masse, grenzenlose Autorität (Armee; wissenschaftl. Sozialdemokratie)
Höchste Autorität der Krone.	Höchstes Zutrauen der Krone.

Der Einzelne:

Traditionelle Gesinnung, stabil fast durch Jahrhunderte	Aktuelle Gesinnung (um 1880 kosmopolitisch, um 1848 liberal, jetzt bismarckisch, fast ohne Gedächtnis für vergangene Phasen).
Besitzt historischen Instinkt.	Mangel an historischem Sinn.
Geringe Begabung für Abstraktion.	Stärke der Abstraktion.
Rascher in der Auffassung.	Unvergleichlich in der geordneten Durchführung.
Handelt nach der Schicklichkeit.	Handelt nach der Vorschrift.
Ablehnung der Dialektik.	Stärke der Dialektik.
Mehr Balance.	Größere Gewandtheit des Ausdrucks.
Mehr Fähigkeit, sich im Dasein zurechtzufinden.	Mehr Konsequenz.
Selbstironie.	Selbstgefühl.
Scheinbar unmündig.	Scheinbar männlich.
Biegt alles ins Soziale um.	Verwandelt alles in Funktion.
Bleibt lieber im Unklaren.	Behauptet und rechtfertigt sich selbst.
Verschämt, eitel, witzig.	Selbstgerecht, anmaßend, schulmeisterlich.
Weicht den Krisen aus.	Drängt zu Krisen.
Lässigkeit.	Kampf ums Recht.
Hineindenken in andere bis zur Charakterlosigkeit.	Unfähigkeit sich in andere hineinzudenken.
Schauspielerei.	Gewollter Charakter.
Jeder Einzelne Träger einer ganzen Menschlichkeit.	Jeder Einzelne Träger eines Teiles der Autorität.
Genußsucht.	Streberei.
Vorwiegen des Privaten.	Vorwiegen des Geschäftlichen.
Ironie bis zur Auflösung.	Harte Übertreibung.

Aus dieser Darstellung spricht der Vorwurf an die Deutschen, das österreichische Wesen nicht zu verstehen. Es gibt keine Anbiederung, auch von brüderlicher Gleichheit findet sich wenig, im Gegenteil: Bereits im Aufsatz *Wir Österreicher und Deutschland* vom Jänner 1915[535] betonte Hofmannsthal die besondere und einmalige Rolle Österreichs in Politik und Geschichte. Auch sein einziges Kriegsgedicht zitiert nicht den österreichisch-deutschen Schulterschluss, sondern über allen Strophen triumphiert symbolisch das „Gott erhalte!" der Kaiserhymne als einheitsstiftendes Moment.

> Österreich ist die besondere Aufgabe, die dem deutschen Geist in Europa gestellt wurde. Es ist das vom Geschick zugewiesene Feld eines rein geistigen Imperialismus. Denn es bedarf nicht der Einmischung der deutschen politischen Gewalt, wohl aber der ständigen Beeinflussung durch den deutschen Geist. Österreich muß als die deutsche Aufgabe in Europa wieder und wieder erkannt werden. Das Besondere der Aufgabe muß wieder und wieder erkannt werden. Denn Österreich bedarf ohne Unterlaß des Einströmens deutschen Geistes: Deutschland ist ihm Europa. Der Geist aber kann nur hinwirken, wo er erkennt. Was wir Österreicher von Deutschland ständig verlangen müssen, ist das Reinste seiner geistigen Kraft. Ein Reinstes aber kann von Staat zu Staat, wie von Individuum zu Individuum, nur unter einer hohen Spannung gegeben werden. Wo uns Deutschland ein Minderes gibt, als sein Höchstes und Reinstes, wird es uns zu Gift. Das Höchste deutschen Lebens, unter einer hohen Spannung gegeben und genommen, ist auch für unsere Slawen, ob sie es in verworrenen und getrübten Zeiten Wort haben oder nicht, Leben des Lebens. Und dies an sie zu geben sind wir ihnen schuldig.

Im Rahmen eines geistigen Bezugssystems sollte der Krieg im ideologisch stabilisierenden Sinn interpretiert werden, wozu die Argumente aus dem Erfahrungsbereich der historischen Überlieferung herangezogen wurden. Die traditionsreiche Geschichte der Völker der Donaumonarchie wurde von ihm heraufbeschworen und in diesem Rahmen wurde strenge Auswahl getroffen.

Als Hofmannsthal 1915 vom Insel Verlag den Auftrag erhielt, den *Österreichischen Almanach für das Jahr 1916* zusammenzustellen, fragte Verleger Anton Kippenberg an, ob denn nicht auch Stefan Zweig (ein Autor des Verlages) einen Beitrag liefern solle.[536] Darauf meinte Hofmannsthal:

> Mir wäre der Gedanke, diesen Herrn gerade für einen österreichischen Almanach heranzuziehen nie im Traum eingefallen. Nichts erscheint mir weniger österreichisch, als solche Wiener

Litteratenfiguren. Ich möchte in Parenthese bemerken, daß ich weitaus den größten Teil unvergleichlich namhafterer lebender österreichischer Litteraten in diesem Almanach mit Absicht unvertreten lasse. [...] Alles weit namhaftere Schriftsteller als Z. [Zweig] Aber ich weiß einen ganz guten Ausweg. Ich werde ihn in sehr freundlicher Form bitten, mir entweder ein Stück Prosa über slawische (österreichische) Litteratur, oder etwas über österreichische Heerestaten 1914/15 zu geben, so wird seine Eitelkeit befriedigt sein und mir erspart bleiben etwas völlig distonierendes litteratenhaftes in dem Almanach mitzuschleppen.

In seiner Funktion als Beauftragter des Kriegsfürsorgeamtes war Hofmannsthal einer der Vielgereisten der Monarchie und versuchte, wie schon erwähnt, in der Schweiz, in Schweden und in Polen, aber auch in den Kronländern den österreichischen Geist, die österreichische Idee zu propagieren. Die Erkenntnisse seiner Begegnungen teilte er eher privat mit, so in einem Brief an Eberhard von Bodenhausen:

> Berlin, Hotel Adlon, 13.VII.16.
> In Polen hatte ich einen sehr bestimmten Eindruck: daß die Dinge reif, beinahe überreif sind, einer bestimmten Lösung zugeführt zu werden, [...] und daß diese Lösung nur sein kann: die, welche polnischen Aspirationen und deutschen Interessen combiniert gerecht wird [...] aber Polen muß, nicht gegen Österreich, aber ohne Österreich geformt werden, meo voto, und das bald. Das Land steckt voller junger Leute, rekrutiert man im Namen Polens unter der amaranthenen Fahne mit dem silbernen Adler, so lassen sich 20 – 25 Divisionen im Handumdrehen aufstellen (wohl auch 30) und das ist im gegenwärtigen Moment vielleicht entscheidend. [...] Dies aber vertraulichst.[537]

Berühmt wurde der Vortrag *Österreich im Spiegel seiner Dichtung*[538], gehalten im besetzten Warschau am 7. Juli 1916 im großen Redoutensaal des Theaters. Natürlich ist es wieder Karl Kraus, der sich den umfangreichen Text auf wenige Zeilen kürzt:

> Aus Warschau wird berichtet: [...] Hofmannsthal sagte unter anderm: Betrachten wir die neuere österreichische Dichtung als ein Ganzes, so wird das gleiche Bild entgegentreten, das von den militärischen Leistungen der durch historisches Schicksal zu einer Einheit verknüpften österreichischen Länder gegeben wird. In der Tat wie im Kunstwerk wird menschliches, volkliches Dasein zu Geist. Sie beide, die Tat wie das Kunstwerk, reden allein reine Wahrheit.[539]

Im Sommer 1917 reiste Hofmannsthal zur Vortragstätigkeit nach Prag und berichtete seinem Freund Eberhard von Bodenhausen:

> So waren diese zwei Wochen in Prag unter den Böhmen. Ich will nichts darüber sagen, es war fast zu viel für mich. Die Entschlossenheit dieses Volkes gegen uns und der Stolz darin und die Überhebung, die fast frevelhafte Vorwegnahme einer Zukunft – die ja so, wie sie träumen, nie kommen wird – und wie sie in diesem Kampf alles zusammennehmen, alles beieinander haben, ihre Vergangenheit ganz, ihre hussitischen Taten u. Leiden u. Frevel [...] – ich weiß nicht, mit was für einem Gefühl ich nachhaus gekommen bin, es war so vermischt, Beklommenheit und Sorge und etwas Fascination. Ihr habt ja keine Ahnung da draußen in Eurem geschichtslosen ganz monotonen Dasein, was in diesem Österreich jetzt vorgeht, Volk gegen Volk mitten in der gemeinsamen schweren Not, und die Rechnung vom Jahrhundert präsentiert und die Verknüpfung und Anschuldigungen von Jahrhunderten [...]. Dies, dies ist jetzt die Agonie, die eigentliche Agonie des tausendjährigen heiligen römischen Reiches deutscher Nation, und wenn aus diesem Kataklysma nichts hervorgeht und in die Zukunft hinübergeht, in das neue Reich, vermehrt um ein paar Millionen Deutsch-österreicher, nichts als ein glatter, platter Nationalstaat – was das alte Reich nie war, es war unendlich mehr, es war ein h e i l i g e s Reich, die einzige Institution, die auf Höheres als auf Macht und Bestand und Selbstbehauptung gestellt war – dann ist [...] der Heiligenschein dahin, der [...] über dem deutschen Wesen in der Welt geleuchtet hat.[540]

Die Reden und Aufsätze Hofmannsthals während der vier Kriegsjahre ordnen sich in mehrere Abschnitte und Phasen. Zunächst soll Österreich als geistige Gestalt ins Bewusstsein gerufen werden, nicht als Produkt provinziellen oder nationalistischen Denkens, sondern in der Betonung eines Ethos der Gemeinsamkeit, in der Kaisertum und Stände, Völker und Landschaften, Wirtschaft und Kultur als Komponenten einer natürlichen Ordnung zusammenwirken. Dem verbündeten Deutschland gegenüber hebt der Dichter die Sonderstellung Österreichs hervor, die kulturelle Zugehörigkeit zur deutschen Nation aber nie in Frage stellend. Dennoch: Österreich und Deutschland seien zwei voneinander unabhängige, getrennte Staatsgebilde. Diese Abgrenzungsversuche finden dann ihren Höhepunkt in der Formel von der österreichischen Idee, die sich zu einer europäischen ausweitet: „Wer sagt ‚Österreich', der sagt ja: tausendjähriges Ringen um Europa, tausendjährige Sendung durch Europa, tausendjähriger Glaube an Europa"[541].

Mit dem Ende des Ersten Weltkriegs geht Hofmannsthal der Boden, in dem er wurzelte, verloren, Selbstzeugnisse bestätigen das.[542] Trotz aller Bemühungen und Wortmeldungen des Dichters drängt sich dennoch der Eindruck auf, dass für ihn der Krieg nur Mittel zur Selbstbesinnung auf dem Weg in eine ideelle europäische Zukunft war, die militärischen und damit politischen Aktionen der Kriegsjahre, nur Episode. Der idealistische Rückzug ins Künstlerisch-Ästhetische war vorprogrammiert:

> Eben weil ich mit dem Zusammenbruch Österreichs das Erdreich verloren habe, in welches ich verwurzelt bin, eben weil es sich, wenn einer die Verstrickung hier von allem mit allem lichtvoll darlegt, das In-eins des schicksalgebundenen Politischen mit dem geistig-culturellen, das In-eins der Schuld und des Unglücks, das Paradoxon des scheinbaren Nochbestehn-könnens bei tatsächlichem Ende – eben weil dies mein eigenes Erlebnis ist, weil mein eigenes dichterisches Dasein in diesem Zusammensturz fragwürdig geworden ist (und fragwürdig werden musste, sieht man es für mehr an, als für ein bloßes Litteratendasein) eben darum, weil dies alles mir so furchtbar nahe, so unausdenklich bedeutsam ist – kann ich über diese Dinge nur schweigen.

Franz Theodor Csokor – Grablegung der Monarchie

Csokor […] weiß Kluges und Schönes über alte sowie moderne Lyrik zu sagen.
(Karl Kraus) 543

> Mein Leben begann am 6. September 1885 in Wien, der Hauptstadt der alten Donaumonarchie. Dort wuchs man auf als Bürger einer Grossmacht, die vom Bodensee bis fast an das Schwarze Meer reichte und vom ukrainischen Kamm der Ostkarpaten bis an den von der Adria umspülten Karst. Auf unserem Papiergeld stand in den vielen Zungen der zu unserem Reich vereinigten Völker sein voller Goldgehalt vermerkt, und in der Aula der Wiener Universität hörte ich als junger Student neben dem leidenschaftlich verfochtenen Primat der deutschen Sprache noch magyarisch, kroatisch, tschechisch, polnisch, ukrainisch, slowenisch und rumänisch reden. Zwar besassen die meisten Hauptstädte unserer verschiedenen Kronländer eigene Hochschulen – die Alma mater in Wien hatte die unbestrittene Priorität unter ihnen, und ihre medizinische Fakultät genoss damals einen Weltruf, der sogar Hörer aus anderen Kontinenten nach Wien lockte. Auch mein Vater, der einer alten „Grenzerfamilie" aus dem österreichischen Südosten entstammte, erwarb in Budapest und in Wien seine Diplome als Arzt und als Veterinärmediziner. Die Grenze samt ihren Spannungen und Zwisten ging durch ihn und sein Blut.544

Franz Theodor Csokors Stammtafel ist vielfältig und weit verzweigt, da gibt es Serben, Kroaten, Tschechen, Rumänen, Deutsche und – Juden. Ein Großonkel war serbischer Patriarch, aus der Familie väterlicherseits stammten höhere Beamte, Geistliche, ein Rabbiner und Offiziere. Menschen, die für Ordnung, Stabilität und Sicherheit in diesem Staate sorgten. Die Familie Csokors war ein Spiegelbild, ein Mikrokosmos der Habsburger Monarchie. Die Person des Kaisers galt als pater familias der Casa d'Austria.545 Die Armee und besonders ihre Präsenz an der k. k. Militärgrenze war in jenem Dreiländereck, wo Kroatien, Serbien und Ungarn zusammentrafen, ein Garant für Sicherheit. Bis zur Auflösung der Grenze im Jahr 1851546 durch Franz Joseph hatten die Soldaten, die in einem total militarisierten Bauernland an der türkischen Grenze lebten, dem Reich besonders treu gedient. Man nannte die Bewohner dieses Teiles der Monarchie Grenzer, und Johann Csokor, der Vater, und viele Familienmitglieder gehörten dazu. Vater und Sohn fühlten sich mit der alten Heimat verbunden, genossen dort höchstes Ansehen und sahen in der Armee eher ein Instrument der Übernationalität, ein einigendes Band als den technisierten Kampfkörper, der im Sommer 1914 mit seiner blutigen und grausamen Arbeit begann. Das war eine der Gemeinsamkeiten, im Übrigen war das Vater-Sohn-Verhältnis im Ausmaß des üblichen Generationenkonflikts belastet von Gefühlskälte und Unverständnis, wie zwei Verse aus dem Gedicht *Erinnerung,* gewidmet *Dem toten Vater,* belegen: „Wir besprachen Tägliches vom Tage, trosterheischend aus dem bunten Wahn … nur mitunter blickten wir uns an, als erwarte eines eine Frage."[547]

Im Sommer 1909 erkrankte Johann Csokor schwer an einer Embolie; sein Leiden dauerte bis zum Jänner 1911. Nach dem Tod des Vaters brach Csokor sein Studium der Kunstgeschichte an der Wiener Universität ab, fühlte sich von dem damit verbundenen (vom Vater geforderten) Leistungsdruck befreit und widmete sich seinem literarischen Schaffen.

Wie alle bisher genannten Literaten lebte und schrieb er an der großen Wende vom 19. ins 20. Jahrhundert. Diese Jahrhundertwende bedeutete nicht nur einen kalendarischen Einschnitt, sondern war auch eine Geisteswende.[548] War es im materialistisch eingestellten 19. Jahrhundert die Maschine, die die Gesellschaft revolutionär veränderte, die den Glauben an den Fortschritt und den Optimismus hin auf eine neue Zukunft auf die Fahne geheftet hatte, was aber auch zur „Entwertung menschlicher Solidarität und zur Verarmung im Inneren" führte, so steht das zwanzigste Jahrhundert für die große Skepsis an den Errungenschaften zivilisatorischen Fortschritts. Wo alles lehr- und lernbar geworden war, alles erklärbar, wuchs die Angst vor der Leere in sich selbst, die Angst vielleicht ein falsches Leben gelebt, Gott und Ratio geopfert zu haben und sich auf eine Katastrophe hin zu bewegen. Bei den einen, wie bei Hugo von Hofmannsthal, führte das in eine von Resignation getragene Grundstimmung: „Wir sollen von einer Welt Abschied nehmen, ehe sie zusammenbricht." Bei anderen, wie bei Csokor, wird zugepackt, alles Weiche wird hinweggefegt; Vitalität, Kraft und Männlichkeit sind angesagt.

Nach ersten journalistischen Versuchen war er seit 1907 zum ständigen Mitarbeiter der *Muskete*[549] avanciert, hatte sich geradezu zum „Parademusketier" entwickelt. *Die Muskete* war eine humoristische Zeitschrift, zum ersten Mal am 5. Oktober 1905 in Wien erschienen, und verstand sich während der Zeit der Monarchie als das Blatt für den „lesenden Offizier", auf dessen Erfahrungs- und Erwartungshorizont die Inhalte berechnet waren.[550] Die Werke junger heimischer Maler und Zeichner korrespondierten mit dem Schaffen junger österreichischer Literaten. Man kann davon ausgehen, dass sich Csokor mit der Blattlinie identifizierte, obgleich neben der satirischen Behandlung des Beamtentums und der Kirche auch das Militär etliche Schüsse vor den Bug erhielt. Dabei gerieten weniger die militärische Binde- und Stützfunktion der Monarchie als vielmehr die menschlichen Schwächen und die Dekadenz der Offiziere ins Schussfeld.

„Habe heute die Zustellung meiner Landsturmpflicht erhalten und muß morgen hingehen", lautet die Tagebucheintragung vom 11. November 1903.[551] Csokor war achtzehn, ein schlechter Schüler und hatte auf Grund sehr schwieriger Lebensumstände (Wechsel des Wohnsitzes brachte Wechsel der Schule mit sich, Unterbringung in Internaten und bei Gastfamilien etc.) seine Schulzeit noch nicht abgeschlossen, er maturierte erst am 12. Juli 1905, demgemäß wurde er zurückgestellt. Am 29. März 1906 musste er wieder vor die Stellungskommission, die ihn als „derzeit untauglich zurückwies, wegen linksseitigen Leistenbruchs. Davon hatte ich keine Ahnung gehabt".[552] Im Februar 1907 gab der Vater Johann Csokor eine schriftliche Erklärung folgenden Inhalts ab:[553]

> Ich gebe meine Zustimmung, daß mein [...] Sohn Franz als Einjährig-Freiwilliger auf eigene Kosten im k. u. k. Heere dient und den Präsenzdienst beim k. u. k. Linien-Infanterieregiment Nr. XXVII. „Leopold II., Kg. der Belgier" ableistet. Unter einem verpflichte ich mich, meinen Sohn Franz, während seines einjährigen Präsenzdienstes [...] zu erhalten und zu bekleiden, sowie die für die Bereitstellung der Waffen und der Mannesrüstung festgesetzten Pauschalbeträge dem k. u. k. Militär-Ärar zu zahlen.

Aufgrund des ärztlichen Gutachtens wurde Csokor erst mit Juni 1915 zu den Waffen gerufen. Am 7. Juni 1915 trat er freiwillig ins Kriegsarchiv ein, wurde am 16. August des gleichen Jahres gemustert und absolvierte seine erste militärische Ausbildung. Sein Regiment war in Brünn stationiert, und dort machte ihm der Dienst – wie auch Hofmannsthal oder Werfel – bereits zu schaffen. Das findet literarischen Niederschlag:

Der Rekrut

Kein Augenblick im Tag gehört noch mir.
Vor Frührot zwängt der Dienst mich in die Gleise.
Ich geh und tu nach vorbestimmter Weise,
bis ich zur Nacht entschlafe, – wie ein Tier.

Franz Theodor Csokor (1915)

Und niemals mehr allein! – Aus meinem Kleide
schaut mein Gesicht wie Tausender Gesicht,
und Heimat, Werk und Sippe ist zunicht:
Kaum, daß ich mich vom Boden unterscheide.

So schwinden Wochen in der fremden Stadt.
Nur nachts vom dumpfen Schlafraum der Kaserne
trägt mich der Traum in die geraubte Ferne
und läßt mich schweben, wie ein loses Blatt, - - -

bis daß ein Hornsignal den Körper schreckt,
und nach der Hast in Schuhe, Wams und Waffen

sich Zug um Zug im Morgendämmer reckt,
eh die Befehle ihre Glieder straffen.[554]

Im „gegenseitigen Einvernehmen" wurde er am 1. Oktober 1915 nach Wien transferiert und gleich befördert. In diesem Herbst starb sein Bruder Hans an den Folgen einer Kriegsverletzung in Galizien, zudem sah er sich mit dem Alltag – noch immer nicht an der Front! – des Soldatenlebens konfrontiert, sodass er (wahrscheinlich) Ginzkey bat, ihn ins Kriegsarchiv aufzunehmen. Am 16. Dezember 1915 wurde er aufgrund des ärztlichen Befunds „konstitutionelle Herzneurose" superarbitriert und nahm am 29. Dezember bereits wieder seinen Platz in der Stiftgasse ein.[555]

Als Dramatiker und Lyriker stellte sich Csokor zur Verfügung, zunächst k. u. k. Österreich-Ungarn und dann dem k. u. k. Kriegsarchiv, und zu seiner Ehrenrettung muss gesagt werden, dass die meisten seiner expressionistischen Kriegsgedichte nicht als Kampf- und Hetzlyrik einzustufen sind. Bis auf wenige Ausnahmen: Bereits 1914 erschien das „Österreichische[s] Dichterbuch. Unsere Dichter für das ‚Schwarz-gelbe Kreuz' 1914. Herausgegeben von dem Vereine ‚Österreichische Schriftsteller und Journalisten'".

Der Reinerlös dieser Buchproduktion war der „öffentlichen Ausspeisung der Bedürftigen" zugedacht. Im Vorwort (gezeichnet mit November 1914) „An unsere Leser!" werden „die schwere Zeit", das Dröhnen der Kanonen und „Kummer, Leid und Jammer" beschworen. „Ersuchschreiben" wurden an die österreichischen Dichter und Schriftsteller entsandt. Ein jeder „sollte geben, was seinem Wesen entsprach", denn wie „Altmeister Goethe" predigte: „Wer Vieles bringt, wird manchem etwas bringen." An die siebzig Literatinnen und Literaten lieferten ihre Beiträge (Bekenntnisse!) – Csokor in ihrer Mitte, mit einem Gedicht, das er in seine späteren Lyriksammlungen – aus verständlichen Gründen – nicht mehr aufgenommen hat:

> Die Männer von Sterzing[556]
> Die Männer von Sterzing, die haben's gelobt:
> Kein Schuß kommt aus unserer Mitte!
> Wie ein wütiger Hund hat der Welsche getobt,
> Für Hunde nur Prügel und Tritte!
> Um Pulver und Kugel wär' schad für die Schand.
> Stock zur Hand!
>
> Der Heerwurm glitzert, der Heerwurm preßt
> In die Schründe sich ein, in die Särge!
> Nun die Pässe besetzt! Der Blaufrack hockt fest!
> Feuer auf alle Berge! Den Pechkranz zur Faust und die

Krummschneiden bloß.
Los!

Und sie steigen hernieder stählernen Blicks,
Die Sensen am Arm gebunden,
Und als Erster trägt einer das Kruzifix
Mit dem Heiland dran voller Wunden
Vom Rotwald rauschen die Raben auf.
Drauf!

Kein Stutzen. Kein Stück. Nur Keulen und Stahl.
Manche Mutter mag morgen weinen.
Doch der Himmel lohnt ewig die irdische Qual.
Voran mit den Bränden und Steinen
Und hinunter in das verstaute Gerott!
Helf Gott!

Helf Gott! Ein Morden heult durch die Schlucht
Und spreitet die ehernen Hände.
Das gibt kein Schonen und läßt keine Flucht
Und rastet nicht vor dem Ende.
Nun schieße vom Feind, wer schießen kann,
Mann an Mann.

Ein Metzeln und Würgen. Kein Welscher kehrt heim
Und prahlt mit geschändeten Dirnen.
Die Steine kleben vom blutigen Seim.
Blut quillt aus zerspaltenen Stirnen.
Aufprasselt der Haß aus dem purpurnen Bad:
Keine Gnad'!

Und die Nacht verweicht und der Wind rauscht hin
In die Fahnen der lohenden Flammen,
Und der Morgen erglüht, Eine Königin.
Hell schmettert der Jubel zusammen.
Kein Lauf hat geschimmert, kein Schuß war dabei.
Frei!

Als Italien an der Seite der Entente in den Krieg eintrat, wurde Csokor mit einem *Lied im Land Tirol* zum Ankläger. Da geht es dann schon blutig und drastisch, revanchistisch her – und das mit dem Segen der Kirche:[557]

> Herr Jesus Christus, die wällische Not
> kommt über's Land geronnen!
> Herr Jesus Christus, nun soll es rot
> rauschen aus fleischenen Bronnen!
> Wir haben's erwartet, seit Tag und Jahr;
> nun ist das Verwürgen und Warten gar;
> Blutadler, flieg hoch in die Sonnen!
>
> [...]
>
> Die Richtstatt soll's hören von Mantua,
> unser Siegfeld der Lombardeien!
> Vom Ortlereis bis Catania
> soll gellen unser Schreien:
> Heran! Herunter! Und wir hinein,
> mit Hammerfäusten, mit Füßen von Stein
> und Herzen ohne Verzeihen!
>
> Herr Jesus Christus, führ' du uns an
> und lass sie den Judas haben!
> Wir wollen sie schlagen mit Wagen und Mann
> und mit Mann und Wagen begraben!
> Unser Land geht mit, Berg, Bäume und See:
> Ihr Judasknechte, euch brüllen sie Weh!
> Blutadler, zerhacke die Raben!

Weitere Gedichte werden, gesammelt zwischen 1912 und 1917, in dem Lyrikband *Der Dolch und die Wunde. Gedichte*[558] 1918 in Wien veröffentlicht. In der zweiten Auflage (1920) findet sich eine Vorbemerkung, über deren Notwendigkeit man sich Gedanken machen kann:

> Die erste Auflage dieser zwischen 1912 und 1917 entstandenen Gedichte erschien zu Beginn des Jahres 1918 im Deutschösterreichischen Verlag. Die darin enthaltene Einstellung zu den Zeitereignissen, die damals Würdigung und Verbreitung des Buches erschwerte, ist also keine wohlfeile nachträgliche Revolutionswandlung, sondern sie wurde vom Dichter auf heimatlichem Boden mitten im Kriege bekundet.

Ein Bekenntnis, durchaus glaubhaft. Csokor möchte noch einmal ausdrücklich festhalten, dass er nicht zu denen gehörte, die Karl Kraus Blutlyriker nannte. Sein Gesinnungswandel fand nicht mit November 1918 statt, sondern früher, als er nämlich die Nachricht vom Tod des Bruders erhielt, im Herbst 1915, als die tödliche Realität in sein papierenes Dasein eingriff.

Der Band enthält, zusammengefasst unter dem Aufschrei „Blut über uns!", weitere Kriegsgedichte wie *Marschkompagnie* (das Einzelschicksal von zweihundertfünfzig Mann wird hintangestellt, wenn sie sich zur Kompagnie formieren), *Abfahrt* („Der Bahnhof reißt den schwarzen Rachen auf, Dampf schwimmt hervor aus seinen Eisenkiefern"), *Der Erste* („Wer wird der Erste sein, wen wird die erste tödliche Kugel treffen?"), *Soldatenlied*, *Die Seuche* und *Die Toten*. Diese Kriegsgedichte sind keine Hassgedichte, sondern – sofern es dieses Klassifizierungskriterium gäbe – Mitleidsgedichte. Sie stehen jenseits jeglicher Verherrlichung von Kampf, Krieg und Tod, sie zeigen das Umdenken Csokors auf, besonders der Text in fünfzehn Strophen, der dem toten Bruder gewidmet ist.

> Bruder
> (Dem Angedenken meines in den Karpathen todwund
> geschossenen und zu Kiew verstorbenen Bruders Hans!)
>
> Erzene Platten keltern Menschenhaufen,
> am Preßhaus aber tost die Winzerschaft:
> Gestampf von Faunen, die sich Weiber raufen,
> um Gold, dem willig jeder Körper klafft.
> Nur manchmal schneidet Stöhnen von den Kufen
> in das Gewieher und Geschling hinein.
> Da donnern sie ihm Beifall mit den Hufen:
> Du Held! Du Held! – Und bücken sich nach Wein. […]
>
> Du Bruder, den mir diese Zeit geraubt,
> wie hetzt mich oft aus trägem Notvergessen
> emporgesteilt dein fahles Marterhaupt,
> entkiefert, von Geziefer fast zerfressen!
> O du läßt mich nicht feiern mehr, du Trauter,
> den ich im Leben wie im Tod versäumt,
> denn heulen soll ich laut und immer lauter,
> bis keiner mehr vor solcher Hölle träumt! […]

Der noch nicht geläuterte Csokor zeichnet verantwortlich für ein Mysterienspiel, *Der große Kampf*[559], das unter dem Eindruck der ersten Kriegswochen im Herbst 1914 abgeschlossen wurde, am 10. April 1915 im Deutschen Volkstheater Premiere hatte und 1915 bei Fischer in Berlin in Druck ging. Wie schon in der *Muskete* vom 20. August 1914[560] sprach der Verfasser seine Überzeugung aus, dass Habsburg der Krieg aufgezwungen wäre, dass es der Monarchie ergehe, „wie jenem Mann, der von Jericho nach Jerusalem wollte und in die Hände der Schächer fiel", dass man die gegenwärtige Situation mit der des Jahres 1717 vergleichen könne, als Prinz Eugen (wiederum und noch immer er!)

dem mächtigen Ansturm der Legionen Asiens standhielt und so das christliche Abendland vor einem Vordringen der Türken ins Herz Europas gerettet habe. So sei es also nun die Aufgabe der Mittelmächte, die tausendjährige europäische Kultur wieder zu verteidigen, und dazu müsse nun einmal auch jeder Einzelne seinen Beitrag leisten. Über gesellschaftliche Schranken und egozentrischen Individualismus und Hedonismus hinweg, die eigenen Wünsche und Ziele opfernd, muss – das Einigende, das große Ganze, das Vaterland vor Augen – jeder bereit sein, in diesem Krieg sein Äußerstes zu opfern. Das ist das Programm vom *Großen Kampf*. Dem Spiel vorangestellt, gibt es eine Widmung:

> Dem Angedenken
> des Freundes und Beraters meiner Jugend
> des weiland
> Johannes Gaunersdorfer,
> als eines Selbstlosen und Gerechten,
> ist dieses Werk gewidmet.

Dem folgt ein Geleitwort:

> Nicht kalt besonnen war dies Werk. Es soll
> in solcher Zeit nichts kalt besonnen sein.
> Es ist vom Blut der Tag noch allzu voll,
> und nachts zu grell der Brände Widerschein.
>
> Da bleibt nicht Muße, mählich, Zoll um Zoll
> sich das Entschäumte sorglich einzureihn.
> Nein; wie es aufsprang, ungefüg und toll,
> so soll es schauen, schreiten, schrein!
>
> Gerechtes Wachstum, rein wie im Kristall,
> mag eine mildre Zeit ihm einst gewähren.
> Doch jetzt, in diesem Jahr der roten Ähren,
> sei es vom Sensenschnitt ein Widerhall!

Die Figuren des Dramas tragen keine individuellen Namen, sie sind Typen, Chargen: der Arzt, der Chemiker, ein Arbeiter, die Mutter, der Student etc. Dazu gibt es Figuren, Stimmen aus den Wolken – des Fremden, des Cherubs und von Ego. Letzterer, das „aller Ich" steht für den menschlichen, individuellen Egoismus, und er eröffnet die erste Szene (lokalisiert zwischen „Ebal, dem Berge des Fluches, und Garizim, dem Berge des Segens") mit der Frage an Cherub, er möge Rechenschaft über den Großen Krieg geben: „Warum will ER den Kampf?" Dieser antwortet: „Das Böse wollte ihn, nicht ER."[561] Und als Ego sich damit nicht zufrieden gibt, schleudert ihm Cherub alle die alttestamentarischen Beweise entgegen, beginnend mit Kain und Abel. Seit Kain den Bruder erschlug, den ersten Mord der Menschheitsgeschichte beging, seitdem hat das Böse den Kampf gegen das Gute eröffnet, seit damals gibt es Krieg, seit damals müssen die Menschen bestraft werden, muss der Egoismus dem Altruismus Platz machen. (Dieses zyklische Geschichtsverständnis – Csokor war 29 Jahre alt – hat sich im Laufe seines Lebens gewandelt, verändert.)

Ego geht nun mit Cherub eine Wette ein, dass er Zeugen finden werde, die den Kampf – so wie er – verdammen und ihr eigenes Leben wertvoller erachten als all die Opfer, die ihnen der Krieg auferlegt. Siebenmal soll Ego, in verschiedenen Verkleidungen und Masken, die Menschen versuchen, sie von ihrer Pflicht gegenüber dem Wohl aller, dem des Staates, abzubringen. Ihm zur Seite steht „die Fremde", Lilith, das Symbol der weiblichen Ichsucht, der Sinnlichkeit und Sexualität, der Unfruchtbarkeit (auch sie wird im letzten Bild des Spieles durch die allumfassende Liebe geläutert). Alle sieben Menschen, die Ego versucht, widerstehen, setzen ihm sogar ihr Leben entgegen:

Der Chemiker, der ein Sprengmittel erfunden hat, gibt es nicht um Geld an den Feind weiter, verrät das Vaterland nicht und wählt den Freitod. Der Arbeiter verweigert die Selbstverstümmelung an der Maschine. Der Student meldet sich freiwillig. Vater und Sohn verlassen ihre Frauen, lassen sich mustern und werden im Lauf des Spieles getötet:

> Der Vater (aufgebracht): Du lieber Gott! Ist man denn nur euretwegen auf der Welt? Bis heute habe ich meine Familie ehrlich und ausgiebig ernährt; das mußt du mir wohl zugestehen. Daß es mir aber dieser Staat ermöglichte, der jetzt nur eine Gegenleistung von mir verlangt, das vergißt du. Ihr scheint ja rein zu glauben, man darf hier bloß Rechte genießen und kann sich drücken, wenn einmal eine Pflicht gefordert wird.[562]

Natürlich gibt es auch noch den Offizier, der, nur wenige Kilometer vom Schloss seiner Verlobten getrennt, mit fünfzig Mann gegen Tausende eine aussichtslose Stellung hält, sogar dann noch, als der Feind die Stellung stürmt und das Schloss in Flammen aufgeht.

Im fünften Bild „Pastorale", verweigern es die Bauern nicht, Wagen und Pferde abzugeben; ein Knecht meldet sich freiwillig an die Front und „der Schweigsame", auf die Frage des alten Bauern, was er denn mit dem Feind anstellen werde, meint lapidar:

> Der Schweigsame (legt die Pfeife weg und spuckt aus. Dann): Dreschen! (Pause) Wie's kommen (Pause) Einen nach dem andern (Pause). Dreschen.[563]

Csokor hat sich – wiederum aus verständlichen Gründen – von seinem Stück distanziert. Zu bedenken ist auch noch, daß er, als er das Werk schrieb und auf die Bühne brachte, noch nicht Mitglied im Kriegsarchiv war. Dezidierte Propaganda war noch nicht angesagt! Später, in der Stiftgasse, gibt es relativ wenig Publiziertes zu finden. Sicher aus seiner Feder stammt das bereits zitierte Gedicht *Mannschaft* in *Unsere Soldaten*, das zwar nicht als kriegshetzerisch einzuordnen ist, sich aber „in schlechter Gesellschaft" befindet, so würde Karl Kraus es nennen.

Ein weiterer namentlich gezeichneter Text ist zu lesen in *Vom Isonzo zum Balkan*. Bei dem Werk handelt es sich um eines der ungemein lukrativen Produkte aus der Schreibwerkstatt Veltzé, eigentlich einen Bildband. Gewidmet ist das Buch „ehrfurchtsvoll Seiner Kaiserlichen und Königlichen Hoheit dem Durchlauchtigsten Generaloberst Erzherzog Leopold Salvator als Protektor der Aktion Bücher ins Feld", von Csokor stammt der Beitrag *Kunstgeschichtliches von den Gestaden der Adria*.

„Österreich-Ungarns Anteil am Meere, die Grafschaft Görz, die istrische Halbinsel und das Karstland Dalmatien waren, ehe sie sich des gerechten Schutzes und ordnenden Segens der Habsburger Monarchie erfreuen konnten, durch rauhe Jahrhunderte Strandgut gewesen, freie Beute […]." Mit diesen Worten eröffnet Csokor den Artikel und arbeitet sich, beginnend mit den Argonauten, über die römische Besatzung, die wilden Attila-Züge, das „dahinsiechende Ostrom", die Zeit des Mittelalters (ein kleiner Exkurs über die Rolle des Islam) und des Barock hin unter den gesegneten Schirm und Schutz der Habsburger – kein Wort über die weniger gesegneten, verlustreichen Isonzoschlachten, als einziger Hinweis ein „und auch jetzt dröhnen wieder Teile ihrer seligen Rosenküste unter den Erzhufen des Krieges"[564].

In *Unteilbar und Untrennbar* gibt es zwei Csokor-Texte[565], und nachdem es sich um das „populäre Kriegswerk" handelt, sind sie entsprechend tendenziös und ausgesprochene Propagandaliteratur – wie könnte es anders sein. Es werden keine literarischen Brandbomben geworfen, aber Leuchtfeuer gibt es schon zahlreich, besonders für das Bruderland – handelte es sich doch um eine Gemeinschaftsproduktion.

Nicht zu vergessen die Beiträge für das *Donauland* – sehr kluge, sachliche und dennoch einfühlsame Buchrezensionen über Gedichtbände[566], zwei eigene Gedichte[567] sowie zwei längere Artikel (*Burgtheater und neues Drama* und *Der neue Shakespeare*).

Ein dritter Artikel war wohl der Anlass, sich nach Troppau, zur dortigen Kriegsbilderausstellung zu begeben, denn an Ort und Stelle recherchierte er für seinen Artikel *Eine Kriegsausstellung an der Schwelle des Friedens*:[568]

Es zählt zu den angenehmsten Überraschungen eines Kunstfreundes, wenn er ohne übermäßige Erwartungen in eine Ausstellung tritt, die obendrein durch ihre Devise „Kriegsausstellung" auf ein bestimmtes Gebiet festgelegt scheint, und darin vorherrschend Werke findet, die über Krieg und Zeit hinausstreben.

Csokor durchwandert die Räume, begutachtet die Exponate[569], vergleicht und ordnet sie sachverständig (wir erinnern uns an die frühen Studienjahre) in das Kunstschaffen der Deutschen ein, um zu resümieren:

In all diesen Werken aber steckt etwas von dem mystischen Geiste des Schlesiers, denn Sudetenkinder deutscher Nation, Angehörige des schlesischen Hausregimentes, sind sie fast insgesamt, die hier schufen und sich zu einer „Kriegsausstellung" vereinigten, die den Krieg ebenso schon halb überwunden hat wie die offizielle Kunst ihrer Zeit.

Trotz seiner literarischen Erfolge und denen auf den Theaterbühnen Österreichs und Deutschlands hatte Csokor nie seine Pflichten gegenüber dem Kriegsarchiv vergessen. Er hatte privat-persönliche mit dienstlicher Textproduktion verbunden, der freundschaftlichen Hand, die die Zügel locker ließ, stets dankend – sei sie von Max von Hoen oder von Alois Veltzé:

29.9.1916
Hochverehrter Herr Oberst,
mein Werk hat in Köln einen ungemein starken Erfolg gehabt; sein ethischer-patriotischer Gehalt wurde von Publikum und Presse aufs Wärmste anerkannt. Nehmen Sie, hochverehrter Herr Oberst als mein gütiger und väterlicher Fürsprecher die Versicherung meines allerwärmsten Dankes entgegen.
Die mir erteilten dienstlichen Aufträge habe ich genauestens erledigt, stehe mit dem Verlag in steter Verbindung.[570]

München, 27.9.16.
Hochgeehrter Herr General,
nun ist meine Kölner Premiere mit ungemein starkem Erfolg für mich in Szene gegangen, und es drängt mich, Ihnen, hochverehrter Herr General, dem ich meine Anwesenheit bei diesem Triumf [sic!] meines Werkes danke, meinen innigsten Dank dafür zu sagen. Regie und Aufführungen waren tadellos, der Beifall steigerte sich von Bild zu Bild und währte nach dem vorletzten „Die Namenlosen" den ganzen Zwischenakt durch.
Die mir erteilten dienstlichen Aufträge habe ich auf das Genaueste erledigt. Mit dem Verlage stehe ich in ständiger Fühlung und werde vor

meiner Abreise von hier (1. Oktober) nochmals persönlich hinsehen. Herrn Oberst Veltzé habe ich meine hiesige Adresse:/ München, Hotel Posch, Dienerstrasse 11 /: mitgeteilt, für den Fall, daß noch irgendwelche dienstlichen Aufträge erwünscht wären.

Mit der nochmaligen Versicherung meines innigsten Dankes und meiner immerwährenden Ergebenheit, bin ich Ihr Ihnen Herr General respektvollst ergebener Diener Franz Theodor Csokor[571]

München, den 21. November 1917
Hochverehrter Herr General!
Es drängt mich zutiefst, Ihnen, hochverehrter Herr General für die so gütigst gewährte Urlaubsreise zu danken, die mich nun erfolgreich und mit großen Bürgschaften für meine literarische Zukunft heimkehren läßt.

Das Theater in der Königgrätzerstrasse, nächst Reinhard Berlin's bedeutendste Bühne, hat zwei Bühnenwerke auf einmal von mir erworben und mich in einem mehrjährigen mit Vorschüssen bedachten Vertrag sozusagen als Hausdichter verpflichtet, ein Vertrag, wie ihn ein literarischer Autor seit Gerhart Hauptmann und dem Lessingtheater Otto Brahm's von keiner Berliner Bühne mehr bekommen hat.

Zu Beginn 1918 soll bereits das erste der genommenen Stücke in Szene gehen; Jänner oder Feber wahrscheinlich.

Daß diese in zwei Nachmittagskonferenzen errungenen Erfolge ohne meine persönliche Anwesenheit nie erreichbar gewesen wären, bin ich mir bewußt. Und ebenso der Dankesschuld, die mich Ihnen hochverehrter Herr General für die gütige und väterliche Gewährung dieser Möglichkeit verpflichtet. Nehmen Sie es also für einen impetussen [sic!] Ausfluß solcher Gefühle, wenn ich mir die Freiheit nehme, Ihnen, hochverehrter Herr General, persönlich meinen innigsten Dank mit diesen Zeilen [...][572]

Und Karl Kraus? Wie springt er mit Csokor um? Spärlich bis gar nicht. Bei der allersten Notiz schreibt er den Namen des Literaten falsch, was gleich in der nächsten Nummer ohne jeden Kommentar richtiggestellt wird. Die erste Eintragung in der *Fackel* findet sich im März 1921, und da nur als kleiner Seitensprung, nämlich im Artikel um die Ernennung von Anton Wildgans zum Burgtheaterdirektor:

> Die Republik Österreich, die sichtlich bestrebt ist, auf ihre hervorragenden Posten Cincinnatusse frischweg von ihrer ländlichen Betätigung zu holen [...], scheint nach dieser Richtung mit Wildgans einen

Treffer gemacht zu haben, wiewohl man sich eigentlich wundern muß, daß sie nicht gleich auf Csokor gegriffen hat.[573]

Im Dezemberheft von 1922 gibt es einen kleinen Rundumschlag gegen den „Kulturbund", in dem Csokor auftrat:

> Die geistig Vornehmen Wiens finden sich gern in den kleinen Zirkeln privater Salons zusammen. [...] Gräfin Alice Hoyos, die geistig hochstehende Frau von bezwingender Liebenswürdigkeit, besitzt ein solches Heim. [...] In ihren Räumen schien der „Kulturbund", dessen Mitglieder kürzlich ihre Gäste waren, erst am Platze. [...] Csokor spricht die einführenden Worte und weiß Kluges und Schönes über alte sowie moderne Lyrik zu sagen.[574]

Es folgt ein längeres Schweigen, wobei nicht ganz klar ist, warum. Vielleicht findet Kraus die Csokorschen Dramen (in diesen Jahren schreibt der Dichter kaum mehr Lyrik) zu unbedeutend, um die Messer zu schleifen und einen Dolch in die Wunde zu stoßen. Von den bisher 29 von der Literaturwissenschaft aufgearbeiteten Dramen Csokors wurden vier während der Kriegszeit verfasst, aber nicht alle gedruckt – er hatte ziemliche Verlagsprobleme –, und sie fanden auch nicht durchwegs den Weg auf die Theaterbühnen: *Der große Kampf. Ein Mysterienspiel in acht Bildern, Die Sünde wider den Geist. Eine Tragödie, Die rote Straße. Ein dramatisches Werk in vierzehn Bildern* und *Der Baum der Erkenntnis. Ein Mythos.*

Mit *3. November 1918* hatte Csokor allerdings wirklichen Erfolg. Es zählt zu seinen tiefsten, bedeutendsten und erfolgreichsten Stücken. Dafür erhielt er auch die höchsten Anerkennungen, den Grillparzerpreis (Jänner 1938) und den Burgtheaterring (1937). Geschrieben hat er es nicht im Anschluss an den Zerfall der Monarchie, sondern erst in den Jahren 1935/36, belegt durch einen Brief an den Freund Ferdinand Bruckner:

> Augenblicklich hält mich hier noch mein neues Stück, das ich im Winter im „Ausgedinghaus" der Zuckmayerischen Wiesmühle begonnen habe. Arbeitstitel: „Die Grablegung" – bis mir was Besseres einfällt! [...] Schauplatz und Abschußstelle: Ehemaliges Hotel, Rekonvaleszentenheim geworden in der Gebirgsetappe der Kärntner Karawanken, seit Wochen eingeschneit, ohne Verkehr mit der Außenwelt, denn auch die Telefonverbindung ist kaputt. Anfang November hocken sie dort zusammen, jeder mit einem Knacks vom Krieg, ... da kommt plötzlich aus dem Tal ein Matrose, fragt sie, was sie hier suchen – es sei doch schon aus. Der noch nie geschilderte Untergang des alten Österreich wird jetzt Gestalt; Millionen stehen hinter jedem der

sieben, die in ihre Nationen zerfallen, ein Heer ohne Heimkehr, das schon beim Abschied in verschiedenen Sprachen redet.[575]

Csokor hat seine Erlebnisse vom Untergang der Monarchie und vom Ende des Krieges im November 1918 oft festgehalten. Viele Literaten (z. B. Joseph Roth, Robert Musil) haben den Untergang des großen Reiches, das Verabschieden der Völker zum Thema gemacht, aber kaum einer wie Csokor. Er hat den Krieg als eine Art Apokalypse thematisiert, deren Reiter über Völker und Länder hinwegsetzten.[576] In seinem dramaturgischen Programm kümmerte er sich nicht um die Fakten, dass jeder Krieg langzeitige Vorbereitungen politischer, wirtschaftlicher und psychologischer Natur bedarf. Das Inhumane des Krieges per se, die große Tragödie des neuen Jahrhunderts, wird nur am Rande thematisiert. Während andere Völker ihre Kämpfe auf dem Rücken einer einheitlichen, mit nationalpatriotischen Parolen gefütterten Armee austragen konnten, bestand die österreichisch-ungarische Armee aus Vertretern mehrerer Nationalitäten, die seit mehr als einem halben Jahrhundert – man bedenke die Märzrevolution von 1848 – aus dem Völkerkerker ausbrechen wollten und nun im Großen Krieg Volk gegen Volk kämpfen mussten. Es ist daher geradezu paradox, dass in Csokors Drama, folgend dem habsburgischen Mythos[577], es die Armee ist, jene Armee, von der Grillparzer meinte, in ihrem Lager sei Österreich, symbolisiert durch die Identifikationsfigur des Oberst Radosin, die diesen zerfallenden Moloch am Leben halten, ihn sogar wieder beleben und erneuern soll.

Zwei theatralisch packende Schlüsselszenen spiegeln in Csokors Stück den Untergang wider. Zum einen: Pjotr Kacziuk, ein vom gesunkenen Flaggschiff „Viribus unitis" desertierter kommunistischer Matrose, macht den Offizieren eindringlich klar, auf welch tönernen Füßen diese Armee stand, und dass ein Jahrhunderte währendes (freiwilliges?) Bündnis nicht mehr aufrechterhalten werden könne:

> (eine an eine große Staffelei geheftete Eisenbahnkarte [wird gebracht]. Sie stellt das Eisenbahnnetz der alten Monarchie dar; die einzelnen Kronländer sind, ebenso wie die Grenzen des Reiches und die anstoßenden Länder genau sichtbar abgeteilt.)
>
> KACZIUK. Achtung meine Herren! (Er hat ein schmales Marinebajonett gezückt und schlitzt nun von der großen Eisenbahnkarte die jeweils genannten Kronländer und Landstriche nach ihren neuen Grenzen ein und reißt das Fortgefallene ab.) Zuerst einmal das da, – Böhmen und Mähren!
>
> SOKAL (betroffen). Also doch schon? Und Sie beschwören mir das?

KACZIUK (weiterschneidend). Auf was Sie wollen! Nur nicht mehr auf Gott!. Sie sollten sich heimscheren, falls es Sie angeht, damit Sie kein Spätpatriot sind – (Wieder Eingeschnittenes herabreißend.) Dann das da, – Galizien! Und das, – (schneidet und reißt ab.) Siebenbürgen! Und hier – die Batschka! Und hier – die Kroaten!

ORVANYI (schäumend). Der Hund lügt, – muß lügen! [...]

KACZIUK (schneidend und abreißend). Und das da, – und das da, – und das! (Nun ist er fertig, auf der Eisenbahnkarte bleibt Österreich annähernd in seinen gegenwärtigen Grenzen.) So – macht sich das jetzt! (Er sticht sein Bajonett hinein.)[578]

Die andere Szene: Aus der Erkenntnis der Sinnlosigkeit seiner eigenen Existenz, seiner politischen, aber auch persönlichen Tragödie – zieht Oberst Radosin die Konsequenz und erschießt sich. Csokor zeichnet ihn als den Verteidiger des Modelles des Vielvölkerstaates, der gewiss ist, „wenn jemand, ob von außen, ob von innen, so wahnsinnig wäre, uns zu zerfetzen, wenn dieses Österreich einmal aufhört zu sein, – dann kommt in die Welt niemals Friede!"[579]. Um ihm die letzte Ehre zu erweisen, wirft jeder Offizier eine Schaufel Erde in das Grab: Rittmeister Orvanyi Erde aus Ungarn, Oberleutnant von Kaminski Erde aus Polen, Oberleutnant Ludoltz Erde aus Kärnten und Oberleutnant Zierowitz slowenische Erde, Leutnant Sokal tschechische Erde, Leutnant Vanini italienische Erde:

VANINI Einer – fehlt mir. Verzeihung, natürlich Sie, Dr. Grün! [...]

GRÜN Ich? (Mit einem Zögern, aber nicht lächerlich, eher rührend.) Erde – aus – Erde aus – Österreich![580]

Die Premiere fand am 10. März 1937[581] im Burgtheater statt, allerdings ohne Erde aus Österreich. Der Satz des jüdischen Regimentsarztes Grün wurde gestrichen. Direktor Röbbeling fürchtete die Demonstrationen der Illegalen, da nützte auch der Protest Csokors nicht: „Meinem Protest wurde nicht stattgegeben. Man vermeidet es also schon an ein Gefühl für Österreich zu appellieren; ,nicht genannt soll es werden', aber existieren soll es noch?"[582] Doch fragt man sich angesichts der politischen Situation, die in Deutschland seit 1933 herrschte und von der Csokor wusste, deren weitere Folgen er ahnte: Was hat er sich denn vorgestellt?

Die einzige Frauenfigur, zugleich die einzige Gesunde unter den Kranken, die Krankenschwester Christa, glaubt an ein Fortbestehen eines Reiches, „das aus Menschen gebaut wird und nicht aus Nationen und Grenzen". Sie bringt die Friedensbotschaft aus dem Tal, aber sie kommt zu spät. Alle haben die Stellung verlassen, nur der Kärntner Ludoltz ist geblieben. Er eröffnet gegen seinen Kameraden und Blutsbruder, den Slowenen Zierowitz, den nationalistischen Nachkrieg.

Die Kritiken waren mehr als positiv, dennoch wurde der Zeitgeist bemüht:

> Angesichts der starken Ergriffenheit, die sich des Publikums mehr und mehr bemächtigte, hat es keinen rechten Sinn, einen Erfolg festzustellen. Wohl folgte den Worten des Obersten lauter Applaus und Treßlers Abgehen, bei dem man das Sterben zu merken anfing, wurde von minutenlangem Beifall begleitet. Man belohnte die große künstlerische Leistung des einzelnen wie – nach den Aktschlüssen – die des Ensembles. Man rief Csokor, um ihm für sein Werk zu danken. Tiefen Eindruck hat dieses Werk geübt, was vielleicht mehr bedeutet als ein Erfolg. Doch der zweifellose Erfolg, den das Burgtheater errang, darf beim Gedenken an Verlorenes als eine Art von Trost gelten, weil diesem Österreich so köstlich viel Unverlierbares geblieben.[583]

1936 wurde das Drama in Druck gegeben, anlässlich der Herausgabe der fünften Auflage im Jahr 1968 schrieb Csokor noch ein Vorwort, ein Credo, ein Requiem für „das Heer ohne Heimkehr, für eine Armee, die das Wunder [anstrebte], sieben Völker in sich zum gemeinsamen Kampf zu vereinen gegen die Zentrifugalkraft der Zeit. Im Gleichnis seiner Armee habe ich 1935 die Tragödie dieses Reiches zu gestalten versucht, dessen Untergang die Tragödie unseres Kontinents einleitete, die zwischen 1939 und 1945 ihren Gipfel erreicht und die selbst heute – fünfzig Jahre danach – immer noch nicht ganz beendet scheint."[584]

Epilog – Die letzten Tage der Menschheit

Erster Weltkrieg – eine Bilanz

Von den mehr als 65 Millionen Soldaten, die mobilisiert wurden, waren rund 8,5 Millionen gefallen, 21 Millionen verwundet, etwa 7,8 Millionen kriegsgefangen oder vermisst. Man kann die genaue Zahl der Witwen, Waisen und Kriegsinvaliden kaum schätzen, sie gehen jedenfalls in die Millionen.

Ebenso kann man die direkten Kriegskosten nur vage mit mindestens 180 Milliarden US-Dollar und die indirekten mit 150 Milliarden US-Dollar angeben. Drei mächtige Monarchien – Österreich-Ungarn, Deutschland und Russland – und das Osmanische Reich wurden aufgelöst und von anderen politischen Systemen abgelöst.

Welche Bedeutung, welche Funktion kommt der Kriegspropaganda innerhalb der politischen Gegebenheiten zu? Auch das ist nicht messbar, nur so viel ist sicher: Die Literaten des Kaisers schrieben für die eigene Bevölkerung, um die verschiedenen Nationalitäten der Habsburger Monarchie zu einen, moralisch zu stärken – einzuschwören. Sie schrieben für die Verbündeten, besonders für Deutschland, um die Allianzen manifest zu machen. Sie schrieben für die neutralen Staaten, so die Schweiz, um Meinung zu bilden, ja vielleicht die Neutralen ins eigene Lager umzupolen.

Und sie schrieben gegen die Feinde, um sie zu desavouieren, zu demoralisieren und zu verdammen.

Vor allem schrieben sie dem Krieg seine eigene spezifische Sinnhaftigkeit zu. Die Sinnfindung war für Zivilbevölkerung und Militär gleichermaßen wichtig, um die Dauer der Kriegszeit – hatte man doch mit nur wenigen Wochen gerechnet – überhaupt zu überstehen.

Sie schrieben im ersten Kriegsabschnitt, also etwa bis Dezember 1914, um die allgemeine Kriegsbegeisterung zu unterstützen.

Sie schrieben in der zweiten Phase des Krieges, bis zum „Verrat Italiens" im Mai 1915, da waren sie besonders gefordert, und ließen die heldische österreichische Vergangenheit – auch angesichts der militärischen Misserfolge – wieder aufleben. Beispiel- und symbolhaft am Land Tirol und seinem Andreas Hofer.

Ab 1917 setzte die letzte poetische Mobilmachung ein, und nun schrieben die Literaten vor allem Durchhalteparolen.

Die literarischen Beiträge strotzten die Jahre über von sprachlichen Klischees und weltanschaulichen Stereotypen. Die Schreiber beschworen die Trias von Gott, Kaiser und Vaterland, für die es galt heldenhaft zu kämpfen und wenn nötig, den Heldentod zu erleiden. Alle die in diesem Buch angeführten Literaten gaben ihr „Bestes", ordneten ihre Person und ihr Schaffen diesen Themen unter; manche alle vier Jahre, manche versuchten nach wenigen Kriegsmonaten mit mehr oder weniger Erfolg eine Kehrtwende.

Nur einer schrieb nie für, sondern immer gegen den Krieg. Karl Kraus schrieb gegen die Ignoranz und Dummheit der Menschen, gegen das Sprachgesindel im Kriegsarchiv und Kriegspressequartier, das Lüge und Korruption geschickt camouflierte. Er schrieb gegen die Romantisierung der Technik und gegen das Verheimlichen des Elends der Bevölkerung hinter den Fronten und er schrieb auch noch lange danach gegen den Krieg. Ihm gebührt daher auch das letzte Wort:

> Durch die geheime Finte
> zum Treubund rief die Tinte
> die Technik und den Tod.
> Mögt nie den Dank vergessen
> den Blut- und Druckerpressen.
> Ihr habt es schwarz auf rot!
>
> Ich traf mit Druckerschwärze
> den Erzfeind in das Herze!
> Und weil es ihm geschah,
> sollt ihr den Nächsten hassen,
> um Judaslohn verlassen –
> der Antichrist ist da! [...]
>
> STIMME VON OBEN
> Der Sturm gelang. Die Nacht war wild.
> Zerstört ist Gottes Ebenbild!
> *Großes Schweigen.*
>
> DIE STIMME GOTTES
> Ich habe es nicht gewollt. [585]

Kaiser Franz Josef im Gebet.

Vater im Himmel, Lenker der Sonnen,
Zeuge für mich, der in Demut Dir naht!
I c h nicht habe den Kampf begonnen,
I c h nicht streute die blutige Saat!
Doch von Feinden und Neidern umgeben,
Rief ich mein Volk zu eiserner Wehr,
Laß D e i n e n Geist uns're Waffen umschwebe**n**,
Uns sei der S i e g — und D i r sei die Ehr'

Harry Sheft.

Kriegspostkarte 1915

Anmerkungen

1 Vgl. Rauchensteiner, Manfried: Der Tod des Doppeladlers. Österreich-Ungarn und der Erste Weltkrieg. Graz 1994 (wird in der Folge mit „Rauchensteiner 1" zitiert). Weiters Rauchensteiner, Manfried: Der Erste Weltkrieg und das Ende der Habsburgermonarchie 1914–1918. Wien 2013 (wird in der Folge mit „Rauchensteiner 2" zitiert), Bruckmüller, Ernst: Sozialgeschichte Österreichs. Wien 1985 (wird in der Folge mit „Bruckmüller" zitiert), Bihl, Wolfdieter: Der Erste Weltkrieg 1914–1918. Chronik – Daten – Fakten. Wien 2010 (wird in der Folge mit „Bihl" zitiert). Hier Bihl, S. 46.
2 Rauchensteiner 1, S. 92–95. Das Ultimatum war bis 25. Juli, 18 Uhr befristet.
3 Bihl, S. 49f. Am 26. Juli 1914 war es bei Temes Kubin zu einem „Zwischenfall" gekommen, bei dem es sich aber zweifelsohne um keinen serbischen Angriff handelte. Die Richtigstellung folgte sogleich, doch war die Kriegserklärung von Franz Joseph bereits unterschrieben.
4 Unserm Kaiser, in: Helden. Schilderungen ruhmreicher Taten aus dem Weltkrieg 1914–16. Wien 1916, S. 1.
5 Alle am Krieg beteiligten Staaten machten sich alte und neue Propagandamittel – Plakate, Flugblätter, Post- und Ansichtskarten, Zeitschriften und Bücher, Propagandafilme, Veranstaltungen und Ausstellungen und Briefmarken – zunutze.
6 Alle drei Zitate vgl. Eisterer, Klaus: Der Heldentod muß würdig geschildert werden. In K. E. und Rolf Steininger (Hg.): Tirol und der Erste Weltkrieg. Innsbruck 1995, S. 115f. und 132.
7 Rauchensteiner 1, S. 188.
8 Vgl. dazu Weigel, Hans u. a.: Jeder Schuss ein Russ, jeder Stoß ein Franzos. Literarische und graphische Kriegspropaganda in Deutschland und Österreich 1914–1918. Wien 1983.
9 *Die Fackel* vom 18. Jänner 1917 (= 445–453), S. 33. „Dreifachem Reim entziehe sich die Welt: Dem Reim auf Feld und Geld und Held. Ein Anfangsreim beendet alle Not: Technik und Tinte führt [sic!] in Tod."
Lunzer, Heinz u.a. (Hg.): „Was wir umbringen". DIE FACKEL von Karl Kraus. Wien 1999 (wird in der Folge mit „Lunzer, 1999" zitiert), Timms, Edward: Karl Kraus Satiriker der Apokalypse. Leben und Werk 1874 – 1918. Wien 1995.
10 Diese und folgende Zitate vgl. *Die Fackel* Nr. 1, Seiten 4, 1, 2, 61. Kraus war zwischen 1894 und 1896 auch Mitarbeiter der *Neuen Freien Presse*, geleitet von Moriz Benedikt. Er und sein Blatt sollten nach dem kurzen redaktionellen Intermezzo ein Hauptangriffsziel von Karl Kraus werden.
11 *Die Fackel* vom April 1899 (= 1), „Was wir umbringen", S. 95.
12 *Die Fackel* vom Juni 1899 (= 9), S. 27.
13 Arthur Schnitzler Tagebucheintrag vom 15.12.1896. Schnitzler, Arthur: Tagebuch 1893–1902. Wien 1989, S. 229.

14 Aus Anlass von Schnitzlers 60. Geburtstag und den damit verbundenen Ehrungen meldete sich Kraus aber fast milde zu Wort: „Immerhin ist er einer der wenigen Schriftsteller, die sich während des Krieges anständig benommen haben." *Die Fackel* vom Juli 1922 (= 595–600), S. 90.
15 *Die Fackel* vom 5. Dezember 1914 (= 404), S. 8f.
16 Lunzer 1999, S. 113.
17 *Die Fackel* vom 5. Dezember 1914 (= 404), S. 1ff.
18 Kraus spricht von einem „Schriftwerk".
19 Mit 20. November 1918 brachte Kraus das Heft 499/500 heraus.
20 Wagenknecht Christian: Die Vorlesungen von Karl Kraus. Ein chronologisches Verzeichnis. In: Kraus-Hefte, Nr. 35/36 von 1985, S. 1–32.
21 Kraus, Karl: Die letzten Tage der Menschheit. Frankfurt 1986, II. Akt, 28. Szene, S. 297. In seinen Erinnerungen beschreibt Edmund Glaises von Horstenau, ein Zeuge, die Szene wie folgt: „Abends fand eine von Major Zitterhofer des Kriegsarchivs […] veranstaltete Kinovorführung statt. Unter dem Publikum, durchwegs Offizieren des AOK., herrschte eine gedrückte Stimmung. […] Immerhin konnten Freund Lauer und ich, ziemlich nahe den höchsten Herrschaften sitzend, […] ‚Feldherrenworte' verewigen, die dem gütigen Erzherzog Friedrich entwichen und später leider ihren Weg in den ‚Letzten Tagen der Menschheit' von Karl Kraus fanden. […] Als ein ‚natürlich künstlich arrangierter' Granattrichter auf der Leinwand aufsprang, rief der gute Fritzel: ‚Pumpsti, Trichter!'" Broucek, Peter (Hg.): Ein General im Zwielicht. Die Erinnerungen Edmund Glaises von Horstenau. K. u. k. Generalstabsoffizier und Historiker. Band 1. Wien 1980, S. 366.
22 Canetti, Elias: Die Fackel im Ohr. Frankfurt 1982, S. 66f.
23 Kisch, Egon Erwin: Briefe an den Bruder Paul und an die Mutter 1905–1936. Berlin 1978, S. 340 ff.
24 Überaus hilfreich erwiesen sich für dieses Kapitel: Stiaßny-Baumgartner, Ilse: Roda Rodas Tätigkeit im Kriegspressequartier. Zur propagandistischen Arbeit österreichischer Schriftsteller im Ersten Weltkrieg. Wien 1982 [= Diss., wird in der Folge mit „Stiaßny" zitiert]; weiters Mayer, Klaus: Die Organisation des Kriegspressequartiers beim k. u. k. AOK im Ersten Weltkrieg 1914–1918. Wien 1963 [= Diss. Die Arbeit ist trotz „ihres Alters" heute noch immer aktuell; wird in der Folge mit „Mayer" zitiert]; Preball, Kurt: Literarische Publikationen des Kriegsarchivs im Weltkrieg 1914 bis 1918, in: Festschrift des Haus-Hof-Staatsarchivs, Band I, Wien 1949, S. 240ff [wird in der Folge mit „Preball" zitiert] sowie: Musen an die Front! Schriftsteller und Künstler im Dienst der k. u. k. Kriegspropaganda 1914–1918. München 2003 [= Ausstellungskatalog].
25 *Die Fackel* vom 5. Dezember 1914 (= 404), S. 16.
26 Ginzkey war auch als Kriegsberichterstatter eingesetzt und wechselte später als Oberoffizial in das Kriegsarchiv.
27 Das *Fremden-Blatt* erschien vom 1. Juli 1847 bis zum 22. März 1919 und soll die einzige Zeitung gewesen sein, die Kaiser Franz Joseph gelesen hat.
28 Kraus, Karl: Die letzten Tage der Menschheit, S. 337f.

ANMERKUNGEN

29 http://de.wikipedia.org/wiki/%C3%96sterreichisches_Staatsarchiv
30 Vgl. dazu Manfried Rauchensteiner / Erwin Pitsch: Die Stiftskaserne in Krieg und Frieden. Wien 1977, S. 8ff. und 47. Die „Savoyische Adelige Akademie", 1746 von Maria Theresia begründet, war die noble Ausbildungsinstitution für adelige junge Herren, die sich für den militärischen und zivilen Staatsdienst vorzubereiten hatten.
31 Broucek, Peter (Hg.): Ein General im Zwielicht. Die Erinnerungen Edmund Glaises von Horstenaus, S. 259.
32 Klaus Mayer schreibt vom „lückenhaften Bestand" der Akten des KPQ. Vgl. Mayer, S. 6.
33 Wird in der Folge mit „Chronik Hoen" zitiert. Hier S. 2.
34 Chronik Hoen, S. 4.
35 Karl Hans Strobl (1877 Iglau – 1946 Perchtoldsdorf) war Jurist, Redakteur, Schriftsteller und Kriegsberichterstatter im KPQ. Vgl. dazu: Die Weltgeschichte und das Igelhaus. Leipzig 1944, Band III, S. 44–46. Kraus, Karl: Geteilte Ansichten über die Kriegsberichterstattung. *Die Fackel* vom Dez. 1915 (= Nr. 413–417), S. 33f.
36 Mobilisierungsinstruktion für das k. u. k. Heer. Anhang für das Kriegsattachéquartier und das Kriegspressequartier. Entwurf. Wien 1909.
37 Ebda., S. 53.
38 Das Hotel „Spinne" wird in der Folge nicht mehr genannt; wenn das KPQ in seinen Anfangszeiten gemeint ist, wird generell vom „Tegetthoff" geschrieben.
39 Neues Wiener Journal vom 3. August 1914, S. 4.
40 Neues Wiener Journal vom 12. August 1914, S. 4.
41 Neues Wiener Journal vom 22. August 1914, S. 4.
42 Neues Wiener Journal vom 31. Juli 1914, S. 4: *Der Krieg und die Zeitungen.* Gerechterweise muss man ergänzen, dass die Zensurmaßnahmen mit fortschreitenden Kriegsjahren „gelockert" wurden und auf keinen Fall mit denen während der Jahre des Zweiten Weltkriegs vergleichbar sind.
43 Mobilisierungsinstruktion, S. 67ff.
44 AOK, KPQ Fasz. 65 Nr. 2918 vom 5.8.1915. Es gab eine größere Modifizierung mit 14.3.1917 = Fasz. 96 Nr. 3552; zitiert nach Mayer, S. 108.
45 Vgl. Mayer, S. 109. AOK-KPQ Nr. 1500/7 in Karton 6; gezeichnet 15.7.1916.
46 Sven Hedin (1865–1952): schwedischer Geograph, Fotograph, Entdeckungsreisender, Schriftsteller und Illustrator seiner eigenen Bücher. In vier Expeditionen nach Zentralasien entdeckte er den Transhimalaya, darunter die Quellen des Flusses Indus, mehrere Relikte antiker Städte und Reste der Chinesischen Mauer. Er war durch und durch Royalist (Orden und Dekorationen sowie etliche Ehrendoktorate wurden ihm angeboten und verliehen) und erhielt Einladungen gekrönter Häupter, u. a. vom deutschen Kaiser Wilhelm II. Er besuchte auch Kaiser Franz Joseph ab 1898 mehrere Male. Den Ersten Weltkrieg verstand er als Kampf der Germanen vor allem gegen Russland. Seine Frontbesuche fanden literarischen Niederschlag in reich bebilderten auflagenstarken Büchern wie *Ein Volk in Waffen. Den deutschen Soldaten gewidmet.* Leipzig 1915.
47 KA, AOK/KPQ – Kart. 1, „Memorandum vom 30. August 1914". Vgl. Elmer, Alexandra: „Der Bohemien unter den Generälen". Maximilian Ritter von Hoen (1867–1940). Ein österreichischer Historiker und Militärjournalist. Wien 1992, Band 2, S. 527.

48 Kisch, Egon Erwin: Kriegspropaganda und ihr Widerspiel. Gesammelte Werke, Band 1, S. 38f.
49 KA, KPQ, Fasz. 8: Dienstordnung des Kriegspressequartiers, 1917, S. 2.
50 Vgl. Chronik Hoen, S. 186. Diese Zahl veranlasste den damaligen Kommandanten Oberst Wilhelm Eisner-Bubna im Oktober 1918 – man bedenke den Zeitpunkt! –, die Mitarbeiter mit 800 „zu decken".
51 Oberst, später Generalmajor Maximilian von Hoen hatte vom 1. Mobilisierungstag bis 15. März 1917 das Kommando; Oberst Wilhelm Eisner-Bubna (1875 in Lienz – 1926 in Frankfurt/Oder) vom 1. April 1917 bis Kriegsende.
52 Kraus, Karl: Briefe an Sidonie Nádherný von Borutin. 1913–1936. Erster Band. München 1974, Brief vom 14.12.1915, S. 290.
53 Broucek, S. 182, 254f. Broucek korrigiert von Horstenau, hätte doch jener nur den „alten" Woinovich kennen gelernt. Es gebe sehr wohl etliche Publikationen und kleinere Artikel des Generals in diversen Zeitungen und Journalen.
54 Vgl. Beilageblatt in Chronik Hoen. Von Woionovich stammt auch der vielzitierte Satz (nach dem Attentat auf den Thronfolger): „Eins können diese Habsburger, sie wissen heldenhaft zu sterben." (Broucek, S. 274.)
55 Vgl. dazu: Elmer, Alexandra: „Der Bohemien unter den Generälen". Maximilian Ritter von Hoen (1874 – 1940). Ein österreichischer Historiker und Militärjournalist. Wien 1992 [= Diss.]. Frau Elmer hat familiäre Verbindungen zu Max von Hoen, weiters konnte sie noch die Witwe Hoens interviewen. Entstanden ist ein sehr umfangreiches, informatives Werk (3 Bände, über 1000 Seiten!), das den „Bohemien und Journalisten" von allen Seiten beleuchtet (wird in der Folge mit „Elmer" zitiert).
Bei Karl Kraus kam Hoen gar nicht so schlecht weg, die Karikatur ist geradezu milde. Vgl. Karl Kraus „Geteilte Ansicht über die Kriegsberichterstattung". In: *Die Fackel* vom Dezember 1915 (= 413–417), S. 33f.
56 Auch Lustig Prean, Hoens Adjutant, nennt ihn einen „geistreichen Zyniker und Sarkasten, den Bohemien unter den Generalen." Neues Wiener Journal vom 21.4.1920, S. 4.
57 Elmer, S. 255f.
58 KA, DION 1004/16. 12. 1904 und Qualifikationsliste Max Hoen, 1905–1913. Während des russisch-japanischen Krieges verfasste Roda Roda etliche Artikel betreffend den Ausgang dieses Krieges; Hoen setzte dagegen. Roda behielt Recht – das tat der Freundschaft der beiden keinen Abbruch.
59 *Die Fackel* vom Dezember 1915 (=413–417), S. 32 und *Fackel* vom Mai 1917 (= 457–461), S. 24.
60 Hoen, Maximilian: Kritische Tage im Kriegspressequartier, in: Neues Wiener Journal vom 1.1.1932, S. 8.
61 Vgl. dazu Broucek, S. 256.
62 Vgl. Broucek, S. 407.
63 Vgl. Preball, S. 243.
64 Chronik Hoen, Beilage 72/1; Typoskript mit handschriftlichen Ergänzungen. „Vorkriegsliteratur, an der ich mitgearbeitet. Veltzés int. Armeealmanach (7 Bände),

ANMERKUNGEN

Raimund Fürst Montecuccoli (4 Bd.), Das Kriegswesen der Stadt Wien (1520–1740), Das Kriegsjahr 1809 in Einzeldarstellungen (11 Bd.), Krieg 1809 (offiziell), Oesterreich in den Befreiungskriegen (10 Bd.), Unsere Truppen in Bosnien u. der Herzegowina (6 Bde.), Kaiser Maximilian von Mexiko, FM. Fürst Schwarzenberg, Autogramme der Habsburger, Die Schlacht bei Adua, Sechzig Jahre Wehrmacht, Mitteilungen des Kriegsarchivs (3, 4, 5, 10, 12) (5 Bd.), Feldzugserzählungen des Erzherzogs Johann, Kriegsbilder der ö.u. Armee aus dem 19. Jahrhundert, Infanterieregiment Nr. 4, Festschrift zur Enthüllung des Deutschmeisterdenkmals, Die Einheit der Armee, Der Leutnant, Streiflichter auf die ö.u. Wehrmacht, ihre Geschichte und ihren Geist".

65 *Die Fackel* vom Mai 1917 (= 458–461), S. 24.
66 Chronik Hoen, S. 13–21.
67 *Streffleurs (Österreichische) Militärische Zeitung* ist weltweit das älteste militärwissenschaftliche Fachperiodikum; begründet von Erzherzog Karl, eingerichtet im Kriegsarchiv unter der Leitung des Archivdirektors Moritz Gomez de Parientos, erschien das Blatt zum ersten Mal am 1. Jänner 1808. Vgl. dazu Schneller, Karl: Die Schlacht bei Limanova-Lapánow, in: Streffleurs Militärblatt. Feldzeitung Nr. 5 vom 6.2.1915, S. 1–11. Die von Hoen überarbeitete Fassung wurde unter dem Titel „Die Kriegsereignisse im Norden von der Mobilisierung bis einschließlich der Schlacht bei Lemberg" Ende April 1915 gedruckt.
68 Chronik Hoen, Beilage Nr. 4.
69 Er gehörte vom 20. November 1914 bis zum 1. Dezember 1917 der Literarischen Gruppe an.
70 Er war vom 20. November 1914 bis zum sog. Umsturz für die Literarischen Gruppe tätig.
71 Gustav A. (Geza) Silberer (1876–1938), Journalist (er schrieb u. a. für die *Neue Freie Presse*), Erzähler und Dramatiker. Er war seit Mai 1915 im KA.
72 Getan hat das Kurt Preball in seinem Aufsatz „Literarische Publikationen des Kriegsarchivs im Weltkrieg 1914-1918, in: Mitteilungen des Österreichischen Staatsarchivs. Wien 1961, Band 14, S. 257–260.
73 Trebitsch, Siegfried: Chronik eines Lebens. Zürich 1951, S. 282.
74 In Abwandlung von Karl Kraus: In dieser großen Zeit, S. 17: „Die Depesche ist ein Kriegsmittel wie die Granate."
75 Der Autor war Rudolf Hans Bartsch, der „zu dick aufgetragen" hatte. Siehe Chronik Hoen, S. 25.
76 Ebda.
77 KA, Nachlaßsammlung B 46/1, Typoskript, gezeichnet „Zweig".
78 Bildet Csokors Gedicht den Abschluss, so findet sich sinnigerweise auf Seite XI der Einleitung ein Pendant völlig anderer Qualität von Leopold Schönthal: „Schwurlitanei. Wir schwuren zu Gott dem Allmächtigen:/ Er weiß, wir haben's gehalten/ Gegen jeden Feind, wer es immer sei./ Moskowiter und welsche Haßkumpanei/ Röchelnd die Finger verkrallten/ In blumigen Plan und öden Sand./ Zu Wasser und zu Land,/ Bei Tag und Nacht/ Viel Raubwild ist schon zur Streck' gebracht./ In Schlachten, in Stürmen, Gefechten/ Taten wir blutig rechten/ Um Kaiser, Kind, uns'rer Hütten Pacht. […]

79 Chronik Hoen, S. 25f. In dem Deal war auch die Auflage enthalten, dass Manz dem „Kriegsministerium 1000 Exemplare für dienstliche Zwecke zum Vorzugspreis von 2 Kronen" überlassen möge.
80 Brief Stefan Zweig an Franz Karl Ginzkey vom 12.8.1915; Wienbibliothek I.N. 166 782. Vgl. Musen an die Front! Schriftsteller und Künstler im Dienst der k.u.k. Kriegspropaganda 1914–1918. Begleitband zur gleichnamigen Ausstellung. München 2003, Band 1, S. 26.
81 Aus der Werkstatt des Krieges. Ein Rundblick über die organisatorische und soziale Kriegsarbeit 1914/15 in Österreich-Ungarn. Unter der Leitung des Geh. Rates, Generals der Inf. Emil von Woinovich Direktor des k. u. k. Kriegs-Archivs, Korr. Mitglied der k. Akademie der Wissenschaften. Herausgegeben und redigiert von Oberstleutnant Alois Veltzé Abteilungsvorstand im k. u. k. Kriegs-Archiv". Max von Hoen meint in seiner Chronik auf Seite 26 sehr optimistisch: „Das Buch erschien 1915 in hübscher Ausstattung und wird für alle Zeiten wegen seiner populären Schilderung eine Menge mit dem Krieg zusammenhängender und nur allzu leicht in Vergessenheit geratender Dinge Wert behalten."
82 Bartsch, Hans Rudolf: Moderne Waffen, in: Aus der Werkstatt des Krieges, S. 183–196.
83 Ebda., S. 194. Vgl. Bihl, S. 150.
84 Tagebücher Stefan Zweig, 6.8.1914, S. 85.
85 Lebende Kampfmittel, in: Aus der Werkstatt des Krieges, S. 171–183. Nach dem ausführlichen Teil über die Kriegspferde fügt Zweig noch einige Absätze über die im Kriegseinsatz stehenden Hunde hinzu und schließt mit den Viehherden ab, die hin und wieder als Zugtiere Verwendung fänden, aber „ihre wirkliche Tat [sei] ihr Tod"; sie dienten der Armee als „tägliche Fleischration". Angesichts der Berichte der Frontsoldaten, es habe Zeiten gegeben, da hätte man auf kleinen Zweigen und Ästchen gekaut, um die entsetzlichen Hungerschmerzen in den Därmen zum Stillstand zu bringen, ist auch dieser Essay als propagandistisch oder zumindest naiv einzustufen. Vgl. Egon Erwin Kisch: Soldat im Prager Korps. Prag 1922, S. 264.
86 Ebda., S. 41.
87 Ein weiterer Beitrag, „Das Rote Kreuz" auf Seite 226ff. von Leutnant Dr. Heinrich von Kralik, korrespondiert mit Polgars Text.
88 Wohl gab es während des Krieges Kriegsberichterstatterinnen – allen voran „die Schalek" –, aber Frauen und Mädchen hatten doch hauptsächlich Aufgaben im Sanitätsbereich und Pflegedienst zu leisten. Vgl. dazu Sonnenthal, Hermine von: Ein Frauenschicksal im Kriege. Briefe und Tagebuch-Aufzeichnungen von Schwester Maria Sonnenthal-Scherer. Berlin 1918. Maria Sonnenthal-Scherer war auch Mitarbeiterin von Maria Defours-Walderode, genannt „die Gräfin". Den Hinweis auf Maria Sonnenthal-Scherer verdankt die Verfasserin Univ.-Prof. Dr. Herbert Zeman. Weiters ist sich die Verfasserin bewusst, dass die „Kriegsgeschichte der Frauen" ein noch weites Feld darstellt, das zu beackern wäre.
89 Vgl. *Die Fackel* vom August 1916 (= Nr. 431–436), S. 97. Monumentum aere perennius. Unsere Generale und Flaggenoffiziere im Weltkrieg. Herausgegeben zu Gunsten des k. k. österr. Militär-Witwen- und Waisenfonds von Geh. Rat General der Infanterie

ANMERKUNGEN

Franz Freiherr von Schönaich, Kriegsminister a. D. Unter Leitung des Geh. Rates General der Infanterie Emil von Woinovich, Direktor des k. u. k. Kriegsarchivs und des Generalmajor Max Ritter von Hoen, Kommandant des Kriegspressequartiers. Redigiert von Oberstleutnant Alois Veltzé, Abteilungsvorstand im k. u. k. Kriegsarchiv. Künstlerische Leitung: Eugen Willoner. Leiter der graphischen Abteilung: Julius Klinger.

90 Vgl. Chronik Hoen, S. 57.
91 Vgl. Chronik Hoen, S. 29. Der Aufruf in den Tagesblättern erging am 8.4.1915.
92 Vgl. Chronik Hoen, S. 28. Der 2. Band erschien nach dem Umbruch, also in der Zeit der Republik. Das „Monumentalwerk" ist wirklich eine großformatige und mehrere Kilo schwere bibliophile Kostbarkeit mit „vielen Kopfleisten und Schlußstücken, 10 Dreifarbentafeln, […] 7 Karten im Farbendruck und über 1000 Abbildungen" in zwei Bänden.
93 Der 1835 von Christian Jakob Belser gegründete Verlag besteht bis heute.
94 Unteilbar und Untrennbar. Die Geschichte des großen Weltkrieges mit besonderer Berücksichtigung Österreich-Ungarns. Hg. Alois Veltzé, Wien 1917, S. 713ff.
95 Kernstock, Ottokar: „Heldinnen der Arbeit", in: *Donauland*, 1. Jahrgang, März bis August 1917, S. 197.
96 Hauptmann Dr. Paul Stefan (eigentlich Grünfeld) war von Oktober 1915 bis 31.1.1919 im Kriegsarchiv tätig.
97 Chronik Hoen, S. 93f.
98 KA, Hoen, Chronik, Beilage 26. Das „Exposé" gliedert sich in Text (= 4 Blätter) und 2 Beilagen (= 2 Blätter)
99 Paul Siebertz hatte als Publizist und Herausgeber bereits Erfahrungen gesammelt; er hatte zwei Jahrgänge der „Katholischen Revue" (1900–1901) betreut.
100 Chronik Hoen, ebda. Das hinderte Zweig aber nicht, im April 1917 an Rilke folgende Zeilen zu senden: „Daß Sie sich dem ‚Donauland' entrungen haben [sic!], war mir persönlich eine Freude." (Stefan Zweig an Rainer Maria Rilke, Brief vom 23. April 1917).
101 Zum Papiermangel sei eine kleine kuriose Anmerkung gestattet. Im Kriegsarchiv verwendete man jedes (auch schon beschriebene oder bedruckte) Blatt Papier, man „recycelte" es. So ist ein Teil der Chronik Hoen auf einseitig bedrucktem Papier mit seiner Handschrift auf der Rückseite versehen. Bei der bedruckten Seite handelt es sich um eine graphisch sehr gut gelöste Werbung für Toilettenpapier und dessen Spendevorrichtungen!
102 Postkarte, Franz Karl Ginzkey an Dr. Hugo Salus vom 23.2.1917, Wienbibliothek I.N. 162.340.
103 *Die Fackel* vom Mai 1917 (= 457–461), S. 22–25.
104 Eine genauere und tiefere Aufarbeitung würde den Rahmen dieses Buches sprengen.
105 *Die Fackel* vom Dezember 1915 (= 413–417), S. 32.
106 *Donauland*, 1. Jahrgang, Juni 1917, S. 454.
107 Diese und folgende Angaben vgl. Schmölzer, Hildegund: Die Propaganda des Kriegspressequartiers im ersten [sic!] Weltkrieg 1914 – 1918. [= Diss.] Wien 1965, S. 17–22.
108 Die Ausstellung wanderte im Jänner 1916 weiter nach Budapest.

109 Rede Max von Hoens anlässlich der Kriegsbilderausstellung in Prag im Dezember 1916 in der *Bohemia* vom 11.12.1916, S. 1f.
110 Weitere Ausstellungen: Im Frühjahr 1916 in Graz (mit über 100 Bildern); April 1916 in Zagreb; November/Dezember 1916 in Innsbruck (mit 276 Bildern von 80 Künstlern), die Ausstellung wanderte weiter nach Bozen; ebenso November/Dezember in Salzburg (mit 250 bis 300 Bildern).Vgl. KA KPQ Fasz. 50 Nr. 1423, Fasz. 50 E. Nr. 173, Fasz. 49 Nr. 930 18 alle zitiert nach Schmölzer, S. 19.
111 Berliner Volkszeitung vom 18.12.1917.
112 Berliner Lokalanzeiger (beide Zeitungen bei Schmölzer S. 21 bzw. KA. Propaganda-Bericht des KPQ von März und April 1918).
113 KA, Direktionsakten, Beilage zu Nr. 80 ex 1916 (= März 1916).
114 *Die Fackel* vom August 1916 (= 431-436), S. 26f.
115 Arthur Schnitzler: Tagebuch 1913–1916, hg. von der Kommission für literarische Gebrauchsformen der Österreichischen Akademie der Wissenschaften, Obmann: Werner Welzig. Wien 1983. Eintragung vom 8.10. 1916, S. 318.
116 Katalog zur Kriegsausstellung 1916, S. 5. Der Katalog hat über 320 Seiten, viele Abbildungen, enthält seitenweise Reklame und Werbungen und einen informativen Lageplan.
117 Franz Theodor Csokor: Rainer Maria Rilke und der deutsche Zusammenbruch 1918, Typoskript – Durchschlag, in: Wienbibliothek Ser. N. 31 330.
118 Storck, W. Joachim u.a. (Hg.): Rainer Maria Rilke – Sidonie Nádherný von Borutin. Briefwechsel 1906–1926. Göttingen 2007, S. 257f. Rilke spielt auf das Trauma der Jugendjahre an, hatte er doch auf Wunsch des Vaters vom 1. September 1886 bis Juni 1890 die Militär-Unterrealschule in St. Pölten und anschließend vom 1. Oktober 1890 bis zur von ihm erzwungenen vorzeitigen Entlassung am 3. Juni 1891 die Militär-Oberrealschule in Mährisch-Weißkirchen absolviert. Diese Jahre wurden in seiner Erinnerung stets mit „Fibel des Entsetzens" (Brief an Marie von Thurn und Taxis vom 2. Dezember 1915 in: Zinn, Ernst: Rainer Maria Rilke und Marie von Thurn und Taxis. Briefwechsel. Wiesbaden 1951, Band 1, S. 461.) apostrophiert.
119 Siehe dazu: Edmund de Waal: Der Hase mit den Bernsteinaugen. Wien 2011, S. 217.
120 Rainer Maria Rilke – Katharina Kippenberg Briefwechsel. Insel-Verlag 1954, S. 159–171. („Sie wissen, mein Los ist ins Militärische gefallen, – wer als Sie wird mehr begreifen, was das für meine Gesundheit und meine Arbeit bedeutet." Brief vom 11. Dezember.) Katharina hat das gesamte Rilke-Procedere veranlasst, ihr Mann war im Kriegseinsatz.
121 Schnack, Ingeborg: Rainer Maria Rilke. Chronik seines Lebens und seines Werkes 1875–1926. Frankfurt am Main 2009, S. 518f. „Ich thus ja nicht um meinetwillen, sondern doch schließlich für meine Arbeit."
122 Wienbibliothek Handschriftensammlung, Nachlass August Sauer.
123 Zitiert nach Hemecker, Wilhelm: Rilke in Wien. Begleitbuch zur Ausstellung „Haßzellen, stark im größten Liebeskreise" Rilke und das k. u. k. Kriegsarchiv. Wien 1998, S. 25.
124 Vgl. Storck 2007, S. 263; Brief vom 17. Dezember 1915.

125 Dieses und das folgende Schreiben befinden sich in Rilkes Militärakt im Staatsarchiv KA Direktion Nr. 499/1915.
126 Briefwechsel Rilke – Marie von Thurn und Taxis, S. 463.
127 KA Direktion Nr. 499/1915.
128 Kraus, Karl: Briefe an Sidonie Nadherný von Borutin. München 1974, Bd. 1, S. 334.
129 Michaelis, Karin: Der kleine Kobold. Freiburg 1998, S. 240.
130 Albert-Lasard, Lou: Wege mit Rilke. Frankfurt 1952, S. 128.
131 Vgl. dazu Hoen Chronik, Organisatorische Änderungen, S. 87: „In der Schriftabteilung war die literarische Gruppe bleibend das Lieblingskind des Vorstandes, der neue Künstler, wenn sie halbwegs brauchbar waren, ihr zuteilte. Einige Monate gehörte ihr auch der Dichter Rainer Maria Rilke an, der hier eine Zuflucht fand, bis ihn seine hohen Protektoren für den Dienst seiner Muse gänzlich frei zu machen vermochten." Bzw. Beilage „Standesbewegung der Mannschaft im Jahr 1916": 27.1. Rainer Maria Rilke zur Schr. Abt. (Liter. Gr.) – 27.6. enthoben.
132 Sil Vara (Wien). Rilke im Kriegsarchiv, in: Prager Tagblatt vom 1.3.1931, S. 2f.
133 Ganghofer hatte am Tag des Kriegsausbruches beschlossen, täglich ein Gedicht zu schreiben. Bereits 1914 erschienen diese „Kriegs-Lieder" unter dem Titel *Eiserne Zither* zweibändig in Stuttgart; 1915 folgten *Neue Kriegslieder*.
134 Rilke, Rainer Maria: Briefe zur Politik. Frankfurt 1992, S. 89. An Lou Albert-Lasard, September 1914. Vgl. dazu auch den Brief an Eva Cassirer vom 24.9.1914, S. 93: „Nun habe ich Ihnen, liebe Freundin, Zeiten und Zeiten nicht geschrieben, – aber nicht gegen Sie allein bin ich so verstummt, sondern die Schreibstimme ist mir überhaupt abhanden gekommen." [Wird in der Folge mit „Briefe zur Politik" zitiert.]
135 Brief vom 19.10.1914 in: Briefe zur Politik, S. 97.
136 Brief vom 6.7.1915 in: Briefe zur Politik, S. 119.
137 Stephens, Anthony: Das „gleiche tägliche Entsetzen" und die Stimme des Dichters: Rilke 1914–1918, S. 156ff.
138 Rainer Maria Rilke: „Der ausgewählten Gedichte anderer Teil" in der Insel-Bücherei Nr. 480. S. 34–39.
139 Briefe zur Politik, S. 101f.
140 An Anton Kippenberg, 15.2.1916, in: Briefe zur Politik, S. 155.
141 Ginzkey, Franz Karl: Der seltsame Infanterist. Weihnachtsbeilage der österreichischen Furche vom 22. 12.1961, S. 5f.
142 Sil Varas Aufsatz im *Prager Tagblatt* bestätigt das Gesagte: „Und so saß nun Rilke in unserer Abgeschiedenheit und rastrierte Gagenbogen. Er zog horizontale und vertikale Linien, fleißig, stundenlang. Manche Zwischenräume waren bloß zwei Millimeter weit, aber er zog sie mit einer Akkuratesse, deren Demut von seinem Charakter Zeugnis ablegte." Rilke schreibt (Brief an die Mutter) in diesem Zusammenhang von der Löhnung von 17 Kronen und 30 Heller wöchentlich. Für seine Tätigkeit sei dieses Salär gerechtfertigt.
143 Vgl. dazu Schnack, Ingeborg: Rainer Maria Rilke. Chronik seines Lebens und seines Werkes 1875–1926. Frankfurt 2009, S. 532.
144 Ebda., S. 523 und 524.

145 Ebda., S. 324 (Brief an Sidonie von Nádherný vom 17./18.4.1916).
146 Ebda., S. 528.
147 Ebda., S. 530 (Brief an die Mutter).
148 Ebda., S. 531 (Brief an die Mutter).
149 Gemeint ist eine kleine Skizze als Vorarbeit zum Ölbild „Christus in Gethsemane".
150 Brief an Oskar Kokoschka vom 29.4.1916 in: Hemecker, Wilhelm: Rilke in Wien. Wien 1998, S. 118 [= Ausstellungskatalog]. Der Brief wurde erst 1988 von Joachim W. Storck in den Marbacher Schriften 28 veröffentlicht.
151 Rudolf Hirsch und Ingeborg Schnack (Hg.): Hugo von Hofmannsthal, Rainer Maria Rilke. Briefwechsel. 1899–1925. Frankfurt 1978, S. 7ff.
152 Vgl. Albert-Lasard, Lou: Wege mit Rilke. Frankfurt 1952. Die Malerin erinnert sich an das erste Zusammentreffen mit Rilke, Anfang September 1914. Er suchte ihre Nähe, widmete ihr Gedichte („Für Loulou") überschüttete sie mit Blumen, Geschenken und seiner Liebe. Sie war verheiratet und Französin – der Krieg machte sie zu Feinden. Brieflich verbunden, erlebte sie seine „Leidensgeschichte" mit – auch sie zählt sich zu der Schar derer, die Rilke „zu retten suchten", bis er sie „nach Wien rief".
153 Ebda., S. 134.
154 Es soll nicht unerwähnt bleiben, dass Rilke mit einem weiteren Gedicht, *Skizze zu einem St. Georg*, im Kriegspatenschaft-Kalender von 1917 vertreten ist. Entstanden ist die „Skizze" 1907 in Paris, allerdings wird darauf nicht hingewiesen, sodass sie als zeitgenössischer Beitrag rezipiert wurde. Auszug aus dem Gedicht *St. Christophorus*:
Die große Kraft will für den Größten sein. / Nun hoffte er, ihm hier zu dienen / An dieses Flusses Furt; er kam von zwein / Berühmten Herren, die ihm klein erschienen, / Und ließ sich dringend mit dem dritten ein:
Den er nicht kannte; den er durch Gebet / Und Fastenzeiten nicht auf sich genommen, / Doch der im Ruf steht, jedem nachzukommen, / Der alles lässt und für ihn geht.
So trat er täglich durch den vollen Fluß / – Ahnherr der Brücken, welche steinern schreiten, – / Und war erfahren auf den beiden Seiten / Und fühlte jeden, der hinüber muß. […]
Dann rief es einmal, dünn und hoch, ein Kind. / Er hob sich groß, daß er es überführe; / Doch wissend, wie die Kinder ängstlich sind, / Trat er ganz eingeschränkt aus seiner Türe / Und bückte sich: und draußen war Nachtwind. […]
Da ist doch keiner, oder bin ich blind? / Warf er sich vor und ging noch einmal schlafen, / Bis ihn dieselben Laute zwingend lind / Noch einmal im verdeckten Innern trafen: / Er kam gewaltig: / draußen war ein Kind.
155 Wienbibliothek I.N. 141/97-4.
156 Wienbibliothek I.N. 157.760.
157 *Die Fackel* vom Mai 1917 (= 457–461), S. 22f.
158 *Die Fackel* vom Oktober 1918 (= 484–498), S. 131.
159 Bei der Abfassung dieses Kapitels leistete wertvolle Hilfe: Heinz Lunzer, Gerhard Renner (Hg.): Stefan Zweig 1881/1981, in: ZIRKULAR. Sondernummer 2, Oktober 1981. Darin der Aufsatz von Klaus Heydemann: Der Titularfeldwebel. Stefan Zweig im Kriegsarchiv. S. 19–57 (wird in der Folge mit „Heydemann" zitiert). Weiters Müller,

ANMERKUNGEN

Karl (Hg.): Stefan Zweig – Neue Forschung. Würzburg 2012; darin Bettina Paur: „Ich bin ja ganz Zwiespalt jetzt …". Die Feuilletons von Stefan Zweig im Ersten Weltkrieg mit Fokus auf die *Neue Freie Presse*, S. 27–48 (wird in der Folge mit „Paur" zitiert). In Abänderung einer Tagebucheintragung Stefan Zweigs vom 28.12.1914 in: Stefan Zweig: Tagebücher. Frankfurt 1984, S. 127 (wird in der Folge mit „Tagebücher Stefan Zweig" zitiert).

160 Stefan Zweigs „Die Welt von gestern" war nach dessen Selbstmord in Petropolis (Brasilien) am 22. Februar 1942 posthum noch im gleichen Jahr bei Fischer, Stockholm erschienen. Die vorliegende Textmontage bezieht sich auf die Ausgabe des Jahres 1946 (14. Auflage), S. 257–273.

161 Vgl. Bettina Hey'ls Aufsatz „Stefan Zweig im Ersten Weltkrieg", in: Uwe Schneider [Hg.]: Krieg der Geister: Erster Weltkrieg und literarische Moderne. Würzburg 2000. Die Verfasserin verglich die Dokumente mit den „Erinnerungen" und weist darauf hin, dass es sich nach ihrem Ermessen eher um einen literarischen als einen faktentreuen Text handelt.

162 Chronik Hoen, S. 28.

163 KA, Karton 897.

164 Zu Franz Karl Ginzkey siehe Heydemann, Klaus: Literatur und Markt. Werdegang und Durchsetzung eines kleinmeisterlichen Autors in Österreich (1891–1938). Der Fall Franz Karl Ginzkey. Wien 1985 (wird in der Folge mit „Literatur und Markt" zitiert).

165 Literatur und Markt, 92ff.

166 Das Institut, heute Eich- und Vermessungsamt des Bundes, gab es seit 1839. Es gehörte zu den sonstigen Heeresanstalten und war zuständig für Landvermessung in Angelegenheiten des Erstellens und Druckens von Landkarten und Plänen. 1913 wurde es dem Kriegsministerium unterstellt. Ginzkey verfügte über großes graphisches Geschick, Sorgfalt und viel Geduld, „strichelte" als Terrainzeichner der Mappierungsgruppe 15 Jahre lang an den Karten, die im Ersten Weltkrieg Verwendung finden sollten.

167 „Meine Brust" in *Deutsche Dichtung*, Berlin (Oktober 1898 bis März 1899).

168 „Die Gesellschaft" war die Zeitschrift der frühen Naturalisten, die das geistige Klima der Münchner Moderne sehr prägte. Sie wurde 1885 gegründet, erschien mit mehreren Untertiteln und unter verschiedenen Herausgebern und wurde 1902 wieder eingestellt.

169 *Neue Freie Presse* vom 11.4.1902, S. 1f. Theodor Herzl war zum damaligen Zeitpunkt Feuilletonredakteur. Bei Ginzkey leistete übrigens Hermann Bahr Starthilfe, als er einen Text in der von ihm mitbegründeten Wochenzeitschrift *Die Zeit* (Nr. 203 aus 1898, S. 127f.) aufnahm.

170 Natürlich hatte Karl Kraus eine ganz andere Meinung zur Textsorte Feuilleton: „Ein Feuilleton schreiben heißt auf einer Glatze Locken drehen; aber diese Locken gefallen dem Publikum besser als eine Löwenmähne der Gedanken." *Die Fackel* vom 31.8.1911 (= 329–330), S. 10.

171 Er hatte im November 1899 Stefanie Stoiser geheiratet; für ihn, als Militärbeamter, ein kompliziertes, vor allem finanziell komplexes Verfahren.

172 Literatur und Markt, S. 53f. Ginzkey ließ sich aber nicht beirren und gab 89 Gedichte zusammengefasst unter dem Titel *Ergebnisse* noch im Jahr 1900 in Druck. Knapp 20 Jahre später, in einer geänderten Wiederauflage, fanden nur mehr 25 vor den Augen des gereiften Dichters Gnade. Der zweite Gedichtband, *Heimliches Läuten* fand größeren Anklang und Freund Zweig gratulierte: „[…] Niemanden haben Sie mehr erstaunt durch dieses große innerliche Wachstum als uns, die wir seit den ‚Ergebnissen' neben Ihnen stehen. „Ich glaube, es ist eines der reichsten Versbücher aus Österreich." Brief Zweig an Ginzkey, ohne Datum, Wienbibliothek I.N. 157.757.

173 Hugo Salus (1866–1929) studierte in Prag Medizin und ließ sich als Gynäkologe nieder. Neben seinem Brotberuf veröffentlichte er zahlreiche Gedichtbände und Erzählungen und gehörte zu den bedeutendsten Schriftstellern der „Prager Deutschen".

174 Zwei völlig verschiedene Texte schufen die Grundlage für Ginzkeys Reüssieren in der literarischen Welt: Der Roman *Der von der Vogelweide* beschreibt einen Lebensabschnitt des Dichters und fahrenden Sängers aus dem Mittelalter, erschienen 1912, und das Kinderbuch *Hatschi Bratschis Luftballon* aus dem Jahr 1904. Beide Bücher erschienen in zahlreichen weiteren Auflagen; der „Hatschi Bratschi" war noch ein Lieblingsbuch der Verfasserin.

175 KA/KM 5. Abt. Nr. 4674 vom 24.8.1912.

176 Zweig an Ginzkey, Brief ohne Datum [Sommer 1912], Wienbibliothek I.N. 166.794.

177 KA. Dir. Nr. 740/1914.

178 Der Verlag Staackmann begann im Mai 1916 mit der Herstellung des Romans *Der Gaukler von Bologna* und trotz Papierengpässen und gestiegenen Bindekosten konnte das Buch im Herbst auf den Markt kommen. Der Gedichtband *Die befreite Stunde* erschien 1917.

179 „Ihrem Wunsche entsprechend, sende ich Ihnen in der Anlage ein Verzeichnis derjenigen Prosawerke, die ich noch im Laufe dieses Jahres herauszubringen gedenke. Es würde mich sehr freuen, wenn einer meiner Autoren mit einer porträtgeschmückten Empfehlung nebst Textprobe aus seinem neuen Werke im ‚Donauland' zur Sprache käme." Brief Verlag Staackmann (Winter) an Ginzkey vom 1.6.1917, Wienbibliothek.

180 ÖNB 956/8-1; zweiseitiger Brief vom 20.12.1916; Kopfpapier „Oberstleutnant Louis Veltzé Abteilungsvorstand im k.und k. Kriegsarchiv".

181 Franz Karl Ginzkey an Anton Wildgans, Brief vom 22.10.1917; ÖNB 1152/57-11; 3 von 4 Seiten beschrieben.

182 Wienbibliothek I.N. 166.788.

183 Wienbibliothek I.N. 166.789.

184 Wienbibliothek I.N. 166.785.

185 Wienbibliothek I.N. 166.787.

186 Der Nachlass Ginzkeys befindet sich in der Wienbibliothek, die Tagebücher – kleine hübsche Büchlein, allerdings sehr schlecht „gekennzeichnet" (keine Jahresangaben, kaum Monats- oder Tageskennzeichnungen) – in den Kartons 12 und 13. Die Verfasserin konnte das bei Heydemann zitierte Tagebuch Nr. III (1914) finden, aber nicht die zitierte Eintragung.

187 Das Zweigsche Kapitel war für den zweiten Band geplant, der aber nicht erschienen ist.

ANMERKUNGEN

188 Brief vom 12. Juli 1915, in: Knut Beck u.a. (Hg.): Stefan Zweig: Briefe 1914–1919. Frankfurt 1997, S. 76f. (Wird in der Folge mit „Briefe Stefan Zweig" zitiert.) Ginzkey befand sich zum selben Zeitpunkt in Innsbruck; er war vom KPQ an die italienische Front entsandt worden und berichtete seit dem 6. Juli 1915 an die *Neue Freie Presse* von seinem „Tiroler Tagebuch".
189 Vgl. „Vorbemerkungen" zu den Briefen, S. 8.
190 Tagebuch vom 31.7.1914: „Ich gieng [sic!] in die N.F.P. schrieb in einem Zug das Feuilleton, war dann mit Alfred [Bruder] und corrigierte es um ½ 1 Uhr nachts" (Tagebücher Stefan Zweig, S. 81).
191 Tagebücher Stefan Zweig, S. 82.
192 Tagebücher Stefan Zweig, S. 83f. Mit F ist Friderike von Winternitz gemeint, mit der Zweig „in wilder Ehe" zusammenlebte, da sie katholisch geschieden war; erst nach Kriegsende konnte sie Zweig per „Ehedispens" heiraten.
193 In der Tonart setzt der Text fort: „Meisterschaft der Organisation und Präzision … Musterbeispiel … höchste Quantität des fruchtbaren Ertrages … sittliche Energie … aus dem Willen der Rasse … aus redlicher Arbeit gesunder Reichtum … Blut bildet diesen [mit Österreich] Bund."
194 Bihl, S. 90.
195 Vgl. Paur, S. 33, und Briefe Stefan Zweig, S. 17f. und S. 339.
196 Zweig bezieht sich wahrscheinlich auf die „Schlacht von Löwen" im Jahr 891, da soll so viel Blut geflossen sein, dass die Ufer des Flusses Dijle rot davon waren.
197 Romain Rolland (1866–1944), französischer Musikwissenschaftler, Romancier, Dramatiker und vor allem entschiedener Pazifist wurde vom Ersten Weltkrieg in der Schweiz überrascht, blieb dort und konnte so ohne Druck der Zensur weiterpublizieren. Er engagierte sich in Genf beim Internationalen Roten Kreuz und veröffentlichte eine Sammlung von pazifistischen Aufsätzen (*Au-dessus de la mêlée*). In der Funktion als Pazifist und Schriftsteller (sein größter Erfolg war der zehnbändige Roman *Jean-Christophe*, gedruckt zwischen 1904 und 1912, in dem der Protagonist als Künstlerpersönlichkeit beschrieben wird, die in sich deutsch-französisches Kulturgut trägt) erhielt er 1916 den Nobelpreis für Literatur; das Preisgeld spendete er dem Roten Kreuz.
198 Tagebücher Stefan Zweig, S. 119.
199 Briefe Stefan Zweig, S. 17f. Brief an Romain Rolland, undatiert, Poststempel 6.10.1914.
200 Siehe Heydemann, S. 22.
201 Tagebücher Stefan Zweig, S. 132f.
202 Brief an Ginzkey vom 26. Juli 1914 in Heydemann, S. 30.
203 Brief an Roul Auernheimer (undatiert), vor dem 6.8.1915, in: Stefan Zweig Briefe 1914–1919. Frankfurt 1997, S. 80f.
204 *Die Fackel* vom 5.5.1916 (= 423–425), S. 51.
205 Stefan Zweig: Briefe an Freunde 1981–1942, hg. von Richard Friedenthal. S. 64f.
206 Brief an Romain Rolland vom 9.12.1917 in: Briefwechsel S. 273.
207 Zweig, Stefan: Die Welt von gestern. Stockholm [Fischer Exilverlag] 1944, S. 233.
208 Zitiert nach Oliver Matuschek: Stefan Zweig. Drei Leben – Eine Biographie. Frankfurt 2006, S. 161f.

209 Henze, Volker: Jüdischer Kulturpessimismus und das Bild des alten Österreich im Werk Stefan Zweigs und Joseph Roths. Heidelberg 1988, S. 218. Hier wird auch Zweigs Position zum Zionismus diskutiert.
210 Schnitzler, Arthur: Tagebuch 1914–1919. Herausgegeben von Werner Welzig, Wien 1985, S. 81. Finanziell war „Jeremias" ein großer Erfolg. Als das Drama zu Ostern erschien, wurden sofort 20 000 Exemplare verkauft. Vgl. Strelka, Joseph: Stefan Zweig. Freier Geist der Menschlichkeit. Wien 1981, S. 36.
211 Zweig, Stefan: Jeremias. Eine dramatische Dichtung in neun Bildern. Leipzig 1920, S. 38.
212 Nach dem Erscheinen der Nummer 1 distanzierte sich Rainer Maria Rilke – er hatte einen Beitrag geliefert – vom Blatt; Stefan Zweig gratulierte ihm (Brief vom 23.4.1917) zu dieser Entscheidung: „Daß Sie Sich [sic!] dem ‚Donauland' entrungen haben, war mir persönlich eine Freude", in: Jeffrey B. Berlin u.a. (Hg.): Briefwechsel Stefan Zweig mit Hermann Bahr, Sigmund Freud, Rainer Maria Rilke und Arthur Schnitzler. Frankfurt 1987, S. 313f.
213 HHStA, MdÄ 2100/5. V. 28.8.1917; T, HUnt. PL 175 (alt 126) Schweiz 1917.
214 Alexander Freiherr Musulin von Gomirje (1868–1947) stammte aus einer kroatischen Soldatenfamilie und machte nach dem Jurastudium in Wien politische Karriere. Schließlich war er es, der – kraft seines gewandten Schreibstils – für den Text des „Ultimatums" zuständig gewesen war. 1917 ging er auf Wunsch Kaiser Karls als Gesandter nach Bern, um die Möglichkeiten eines baldigen Friedensschlusses zu sondieren.
215 KA, GB Wien Akt Stefan Zweig (Kt. 897).
216 Friderike pochte auch darauf, dass Zweig ein langjähriger und geschätzter Mitarbeiter des Blattes gewesen sei und dass man so einen Mann doch nicht an ein anderes Blatt verlieren sollte. Der Vertragsentwurf (= Arbeitsvertrag) befindet sich im Haus- Hof und Staatsarchiv (MdÄ 3347 v. 31.12.1917, Beil.; t. PL 175 (alt 126) Schweiz 1917) und weist einen sehr selbstbewussten Text in 10 Punkten aus, der Leistungen und Forderungen genau definiert: Es sollen ein bis zwei Artikel monatlich à 100 Franken ungezeichnet geliefert werden; „sollte die Kriegsdauer länger sein, als sechs Monate vom 1. Januar gerechnet, so beanspruche ich einen Monat Urlaub […]."
217 Zitiert bei Oliver Matuschek: Stefan Zweig. Drei Leben – Eine Biographie. Frankfurt 2006, S. 160 (wird in der Folge mit „Matuschek" zitiert). HHStA, PL 175 (alt 126), Schweiz 1917; Akt Stefan Zweig, Fol. 18, Brief vom 31. 12. 1917.
218 Vgl. dazu: Redl, Renate: Berta Zuckerkandl und die Wiener Gesellschaft. Ein Beitrag zur österreichischen Kunst- und Gesellschaftskritik. Wien 1978 [= Diss.] Die Verbindung mit Stefan Zweig wird nicht erwähnt.
219 Im Literaturarchiv der ONB befindet sich das Konvolut der Briefe Zweigs (unter den Signaturen 405/B100/5,6,7,8,9,10/1,10/2,11,13,14,15) an Berta Zuckerkandl, die verwendet wurden. Die folgenden Briefe sind aus späteren Jahren (1934–1939) und bestätigen erhebliche Geldbeträge, die Zweig der Familie zukommen ließ. Im letzten Schreiben der Satz: „In aller Aufrichtigkeit. Im Augenblick kann ich nicht."
220 Der Lesezirkel Hottingen wurde im November 1882 mit den Zielen gegründet, „belehrende Unterhaltung", „Kenntnis der Tagesliteratur" und „Studium des politischen,

ANMERKUNGEN

sozialen, wissenschaftlichen und künstlerischen Lebens der Gegenwart" für „weite Kreise der Bevölkerung unentgeltlich zugänglich" zu machen. Mehr als fünf Jahrzehnte war der Verein ein prägendes Element im Kulturleben der Stadt Zürich. Anfang des Zweiten Weltkriegs wurde er wegen finanzieller Schwierigkeiten liquidiert. Vgl.: Conrad, Ulrich: Der Lesezirkel Hottingen. Zürich 1981.

221 Tagebücher S. 262f.
222 Das Themenheft Nr. 7 aus dem Jahr 1918 enthielt Beiträge wie: „Die Neutralität der Schweiz", „Bern", „Aus meiner Schweizer Zeit" (verfasst vom österreichischen Literaturwissenschaftler und Geheimrat Oskar Walzel, der eine Berufung als Universitätsprofessor an die Universität Bern erhalten hatte), „Die Schweiz als Hilfsland", „Die romanische Schweiz" (übersetzt aus dem Französischen), „Die Rast in Zürich" und „Marginalien zur Schweizer Kunst" (von Arthur Roessler, Illustrationen von Ferdinand Hodler).
223 Stefan Zweig an Eugenie Hirschfeld, Brief vom 4.8.1906. In: Briefe, S. 127.
224 Abgedruckt in „Briefe", S. 173ff.
225 Der Essay erschien als Broschüre, Zürich 1918, bzw. in der *Neuen Freien Presse* vom 23.12.1917, S. 1–5.
226 *Neue Freie Presse* vom 21.6.1918, S. 1–4.
227 *Die Friedens-Warte* – 20 (1918), Nr. 7/8, S. 215f. 1899 von Alfred H. Fried (Nobelpreisträger 1911) gegründet – ist sie die älteste Zeitschrift im deutschen Sprachraum für Fragen der Friedenssicherung. Die österreichischen Stellen – so Alexander Freiherr Musulin von Gomirje –, die Zweig nie aus den Augen gelassen hatten (übrigens beobachtete auch die Schweizer Polizei den „Schriftsteller Dr. Stefan Zweig" und legte Rapporte an), konnten es nicht fassen: „Unser Stefan Zweig in der Friedenswarte! […] Haben wir das nothwendig gehabt! Es wäre ja an sich nichts zu sagen, aber Propaganda macht man so nicht." Defaitist nach dem Duden ist der, der „mut- und hoffnungslos ist". Akt Stefan Zweig im HHStA Wien.
228 Nach heutigem Verständnis würde man von einer Pandemie sprechen, die 20 000 Tote forderte.
229 Vgl. Zweig, Stefan: Die Welt von gestern. Erinnerungen eines Europäers. Stockholm [Fischer Exilverlag] 1944, S. 261f. In Fachkreisen wird diese Begegnung angezweifelt; man weiß um Zweigs symbolhafte „Geschichtsschreibung". Was die Daten betrifft, ist die Erzählung aber korrekt und die Begegnung hätte durchaus stattfinden können.
230 Franz Karl Ginzkey: Lieder. Konstanz 1917. (Auflage 7.–11.Tausend)
231 Franz Karl Ginzkey: Befreite Stunde. Verlag Staackmann, Leipzig 1917, S. 41f.
232 Erstabdruck Neues Wiener Journal vom 15.12.1914, S. 9.
233 Franz Karl Ginzkey: Den Herren Feinden! Ein Trutz- und Mahnlied. Wien und Leipzig 1914. 15 Pfennig 20 Heller. Der Ertrag war Kriegsfürsorgezwecken gewidmet.
234 Kriegs-Almanach 1914–1916, S. 76f. Vgl. Reinhold Hangler u.a.: Der Fall Franz Karl Ginzkey und Seewalchen. Eine Dokumentation. Mauthausen 1989, S. 97ff.
235 Die *Ballade von den Masurischen Seen* wurde im November 1914 in „Velhagen und Klasings Monatshefte[n]", XXIX. Jahrgang (S. 561f.) zum ersten Mal veröffentlicht.
236 *Die Fackel* vom Mai 1917 (= 457–461), S. 23.

237 Vgl. Bihl, S. 85 und 110.
238 „Grodek" ist der Titel des letzten und im Zusammenhang mit dem Ersten Weltkrieg wohl auch des bekanntesten Gedichtes von Georg Trakl. Er hatte Anfang September 1914 die Schlacht bei Gródek als Sanitätsleutnant in einem Feldlazarett miterlebt. Er sah sich auf Grund von Desorganisation und der besonderen Grausamkeit des Schlachtenablaufes außerstande, Hilfe zu leisten (so fehlte es an Narkotika bei Operationen etc.) und das Leid der Verletzten zu mildern.
239 Im Jahr 1410 wurden die Deutschen Ordensritter von einem litauisch-polnischen Heer vernichtend geschlagen. Die Augustschlacht des Jahres 1914 wurde (und wird) als Revanche und Revision bezeichnet.
240 Vgl. J. W. Nagl / Jakob Zeidler / Eduard Castle, S. 1867–1879. Vgl. Chronik Hoen, S. 43.
241 Vgl. Bihl, S. 138.
242 Schreiben (ohne Datum) an Ginzkey, Wienbibliothek I.N. 164.744.
243 Ginzkey, Franz Karl: Das große Tiroler Aufgebot. In: Alois Veltzé (Hg.): Aus der Werkstatt des Krieges. Ein Rundblick über die organisatorische und soziale Kriegsarbeit 1914/15 in Österreich-Ungarn. Wien 1915, S. 196ff.
244 *Neue Freie Presse* ab dem 6. Juli 1915 jeweils im Feuilleton S. 1–4.
245 Erschienen im K. k. Schulbücherverlag Wien und Prag 1916.
246 Erschienen in: Sammlung von Schriften zur Zeitgeschichte. S. Fischer-Verlag, Berlin 1916.
247 Joachim Haspinger, geboren 1776 in Südtirol, war ein Kapuzinerpater und Tiroler Freiheitskämpfer. Er nahm an den Schlachten im Mai und August 1809 auf Seiten der Tiroler Freiheitskämpfer gegen die Franzosen teil. 1858 starb er in Salzburg. Sein Leichnam wurde in die Hofkirche nach Innsbruck gebracht und neben Andreas Hofer beigesetzt.
248 Ginzkey, Franz Karl: Die Front in Tirol. Berlin 1916, S. 58f. und 40f.
249 Siehe „Unseren Kriegern" – das Gedicht ist wortident, lediglich der Titel variiert.
250 Albin Egger-Lienz (1868 Osttirol – 1926 Südtirol) meldete sich im April 1915 zu den Tiroler Standschützen. Die Einheit rückte als Besatzung in die Bergfestung Tombio ein und der Maler wurde bei körperlich schweren Schanzarbeiten eingesetzt. Der einsichtige Festungsarzt attestierte dem 47-jährigen Egger-Lienz „Herzbeschwerden beim Aufwärtsgehen" und er wurde als künstlerischer Beirat zum Kriegsfürsorgeamt nach Bozen abkommandiert und zum offiziellen Mitglied der Kunstgruppe im k.u.k. KPQ ernannt. In dieser Position wurde er von Ginzkey angefordert. Sein bedeutendstes Werk der Kriegsjahre ist zweifelsohne das 1916 vollendete monumentale Gemälde „Den Namenlosen 1914", das auch als Plakat und Druckgraphik publiziert wurde.
251 Vgl. Eigentler, Ernst: Tirol im Innern während des Ersten Weltkrieges von 1914 – 1918. Innsbruck 1954 [=Diss.], S. 29.
252 Stefan Zweig an Franz Karl Ginzkey, Brief vom 9.12.1919. Wienbibliothek I.N. 157.779.
253 Literatur und Markt, S. 134ff.
254 „Nebenbei: von America kam jetzt Geld, so dass ich Dir die 500.000 K sofort übergeben werde. Weisst Du sonst noch jemanden, der dringend Geld benötigt?" (Wienbibliothek I.N. 157.421 ohne Datum)

ANMERKUNGEN

255 Ginzkey, Franz Karl: Brigitte und Regine und andere Dichtungen. Mit einem Nachwort von Stefan Zweig. Leipzig 1924, S. 73–76.
256 Damit ist wohl Franz Karl Ginzkey gemeint; Zweig übte sich in Diskretion.
257 Zweig, Stefan: Die Welt von Gestern. Stockholm 1946, S. 430.
258 Reinhold Hangler u.a.: Der Fall Franz Karl Ginzkey und Seewalchen. Eine Dokumentation. Mauthausen 1989, S. 106 und 162f.
259 ‚Brief Rudolf Hans Bartsch an Franz Karl Ginzkey vom 16. Juli 1944. Wienbibliothek I.N. 167.044.
260 *Die Fackel* vom April 1914 (= 398), S. 24.
261 Vgl. dazu Deutsch-Österreichische Literaturgeschichte J. W. Nagl / J. Zeidler / E. Castle, Band IV, S. 1229f.
262 Bahr, Hermann: Woran ich Freude fand. Eine Umfrage über wertvolle neue Bücher. In: Nord und Süd, 32 (1908 Dezember) S. 529f: „Die neue Stimme Österreichs – Da steht vergnügt das neue Österreich da, um das wir mit zornigen Fäusten gerungen haben."
263 Köstlich dazu das Kraus-Bonmot – *Schwammerl drüber!*
264 Hahnl, Hans Heinz: Hofräte, Revoluzzer, Hungerleider. Wien 1990, S. 158ff.
265 Deutsch-Österreichische Literatur-Geschichte. J. W. Nagl / J. Zeidler / E. Castle, Band IV, S. 1230.
266 Die Literaturwissenschaft beschäftigte sich mit Bartsch in den 70er und 80er Jahren noch einmal, wobei der Fokus auf Rudolf Hans Bartsch als Parteigänger der Nationalsozialisten lag.
267 Bartsch, Hans Rudolf: Pfingstküsse. Novellen. Mit einem Nachwort von Franz Karl Ginzkey. Leipzig 1924, S. 74f.
268 Alle Städtebilder in: *Donauland*. Jahrgang 1917/18. Heft 4, S. 369; Heft 8, S. 878; Heft 9, S. 922.
269 Farkas, Reinhard: Natur und Natürlichkeitsideologie im Prosawerk von Rudolf Hans Bartsch, in: Forschung zur Geschichte des Alpen-Adria-Raumes. Festgabe für em. O. Univ.-Prof. Dr. Othmar Pickl zum 70. Geburtstag, hg. von Herwig Ebner u.a., Graz 1997, S. 143–53.
270 *Die Fackel* vom April 1914 (= 398), S. 22–28.
271 Dolf, Hans: Rudolf Hans Bartsch – Bruder des großen Pan. Eine Studie über den Dichter. Graz 1964. Weiters Hahnl, Hans Heinz: 1923–2006: Hofräte, Revoluzzer, Hungerleider. Wien 1990, S. 158–163.
272 Vgl. dazu Baur, Uwe: Einige ergänzende Bemerkungen zu der lebendigen Erinnerung Günther Noés an seinen „Onkel" Rudolf Hans Bartsch, in: ÖGL, 47. Jahrgang 2003, Heft 1–6, S. 290f. Bartsch hatte am 18. Juli 1939 seinen Hausmeister erschossen, der betrunken und randalierend in der Nacht Berta Bartsch attackierte. Ein Schuss hatte sich gelöst und verletzten den Mann tödlich. Ginzkey, noch immer Freund und Nachbar am Attersee, verfügte in den deutschnationalen und den katholischen Kreisen über etlichen Einfluss, intervenierte für Bartsch, der bereits am 28. Juli aus der Untersuchungshaft entlassen wurde und einem Prozess entging.
273 KA, Nachlass Hoen, Korrespondenz B/46/1.
274 So nannte sie Rilke.

275 Vgl. Rainer Maria Rilke und Marie von Thurn und Taxis[-Hohenlohe]. Briefwechsel. Hg. von Ernst Zinn, Zürich 1951, S. 456f.
276 Bartsch dankte es ihm mit einer Widmung im Buch (S. 5) *Lukas Rabesam*. Vgl. Hohlbaum, Robert: Rudolf Hans Bartsch. Der Lebens- und Schaffensroman eines modernen Dichters. Leipzig 1923 (Staackmann).
277 Heydemann, S. 366f.
278 Bartsch, Rudolf Hans: Lukas Rabesam. Leipzig 1917. Vorsatz auf der Titelseite: „Mein Reich ist nicht von dieser Welt." Auf Seite 5 die Widmung: „Meinem väterlichen Freund Peter Rosegger in inniger Verehrung gewidmet"
279 Nachlass Hoen, Korrespondenz B/46/1
280 Dr. Paul Stefan (eigentlich Grünfeld) war als Landsturm Oberleutnant bis Hauptmann vom 22. Oktober 1915 bis 31. Jänner 1919 Mitglied der Literarischen Gruppe. Bartsch zog dann doch seinen Roman zurück und überließ ihn Veltzé für die Zeitschrift *Donauland*, wo er in Fortsetzungen (zum ersten Mal in der 1. Nummer vom März 1917, S. 104–126) erschien.
281 Bartsch, Rudolf Hans: Der Flieger. Ein Roman aus dem Serbenkrieg. Berlin 1915.
282 Das Grundbuchblatt des Dichters ist im Kriegsarchiv nicht auffindbar. Daten konnten entweder aus der „alten" Sekundärliteratur übernommen oder aus dem Briefwechsel erschlossen werden. Vgl. auch Chronik Hoen, S. 43. Hohlbaum schreibt, der deutsche Botschafter Herr von Tschirschky habe Bartsch quasi „angefordert". Vgl.: Hohlbaum, S. 69f.
283 Hohlbaum, S. 67f.
284 Bartsch, Rudolf Hans: Der Flieger. Ein Roman aus dem Serbenkrieg. Berlin 1915, S. 7–10.
285 Brief vom 20.12.1915 in: KA, Nachlass Hoen, Korrespondenz B/46/1. Der literarische Ausstoß dieser Kriegsfahrt war das im Herbst 1915 bei Ullstein erschienene Buch *Das deutsche Volk in schwerer Zeit*. In die gleiche Kerbe schlägt auch ein Schreiben vom 20.12.1915 an Major Zitterhofer: „Von mir weiß ich nichts fröhliches. Meine Steinbeschwerden sind schlimmer als je und ich werde im Frühjahr eine regelrechte Kur machen müssen. Dazu die quälendsten Nervenzustände; genau, wie sie vor drei Jahren der arme Veltzé hatte. Hätte ich das nicht mitangesehen, ich hielte mich für hoffnungslos verloren! Halte mich nicht für einen Faulenzer, Lieber, Alter! Du wirst mich nie bei irgendeinem Vergnügen oder im Theater sehen! Nicht einmal Musik vertrage ich, und wenn ich arbeiten will, mißlingt mir alles so schauerlich, daß ich oft mit Weinkrämpfen zu kämpfen habe. Es war zuviel, was ich mir da auf meiner Reise an die Front zugemutet hatte; sie sagten mir's schon draußen, ich würde zusammenbrechen, aber ich war voll Selbstüberschätzung, was meine Kraft betraf und lachte nur. Ehe ich nicht ganz im Grünen leben werde, ist ein Genesen unmöglich; diese graue Stadt umspinnt all mein Fühlen mit einer Trostlosigkeit ohnegleichen! Mein Kriegstagebuch, an dem ich nur mit fürchterlichem Ekelgefühl und nur zeilenweise arbeiten kann, sende ich demnächst ein, auch mein, dieser Tage fertiggedrucktes Buch, die Frucht dieser schweren siebzig Sommertage."
286 Brief vom 29.5.1916, Baden bei Wien, in: KA, Nachlass Hoen, Korrespondenz B/46/1.

287 Vgl. Farkas, Reinhard: Natur und Natürlichkeitsideologie im Prosawerk von Rudolf Hans Bartsch, in: Forschungen zur Geschichte des Alpen-Adria-Raumes. Graz 1997, S. 143–153, hier S. 144f.
288 Bartsch, Rudolf Hans: Er. Leipzig, S. 158.
289 Hohlbaum, S. 95.
290 Rainer Maria Rilke und Marie von Thurn und Taxis [-Hohenlohe]. Briefwechsel. Hg. von Ernst Zinn, Zürich 1951, S. 454f.
291 Bartsch, Rudolf Hans: Unerfüllte Geschichten. Leipzig 1916.
292 Bartsch, Rudolf Hans u.a.: Frauen. Leipzig 1918, S. 9–13.
293 Brief an Max von Hoen vom 23. August 1917, in Nachlass Hoen, Korrespondenz B/46/1.
294 Brief Rudolf Hans Bartsch an Franz Karl Ginzkey vom 24.2.1924. Wienbibliothek I.N. 188.443. In der Wienbibliothek befindet sich ein Konvolut von Schreiben Bartschs an Ginzkey, etwa ein Dutzend, das die ständigen Geldprobleme zum Inhalt hat.
295 Bartsch hatte 1903 Berta Kozar geheiratet und mit ihr drei Töchter bekommen. Diese Familie lebte in einem schönen Haus in Seewalchen am Attersee. 1920 lernte er Grete Noé kennen. 1922 kaufte er für sie in Graz–St. Peter ein Grundstück, baute eine Villa, legte einen Garten mit „Salettl" an und lebte mit der um zwanzig Jahre jüngeren Geliebten und späteren Gefährtin sein zweites (sehr leidenschaftliches) Leben. Erst 1939 wurde auf Vermittlung von Joseph Goebbels eine Heirat möglich. Vgl. dazu Noé, Günther: Erinnerungen an Rudolf Hans Bartsch (1873–1952), in: ÖGL, 47. Jahrgang 2003, Heft 1–6, S. 282–290.
296 Arthur Roessler (1877–1955), österreichischer Schriftsteller und Kritiker; im Zentrum seines Schreibens standen kunstgeschichtliche Themen – er veröffentlichte Monographien über Ferdinand Georg Waldmüller, Rudolf von Alt und Josef Danhauser. Er entdeckte und förderte Egon Schiele. Der Brief ist undatiert, wird aber zeitlich eher nach dem Zweiten Weltkrieg einzuordnen sein.
297 Weinzierl, Ulrich: Alfred Polgar. Beiträge zu Leben und Werk. Wien 1977, S. 50. Ebenso Ulrich Weinzierls zweite große Arbeit zu Polgar: Alfred Polgar. Wien 2005, besonders S. 33–94 (wird in der Folge mit „Weinzierl" zitiert); hier S. 83. Ausgerechnet von Alfred Polgar ist trotz intensiver Recherche keine Abbildung in Uniform aufzufinden.
298 Alfred Polgar: Kleine Schriften [in sechs Bänden]. Hg. von Marcel Reich-Ranicki in Zusammenarbeit mit Ulrich Weinzierl. Hamburg 1982, hier Band 1, S. 72–74 (wird in der Folge mit „Polgar: Kleine Schriften" zitiert). Erstabdruck am 4. 4. 1919 in *Der Neue Tag*.
299 *Die Fackel* vom August 1912 (= 354/355/356), S. 47.
300 *Die Fackel* vom Dezember 1906 (= 213), S. 23f.
301 KA, Grundbuchblatt 1149 aus 1896.
302 Chronik Hoen, S. 22. Vgl. dazu auch Weinzierl, S. 82–87.
303 Vgl. Weinzierl, S. 83.
304 Polgar, Alfred: Der neue Schauspieler, in: *Donauland*, 1. Jahrgang (=1917), Heft 1, S. 77–79 und Heft 4, S. 391f: „Mademoiselle".
305 Unteilbar und Untrennbar, S. 92–110, S. 427–440 und S. 666–674.

306 Seine Textsammlungen nannte er zum Beispiel „An den Rand geschrieben" oder „Ich bin Zeuge".
307 Vgl. KA, Beilage zum Direktionsakt 4/2 10.4.1917.
308 KA, Direktionsakt 4 vom 10.4.1917.
309 Zweig berichtete auch in einem Brief (datiert Ende März 1917) an Franz Karl Ginzkey: „Sonst geht es hier melancholisch zu: Polgar muss einrücken und ist schon abgegangen." Wienbibliothek I.N. 166.800. Vgl. auch Chronik Hoen, Beilage 42.
310 Polgar: Kleine Schriften. Band 6, S. 484–497.
311 Im Herbst 1907 war das Etablissement die „Fledermaus" eröffnet worden, ein Gesamtkunstwerk des Jugendstils von Josef Hoffmann und den Wiener Werkstätten. Im Jänner 1908 spielte man dreihundertmal den Sketch *Goethe* von Polgar und Friedell – en suite. Vgl. Weinzierl, S. 70.
312 Polgar: Kleine Schriften. Band 1, S. 10f. Erste Veröffentlichung Oktober 1916.
313 Polgar: Kleine Schriften. Band 2, S. 32–37. Vgl. Weinzierl, S. 78f.
314 Polgar: Kleine Schriften. Band 1, S. 3.
315 Polgar: Kleine Schriften. Band 1, S. 19–21. Erstveröffentlichung am 20.12.1917: „Der Oberst Roussel de Pontlayvet, Chef der Musterungskommission für das Arrondissement II von Paris „
316 WAZ vom 7.3.1916, S. 4.
317 Polgar, Alfred: Ein Heldenleben. In: Gestern und heute. Dresden 1922, S. 20–25.
318 Polgar: Kleine Schriften. Band 1, S. 13. Im Jahr 1917 [!] zum ersten Mal publiziert.
319 Joseph Teisinger von Tüllenburg (1856–1920), mit 1.1.1919 pensioniert. Polgar: Kleine Schriften. Band 1, S. 87–90. Teisinger musterte am 9. Mai 1916 und im Juni 1917 die Mannschaft des Kriegsarchivs; also auch Polgar! Vgl. Chronik Hoen, S. 86. Auch in der *Chronik eines Lebens* von Siegfried Trebitsch, zu Kriegszeiten Spitalsarzt in Wien, wird der gefürchtete General von Teisinger zitiert: „Aber, aber, Herr Oberleutnant, was machen Sie denn hier? Sie sind doch ein Bild jugendlicher Gesundheit und müssen an dieser Stelle geradezu unter der Umgebung von Kranken leiden und sich fortsehnen an die frische Luft des Feldes und zu den Abwechslungen, die Sie dort erwarten." Trebitsch, Siegfried: Chronik eines Lebens. Zürich 1951, S. 290.
320 Polgar: Kleine Schriften. Band 6, S. 498–513. Erstmalig publiziert 1922.
321 Bei der Abfassung dieses Kapitels leistete erhebliche Hilfe: Mattl, Siegfried und Werner Michael Schwarz: Felix Salten Schriftsteller – Journalist – Exilant. (= Band V. Wiener Persönlichkeiten im Auftrag des Jüdischen Museums der Stadt Wien) Wien 2006. (Wird in der Folge mit „Mattl" zitiert). Gottstein, Michael: Felix Salten (1869–1945). Würzburg 2007. [Wird in der Folge mit „Gottstein" zitiert]. Dickel, Manfred: „Ein Dilettant des Lebens will ich nicht sein". Heidelberg 2007.
322 Vgl. Mattl, S. 21f. Seine Versicherungskarriere dürfte er tatsächlich erst mit 24 Jahren begonnen haben.
323 Kraus, Karl: Die demolirte Litteratur, in: Frühe Schriften. Band 2, S. 288.
324 *Die Fackel* vom November 1901 (= 86), S. 23.

325 Die Zeitschrift *An der schönen blauen Donau* erschien von 1886 bis 1896 in Wien. Das *Unterhaltungsblatt für die Familie* stellte im Zeitraum von 1891 bis 1896 die Beilage zur Presse.
326 Zitiert nach: „Sicherheit ist nirgends". Das Tagebuch von Arthur Schnitzler. Bearbeitet von Ulrich v. Bülow, in: Marbach Magazin 93 (2001), S. 27f.
327 Schnitzler, Arthur: Tagebuch 1862–1931, hg. Österr. Akademie der Wissenschaften, Wien 1983, S. 337–345.
328 Es würde zu weit führen, wollte man das Dreieck Arthur Schnitzler – Adele Sandrock – Felix Salten hier ausführlicher behandeln. Die Geschichte entbehrt nicht eines hohen Maßes an Gefühllosig- und Niedrigkeit.
329 Vgl. Mattl, S. 40: „Zum Zeitpunkt seiner Heirat stand er nach eigenen Angaben mit sechzigtausend Kronen in der Kreide."
330 Bis ins Jahr 1918 dürfte Salten an elf Filmproduktionen beteiligt gewesen sein; Drehbücher schrieb er unter einem Decknamen und die eingenommenen Summen „schwindelte er sich weitaus höher", als sie in Wirklichkeit waren. Vgl. Schnitzler, Tagebucheintrag vom 15. 10. 1913: „Mit Salten fuhren wir heim. Sein Lügen geht ins krankhafte. (Für das Kinostück – das noch gar nicht heraus ist, – hat er bis jetzt 14.000 Mark [...] seine Frau hat uns neulich die richtigen Summen genannt, die kaum 3.000 übersteigen.)
331 Brief von Salten an Ernst Decsey, Wienbibliothek I.N. 158.116.
332 Salten, Felix: Der Gemeine. Wien 1901. Paula Wessely wurde in der tragischen Rolle der Marie bekannt.
333 Salten, Felix: Buch der Könige. München 1905.
334 Brief Wienbibliothek I.N. 168.459 und I.N. 168.349 = Brief vom 15. Mai 1897 (= erster Versuch einer Kontaktaufnahme).
335 Chronik Hoen, S. 184 und S. 194.
336 Mattl, S. 49.
337 Arbeiter-Zeitung vom 2.12.1916, S. 5. Das Blatt zitierte Saltens Text in Kraus'scher Manier, indem sie Stücke (= kursiv) zu einem eigenen Ganzen montierte. *Die Fackel* vom Jänner 1917 (= 445-453), S. 42.
338 Vgl. Mattl, S. 32–35. Weiters Hamann, Brigitte: Die Habsburger. Ein biographisches Lexikon. Wien 1988, S. 262f. Leopold hatte auf dem Kreuzer „Elisabeth", mit dem sich Thronfolger Franz Ferdinand auf eine Weltreise begeben wollte, seine Geliebte, als Matrose verkleidet an Bord geschmuggelt. Er wurde strafweise zur Infanterie versetzt. Wieder in Wien, wurde ihm von Franz Joseph eine Ehe mit der stadtbekannten Prostituierten Wilhelmine Adamovics verweigert, worauf er sich mit seiner Schwester Kronprinzessin Luise (verheiratet mit dem Kronprinzen von Sachsen) und deren Geliebtem (André Giron, Französischlehrer) in die Schweiz absetzte. 1902 trat er aus dem Haus Habsburg aus und nahm den bürgerlichen Namen Wölfling an.
339 Felix Salten (anonym): Erzherzog Leopod Ferdinand, in: Die Zeit vom 24.12.1902, S. 6.
340 Salten, Felix: Prinz Eugen, der edle Ritter. Wien 1915.
341 *Die Fackel* vom April 1916 (= 418-422), S. 76f.

342 Vortrag gehalten anlässlich des Burgtheatergastspiels in der Schweiz in Zürich und Bern, April 1917, in: *Donauland*, 1. Jahrgang 1917/18, S. 531–538, hier S. 531.
343 *Kinder der Freude* sind eigentlich drei Einakter (*Von ewiger Liebe. Auf der Brücke. Lebensgefährten*), die in Berlin 80 Mal aufgeführt wurden; auch in Wien und Graz kam das Stück auf die Bühne. Am Deutschen Volkstheater führte Salten selbst Regie. Vgl. Mattl, S. 49.
344 *Neue Freie Presse* vom 29.7.1917, S. 1–3.
345 Schnitzler, Tagebuch vom 31.10.1918, S. 196.
346 Eine unvollständige Übersicht in den Anhängen seiner Biographien nennt an die 80 Erzählungen und Novellen, 14 Romane und – extra gekennzeichnet – 14 Tiergeschichten.
347 Vgl. Seibert, Ernst (Hg.): Felix Salten – der unbekannte Bekannte. Darin Susanne Blumesberger: Felix Salten und seine vielfältigen Beziehungen zu Wien. Wien 2006. In dem Zusammenhang vielleicht noch erwähnenswert: Salten war leidenschaftlicher Jäger und hatte eine eigene Jagd in der Nähe Wiens gepachtet.
348 Ein Hinweis in eigener Sache: Außerdem schuf Salten Generationen von Germanisten die Möglichkeit, sich in Analysen von Gattungsproblematiken zu ergehen.
349 Schnitzler, Tagebuch vom 6. 11. 1921. Vgl. Mattl, S. 53. *Bambi* wurde Saltens größter finanzieller aber auch literarischer Erfolg. Bis 1940 gab es in Deutschland hohe Auflagen mit bis zu 200 000 Exemplaren. 1941/42 wurden die Rechte (angeblich nur um 1000 Dollar) an die Disney Studios verkauft, und das Rehlein trat seinen Siegeszug um die Welt an.
350 Vgl. Gottstein S. 150ff.
351 Salten, Felix: Florian. Das Pferd des Kaisers. Wien 1933, S. 113, 175, 117f.
352 Ebda.
353 Max von Hoen in seiner Begrüßungsansprache an die Journalisten, in: Wiener Journal vom 3.8.1914, Nr. 7490.
354 KA, Aktenkonvolut ad Robert Musil (Fol. 1–60).
355 Bei der Abfassung dieses Kapitels leistete besondere Hilfe Corino, Karl: Robert Musil. Hamburg 2003; insbesondere Kapitel 17 – *Fünfjährige Sklaverei. Der I. Weltkrieg.* S. 497–592 (wird in der Folge mit „Corino" zitiert).
356 Robert Musil. Gesammelte Werke in Einzelausgaben. Band 2, Tagebücher, Aphorismen Essays und Reden. Hg. von Adolf Frisé, Hamburg 1955 (wird in der Folge mit „Musil, GW" zitiert), S. 169f.
357 Die *neue Rundschau* vom September 1914, S. 1303ff.; GW, Band 2, S. 596–598.
358 Trafoi hat heute etwa 80 Einwohner und ist touristisch begehrt und gut erschlossen.
359 Es gibt einen umfangreichen (unveröffentlichten) Briefwechsel zwischen Robert und Martha Musil in den Jahren 1914–1916, der erst 1980 in einem Bozener Keller gefunden und von der ONB angekauft wurde. Musil hatte diese Korrespondenz im April 1917 in Bozen zurückgelassen, als er abkommandiert wurde. Eine größere Zahl der Briefe Marthas ist hektisch, zerfahren und sprunghaft und dreht sich zunächst vor allem um ihre Befindlichkeit: Sie glaubte schwanger zu sein. Vgl. Corino, S. 501f. und 1609.

ANMERKUNGEN

360 Vgl. Corino, S. 511–515.
361 Brief des Vaters vom 2.2.1915. ONB, 1005/22-4.
362 Zitiert nach Rauchensteiner 2, S. 380.
363 KA, Militärakt Musil Fol. 12.
364 *Drei Frauen*: *Grigia* (entstanden 1921), *Die Portugiesin* (1923) und *Tonka* (1922).
365 Musil, GW, Band 3, S. 230f.
366 Vgl. Corino, S. 522f.
367 Musil, GW, Band 1, S. 303–310.
368 Musil, GW, Band 1, S. 312.
369 Musil, GW, Band 1, S. 325.
370 KA, Militärakt Musil, Belohnungsantrag vom 17.3.1916, Fol. 58.
371 Vgl. Corino, S. 549f.
372 Corino, Karl: Erinnerungen an Robert Musil. Wädenswil 2010, S. 89.
373 Musil, GW, Band 1, S. 351.
374 Diese und folgende Angaben vgl. Urbaner, Roman: „daran zugrunde gegangen, daß sie Tagespolitik treiben wollte"? Die „(Tiroler) Soldaten-Zeitung" 1915–1917. eForum zeitGeschichte 3/4 2001, S. 1–33 (wird in der Folge mit „Urbaner" zitiert).
375 KA, NFA, Karton 492, Kmdo der Südwest-Front (I), 1916, Rub. 16-9/35-87, 1-2; Urbaner S. 3f.
376 Vgl. Corino, S. 559. Der Sitz der Redaktion war im Hotel Laurin im Zentrum Bozens, die Offiziersmesse im Hotel Greif, gedruckt wurde im Athesia-Haus in der Museumsstraße.
377 Erinnerungen des Schriftsetzers Alfons Gabloner, in: Grieser, Dietmar: Schauplätze österreichischer Dichtung. Ein literarischer Reiseführer. Wien 1974, S. 97.
378 Urbaner, S. 11f.
379 *Die Fackel* vom August 1916 (= 431–436), S. 26, 108 und 132.
380 KA, NFA, Karton 492, Kmdo der Südwest-Front (I), 1916, Rub. 16-9/35 (-1).
381 Die Musil-Forschung nennt 19, 31 oder gar 33 Texte. Vgl. dazu Giovannini, Elena: Robert Musils Beiträge in der Soldatenzeitung. Propaganda und kritische Ironie im Vergleich. Pescara 1986 [= Diss.] Schaunig, Regina: *Viribus unitis*. Robert Musils Schreiben in kollektiver Anonymität, in: Musil-Forum. Studien zur Literatur der klassischen Moderne. Im Auftrag der Internationalen Musil-Gesellschaft, hg. von Norbert Christian Wolf und Rosemarie Zeller. Band 31, 2009/2010, S. 202–223 (wird in der Folge mit „Schaunig" zitiert). Die Verfasserin dankt Harald Gschwandtner für diesen Literaturhinweis und für seine überaus kollegiale Hilfe.
382 Schaunig, S. 204 bzw. Corino, SD. 562f.
383 *Soldatenzeitung* vom 26.7.1916, S. 2f. Vgl. dazu die Analyse von Karl Corino in: Studi Germanici, nuova serie, a. 11, n. 1–2(1973), S. 109–111.
384 Formulierungen finden sich fast wortident im Tagebuch. Musil GW, Band 1, S. 326.
385 *Soldatenzeitung* vom 27.8.1916, S. 2.
386 *Soldatenzeitung* vom 7.1.1917, S. 2f.
387 Urbaner, S. 17.
388 Vgl. Corino, S. 564f.

389 Alfred von Krauß (1862–1938) absolvierte den für Militärs üblichen Bildungsgang (Militäroberschule Mährisch-Weißkirchen, Theresianische Militärakademie Wiener Neustadt) und machte eine beachtliche Karriere bis zum General. Er kommandierte an fast allen Fronten, so zum Beispiel in Serbien und Südtirol.

390 KA, Militärakt Musil, Belohnungsantrag vom 19.4.1917, Fol. 56. Musil wird später auf diese Ehrung hinweisen, bezüglich seiner weiteren redaktionellen Laufbahn beim Wiener Militärblatt *Heimat* und in seinem Pensionsansuchen.

391 Die *Heimat* erschien bis 24.10.1918. Das Blatt ist nicht vollständig in den Beständen der ONB erhalten.

392 KA, KPQ, Richtigkeitszeugnis vom 4.12.1918.

393 ONB, Handschriftensammlung, Cod. Ser. N. 24361, Fol. 21–24.

394 Corino, Karl: Erinnerungen an Robert Musil. Wädenswil 2010, S. 113.

395 Kraus, Karl: Die letzten Tage der Menschheit, S. 272f. Eine große Hilfe beim Abfassen dieses Kapitels war die Arbeit von Stiaßny-Baumgartner, Ilse: Roda Rodas Tätigkeit im Kriegspressequartier. Zur propagandistischen Arbeit österreichischer Schriftsteller im Ersten Weltkrieg. Wien 1982 [=Diss.] (Wird in der Folge mit „Stiaßny-Baumgartner" zitiert.)

396 KA, Personalakt Alexander Roda, Fasz. 2456, Nr. 300/255; Haupt-Grundbuchblatt Alexander Roda, Res.Abg. VI – 37/40; zitiert nach Stiaßny-Baumgartner, Einblick in den Personalakt Roda Rodas war nicht möglich.

397 Trebitsch, Siegfried: Chronik eines Lebens. Zürich 1951, S. 298–300. Siegfried Trebitsch, geboren 1869 in Wien, stammte aus einer wohlhabenden Fabrikanten-Familie und lebte in Wien in einer eleganten Villa. 1907 verheiratete er sich mit der ungarischen Fürstin Engalitscheff. Er war Dramatiker, Lyriker und Übersetzer und verkehrte nach dem Krieg im Haus von Alma Mahler und Franz Werfel.

398 Roda Roda: Roda Rodas Roman, S. 215.

399 Roda widmet etliche Absätze in seinem autobiografischen Roman dem „Zauber der Montur", der Beschreibung der Uniform und seiner Freude daran.

400 *Ein* Anlass für seinen Ausschluss aus dem Militär war auch Rodas doch etwas „ungeregelte" Beziehung zu Adele Sandrock.

401 Vgl. Koester, Eckart: Literatur und Weltkriegsideologie. Positionen und Begründungszusammenhänge des publizistischen Engagements deutscher Schriftsteller im Ersten Weltkrieg. Kronberg 1977, S. 3–15.

402 Vgl. Schnitzler, Arthur: Jugend in Wien. Eine Autobiographie. Wien 1968, S. 31–32; Canetti, Elias: Die gerettete Zunge. Geschichte einer Jugend. Wien 1977, S. 72; Sperber, Manès: Die Wasserträger Gottes. Wien 1974, S. 127.

403 Typoskript aus Privatnachlass, in: Stiaßny-Baumgartner.

404 Roda Roda: Wer wird in Ostasien siegen? In: Danzers Armee-Zeitung vom 28.8.1904 (= Nr. 43).

405 Brief Roda Rodas an Helene von Kiel vom 26.7.1914. Wienbibliothek I.N. 215.636,

406 Lustig Prean v. Preansfeld, Karl: Lustig Preans lachendes Panoptikum. Wien 1952, S. 82.

407 Siehe Kopie im Anhang in: Stiaßny-Baumgartner.

408 KA, AOK, KPQ, Fasz. Nr. 8, Mobilisierungsinstruktion für das k.u.k. Heer. Entwurf. Wien 1909, S. 53; zitiert nach Stiaßny, S. 67–70.
409 In der Beilage zu diesen Anordnungen finden sich die endgültigen Zahlen wie folgt: Insgesamt 203 Militärpersonen, 13 Offiziere und 190 Personen Mannschaft; 89 Zivilisten, davon 38 Beamte und 51 Diener; 15 Kriegsberichterstatter der ausländischen Presse; ferner 207 Pferde und 44 Fuhrwerke.
410 Stiaßny-Baumgartner, S. 42.
411 Roda Roda: Roda Rodas Roman, S. 600.
412 Franz Ritter Höfer von Feldsturm (1861–1918) hatte sich in der k. u. k. Armee bis zum Feldmarschalleutnant hochgedient und war der Verfasser der intern nach ihm genannten amtlichen Heeresberichte.
413 Strobl, Karl Hans: Geschichten und Bilder aus dem österreichischen Kriegspressequartier, S. 53 und 57.
414 Trebitsch, Siegfried: Chronik eines Lebens, S. 172.
415 Im Kriegsarchiv liegen unzählige Meldebücher auf, in denen sorgfältigst Eingabe und Ausgang der Roda-Texte verzeichnet sind. Dazwischen lagen zumeist nur 48 Stunden, man war „expeditiv".
416 KA, AOK – KPQ, Karton 6, Platzkommando 1914–1915, Nr. 6–877.
417 Strobl, Karl Hans: Geschichte und Bilder aus dem österreichischen Kriegspressequartier. Reichenberg 1928, S. 45.
418 Moriz Benedikt an Max von Hoen, Brief vom 6.4.1915, in KA.
419 So geschehen am 20. Dezember 1915; mit 15. März 1917 wird ihm die Frontdienstuntauglichkeit bestätigt, vom „Osterpogrom" Kaiser Karls war schon die Rede.
420 Eine bewundernswerte Recherche-Leistung von Frau Stiaßny-Baumgartner.
421 Stiaßny-Baumgartner, S. 154.
422 KA, KPQ, Fasz. 5, Memorandum der Berichterstatter vom 30.8.1914; zitiert nach Stiaßny-Baumgartner, S. 155.
423 Brief Elisabeth Roda Rodas vom 15.12 1914 an Helene von Kiel; im Besitz von Renate von Loeben. Zitiert nach Hackermüller, Rotraut: Einen Handkuß der Gnädigsten. Roda Roda. Bildbiographie, Wien 1986, S. 136.
424 *Neue Freie Presse* vom 13.8.1915, S. 1–4.
425 *Neue Freie Presse* vom 17.9.1916, S. 4; gezeichnet Roda Roda.
426 *Neue Freie Presse* vom 11.12.1914, S. 3.
427 *Neue Freie Presse* vom 9.2.1915, S. 1–6. Erzherzog Josef Ferdinand Salvator (1872–1942) machte die für Habsburger übliche Militärkarriere. 1914 wurde er zum General der Infanterie und Kommandeur der 4. Armee ernannt, die er in die Winterschlachten der Karpaten und in die Offensive von 1915 bis nach Wolhynien führte. Vgl. Hamann, Brigitte: Die Habsburger. Ein biographisches Lexikon. Wien 1988, S. 194.
428 Vgl. Stiaßny-Baumgartner, S. 201–215.
429 *Neue Freie Presse* vom 16.9.1916, S. 3f.
430 Roda Roda: Der Ritt auf dem Doppeladler (Nachwort). S. 324.
431 Werfel, Franz: Barbara oder Die Frömmigkeit. Frankfurt 1996, S. 182–185. Die Erstausgabe erschien 1929 bei Zolnay in vier Abteilungen. Werfel nennt sie

„Lebensfragmente". Das zweite und dritte umfasst die Jahre des Weltkriegs von 1914 bis zum Umbruch im November 1918.
432 *Wiener Allgemeine Zeitung* vom 4.12.1929, abgedruckt in: Egon Erwin Kisch: Briefe an den Bruder Paul und an die Mutter 1905–1936. Berlin 1978, S. 339f.
433 Beide besuchten die Schule der Piaristen; Kisch nur kurze Zeit, Werfel während der vier Jahre Grundschule; er hat den Patres ein Gedicht gewidmet.
434 1904 erschienen Kischs erste lyrischen Versuche in einem schmalen Bändchen *Vom Blütenzweig der Jugend* (Dresden 1904), die der junge Verfasser auf eigene Kosten drucken ließ und nach einer vernichtenden Kritik in der *Bohemia* in der Folge wieder aus dem Verkehr zog. Diese und folgende Angaben vgl. Patka, Marcus: Egon Erwin Kisch als Soldat. Wien 1989, S. 14 (wird in der Folge mit „Patka" zitiert). Die Verfasserin dankt Marcus Patka für seine Hilfe beim Abfassen dieses Kapitels.
435 Jungk, Peter Stephan: Franz Werfel. Eine Lebensgeschichte. Frankfurt 2006, S. 39 (wird in der Folge mit „Jungk" zitiert).
436 Vgl. Buxbaum, Elisabeth: „Es kafkat und brodelt und werfelt und kischt". Der Prager Kreis. Wien 2013.
437 Jungk, S. 44.
438 Schlenstedt, Dieter: Egon Erwin Kisch. Leben und Werk. Berlin 1985, S. 22–25 (wird in der Folge mit „Schlenstedt" zitiert).
439 Kisch ließ sich wie so viele Arrestanten tätowieren. Es gibt ein Bild von ihm, wo am nackten Oberkörper die Bilder zu erkennen sind. Angeblich ließ er sich aber auch das Porträt seines Vorgesetzten in die Haut stechen – auf seinem Hinterteil!
440 Zitiert nach Polácek, Josef: Unbekannte Texte zur Biographie von Egon Erwin Kisch aus dem Nachlaß 1903–1906. In: Literarni Archiv 7, Prag 1972, S. 157.
441 Die *Bohemia* (tägliche Auflage 14 000) und das *Prager Tagblatt* waren die beiden großen deutschsprachigen Tageszeitungen Prags. Vgl. Schlenstedt, S. 57.
442 Brief vom 20.8.1913: „Ich möchte nur eins wissen: Ob ich das über Kraus haben kann oder nicht. Und zwar bis übermorgen."
443 Kraus hatte 1911 in zwei Heften der *Fackel* (Mai und Dezember) Gedichte von Werfel aufgenommen.
444 Siehe dazu: Karl Kraus – Franz Werfel. Eine Dokumentation. Zusammengestellt und kommentiert von Christian Wagenknecht und Eva Willms. Göttingen 2011.
445 *Die Fackel* vom April 1914 (=398): *In Prag vermehren sich die Lyriker wie die Bisamratten.*
446 Vgl. Militärakt (Hauptgrundbuchblatt) in Prag, Xerokopie nach dem Original KA. Zl. 32.069/1969
447 Ebda., S. 3. Diese und folgende Angaben vgl. auch Jungk, S. 65ff.
448 Martin Buber (1878 Wien – 1965 Jerusalem), österreichisch-israelischer jüdischer Religionsphilosoph. Gustav Landauer (1870 Karlsruhe–1919 München) war einer der wichtigsten Theoretiker und Aktivisten des kommunistischen Anarchismus in Deutschland. Als Pazifist stand er von Anfang an in Opposition zum Ersten Weltkrieg. Während der revolutionären Ereignisse zum Ende des Krieges wurde er gefangen genommen und in der Haft ermordet. Max Scheler (1874–1928) war ein deutscher

Philosoph, Anthropologe und Soziologe. Untauglich musste er nicht in den Krieg ziehen und zog es vor, in Kaffeehausdebatten seinen schwankenden Standpunkt zu Krieg und Pazifismus darzustellen.

449 Werfel, Franz: Das Bozener Buch, in: Erzählungen aus zwei Welten. Stockholm 1948, S. 89 ff.

450 Gertrud Spirk (1885–1967) hatte 1930 in Prag einen Modesalon eröffnet, der über die Grenzen der Stadt hinaus bekannt gewesen sein soll. Sie machte ihren Entschluss wahr und reiste nach Kriegsende nach Wien, wo sie ein sichtlich verlegener Werfel empfing, der inzwischen die Liebe seines Lebens, Alma Mahler, getroffen hatte und von der vergangenen Beziehung nichts mehr wissen wollte. Während der Zeit, als Werfel an der Front war, schrieb er Spirk mehr als 300 Briefe und Karten, die sich im Literaturarchiv in Marbach befinden und einer Aufarbeitung harren. Vgl. Jungk, S. 70 und 368. (Ihr widmete Werfel auch das Gedicht „Die heilige Elisabeth".)

451 Vgl. Grundbuchblatt, Kopie KA. Zl 32.069/1969 bzw. Jungk, S. 84f.

452 Aus dem unveröffentlichten Briefwechsel Franz Werfels mit Gertrud Spirk (Deutsches Literaturarchiv, Marbach a. N.), zitiert nach Jungk, S. 87.

453 *Die Fackel* vom Oktober 1918 (= 484–498), S. 128.

454 KA, E. Nr. 10821 aus 1917. Kommissionelle Ueberprüfung des Einj. Frw. Zugsf. Franz Werfel.

455 Stefan Zweig an Romain Rolland, Brief vom 21.1.1918, in: Stefan Zweig: Briefe 1914–1918. Hg. von Knut Beck u.a., Frankfurt 1997, S. 487.

456 Brief vom 30.3.1917 an Stefan Zweig, in: MODERN AUSTRIAN LITERATURE. Briefwechsel zwischen Werfel und Zweig. University of California, Volume 24, Number 2, 1991, S. 95f.

457 Franz Werfel verfasste sofort nach der Ankunft in Wien einen 15seitigen Rapport, in dem er von seinen Erfolgen schreibt und alle an ihn gerichteten Vorwürfe zurückweist. Er legte (hymnische) Zeitungsauschnitte und das Programmheft des Züricher Stadttheaters bei. Der Text des Vortrages in: Werfel, Franz: Zwischen Oben und Unten. S. 531ff.

458 Zweig, Stefan: Franz Werfel. Ein einführendes Wort. In: Zeitschrift des Lesezirkels Hottingen, 5. Jahrgang, 5. Heft (= Februar) 1918, S. 65–68. Zweig erntete ebenfalls Vorwürfe, weil er Werfel einen „deutschen" Dichter genannt hatte.

459 Vgl. Egon, Erwin Kisch: Soldat im Prager Korps. Prag 1922, S. 21 (wird in der Folge mit „Prager Korps" zitiert).

460 Prager Korps, S. 6.

461 Prager Korps, S. 109.

462 Egon Erwin Kisch: Briefe an den Bruder Paul und an die Mutter 1905–1936, S. 96 (wird in der Folge mit „Kisch-Briefe" zitiert). Kisch stand seiner Mutter sehr nahe und schrieb ihr regelmäßig. Fast alle Briefe enthielten Bitten um Geld, Zigaretten oder Wäsche und fast alle Briefe versuchten, die Sorgen der Mutter zu zerstreuen, indem er immer wieder betonte, wie glücklich, gesund und fröhlich er doch sei. In dem Zusammenhang muss erwähnt werden, dass Bruder Wolfgang an der russischen Front im Oktober 1914 gefallen war.

463 Brief vom 22.4.1917, zitiert nach Patka, S. 33.
464 Im „Prager Korps" erwähnt Kisch, dass seine Kameraden ihm bei jeder passenden und unpassenden Gelegenheit diesen Satz scherzhaft zuriefen.
465 Diese und folgende Angaben vgl. Patka, S. 36f.
466 Fritz Hofmann und Josef Polacek (Hg.): Servus, Kisch! Berlin 1985, S. 8f.
467 Patka, S. 38.
468 Egon Erwin Kisch: Marktplatz der Sensationen, in: Gesammelte Werke. Berlin 1986, Band VII, S. 298.
469 Prager Korps, S. 45.
470 Prager Korps, S. 38f.
471 Prager Korps, S. 252f.
472 Prager Korps, S. 47.
473 Prager Korps, S. 292.
474 Prager Korps, S. 52.
475 Prager Korps, S. 54f.
476 Prager Korps, S. 34. Wassili Wassiljewitsch Werestschagin (1842–1904) ist ein bekannter russischer Kriegsmaler.
477 Prager Korps, S. 47.
478 KA, Belohnungsantrag für Kisch, GVK a. Bd. D. TM. Ah. E. v. 11.8.1918.
479 Kisch-Briefe, Brief vom 31.8.1914, S. 89f.
480 Schlenstedt, S. 114f.
481 Im ungarischen Komitat Békés, nahe der (heutigen) rumänischen Grenze.
482 Kisch-Briefe, vom 31.7.1916 und 27.8.1916, S. 119f.
483 Schlenstedt, S. 128f. Die Feuilletons erscheinen vom 10. Juni 1917 bis zum 28. August 1918; thematisch, wie angeführt, biographisch-historischen Inhalts bzw. als Sensationsreportage (das Wort wurde zu diesem Zeitpunkt noch nicht verwendet).
484 Kisch-Briefe, Brief an den Bruder vom 16.7.1918, S. 184.
485 KA, Militärakt Kisch, Belohnungsantrag vom 2.3.1918. Als Auszeichnung wurde vorgeschlagen „Signum laudis mit Kriegsdekoration und Schwertern".
486 Kisch, Egon Erwin: Kriegspropaganda und ihr Widerspiel. In: Gesammelte Werke, Band 11.
487 Der aus dem jüdischen Großbürgertum stammende Benno Karpeles (1868–1938) gründete im Jänner 1918 die pazifistische Wochenschrift Der Friede, in dem rund 200 namhafte Journalisten und Schriftsteller publizierten. Karpeles verstand seine Zeitung als Gegenpol zu den konservativen, der Kriegspropaganda dienenden Blättern. Schon nach einem Jahr stellte er sein Blatt ein.
488 Kisch-Briefe, vom 16.2.1918, S. 166.
489 Patka, S. 70f. bzw. Kisch: *Kriegspropaganda und ihr Widerspiel*, S. 49f. Leo Rothziegel (1892–1919) war gelernter Buchdrucker, Schriftführer in der Gewerkschaftsbewegung und verschrieb sein Leben der Revolution. 1917 desertierte er und bewegte sich im Raum der Illegalität.
490 Kisch pflegte sich am Schluss seiner Reden jedes Mal die Rangabzeichen von seinem Uniformkragen zu reißen – und sie für die nächste Rede wieder locker anzunähen.

Vgl. Hautmann, Hans: Franz Werfels „Barbara oder die Frömmigkeit" und die Revolution in Wien 1918, in: Österreich in Geschichte und Literatur 15, Nr. 9, Wien 1971, S. 476.
491 Vgl. Jungk, S. 109.
492 Musil, Tagebüch vom 2. November 1918, S. 343.
493 Robert Musil. Briefe 1901–1914. Hg. von Adolf Frisé, Hamburg 1981, S. 152f., 158f., 161f., 166.
494 Werfel, Franz: Barbara oder Die Frömmigkeit. Drittes Lebensfragment. Frankfurt 1996, S. 362–637.
495 Der Journalist Egon Dietrichstein (1889–1932) hat Kisch, dem „Kommandanten der Roten Garde", einen ganz subtilen Artikel gewidmet, der auf Grund seiner sprachlichen Qualität, Eleganz und Pointiertheit für Kisch besonders kränkend war. Es werden ihm darin alle Qualitäten der Welt zugesprochen – auch solche, die Kisch erst später entwickeln wird – nur nicht politische Seriosität.
496 Vgl. Neues Wiener Journal vom 15.11.1918, S. 5.
497 Polgar Alfred: Zwei Kriegstagebücher. In: Die Weltbühne. Berlin, 20.9.1923, S. 287f.
498 Hermann Bahr: Kriegssegen. München 1915, S. 19.
499 Neues Wiener Journal vom 26.8.1914, S. 6. Noch einmal aufgenommen in *Kriegssegen*, München 1915. Daraufhin nimmt Karl Kraus in der *Fackel* vom August 1916 (= Nr. 431–436), S. 96, relativ spät, Bezug: „Es läßt sich nun nicht mehr leugnen, daß der Leutnant Hofmannsthal in Warschau eingerückt ist. Die ‚Deutsche Warschauer Zeitung' – so etwas gibt's schon – berichtet am 5. Juli 1916 also fast zwei Jahre nach dem Ausbruch Bahr'scher Ungeduld: Hugo von Hofmannsthal, der bekannte, feinsinnige Wiener Poet, weilt gerade jetzt hier in Warschau. [… Er] wird, wie wir hören, am 7. Juli hier in Warschau einen öffentlichen Vortrag halten über, Ö s t e r r e i c h i m S p i e g e l s e i n e r D i c h t u n g'. […] Kein Zweifel. Und Österreich verhänge den Spiegel. Aber der Poldi wird eine Freud' haben und wenn er schon nicht Baudelaire deklamiert, während draußen die Reklametrommeln schlagen. So wird er doch Schiller zitieren. Er hat gewartet." […] Hofmannsthal selbst hat den öffentlichen Brief nicht „öffentlich" erwidert, sondern privat, und da eher ohne Emphase: „[…] ich schicke diese Zeilen an Sie durch Gerti, durch deren Hand mir auch der Zeitungsausschnitt mit Ihrem Gruß zugekommen ist und die vielleicht Ihre Adresse weiß. Ich danke Ihnen von Herzen für Ihre lieben Gedanken und Worte, lieber Hermann – wenngleich ich sie ja nicht ganz in dem Sinne verdiene, wie sie mir zugedacht waren: denn ich stehe nicht im Felde." Vgl. Lunzer, Heinz: Hofmannsthals politische Tätigkeit in den Jahren 1914–1917. Frankfurt 1981, S. 33.
500 *Die Fackel* vom Mai 1916 (= 423–425), S. 41–52.
501 Hofmannsthal trug am 27.4.1891 in sein Tagebuch ein: „Heute im Caféhaus Hermann Bahr vorgestellt."
502 Hilfe beim Abfassen dieses Kapitels (besonders die biographischen Daten betreffend) leisteten Habersack, Ingrid: Weltkriegserfahrung und Österreich-Idee in der Essayistik Hermann Bahrs und Hugo von Hofmannsthals. Graz 1989 und Volke, Werner: Hofmannsthal. Hamburg 1980 (= rm 127).

503 Hermann Bahr: Kriegssegen. München 1915, S. 3. Ab dem Jahr 1916 (zeitweilig auch schon vor der Kriegszeit) bis 1931 schrieb Hermann Bahr im *Neuen Wiener Journal* ziemlich konsequent wöchentlich ein „Tagebuch", in dem er sich vor allem literarischen Themen zuwandte.

504 Einer vagen Schätzung zufolge sollen mit Kriegsbeginn allein in Deutschland täglich 50 000 Kriegsgedichte erschienen sein. Siehe zum Beispiel Ludwig Ganghofers „Eiserne Zither" – täglich ein Kriegsgedicht! Vgl. Sauermann, Eberhard: Literarische Kriegsfürsorge. Österreichische Dichter und Publizisten im Ersten Weltkrieg. Wien 2000, S. 341.

505 Das deutsche Wesen ist uns erschienen! (Bayreuth, 12. August).

506 *Die Fackel* vom Oktober 1917 (= 462–471), S. 25ff. In seiner Glosse „Ich warne das neue Österreich vor dem Hermann Bahr. Er ist doppelzüngig und hofft damit dem Doppeladler ein Kompliment zu machen. Er hat mehr Gesinnungen als bunte Bademäntel und da er diese nicht mehr am Lido spazieren führen kann, so macht er von jenen in dem Hinterland eines erstarkten Österreich Gebrauch […]."

507 Brief von Stefan Zweig an Hermann Bahr vom 9. 9.1917, in: Stefan Zweig: Briefe 1914–1919, S. 151f.

508 Hofmannsthal, Hugo von: Briefe. 1890–1901, Berlin 1915, S. 118 (wird in der Folge mit „HvH, Briefe" zitiert).

509 Hofmannsthal, Hugo von: Hugo von Hofmannsthal Edgar Karg von Bebenburg Briefwechsel. Hg. von Mary Enole Gilbert. Frankfurt 1966, S. 55. Edgar Karg von Bebenburg war zwei Jahre älter als Hofmannsthal und war in die Marine eingetreten. Er und Hofmannsthal hatten einander im August 1892 am Wolfgangsee zum ersten Mal getroffen. Die Freundschaft mit vielen „ups and downs" endete 1905 mit dem Tod Kargs von Bebenburg. Hofmannsthal leistet sein Freiwilligenjahr in Göding an der March in Mähren, etwa 100 Kilometer entfernt von Wien. ab.

510 Eintragung im Tagebuch 8. Juni 1895, in: Gesammelte Werke in Einzelausgaben. Aufzeichnungen (= Band 15), Frankfurt 1945–1959, S. 121 (wird in der Folge mit „HvH, GW" zitiert).

511 HvH, Briefe, S. 182 und 189f.

512 Brief an Eberhard von Bodenhausen vom 30. April 1912 in: Hugo von Hofmannsthal – Eberhard von Bodenhausen. Briefe der Freundschaft. Hg. von Dora von Bodenhausen, Düsseldorf 1953, S. 144f (wird in der Folge mit „Briefe der Freundschaft" zitiert). Eberhard von Bodenhausen (1868–1918) war ein deutscher Jurist, Kunsthistoriker und Großunternehmer und gehörte u.a. zu den Mitbegründern der Berliner Kunst- und Literaturzeitschrift *Pan*. In dieser Funktion stand er mit vielen Dichtern und Literaten in regem Austausch. Seit 1907 war er zunächst Vorstandsmitglied, später Aufsichtsratsvorsitzender der Friedrich Krupp AG. Hofmannsthal hatte zu ihm ein überaus inniges, persönliches Verhältnis. Auch dieser Briefwechsel wurde von der Zensur misstrauisch beäugt. Vgl. dazu auch: Schumann, Andreas: „Macht mir aber viel Freude" Hugo von Hofmannsthals Publizistik während des Ersten Weltkrieges. In: Krieg der Geister. Erster Weltkrieg und literarische Moderne. Hg von Uwe Schneider und Andreas Schumann. Würzburg 2000.

513 Hugo von Hofmannsthal – Richard Beer Hofmann. Briefwechsel. Hg. von Eugene Weber. Frankfurt 1972, S. 134.
514 Fetzer, Günther: Das Briefwerk Hugo von Hofmannsthals. Marbach, Deutsche Schillergesellschaft 1980, S. 83 (s. a. KA, GBBL. Wien/1874, Karton 433).
515 Ebda., S. 81.
516 Unmittelbar nach Kriegsbeginn gegründet, war das Kriegsfürsorgeamt offizielle Zentralstelle, um „freiwillige Hilfsaktionen" der Bürger zu koordinieren. Prinzipiell galt es Geld zu sammeln, etwa durch den Verkauf von „Kriegs-Souveniers" (Medaillen, Post- und Grußkarten, Verschlussmarken,) aber auch von Büchern, Flugblättern etc.
517 KA, Landsturmevidenzblatt, Befund und Antrag der Superarbitrierungskommission. Auch verdankte Hofmannsthal seine „Befreiung" einer Intervention Redlichs beim Grafen Stürgkh, des österreichischen Ministerpräsidenten. Siehe auch Briefe der Freundschaft, S. 197f. (Brief vom 18.7.1915): „Meine Zuteilung zum Kriegsministerium endete im April. […] Durch Eingreifen einer hohen Amtsstelle wurde ich ‚auf unbestimmte Zeit' vom Dienste enthoben."
518 Briefe der Freundschaft, S. 170f.
519 „Und welch eine Freude, zu denken, daß Du dem eigentlichen Kriegshandwerk entrissen bist und nun an anderer und sicher noch weit verantwortungsvollerer Stelle stehst." Brief vom 13.10.14 in: Briefe der Freundschaft, S. 174.
520 Briefe der Freundschaft, S. 177. (Brief vom 18.10.1914) Hofmannsthal verwendet den Begriff „Morden" noch einmal (Brief vom Ostermontag 1915), in: Briefe der Freundschaft, S. 192: „Wenn nur dieses gräuliche Morden aufhörte – dies ewige Sterben von Tausenden – mir ist manchmal, man wird nie wieder fröhlich werden können." Bodenhausen antwortet am 8. April 1915: „Aber lieber Hugo, es ist doch kein Morden, es ist ein Sterben um des Lebens willen, also unvermeidlich. Es wird alles gut werden, auch wenn wir persönlich zu Grunde gehen müßten." Briefe der Freundschaft, S. 193.
521 Ebda., S. 177f.
522 Hugo Heller (1870–1923), Wiener Buchhändler und Verleger.
523 Vgl. Altenhofer, Norbert: Hugo von Hofmannsthal, Anton Wildgans. Briefwechsel. Heidelberg 1971, S. 43–50 (wird in der Folge mit „Altenhofer" zitiert).
524 Altenhofer, S. 3.
525 Altenhofer, S. 6.
526 Altenhofer, S. 5.
527 Altenhofer, S. 4f. Brief vom 4.12.1914.
528 Altenhofer, S. 6, Brief vom 5.12.1914.
529 **Vae victis!** Ein Weihelied den verbündeten Heeren. August 1914, **Das große Händefalten.** Ein Gebet für Österreichs Volk und Kämpfer. August 1914, **Ihr Kleingläubigen.** Eine Laienpredigt für Daheimgebliebene. Oktober 1914, **Allerseelen.** Ein Requiem für die gefallenen Helden. November 1914, **Legende.** Aus dem Alltag des Krieges. November 1914, **Heilige Nacht!** Ein zeitgemäßer Prolog zu einem alten Weihnachtsspiel. Dezember 1914 und **Infanterie!** Ein Gedicht, gewidmet dem Volke in Waffen. Juni 1915.
530 Briefe der Freundschaft, S. 178f. (Brief vom 24.10.1914).

531 Hofmannsthals Gedicht ist eine Replik auf das Gedicht *Der deutsche Feldpostgruß* seines Freundes Alexander Schröder. *Der Trueschwur Deutschlands an Österreich* konnte als bekannt vorausgesetzt werden. Neue Freie Presse vom 24.9.1914, S. 1.

532 „Das große Händefalten" eröffnete auch Hofmannsthals *Österreichischen Almanach auf das Jahr 1916*. Max Mell berichtet dazu: „Ich habe erlebt, wie Hugo von Hofmannsthal, als er in einem Kreise von Freunden ‚Das große Händefalten' vorlas, vor Ergriffenheit die Stimme versagte." Vgl. Altenhofer, S. 54.

533 Polgar: Kleine Schriften. Band 1, S. 32f. Erstveröffentlichung in: Der Friede vom 29. 3. 1918, S. 244.

534 *Donauland*, Jahrgang 1918/19, Heft 7, S. 805 bzw. HvH, GW, Band 15, S. 459ff.

535 Zuerst in der Vossischen Zeitung vom 10.1.1915; später in: Gesammelte Werke. Frankfurt 1979, Band 15, Reden und Aufsätze, S. 390–396.

536 Stefan Zweig an Anton Kippenberg, Brief vom 22.7.1915, in: Briefwechsel Hofmannsthal/Insel Verlag, Kolumne 578.

537 Briefe der Freundschaft, S. 218.

538 HvH, GW, Band 3, S. 13–25.

539 *Die Fackel* vom August 1916 (= 431–436), S. 96.

540 Briefe der Freundschaft, S. 235f. (Brief vom 10.7.17).

541 HvH, GW, Prosa III, S. 54.

542 Vgl. Schumann, Andreas, in: Krieg der Geister, S. 150. Ebner, Helga: Die Briefe Hugo von Hofmannsthals an Josef Redlich. Wien 1963, S. 79f. Brief vom 28.9.1928.

543 *Die Fackel* vom Dezember 1922 (= 608–612), S. 24.

544 Csokor, Franz Theodor: Du bist gemeint. Graz 1959, S. 115. Vgl. Lebensbilder eines Humanisten. Ein Theodor Csokor-Buch, hg. von Ulrich Schulenburg u.a. Wien 1992.

545 Ebda., S. 7.

546 Die Militärgrenze war die ehemalige Sicherheitszone gegen das Osmanische Reich, die Anfänge reichen bis 1522 zurück, die im Lauf der Jahrhunderte in vier Abschnitte ausgebaut wurde. Die Grenzer zählten zu den besten Soldaten der Monarchie und waren überaus loyal. Ab 1849 war die Militärgrenze als eigenes Kronland organisiert und dem Kriegsministerium unterstellt; zur gleichen Zeit begann die Auflösung. Vgl. Österreich Lexikon. Wien 1995, Band 2, S. 55f.

547 Csokor, Franz Theodor: Der Dolch und die Wunde. Gedichte. Wien 1920, S. 11.

548 Vgl. Wimmer, Paul: Der Dramatiker Franz Theodor Csokor. Innsbruck 1981, S. 14–19.

549 Vgl. *Die Muskete*. Kultur- und Sozialgeschichte im Spiegel einer satirisch-humoristischen Zeitschrift 1905–1941, hg. von Murray G. Hall / Franz Kadrnoska / Friedrich Kornauth / Wendelin Schmidt-Dengler. Wien 1983.

550 Ebda., S. 35. *Die Muskete* wurde erst im Jahr 1941 eingestellt.

551 Csokor, Franz Theodor: Tagebücher, Band 1 vom 11.11.1903. (= Cod.S.n. 24 381)

552 Ebda., Band 4 vom 29. 3. 1906. (= Cod.S.n. 24 384) Im Sommer 1908 unterzog sich Csokor einer Operation, die nicht vollständig gelungen war. Er klagte noch lange über Schmerzen: „Silvester 1909: Bilanz: […] Befinden: Unsicher; nie ganz gesund; stets irgend ein kleines oder größeres Leiden (seit der Operation …)" und schien von da an stets gesundheitlich angegriffen.

553 Zitiert nach Klauhs, Harald: Franz Theodor Csokor Leben und Werk bis 1938 im Überblick. Wien 1987 [= Diss.], S. 145. Laut Angabe befindet sich diese Erklärung im Besitz von Heinz Rieder. Der Text von Klauhs war bei der Abfassung dieses Kapitels sehr hilfreich (wird in der Folge mit „Klauhs" zitiert).

554 Csokor, Franz Theodor: Der Dolch und die Wunde. Gedichte. Wien 1918, S. 69f.

555 Mit 7. Oktober 1916 gab es eine weitere Klassifizierung „als Hilfsdiensttauglich" und damit ein Verbleiben im Kriegsarchiv; der „Teisinger" war's und dieses Mal ganz gnädig.

556 Österreichisches Dichterbuch. Wien 1914, S. 52. *Die Männer von Sterzing* erhielten im Gedichtband *Die Gewalten* (erschienen 1912) noch eine historische Zuordnung: 1809!

557 Vgl. *Die Muskete* vom 24.6.1915, S. 99.

558 Für den Titel verantwortlich war ein Vers von Charles Baudelaire („Ich bin die Wunde und der Dolch"), für das wunderbare expressive Cover Carry Hauser (1895–1985), den Csokor in der Stellung Troppau im Frühjahr 1918 kennen gelernt hatte und der für ihn zu einem „Lebensmenschen" wurde. Hauser hatte für Csokor auch die Bühnenbilder zu den Dramen *Die Rote Straße* (Nationaltheater in Brünn) und *Gesellschaft der Menschenrechte* (Wiener Burgtheater) geliefert.

559 Csokor, Franz Theodor: Der große Kampf. Ein Mysterienspiel in acht Bildern. Leipzig 1915. Das Geleitwort ist unter dem Titel „Dem Dichter der Zeit" am 29.10.1914, S. 34 in der *Muskete* abgedruckt.

560 Csokor, Franz Theodor: Belgrad, in: Muskete vom 20.8.1914, S. 162 und 166.

561 Ebda., S. 14.

562 Ebda., S. 64f.

563 Ebda., S. 92.

564 Vom Isonzo zum Balkan. S. 10–20, hier S. 10.

565 Csokor, Franz Theodor: Kämpfe der Deutschen, in: Unteilbar und Untrennbar S. 655–658. Als Mitarbeiter von Hauptmann Rudolf Hans Bartsch: Im Westen. Die ersten Kämpfe. S. 658ff.

566 *Donauland*, 1. Jg. 1917, S. 663: S. D. Steinbach: *Untergang*. Gedichte. Leipzig 1917 / *Donauland*, 2. Jg. 1918, S. 586f: *Mittag*. Neue Gedichte von Anton Wildgans. Staackmann, Leipzig 1918 / *Donauland*, 3. Jg. 1919, S. 312: *Die Feuerlilie. Der Flötenbläser*. Zwei Erzählungen von Leonhard Stein. Wien 1919.

567 *Donauland*, 1. Jg. 1917, S. 57: *König Salomon verfällt dem Weibe* / *Donauland*, 3. Jg. 1919/20, S. 129: *Grabschrift*.

568 *Donauland*, 3. Jg. 1918/19, Heft 9 [!], S. 1175f.

569 Carry Hauser ist mit einigen Bildern vertreten; die Ausstellung war ein „Treffpunkt" der beiden.

570 Brief Csokors vom 29.9.1916 an Veltzé, Wienbibliothek I.N. 213.594.

571 Brief an Max von Hoen. Dieses und folgendes Schreiben in: KA, Konvolut Franz Theodor Csokor, GBBL Wien 1885, Kt. Nr. 1034. Bei der „Kölner Premiere" wird es sich wohl auch um *Der große Kampf* gehandelt haben, kein anderes Stück von Csokor hatte in dem abgesteckten Zeitrahmen die Zensur passiert.

572 Brief an Max von Hoen. Bei dem einen genannten Stück meinte Csokor *Sünde wider den Geist*, doch verbot die deutsche Zensur die Aufführung. Vgl. Klauhs, S. 143.
573 *Die Fackel* vom März 1921 (= 561–567), S. 90.
574 *Die Fackel* vom Dezember 1922 (= 608–612), S. 23f.
575 Csokor, Franz Theodor: Zeuge einer Zeit. Wien 1964, S. 118f.
576 Lebensbilder eines Humanisten. Ein Franz Theodor Csokor-Buch herausgegeben von Ulrich N. Schulenburg u.a. Wien 1992, darin: Joanna Jablkowska: Neuanfang oder Apokalypse. S. 52–63.
577 Vgl. Claudio Magris: Der habsburgische Mythos in der österreichischen Literatur. Salzburg 1966.
578 3. November, S. 45f.
579 3. November, S. 49.
580 Ebda., S. 59
581 Es hatte einige Mühe und Aufwand gekostet, um das Stück auf die Bühne zu bringen. Hermann Röbbeling (1875–1949) leitete von 1915 bis 1932 zwei Häuser in Hamburg, das Schauspielhaus und das Thaliatheater. Von 1932 bis 1938 war er Intendant des Burgtheaters. Durch Neuerungen des Repertoires und durch das Engagement neuer Schauspieler, Maßnahmen, die nicht immer den ungeteilten Zuspruch aller im Theaterleben Involvierten erhielt, erschloss er dem Theater neue Publikumsschichten.
582 Brief an Ferdinand Bruckner vom 23.4.1937; in: Franz Theodor Csokor: Zeuge einer Zeit. Wien 1964, S. 141. Ferdinand Bruckner (1891–1958), eigentlich Theodor Tagger – seinen Geburtsnamen hatte er sogar seinem besten Freund Csokor erst nach 1930 bekannt gegeben –, war ein österreichischer Schriftsteller und Dramatiker.
583 Neue Freie Presse vom 11.3.1937, S. 10. Otto Tressler (1871–1965) spielte zwischen 1896 und 1961 am Wiener Burgtheater 383 Rollen und erhielt für seine Darstellungskunst mehr als ein Dutzend Auszeichnungen.
584 3. November 1918, S. 9.
585 Kraus, Karl: Die letzten Tage der Menschheit, S. 754 und 770. *Der Standard* vom 23. Jänner 2014: „Kaiserenkel Karl Habsburg hat sich am Mittwoch in einem APA-Interview gegen alleinige Schuldzuweisung für den Ersten Weltkrieg an seine Familie gewehrt. Auch familienintern werde allerdings zurückgesehen. Man könne dabei eingestehen, dass ‚auch bei uns nicht alles optimal gelaufen' sei. Insgesamt sehe er die Vorfälle mittlerweile ‚relativ akademisch. Es ist nicht so, dass mich große Emotion überkommt.'"

Personenregister

A
Alberti de Poja, Franz von 166
Albert-Lasard, Lou 76
Albrecht, Erzherzog 165
Altenberg, Peter 149
Andrian-Werburg, Leopold von 227f

B
Bach, Johann Sebastian 226
Bahr, Hermann 16, 58, 226, 228, 230–234, 240
Bahr-Mildenburg, Anna 229
Bardolf, Karl von 189
Bartsch, Rudolf Hans 21, 26, 38, 40, 43, 48, 53, 55, 58, 69f, 78, 81f, 115–117, 120–132, 140, 155, 238
Baudelaire, Charles 228
Baum, Oskar 199
Becher, Max von 169
Beer-Hofmann, Richard 147
Beethoven, Ludwig van 119, 121, 131, 226f
Benedikt, Moriz 97, 182, 189
Bettauer, Hugo 58
Bismarck, Otto von 231, 246
Blei, Franz 221
Bodenhausen, Eberhard von 236, 237, 249f
Böhm, Karlheinz 116
Brahm, Otto 264
Braun, Felix 58
Breitwieser, Johann (Schani) 141f
Brod, Max 78, 199, 217, 220
Bruckner, Ferdinand 265
Buber, Martin 201
Burian, Stephan von 164

C
Canetti, Elias 19, 182
Cäsar, Gaius Julius 232
Castle, Eduard 58
Csokor, Franz Theodor 23, 40, 43, 45, 53, 55, 58, 60, 66, 70, 74, 178, 238, 239, 252-259, 262–268
Csokor, Johann 253f
Czernin, Ottokar 13, 75, 97, 155

D
Dangl, Viktor 169
Dante Alighieri 202
Defours-Walderode, Maria von 51
Degenfeld, Ottonie von 236
Dehmel, Richard 66
Demokrit 120
Dietrichstein, Egon 224
Dostojewski, Fjodor Michailowitsch 212

E
Egger-Lienz, Albin 111f
Eisner-Bubna, Wilhelm 32, 127
Ephrussi, Philipp 67
Erdmann, Ilse 75
Eugen, Prinz von Savoyen 104, 150, 259
Eugen, Erzherzog 127, 176

F
Feld, Leo 140
Ferdinand, Zar von Bulgarien 183, 195
Fichte, Johann Gottlieb 226f
Frank, Elsa 75
Franz Ferdinand, Thronfolger 8, 17
Franz Joseph, Kaiser von Österreich 8–10, 13, 44, 61, 121, 149, 157, 164f, 218, 252, 271

Friedell, Egon 115, 137f
Friedjung, Heinrich 58
Friedrich, Erzherzog 19, 23, 53
Fuchs, Rudolf 199

G
Ganghofer, Ludwig 46, 71, 182
Gaunersdorfer, Johannes 216
Georgi, Friedrich von 68
Ginzkey, Franz Karl 10, 21, 23, 38, 40, 43, 46, 49f, 53, 55f, 58, 60, 70, 74, 78-84, 87, 92, 102–106, 109–116, 118, 120–123, 129, 134, 148, 149, 182, 238, 239, 256
Glaises, Edmund von Horstenau 24
Goethe, Wolfgang von 226, 231, 256
Goldmann, Paul 147
Grillparzer, Franz 119, 152, 266
Gütersloh, Albert Paris 66, 221

H
Haas, Willy 199
Haspinger, Joachim 112
Hauptmann, Gerhart 64, 66, 90, 98, 264
Hedin, Sven 30
Herder, Johann Gottfried 226
Hesse, Hermann 58, 98, 123
Heydt, Elisabeth von der 73
Heydt, Karl von der 73
Hindenburg, Paul von Beneckendorff 107–109, 134f
Hoen, Maximilian Ritter von 30, 32, 34–40, 42, 46, 52f, 55, 57f, 60f, 66, 68, 123, 126f, 153, 159, 183–185, 187, 189, 263
Hofer, Andreas 50, 104, 112, 269
Höfer von Feldsturm, Franz 187
Hofmannsthal, Hugo von 16, 49, 58, 64, 76, 88, 147, 149, 226–228, 230, 233, 235–242, 246, 248–251, 253f
Hohenberg, Sophie von 8
Hohenlohe, Konrad zu 68

Holtei, Karl von 119
Hötzendorf, Conrad von 13, 39, 109, 176
Hoyos, Alexander 13
Hoyos, Alice von 265
Hradezny, Friedrich 162
Hueber, Viktor 43

J
Josef Ferdinand Salvator, Erzherzog 193f
Joseph I., Kaiser 23
Joseph II., Kaiser 23, 129
Juncker, Axel 72

K
Kafka, Franz 199, 201
Kálmán, Emmerich 30
Kant, Immanuel 226f
Karg, Edgar 235
Karl, Erzherzog 23, 119, 127
Karl, letzter Kaiser von Österreich 36, 102, 136, 207
Karpeles, Benno 221
Kernstock, Ottokar 54, 78
Kiel, Helene von 191
Kippenberg, Anton 248
Kippenberg, Katharina 67f, 75
Kisch, Egon Erwin 13, 20, 31, 49, 169, 178, 196–200, 214–225
Kisch, Paul 198
Klinger, Julius 136
Klopstock, Friedrich Gottlieb 226
Kokoschka, Oskar 75f
Kraus, Karl 14–22, 25, 31, 33, 38, 51, 59, 67, 70, 75, 77–79, 82, 94, 98, 109, 120, 122, 133, 147, 150f, 153, 155, 159, 171, 182, 183, 199-202, 204, 221, 228, 233, 249, 252, 258, 262, 264f, 270
Krauß, Alfred von 176
Krobatin, Alexander von 38, 65
Künstner, Franz 106

307

L

Lammasch, Heinrich 235
Landauer, Gustav 201
Leopold Ferdinand Salvator, Erzherzog 150, 262
Lichnowsky, Mechtilde von 67
Lukrez 120
Lustig Prean, Karl von 184

M

Mahler, Alma 225
Mann, Heinrich 216
Mann, Thomas 98
Maria Josefa, Erzherzogin 22
Maria Theresia, Kaiserin 74
Maximilian, Kaiser von Mexiko 34
May, Karl 204
Mell, Max 239
Michaelis, Karin 75
Molnár, Franz 30, 182
Moltke, Helmuth Karl Bernhard von 126
Montecuccoli, Raimund 37
Morgenstern, Soma (Salomo) 178
Mozart, Wolfgang Amadeus 199
Müller, Hans 69f, 210
Müller, Robert 22
Münchhausen, Anna von 73
Musil, Alfred 159
Musil, Martha 161f, 167, 177f, 223f
Musil, Robert 13, 159–163, 165–173, 176–179, 220–222, 266
Musulin, Alexander von Gomorje 96, 208

N

Nádherný, Sidonie von Borutin 33, 67, 75, 200f
Napoleon Bonaparte 119

P

Paumgartner, Bernhard 122
Petzold, Alfons 58, 82
Pflanzer-Baltin, Karl von 178

Polgar, Alfred (Alfred Polak bzw. Pollak) 40, 47, 50, 53, 63, 70, 96, 132–142, 221, 225, 245
Printz, Hans 43

R

Radetzky, Josef Wenzel von Radetz 145, 165, 196
Redlich, Oswald 68
Reichel, Oskar 75
Reich-Ranicki, Marcel 133
Revoluce (Prager Sängerin) 200
Rilke, Rainer Maria 13, 21f, 40, 42, 58, 66–72, 74–79, 98, 122, 128, 131, 140, 159, 173, 201
Röbbeling, Hermann 267
Roda Roda (Alexander Friedrich Rosenfeld) 21, 28, 29, 31, 36, 58, 79, 134–136, 179–185, 187–196
Rodin, Auguste 22
Roessler, Arthur 131
Rolland, Romain 79, 90–92, 99, 235
Roosevelt, Franklin D. 22
Rosegger, Peter 122f, 238
Rosen, Lia 75
Rössler, Carl 137
Roth, Joseph 266
Rothziegel, Leo 221f

S

Sachs, Hans 227
Salten, Felix (Siegmund Salzmann) 21f, 40, 58, 82, 144, 147–153, 156, 157, 208
Salus, Hugo 58, 78, 81f
Salzmann, Philipp 146
Sauer, August 68, 198
Schalek, Alice 31
Schaukal, Richard 58
Scheler, Max 201
Schiele, Egon 66
Schiller, Friedrich 226

Schlesinger, Gertrud (verehel. Hofmannsthal) 228
Schneller, Karl 39
Schnitzler, Arthur 65, 95, 123, 147–149, 182
Schönberg, Arnold 75
Schönerer, Georg Ritter von 228
Schönherr, Karl 238
Schönthal, Leopold 43, 47
Schramm Schiessl, Heinrich von 209
Schubert, Franz 116, 119
Schütz, Julius Franz 129
Schwarzkopf, Gustav 228
Schwarzwald, Eugenie 75, 178
Schwarzwald, Hermann 75
Siebertz, Paul 57
Silberer, Geza (auch Silvara bzw. Sil Vara) 40, 47, 58, 70, 74
Sperber, Manès 182
Spirk, Gertrud 203, 204, 206
Stauffenberg, Wilhelm von 67
Stefan, Paul (Paul Grünfeld) 55, 58, 124
Strindberg, August 75
Strobl, Karl Hans 26, 79, 128
Stürgkh, Josef 38
Suttner, Bertha von 101

T
Tegetthoff, Wilhelm von 165
Teisinger, Joseph von Tüllenburg 141f
Thurn und Taxis, Marie von 62, 68–70, 75, 122, 128
Tolstoi, Lew Nikolajewitsch 100, 212
Trebitsch, Siegfried 180
Trentsensky, Joseph 206
Twain, Mark 184, 189

V
Veltzé, Alois 35, 37, 40f, 43, 47f, 50, 52f, 55, 57f, 70, 77, 262–264
Vergil 120

W
Wagner, Richard 226f
Walther von der Vogelweide 227
Weber, Carl Maria von 119
Werestschagin, Wassili 218
Werfel, Franz 13, 17, 22f, 30, 97, 162, 167, 178, 196–204, 206–210, 213, 221–225, 254
Wiesner, Friedrich 97f
Wildgans, Anton 22, 58, 83, 226, 238–242, 264
Wilhelm II., Kaiser von Deutschland 8
Winternitz, Friederike (verehel. Zweig) 75, 92, 97f, 102
Woinovich, Emil Freiherr von Belobreska 33–35, 38, 43, 50, 53, 58
Wolff, Kurt 201
Wredes, Richard 198

Z
Zita, Kaiserin 102
Zitterhofer, Karl Ludwig 69
Zuckerkandl, Berta 96f
Zweig, Stefan 13, 21, 23, 40, 42–44, 46, 49f, 53, 55–57, 63, 70, 76, 78–99, 101f, 114f, 134f, 137, 172, 185, 208–210, 213, 233, 239, 248f

Bibliographie

Archive und Bibliotheken
Österreichisches Staatsarchiv
Haus-, Hof- und Staatsarchiv
Österreichische Nationalbibliothek Bildarchiv
Österreichische Nationalbibliothek Handschriftensammlung
Österreichische Nationalbibliothek Literaturarchiv
Österreichisches Theatermuseum
Wienbibliothek Handschriftensammlung
Robert-Musil-Literatur-Museum Klagenfurt
Stefan Zweig Centre Salzburg
Deutsches Literaturarchiv Marbach

Zeitungen und Zeitschriften
Arbeiter-Zeitung
Berliner Volkszeitung
Bohemia
Donauland
Die Fackel
Die Friedens-Warte
Neue Freie Presse
Die Neue Rundschau
Die Weltbühne
Neues Wiener Journal
Soldatenzeitung
Der Standard
Wiener Allgemeine Zeitung
Die Zeit (Wien)

Primär- und Sekundärliteratur
Albert-Lasard, Lou: Wege mit Rilke. Frankfurt 1952.
Altenhofer, Norbert: Hugo von Hofmannsthal, Anton Wildgans. Briefwechsel. Heidelberg 1971.
Bahr, Hermann: Kriegssegen. München 1915.
Bahr, Hermann: Woran ich Freude fand. Eine Umfrage über wertvolle neue Bücher. In: Nord und Süd, 32 (1908).
Bartsch, Rudolf Hans: Brüder im Sturm. Roman. Leopold Stocker Verlag 1940.
Bartsch, Rudolf Hans: Er. Leipzig 1915.
Bartsch, Rudolf Hans: Der Flieger. Ein Roman aus dem Serbenkrieg. Berlin 1915.
Bartsch, Rudolf Hans u.a.: Frauen. Leipzig 1918.

Bartsch, Rudolf Hans: Lukas Rabesam. Leipzig 1917.
Bartsch, Hans Rudolf: Pfingstküsse. Novellen. Mit einem Nachwort von Franz Karl Ginzkey. Leipzig 1924.
Bartsch, Rudolf Hans: Unerfüllte Geschichten. Leipzig 1916.
Baur, Uwe: Einige ergänzende Bemerkungen zu der lebendigen Erinnerung Günther Noés an seinen „Onkel" Rudolf Hans Bartsch, in: ÖGL, 47. Jahrgang 2003, Heft 1-6.
Beck, Knut u.a. (Hg.): Stefan Zweig: Briefe 1914–1919. Frankfurt 1997.
Berlin, Jeffrey B. u.a. (Hg.): Briefwechsel Stefan Zweig mit Hermann Bahr, Sigmund Freud, Rainer Maria Rilke und Arthur Schnitzler. Frankfurt 1987.
Bihl, Wolfdieter: Der Erste Weltkrieg 1914–1918. Chronik – Daten – Fakten. Wien 2010.
Bodenhausen, Dora von (Hg.): Hugo von Hofmannsthal–Eberhard von Bodenhausen. Briefe der Freundschaft. Düsseldorf 1953.
Broucek, Peter (Hg.): Ein General im Zwielicht. Die Erinnerungen Edmund Glaises von Horstenau. K. u. k. Generalstabsoffizier und Historiker. Band 1. Wien 1980.
Bruckmüller, Ernst: Sozialgeschichte Österreichs. Wien 1985.
Buxbaum, Elisabeth: „Es kafkat und brodelt und werfelt und kischt". Der Prager Kreis. Wien 2013.
Canetti, Elias: Die gerettete Zunge. Geschichte einer Jugend. Wien 1977.
Canetti, Elias: Die Fackel im Ohr. Frankfurt 1982.
Conrad, Ulrich: Der Lesezirkel Hottingen. Zürich 1981.
Corino, Karl: Robert Musil. Hamburg 2003.
Corino, Karl: Erinnerungen an Robert Musil. Wädenswil 2010.
Corino, Karl: Robert Musil, in: Studi Germanici, nuova serie, a. 11, n. 1-2, 1973.
Csokor, Franz Theodor: Der Dolch und die Wunde. Gedichte. Wien 1920.
Csokor, Franz Theodor: Der Dolch und die Wunde. Gedichte. Wien 1918.
Csokor, Franz Theodor: Du bist gemeint. Graz 1959.
Csokor, Franz Theodor: Der große Kampf. Ein Mysterienspiel in acht Bildern. Leipzig 1915.
Csokor, Franz Theodor: Tagebücher, Band 1 (= Cod.S.n. 24 381).
Csokor, Franz Theodor: Tagebücher, Band 4 (= Cod.S.n. 24 384).
Csokor, Franz Theodor: Zeuge einer Zeit. Wien 1964.
Dolf, Hans: Rudolf Hans Bartsch – Bruder des großen Pan. Eine Studie über den Dichter. Graz 1964.
Deutsch-Österreichische Literaturgeschichte J. W. Nagl / J. Zeidler / E. Castle, Band IV.
Ebner, Helga: Die Briefe Hugo von Hofmannsthals an Josef Redlich. Wien 1963.
Eigentler, Ernst: Tirol im Innern während des Ersten Weltkrieges von 1914 – 1918. Innsbruck 1954 [=Diss.].
Eisterer, Klaus: Der Heldentod muß würdig geschildert werden. In K. E. und Rolf Steininger (Hg.): Tirol und der Erste Weltkrieg. Innsbruck 1995.
Elmer, Alexandra: „Der Bohemien unter den Generälen". Maximilian Ritter von Hoen (1867–1940). Ein österreichischer Historiker und Militärjournalist. Wien 1992.
Farkas, Reinhard: Natur und Natürlichkeitsideologie im Prosawerk von Rudolf Hans Bartsch, in: Forschung zur Geschichte des Alpen-Adria-Raumes. Festgabe für em. O. Univ.-Prof. Dr. Othmar Pickl zum 70. Geburtstag, hg. von Herwig Ebner u.a., Graz 1997.

Fetzer, Günther: Das Briefwerk Hugo von Hofmannsthals. Marbach, Deutsche Schillergesellschaft 1980.
Stein, Leonhard: Die Feuerlilie. Der Flötenbläser. Wien 1919.
Ginzkey, Franz Karl: Befreite Stunde. Verlag Staackmann, Leipzig 1917.
Ginzkey, Franz Karl: Brigitte und Regine und andere Dichtungen. Mit einem Nachwort von Stefan Zweig. Leipzig 1924.
Ginzkey, Franz Karl: Die Front in Tirol. Berlin 1916.
Ginzkey, Franz Karl: Lieder. Konstanz 1917.
Ginzkey, Franz Karl: Den Herren Feinden! Ein Trutz- und Mahnlied. Wien und Leipzig 1914.
Ginzkey, Franz Karl: Der seltsame Infanterist. Weihnachtsbeilage der österreichischen Furche vom 22.12.1961.
Giovannini, Elena: Robert Musils Beiträge in der Soldatenzeitung. Propaganda und kritische Ironie im Vergleich. Pescara 1986 [= Diss.].
Grieser, Dietmar: Schauplätze österreichischer Dichtung. Ein literarischer Reiseführer. Wien 1974.
Großmann, Stefan: Ich war begeistert. Berlin 1930.
Habersack, Ingrid: Weltkriegserfahrung und Österreich-Idee in der Essayistik Hermann Bahrs und Hugo von Hofmannsthals. Graz 1989.
Hackermüller, Rotraut: Einen Handkuß der Gnädigsten. Roda Roda. Bildbiographie, Wien 1986.
Hahnl, Hans Heinz: Hofräte, Revoluzzer, Hungerleider. Wien 1990.
Hamann, Brigitte: Die Habsburger. Ein biographisches Lexikon. Wien 1988.
Hangler, Reinhold u.a.: Der Fall Franz Karl Ginzkey und Seewalchen. Eine Dokumentation. Mauthausen 1989.
Hautmann, Hans: Franz Werfels „Barbara oder die Frömmigkeit" und die Revolution in Wien 1918, in: Österreich in Geschichte und Literatur 15, Nr. 9, Wien 1971.
Hedin, Sven Anders: Ein Volk in Waffen. Den deutschen Soldaten gewidmet. Leipzig 1915.
Hemecker, Wilhelm: Rilke in Wien. Begleitbuch zur Ausstellung „Haßzellen, stark im größten Liebeskreise" Rilke und das k. u. k. Kriegsarchiv. Wien 1998.
Henze, Volker: Jüdischer Kulturpessimismus und das Bild des alten Österreich im Werk Stefan Zweigs und Joseph Roths. Heidelberg 1988.
Heydemann, Klaus: Literatur und Markt. Werdegang und Durchsetzung eines kleinmeisterlichen Autors in Österreich (1891–1938). Der Fall Franz Karl Ginzkey. Wien 1985.
Hey'l, Bettina: Stefan Zweig im Ersten Weltkrieg, in: Uwe Schneider [Hg.]: Krieg der Geister: Erster Weltkrieg und literarische Moderne. Würzburg 2000.
Hirsch, Rudolf / Schnack, Ingeborg (Hg.): Hugo von Hofmannsthal, Rainer Maria Rilke. Briefwechsel. 1899–1925. Frankfurt 1978.
Hoen, Maximilian: Chronik des Kriegsarchivs 1914 bis 1924.
Hofmann, Fritz / Polacek, Josef (Hg.): Servus, Kisch! Berlin 1985.
Hofmannsthal, Hugo von: Briefe. 1890–1901, Berlin 1915.
Hofmannsthal, Hugo von / Edgar Karg von Bebenburg: Briefwechsel. Hg. von Mary Enole Gilbert. Frankfurt 1966.
Hofmannsthal, Hugo von: Gesammelte Werke in Einzelausgaben. Frankfurt 1945–1959.

Hohlbaum, Robert: Rudolf Hans Bartsch. Der Lebens- und Schaffensroman eines modernen Dichters. Leipzig 1923.
Jungk, Peter Stephan: Franz Werfel. Eine Lebensgeschichte. Frankfurt 2006.
Katalog zur Kriegsausstellung 1916.
Kisch, Egon Erwin: Briefe an den Bruder Paul und an die Mutter 1905–1936. Berlin 1978.
Kisch, Egon Erwin: Gesammelte Werke. Berlin 1986.
Kisch, Egon Erwin: Soldat im Prager Korps. Prag 1922.
Klauhs, Harald: Franz Theodor Csokor Leben und Werk bis 1938 im Überblick. Wien 1987 [= Diss.].
Koester, Eckart: Literatur und Weltkriegsideologie. Positionen und Begründungszusammenhänge des publizistischen Engagements deutscher Schriftsteller im Ersten Weltkrieg. Kronberg 1977.
Kraus, Karl: Briefe an Sidonie Nádherný von Borutin. 1913–1936. Erster Band. München 1974.
Kraus, Karl: Frühe Schriften. Band 2, 1897–1900.
Kraus, Karl: Die letzten Tage der Menschheit. Frankfurt 1986.
Schneider, Uwe und Andreas Schumann (Hg.): Krieg der Geister. Erster Weltkrieg und literarische Moderne. Würzburg 2000.
Kriegs-Almanach 1914–1916.
Lunzer, Heinz u.a. (Hg.): „Was wir umbringen". DIE FACKEL von Karl Kraus. Wien 1999.
Lunzer, Heinz / Renner, Gerhard (Hg.): Stefan Zweig 1881/1981, in: ZIRKULAR. Sondernummer 2, Oktober 1981.
Lunzer, Heinz: Hofmannsthals politische Tätigkeit in den Jahren 1914–1917. Frankfurt 1981.
Lustig Prean v. Preansfeld, Karl: Lustig Preans lachendes Panoptikum. Wien 1952.
Magris, Claudio: Der habsburgische Mythos in der österreichischen Literatur. Salzburg 1966.
Marbach Magazin 93 (2001).
Mattl, Siegfried und Werner Michael Schwarz: Felix Salten Schriftsteller – Journalist – Exilant. (= Band V. Wiener Persönlichkeiten im Auftrag des Jüdischen Museums der Stadt Wien), Wien 2006.
Matuschek, Oliver: Stefan Zweig. Drei Leben – Eine Biographie. Frankfurt 2006.
Mayer, Klaus: Die Organisation des Kriegspressequartiers beim k. u. k. AOK im ersten Weltkrieg 1914–1918. Wien 1963 [= Diss.].
Michaelis, Karin: Der kleine Kobold. Freiburg 1998.
MODERN AUSTRIAN LITERATURE. Briefwechsel zwischen Werfel und Zweig. University of California, Volume 24, Number 2, 1991.
Monumentum aere perennius. Unsere Generale und Flaggenoffiziere im Weltkrieg. Herausgegeben zu Gunsten des k. k. österr. Militär-Witwen- und Waisenfonds von Geh. Rat General der Infanterie Franz Freiherr von Schönaich, Kriegsminister a. D. Unter Leitung des Geh. Rates General der Infanterie Emil von Woinovich, Direktor des k. u. k. Kriegsarchivs und des Generalmajor Max Ritter von Hoen.
Musen an die Front! Schriftsteller und Künstler im Dienst der k. u. k. Kriegspropaganda 1914–1918. München 2003 [= Ausstellungskatalog].
Musil, Robert: Briefe 1901–1914. Hg. von Adolf Frisé, Hamburg 1981.

Musil, Robert: Gesammelte Werke in Einzelausgaben. Band 2, Tagebücher, Aphorismen Essays und Reden. Hg. von Adolf Frisé, Hamburg 1955.

Musil, Robert: Vinzenz und die Freundin berühmter Männer. 1924.

Die Muskete. Kultur- und Sozialgeschichte im Spiegel einer satirisch-humoristischen Zeitschrift 1905–1941, hg. von Murray G. Hall / Franz Kadrnoska / Friedrich Kornauth / Wendelin Schmidt-Dengler. Wien 1983.

Noé, Günther: Erinnerungen an Rudolf Hans Bartsch (1873–1952), in: ÖGL, 47. Jahrgang 2003, Heft 1–6.

Österreich Lexikon. Wien 1995.

Österreichisches Dichterbuch. Wien 1914.

Patka, Marcus: Egon Erwin Kisch als Soldat. Wien 1989.

Polácek, Josef: Unbekannte Texte zur Biographie von Egon Erwin Kisch aus dem Nachlaß 1903–1906. In: Literarni Archiv 7, Prag 1972.

Polgar, Alfred: Kleine Schriften [in sechs Bänden]. Hg. von Marcel Reich-Ranicki in Zusammenarbeit mit Ulrich Weinzierl. Hamburg 1982.

Polgar, Alfred: Ein Heldenleben. In: Gestern und Heute. Dresden 1922.

Polgar, Alfred: Das neue Leben. Das Caféhaus. In: Bewegung ist alles. Novellen und Skizzen. Frankfurt 1909.

Preball, Kurt: Literarische Publikationen des Kriegsarchivs im Weltkrieg 1914 bis 1918, in: Festschrift des Haus-Hof-Staatsarchivs, Band I, Wien 1949.

Preball, Kurt: Literarische Publikationen des Kriegsarchivs im Weltkrieg 1914–1918, in: Mitteilungen des Österreichischen Staatsarchivs. Wien 1961, Band 14.

Rauchensteiner, Manfried: Der Tod des Doppeladlers. Österreich-Ungarn und der Erste Weltkrieg. Graz 1994.

Rauchensteiner, Manfried: Der Erste Weltkrieg und das Ende der Habsburgermonarchie 1914–1918. Wien 2013.

Rauchensteiner, Manfried / Pitsch, Erwin: Die Stiftskaserne in Krieg und Frieden. Wien 1977.

Redl, Renate: Berta Zuckerkandl und die Wiener Gesellschaft. Ein Beitrag zur österreichischen Kunst- und Gesellschaftskritik. Wien 1978 [= Diss.].

Rainer Maria Rilke Katharina Kippenberg Briefwechsel. Leipzig 1954.

Rilke, Rainer Maria: Briefe zur Politik. Frankfurt 1992.

Rilke, Rainer Maria: „Der ausgewählten Gedichte anderer Teil". Leipzig 1935.

Roda Roda: Der Ritt auf dem Doppeladler.

Roda Roda: Roda Rodas Roman. München 1925.

Salten, Felix: Der Gemeine. Wien 1901.

Salten, Felix: Buch der Könige. München 1905.

Salten, Felix: Florian. Das Pferd des Kaisers. Wien 1933.

Salten, Felix: Prinz Eugen, der edle Ritter. Wien 1915.

Sammlung von Schriften zur Zeitgeschichte. S. Fischer-Verlag, Berlin 1916.

Sauermann, Eberhard: Literarische Kriegsfürsorge. Österreichische Dichter und Publizisten im Ersten Weltkrieg. Wien 2000.

Schaunig, Regina: *Viribus unitis*. Robert Musils Schreiben in kollektiver Anonymität, in: Musil-Forum. Studien zur Literatur der klassischen Moderne. Im Auftrag der

Internationalen Musil-Gesellschaft, hg. von Norbert Christian Wolf und Rosemarie Zeller. Band 31, 2009/2010.

Schlenstedt, Dieter: Egon Erwin Kisch. Leben und Werk. Berlin 1985.

Schmölzer, Hildegund: Die Propaganda im ersten Weltkrieg 1914–1918. Wien 1965. [= Diss.]

Schnack, Ingeborg: Rainer Maria Rilke. Chronik seines Lebens und seines Werkes 1875–1926. Frankfurt am Main 2009.

Schneller, Karl: Die Schlacht bei Limanova-Lapánow, in: Streffleurs Militärblatt. Feldzeitung Nr. 5 vom 6.2.1915.

Schnitzler, Arthur: Jugend in Wien. Eine Autobiographie. Wien 1968.

Schnitzler, Arthur: Tagebuch 1862–1931, hg. Österr. Akademie der Wissenschaften, Wien 1983.

Schnitzler, Arthur: Der Weg ins Freie. Berlin 1908.

Schnitzler, Arthur: Das Wort. Tragikomödie in fünf Akten. Fragment. Hg. von Kurt Bergel, Frankfurt 1966.

Schulenburg, Ulrich (Hg.) u.a.: Lebensbilder eines Humanisten. Ein Theodor Csokor-Buch. Wien 1992.

Schumann, Andreas, in: Uwe Schneider [Hg.]: Krieg der Geister: Erster Weltkrieg und literarische Moderne. Würzburg 2000.

Seibert, Ernst (Hg.): Felix Salten – der unbekannte Bekannte. Darin Susanne Blumesberger: Felix Salten und seine vielfältigen Beziehungen zu Wien. Wien 2006.

Sonnenthal, Hermine von: Ein Frauenschicksal im Kriege. Briefe und Tagebuch-Aufzeichnungen von Schwester Maria Sonnenthal-Scherer. Berlin 1918.

Sperber, Manès: Die Wasserträger Gottes. Wien 1974.

Stephens, Anthony: Das „gleiche tägliche Entsetzen" und die Stimme des Dichters: Rilke 1914–1918.

Stiaßny-Baumgartner, Ilse: Roda Rodas Tätigkeit im Kriegspressequartier. Zur propagandistischen Arbeit österreichischer Schriftsteller im Ersten Weltkrieg. Wien 1982 [= Diss.].

Storck, W. Joachim u.a. (Hg.): Rainer Maria Rilke Sidonie Nádherný von Borutin Briefwechsel 1906–1926. Göttingen 2007.

Strelka, Joseph: Stefan Zweig. Freier Geist der Menschlichkeit. Wien 1981.

Strobl, Karl Hans: Geschichten und Bilder aus dem österreichischen Kriegspressequartier. Reichenberg 1928.

Timms, Edward: Karl Kraus Satiriker der Apokalypse. Leben und Werk 1874–1918. Wien 1995.

Trebitsch, Siegfried: Chronik eines Lebens. Zürich 1951.

Urbaner, Roman: „… daran zugrunde gegangen, daß sie Tagespolitik treiben wollte"? Die „(Tiroler) Soldaten-Zeitung" 1915–1917. eForum zeitGeschichte 3/4 2001.

Velhagen und Klasings Monatshefte, XXIX. Jahrgang.

Veltzé, Alois (Hg.): Aus der Werkstatt des Krieges. Ein Rundblick über die organisatorische und soziale Kriegsarbeit 1914/15, in: Österreich-Ungarn. Wien 1915.

Veltzé, Alois: Helden. Schilderungen ruhmreicher Taten aus dem Weltkrieg 1914–1916. Wien 1916

Veltzé, Alois (Hg.): Unteilbar und Untrennbar. Die Geschichte des großen Weltkrieges mit besonderer Berücksichtigung Österreich-Ungarns, Wien 1917.
Volke, Werner: Hofmannsthal. Hamburg 1980.
Waal, Edmund de: Der Hase mit den Bernsteinaugen. Wien 2011.
Wagenknecht, Christian / Willms, Eva: Karl Kraus – Franz Werfel. Eine Dokumentation. Göttingen 2011.
Wagenknecht Christian: Die Vorlesungen von Karl Kraus. Ein chronologisches Verzeichnis. In: Kraus-Hefte, Nr. 35/36 von 1985.
Wagner, Renate: Arthur Schnitzler. Eine Biographie. Wien 1981.
Weigel, Hans u.a.: Jeder Schuss ein Russ, jeder Stoß ein Franzos. Literarische und graphische Kriegspropaganda in Deutschland und Österreich 1914–1918. Wien 1983.
Strobl, Karl Hans: Die Weltgeschichte und das Igelhaus. Leipzig 1944.
Weinzierl, Ulrich: Alfred Polgar. Beiträge zu Leben und Werk. Wien 1977.
Weinzierl, Ulrich: Alfred Polgar. Wien 2005.
Weber, Eugene (Hg.): Hugo von Hofmannsthal – Richard Beer Hofmann. Briefwechsel. Frankfurt 1972.
Werfel, Franz: Barbara oder Die Frömmigkeit. Frankfurt 1996.
Werfel, Franz: Das Bozener Buch, in: Erzählungen aus zwei Welten. Stockholm 1948.
Wildgans, Anton: Ein Leben in Briefen. Wien 1947.
Wimmner, Paul: Der Dramatiker Franz Theodor Csokor. Innsbruck 1981.
Zinn, Ernst: Rainer Maria Rilke und Marie von Thurn und Taxis. Briefwechsel. Wiesbaden 1951.
Zweig, Stefan: Briefe 1914–1918. Hg. von Knut Beck u.a., Frankfurt 1997.
Zweig, Stefan: Briefe an Freunde 1981–1942, hg. von Richard Friedenthal.
Zweig, Stefan: Jeremias. Eine dramatische Dichtung in neun Bildern. Leipzig 1920.
Zweig, Stefan: Silberne Saiten. Berlin 1901.
Zweig, Stefan: Tagebücher. Frankfurt 1984.
Zweig, Stefan: Die Welt von gestern. Stockholm [Fischer Exilverlag] 1944.
Zweig, Stefan: Die Welt von gestern. Stockholm 1946.
Zweig, Stefan: Franz Werfel. Ein einführendes Wort. In: Zeitschrift des Lesezirkels Hottingen, 5. Jahrgang, 5. Heft (= Februar) 1918.

Abkürzungsverzeichnis

AOK: Armeeoberkommando
HGK   Heeresgruppenkommando
KA: Kriegsarchiv
KPQ (K.P.Q.):   Kriegspressequartier
LVK: Landesverteidigungskommando

Bildnachweis

Elisabeth Buxbaum Privatarchiv: 8, 4, 91, 113, 118, 152, 202, 229, 271
Österreichische Nationalbibliothek Bildarchiv: 15, 25, 35, 62, 85, 105, 117, 190, 227, 234, 255
Archiv Hans Kronberger: 215
Deutsches Literaturarchiv Marbach: 71
Robert-Musil-Literatur-Museum Klagenfurt: 163
Österreichisches Staatsarchiv: 29, 86
Wienbibliothek im Rathaus: Cover, 56
Stefan Zweig Zentrum Salzburg: 135

Der Verlag hat sich bemüht, sämtliche Rechteinhaber ausfindig zu machen.
Sollten darüber hinaus Ansprüche bestehen, bitten wir um freundliche Nachricht.

Weitere Bücher von Elisabeth Buxbaum
in der Edition Steinbauer:

„Veronika, der Lenz ist da"

Walter Jurmann - ein Musiker zwischen den Welten und Zeiten

ISBN: 978-3-902494-18-4

Transit Shanghai

Ein Leben im Exil

ISBN: 978-3-902494-33-7